謹んで古稀をお祝いし
下井隆史先生に捧げます

執筆者一同

下井隆史先生

2002年11月撮影

新時代の労働契約法理論

下井隆史先生古稀記念

編集代表
西村健一郎
小嶌典明
加藤智章
柳屋孝安

信山社

はしがき

二〇〇二年九月一七日、下井隆史先生がめでたく古稀を迎えられた。古稀とはいうまでもなく「朝回日日典春衣　毎日江頭盡醉歸　酒債尋常行處有　人生七十古來稀」と続く、杜甫の詩からとったものであるが、以来約一二五〇年の歳月が経過し、七〇歳以上人口が総人口の一二%を超えた世界一の長寿国日本においては、齢七〇歳といえばまだ壮年の域に入る。

下井先生の舌鋒は今なおいささかも衰えることなく、ごく最近においても、採用拒否も不当労働行為になり得るが、国鉄再建という特殊な状況下では分割民営化に反対する行動を選別基準として採用の可否を決めることも許されるから、ＪＲ各社は不当労働行為責任を負わない、とした東京高裁判決（二〇〇二年一〇月二四日）について、「ＪＲ不採用事件に関し、初めてほぼ妥当・適切といえる判断と説明が裁判所によってなされた」と歯に衣を着せない発言をしておられる（週刊労働ニュース二〇〇二年一二月九日号「論点」）。

こういえば首を傾げる向きもあろうが、市井の常識が労働法の世界では通用しない。そんな時代があまりにも長く続いたのである。こうしたなかにあって、下井先生は「労働契約と賃金をめぐる若干の基礎理論的考察――「独自」の労働契約法理論の検討のために――」ジュリスト四四一号（一九七〇年一月）をはじめとする数多くの著作を通して、ともすれば運動論に傾斜しやすい労働法の世界に、法理論（法解釈論）としての筋を通そうと一貫して努めてこられた。山口浩一郎、保原喜志夫両教授との共著『労働法再入門』（一九七七年）や『論点再考労働法』（一九八二年）も、このような系譜に属する。マルクス主義全盛の時代にコミュニズムへの疑問と批判を公然と口にする。これらの著作は、比喩的にいえば、そうしたショックとインパクトを読む者に与えたのである。

他方、下井先生は、労働法の分野における日本を代表するテキスト・ライターでもある。『労働法（第二版）』（二〇〇〇年）や『労働基準法（第三版）』（二〇〇一年）は、スタンダードな教科書として現在なおその定評が高い。また、『雇用関係法』（一九八八年）や『労使関係法』（一九九五年）といった斬新なタイトルを付したテキストは、労働法の世界から「労働保護法」や「労働団体法」といった古くさいイメージを一掃するのに、大いに貢献するものとなった。

本書は、そうした下井隆史先生の古稀を祝賀して刊行される。『新時代の労働契約法理論』がその表題であるが、もとより我々の念頭には、下井先生の名著『労働契約法の理論』（一九八五年）がある。本書が内容的にも、先生がこれまでに築いてこられた労働契約法理論を一歩でも半歩でも前進させるものとなっていれば、それは望外の幸せである。

二〇〇三（平成一五）年二月

下井隆史先生古稀記念論文集　発起人

執筆者を代表して

西村健一郎

加藤智章

小嶌典明

柳屋孝安

目　次

はしがき

I　労働契約総論

1　雇用関係法における労働者性判断と当事者意思……柳屋孝安　1
2　雇用類似の労務供給契約と労働法に関する覚書……島田陽一　27
3　地方公共団体における非正規職員と雇用契約……豊本　治　81

II　労働契約の成立

4　採用内定の多様化と判例法理……谷本義高　107
5　試用期間の現状と将来……小嶌典明　133

III　労働契約の内容

6　労働者の「就労」と労働契約上の使用者の義務……唐津　博　157
――「就労請求権」と「労働付与義務」試論――

7 競業避止義務・秘密保持義務の現代的課題……香川孝三 195
8 懲戒処分……鈴木芳明 229
9 職場におけるプライヴァシー権……道幸哲也 259

Ⅳ 労働契約の変動と終了

10 会社分割時における労働者の異議申立権の行使——ドイツ法との比較・検討の試み——……中内哲 297
11 労働条件の変更と紛争処理……村中孝史 333
12 解雇の法的規制と救済……小宮文人 363
13 整理解雇の諸類型と要件……野田進 397
14 労働者の私傷病による労働契約の終了……西村健一郎 425

Ⅴ 労働契約と社会保障法

15 強制加入の手続と法的構造……加藤智章 457
16 介護事故とリスクマネジメント……関川芳章 485
17 労災保険法の法的性格とその将来像……品田充儀 511

Ⅵ　その他

18　使用者は安全配慮義務をどこまで尽くせばいいのか・序説……………藤　川　久　昭　537
──「労働に関連した精神的負荷による自殺」ケースを素材にして
理論的課題を探る──

下井隆史先生略歴および業績目録（巻末）

執筆者紹介（掲載順）

1	柳屋孝安	やなぎや　たかやす	関西学院大学法学部教授
2	島田陽一	しまだ　よういち	早稲田大学法学部教授
3	豊本　治	とよもと　おさむ	高岡市役所企画調整部総務課職員
4	谷本義高	たにもと　よしたか	関西外国語大学助教授
5	小嶌典明	こじま　のりあき	大阪大学大学院法学研究科教授
6	唐津　博	からつ　ひろし	南山大学法学部教授
7	香川孝三	かがわ　こうぞう	神戸大学大学院国際協力研究教授
8	鈴木芳明	すずき　よしあき	大分大学経済学部教授
9	道幸哲也	どうこう　てつなり	北海道大学大学院法学研究科教授
10	中内　哲	なかうち　てつ	北九州市立大学法学部助教授
11	村中孝史	むらなか　たかし	京都大学大学院法学研究科教授
12	小宮文人	こみや　ふみと	北海学園大学法学部教授
13	野田　進	のだ　すすむ	九州大学大学院法学研究院教授
14	西村健一郎	にしむら　けんいちろう	京都大学大学院法学研究科教授
15	加藤智章	かとう　ともゆき	新潟大学法学部教授
16	関川芳孝	せきかわ　よしたか	大阪府立大学社会福祉学部教授
17	品田充儀	しなだ　みつぎ	神戸市立外国語大学教授
18	藤川久昭	ふじかわ　ひさあき	青山学院大学法学部助教授

新時代の労働契約法理論

Ⅰ　労働契約総論

1　雇用関係法における労働者性判断と当事者意思

柳屋孝安

一　はじめに
二　判例による労働者性判断と当事者意思
三　学説による労働者性判断と当事者意思
四　労働者性判断における当事者意思の評価のあり方
五　むすびに代えて

一　はじめに

わが国の労働法における最近の動向において特徴的なことは、従来の規制のそのままの適用が、労働者ないし労使双方に不都合を生む場合には、規制を緩和したり、撤廃する場合のように、一律の対応を前提とする手法がとられることの他に、労働者の意思ないし労働者（労働者集団）と使用者の合意等の当事者意思によって特定労働者や特定事業場への規制を回避できる手法が拡大されている点である。特に、労基法をはじめとする雇用関係法の領域においてはそうした手法の採用が目立つ。雇用関係法の領域においては、強行的補充的効力や罰則を背景とする規制が、かえって労働者の保護や就業上の利便性をも阻害する状況を生んでいる。労働時間や賃金、契約期間等、広範な規制項目についてこのことが指摘されてきた。これに対しては、労働者個人の意思の存在や労使協定の締結を条件とする等して、規整の適用除外や緩和を認めたり、裁量労働等の新しい就業形態の採用を容易にしたりと、断続的に立法的対応がなされてきている(1)。

また、解釈論上も、労働者本人の同意によって強行的規制の適用を外すことを肯定する判例等が散見されるに至っている(2)。

こうした手法は、今後、雇用・就業形態の一層の多様化や、雇用・就業形態間の流動化の進行によって、一律の規制が不適切な結果を生むケースが増加することが予想され、その採用の頻度が高まるものと考えられる。こうした手法は、労働法の規定の適用を当事者意思によって回避することを認める点で、強行規定とされる法規定に対する、立法や法解釈による部分的な「任意規定化」ないし任意規定性の拡大として捉えることができるかもしれない。労働法上の規制において、労働者個人や事業場レベルで、こうした「任意規定化」がどこまで可能か（必要か）という問題は、今後一層検討が必要となる課題と言えよう。

ところで、労働法の適用対象となるか否か（労働者性）の判断においても、労務供給契約の当事者の合意をはじめとする意思の契機がどの程度尊重されるべきかが問題となり得る。労働法の適用を受ける労務供給関係に入るか否かを、どこまで当事者の判断に委ねることができるかの問題である。筆者は、この問題も、先の「任意規定化」の問題の一つと考えている。ただし、労働者性判断の問題は、特定の立法の特定の規定の適用の有無にとどまる問題ではなく、特定の立法全体、ひいては労働法体系に属する立法や判例法理全般の適用の有無に関わる問題といってよい。

本稿は、まず、この問題について、これまでの判例の判断傾向や学説による議論の動向を分析している。そして、この分析をふまえつつ、労働法、特に雇用関係法の適用対象となるか否か（労働者性）の判断において、当事者意思をどう評価すべきかの検討を試みている。

二　判例による労働者性判断と当事者意思

1　判例の基本的傾向

わが国においては、労働法に分類される立法の適用対象となる労務供給者にあたるか（労働者性）の判断において、これまで当事者意思はどのように考慮されているのであろうか。この視点から、まず、判例の基本的傾向を整理してみよう。このとき、わが国の労働法に属する立法をひとまず三つの法分野に分け、少なくとも三つの法分野で適用対象が異なり得るとの認識の下に、労働基準法を中心とする雇用関係法の分野の適用対象に絞って、以下、判例の傾向を分析することとする。

また、当事者意思については、以下の分析の便宜上、次のような分類を行っておく。すなわち、労務供給契約書その他で、契約形式（労働者性）について明示された当事者意思（合意）（類型(1)―1）、労務供給契約書の条項その他から契約形式（労働者性）について推論される黙示の当事者意思（合意）（類型(1)―2）、現実の就業過程で明示されたり、就業実態から判明するいずれか一方当事者の明示、黙示の意思（類型(2)）、労働協約や労使協定の締結当事者としての労使の明示、黙示の当事者意思（合意）（類型(3)）である。

(1)　雇用関係法の分野においては、労基法九条における「労働者」の定義が、労基法だけでなく、この法分野に属する立法や判例法理の適用対象となる労務供給者のいわば共通の定義としての意義を、明文規定ないしは解釈によって付与されている。[3]そして、雇用関係法の適用対象となるか否かについては、労働法の他の分野の適用対象をめぐる判例に比して、相当数の判例が、最高裁判決も含めて蓄積されており、「労働者」性判断の手法や基準について一定の傾向を整理することができる。この整理のための作業は、すでに、多くの先行研究によってなされてきているところである。[4]そして、判例の傾向を、労働者性判断における当事者意思の評価のあり方という視点から改めて整理してみると、結論的には、労働者性は「使用従属関係」の有無によって判断すべきであり、この「使用従属関係」の有無は、労務供給契約書その他において当事者が明示（表示）した契約形式や労働者性の有無の判断（特に、類型(1)―1の当事者意思）からではなく、現実の就業実態を形成する複数の事情を総合的に考慮して判断されるというのが、これまでの判例の基本的立場ということになる。[5] 例えば、労基法による保護を受ける「労働者」か否かは、「単に［労務供給］契約の形式や名目に限らず、…業務すなわち労務提供の形態を実態的に考慮して」決すべしとし、「結局、その者が使用従属関係にあるか否かによって決すべきである」としたり、[6]「一般にある労務供給に関する契約が雇用契約かあるいは請負契約ないし準委任契約かは、契約形式にとらわれず、…実質上使用従属関係があるか否か…」によって判断すべきことを一般論として示す判示がその例である。[7]

判例には、労働者性判断のあり方を一般論として示す場合でも、もはや明示の当事者意思の評価のあり方については言及せずに、「使用従属関係」の有無が労働者性を決するとのみ判示したり、[8] 具体的に複数の客観的事情を例示列挙し、これを総合判断するとだけ判示する判例も少なくない。これらの判例も、明示の当事者意思の先のような評価を当然の前提としていると解される。[9]

判例のこうした基本的立場は、労基法や労災保険法をはじめとする雇用関係法分野に属する立法の適用対象についてだけでなく、解雇権濫用の法理をはじめとする、労働契約について確立されて雇用関係法を形成する判例法理の適用対象、さらには、就業規則の適用対象となるべき労務供給者についても妥当すると解されているとみられる。[10]

ところで、判例の中には、契約形式（労働者性）に関して明示された当事者意思（合意）を、労働者かどうかの結論を導いた事情の一つにあげるものがある。例えば、証券会社Yに外務員として勤務したXが、Yとの間で締結した一年更新の外務員契約の更新拒絶の可否が争われた事例で、「当事者間において形式上は委任契約として更新されてきたこと、実質上においても支配従属関係にきわめて乏しいこと…等を考えると…委任ないし、委任類似の契約と一応認められる」として、Xの労働者性を否定したもの等がこれにあたる。(11)しかし、こうした判例が、労働者性の判断において、明示の当事者意思（合意）に重要な意義を与えていると即断すべきではないと解される。むしろ、判例の先のような基本的立場からすれば、こうした判例は、現実の就業実態から導かれる結論（使用従属関係の有無の評価）と矛盾しない限りで、明示の当事者意思（合意）も結論の補強的事情として評価され、尊重されるという程度の意義を与えられるにとどまると解するのが妥当であろう。(12)

そして、労働者か否かが微妙な限界事例についても、判例は、あくまで、現実の就業実態の検討を中心に結論を導いており、結論を明示の当事者意思（合意）に委ねるとの考え方を取っていないと解される。(13)

また、判例において、契約書の条項その他から推論される、労働者性についての黙示の当事者意思（合意）（類型(1)―2）について、これをどう評価するかにつき明確に判示したものは見出せなかったが、明示の当事者意思（合意）についてと同様の評価がなされるものと解される。(14)

(2)　他方、労務供給契約のいずれか一方当事者の意思で、明示される意思や、現実の就業実態から推定される黙示の意思（類型(2)）についてはどう評価されているのであろうか。こうした当事者意思に言及する判例は少なくない。そうした判例の多くは、これを労働者性判断において考慮すべき事情として評価している。例えば、マンションの管理業務を行っていたXとマンション賃貸会社Yとの管理委託契約の解約をめぐり、その法的性質が問題となった事例において、Xが費用の半額を負担してマンションの防犯設備を設置した事情につき、「Xが自らをYの単なる使用人と考えていなかったことが示唆されているというべきであり、両者間の契約が雇用であったことを否定する一事情と考えられる」とするもの等がその例である。(15)

ただし、この事例も含めて多くの場合、いずれか一方当事者の意思も、契約書その他における明示、黙示の当事者意思（合意）と同様で、労働者性の判断の結論を補強する事情として考慮されるが、就業実態から客観的に導かれる結論と矛盾する場合には、結論を左右するほどの意義は与えられていないと解される。

例えば、山林作業において「山仙頭」として集運材作業に従事してきたXが労災保険法上の「労働者」にあたるかが問題となった事例で、「その実態に照らし、Xに労働者性が認められない以上、たとえ、依頼主が山仙頭であるXを自らの被傭者として労災保険に加入し、保険料を支払ってきた事情があったとしても、労災保険法上、同人を労働者として取り扱い得ないことはやむをえないことである」として、Xの労働者性を肯定する使用者側の黙示の意思（認識）が、現実の就業実態から判断される結論（労働者性の不存在）を覆すものではないとする判例がある。(16) あるいは、工事請負会社Yとの契約に基づき、護岸工事に関する潜水作業に従事していた潜水夫Xが、労災保険法上の「労働者」にあたるかが問題となった事例でも、Yの「代表取締役や専務取締役は、労基監督署に対し、Xを「常雇」作業の部分について、労働者と認識してきた旨供述しているが」、一般従業員との取扱の違いや専属性の弱さといった現実の就業実態から判断して、「使用者の認識を重視するのは妥当でない」とするものもこれにあたる。(17)

以上のとおり、当事者意思は、合意であれ、いずれか一方当事者の意思であれ、労働者性判断の結論を補強する事情としての意義は認められるが、結論を左右する意義まで認められないというのが、これまでの判例の判断傾向であると評価することができる。(18)

⑶　次に、労働協約や労使協定その他で、特定労働者の労働者性を定める等によって示される労使の明示、黙示の意思（合意）についての評価はどうか。この点について明確な判断を示したと解される判例は見出せなかった。ただし、一定の適用除外者を除いて、従業員は労働組合員でなければならない旨定めたユニオンショッ

プ協定の適用がなされなかったXについて、適用除外の協議すら労使間で行われない等、労使間にXを従業員とみなさない黙示の合意（認識）があったとみられる事例について、「Xの勤務実態等に照らすと」Xが労働者であるとの判断を妨げられるものではないとし、労基法三七条の割増賃金に関する規定の適用を認めた判例がある。[19]この判例も、労働者性判断における当事者意思の評価について、判例の先のような一般的傾向の流れのうえにあると解される。

(4)　ところで、当事者意思の点からいえば、それは、労務供給契約の条項その他で、契約形式（労働者性）以外についても、明示、黙示に示される。たとえば、労働時間等の就業条件や待遇その他についての合意である。こうした合意は、労働者性の判断においてどう評価されているのかも問題である。こうした合意は、契約としての法的拘束力を伴うことになるから、現実の就業関係はこれに従って形成されるのが通例である。合意と現実の就業実態とが同一内容のものとして、労働者性の判断において考慮されることで、特に問題は生じない。[20]しかし、明示、黙示の合意と現実の就業実態が矛盾したり、明示、黙示の合意に対応した就業実態が現実には形成されないままに終わる場合等も考えられる。特に、そうした状況が、判例によって労働者性の判断において考慮すべきとされてきた事情（たとえば、労働時間や労働場所の拘束の程度）について生じた場合、どう処理されることになるかが当事者意思との関係で問題となる。

(i)　まず、現実の就業実態と明示、黙示の当事者意思とが矛盾する場合、労働者性の判断において、いずれが優先的に考慮されるかである。例えば、労働者性判断において考慮すべき事情の一つにあげられてきた、「仕事の依頼、業務従事の指示等に対する諾否の自由」についてみてみよう。判例は、労務供給契約上は、仕事の依頼に対して承諾義務がないといえる場合（承諾義務が特に定められていない場合も含む）でも、現実の諾否の有無を問題にする傾向にあると解される。例えば、土砂採取販売業を営むY会社が傭車運転手Xらと締結していた労務供給契約を解約したことにつき、解雇権濫用の法理の適用があるかが問題となった事例で、「Xらが就労不就労の自由を有しているといっても、…生活費等を得るために就労しようとすれば、Y会社の業務に従事する他なかったのであるから、〔そ〕の自由も実質的にはかなり制限されていたものというべきであ」るとして、現実の就業実態からの判断を契約上の拘束の有無（当事者意思）に優先させる判断を示している。(21)

ただし、判例の中には、仕事の依頼に対して応じざるを得ないのは、「経済的事情に基づく事実上のものであ〔り〕…〔他社の〕依頼に応じて仕事をしてはならないという拘束を受けていたわけではなく、他の仕事に自由に従事することもできた」と判断して、契約上の諾否の自由（労務提供義務の有無）を、「事実上の諾否の自由の有無」より優先的に考慮して労働者性の評価を行っているとみられる判例も散見される。(22)

(ii)　次に、契約条項に対応する就業実態が存在しない場合、契約条項に示された当事者意思が労働者性の判断においてどう考慮されるかも問題となる。

このケースにあてはまる事例かは明確ではないが、一〇年の拘束期間を含む芸能関係契約を締結し、歌謡ショー等の芸能出演義務があったのに、これに違反したとして芸能プロダクション経営者Xが歌手志望のYに、契約違反の損害賠償を請求し、この芸能関係契約が労基法（一四条）の適用のある労働契約かが争われた事例で、Yの現実の就業関係についての事実認定を行わず、専ら、契約条項の規定内容から、Yは、芸能プロダクション経営者Xの「一方的指揮命令に従って、芸能出演等に出演し、その対価としてXから定額の賃金を受けるもの」で、「その実質において雇用契約（労働契約）にほかならない」としたものがある。(23)本判例は、労働者性判断において、当事者意思（合意）に、現実の就業実態を補完する意義が認められることを示唆していると解される。

(iii)　この点との関連でいえば、さらに、契約書等において示される当事者意思（合意）の具体性の程度と、

「使用従属関係」の有無の判断において重要な事情とされている「指揮命令性の程度」との関係も問題となる。労働契約において業務内容、手順等について規定する場合、基本的・概括的内容にとどめ、あとは使用者の指揮監督によって具体化されるのが通例である。しかし、これらを契約規定として合意の形で詳細に定めた場合、労務供給者が現実に委託者側から一方的指示を具体的に受ける機会が少なくなることで、指揮命令性の程度を低く評価せざるを得なくならないか、といった問題があり得る。

この点をどう判断すべきかついて明確に判示したと解される判例を見出すことはできないが、細かな業務内容、手順を定めた規定を適用していた事例について、「使用者が従業員に対して発する業務命令と同程度の重要性があったと推認しうる」としたものがある。ここでは、現実の就業実態を補完する意義が与えられていると解される(24)。

2　労働者性判断において当事者意思を重視する判例

判例による労働者性の判断において、当事者意思がどう評価されているかについては、おおよそ以上のように、判例は、現実の就業実態による客観的判断を基本としつつ、当事者意思には、それがどの類型にあたるものであれ、あくまで補強的、補完的意義を与えるにとどめる傾向にある。しかし、判例の中には、当事者意思を労働者性の判断においてより重視したと解されるものが少数ながらみられる。

(1)　まず、特定の会社Yと実質上専属的に運送請負契約を締結していた「車持ち込み運転手」Xの労災保険法上の労働者性が問題となった事例の控訴審判決である東京高裁判決があげられる(25)。判決は、判例の一般的傾向に従って労働者性は「使用従属関係」の有無を諸般の事情を総合考量して判断すべきとしながらも、Xのような車持ち込み運転手は、その就業実態からみると「労働者と事業者との中間形態」にあるとして、こうした就業形態につき、「法令に違反していたり、一方ないし双方の当事者（殊に働く側の者）の真意に沿うと認められない事情がある場合は格別、そうでない限り、これを無理に単純化することなく、できるだけ当事者の意図を尊重する方向で判断するのが相当」とした。そして、Xの場合、Xが労働者でないことにより、運送に必要なガソリン代等の経費や事故の場合の損害賠償をXの負担とし、また、Yの就業規則の適用がないうえ、福利厚生の措置も取られず、労働保険や社会保険の被保険者とならないこと等によって、Yの経費等が節約される分、Xは従業員より多い報酬を得られる就業形態にあり、「それが法令に反するものでも、脱法的なものでもなく…その時点では少なくとも双方の利益があると考えられており、…当事者双方の真意、殊にXの側の真意にそうものであるから、…そのまま一つの就業形態として認める」のが相当である、として、労災保険法上の労働者性を否定した(26)。

本判決は、①労災保険法上の労働者性という立法上の適用対象の問題について、②労働者と事業者の限界事例を処理するうえで、③当事者意思を尊重した結果が、法令違反や脱法的行為にあたらず、かつ当事者（特に労働者の側）の真意にそうと判断できることを要件に、請負契約を選択した明示の当事者意思（合意）を尊重できると判断した判例ということができる。

(2)　次に、六〇歳を超えてYとの間に締結した請負契約に基づいて、実験排水施設の保守管理業務に従事していたXが、六五歳に達した後、Yの従業員となって勤務したが、退職にあたり、従業員となって後も仕事の内容に変化がなく、請負契約の当初からYの従業員であったとして、Yのところで就業した全期間をもとに、就業規則所定の基準で算定した退職金の支払を請求した事件の控訴審判決である大阪高裁判決があげられる(27)。判決は、「従事した仕事の内容が請負人のときと従業員になってからとで違いがないとしても、Xの年金受給の障害とならないように敢えて請負の形式をとったのであり、それ自体が不合理であるとか、Xに不当に不利益を強いたというものではないから、XがYの従業員になったのは」請負契約締結の時点からではなく、従業員としての採用後と解すべきであるとした。この判決も、労働者性の判断において、請負契約を選択した明示の当事者意思（合意）を尊重できるとする点での先東京高裁判決と同様であるが、次の点で相違していると解される。すなわち、①就業規則およびその退職金規定の適用対象となる従業員に該当するか否かが問題となった事例であったこと、②扱った事例が労働者か事業者かの判断が難しい限界事例ではなかったこと、③当事者が請負形式を選択したこと自体が不合理でないことや、Xに不当に不利益を強いたのでないことを、当事者意思（合意）尊重の要件としたこと、である。(28)

三　学説による労働者性判断における当事者意思の評価

他方、わが国の学説は、これまで、雇用関係法の分野に限らず、労働者性の判断については、概ね、判例の判断傾向と同様の考え方を取ってきたと解される。すなわち、表現の違いや考慮すべき事情の範囲に広狭の差はあれ、現実の就業実態を中心に労働者性を判断する手法を採用してきたといえよう。(29)

したがって、当事者意思については、特に、これを労働者性の判断において重視する考え方は取られていない。むしろ、労働法規に私法上の強行的効力が認められている点が示すとおり、「使用従属関係」の形成を予定する労務供給契約（合意）は、両当事者の経済的力関係を反映して、力関係に勝る使用者の意向を反映する付従性を有するものとして、これにそのまま法的効果を付与すべきではないとの考え方が、労働者性の判断においても暗黙のうちに支持されてきたといえる。(30)

しかし、他方で、労働者性の判断において、今後、当事者意思をより重視できるかどうかの検討が必要であるとの学説も存在している。例えば、「サービス経済化」、「高度情報化」等の進行により、業務遂行にあたって幅広い裁量を認められる労働者（在宅労働者、裁量労働者等）が増加しつつあり、労働者か否かの判断が困難なケースが生まれてきており、労働者性の有無を当事者の意思や慣行に委ねるべき場合のあることを肯定する全く新しい考え方の是非を検討すべきとする下井教授の見解等がこれにあたる。(31) さらには、一般論として、社会経済の発展と労使関係の意味の変革には著しいものがあり、労働契約（労働者性）は従来のように「使用従属関係」を中心に理解すべきではなく、本来の契約の本質に着目して、労働者性の判断が困難な場合に限らず、当事者の意思表示の内容によって判断すべきであるとの見解もある。(32) 労働契約関係の形成において、当事者意思、ひいては「契約の自由」に、より大きな意義を認めようとする見解であるといえよう。

四　労働者性判断における当事者意思の評価のあり方

以上の判例、学説の動向を踏まえつつ、雇用関係法分野の労働者性の判断において、当事者意思をどう評価すべきかの検討を試みよう。その際、労働者性は、⑴この分野に属する立法の適用対象としての労働者かどうかだけでなく、⑵解雇権濫用の法理や採用内定の法理のように、判例上、労働契約につき形成されてきた法理の適用対象としての労働者かどうか、さらには、労働協約や就業規則の規整の対象となる労働者かとしても問題となり得る。(33) そこで、これら三つの場合について、当事者意思をどう評価するべきかを検討してみよう。

1　法規定、判例法理の適用対象としての労働者性判断のあり方

⑴　まず、雇用関係法分野に属する立法の適用対象についてはどうか。

雇用関係法分野に属する立法の適用対象となる労務供給者（労働者）である否かは、当該立法の各法規定による保護（ないし規整）を受けるべきかどうかどうかで決まる。各法規定による保護必要性が決定的であると考

えられる。そして、この保護必要性の有無は、労務給付者が置かれている現実の就業実態から判断されるというべきである。現実の就業実態こそが、労務供給者に対する保護必要性を根拠づけると解されるからである。したがって、保護必要性は、当事者意思によって左右されることはないというべきであろう。

ただし、各法規定の適用関係相互の整合性を維持するためには、保護必要性のある労務供給者を、各法規定ごとに確定するのではなく、明文の規定（例えば労基法9条）や解釈（例えば、労災保険法上の労働者性）によって一つの立法や複数の立法を構成している法規定に共通の概念として、さらには、少なくとも雇用関係法の領域に共通の内容を有する概念（労働者概念）として確定することが妥当と解される。[34]

⑵　他方、判例によって、労働契約について確立されてきた法理の適用対象についてはどうか。こうした判例法理には、解雇権濫用の法理のように、強行規定と同様に強行的効力を有すると解されるものと、採用内定法理のように、あくまで任意的、補充的効力を有するにとどまると解されるものとがある。[35]

前者については、強行規定と同様に、当事者意思によって、法理の適用の有無を決したり、その内容をその趣旨に反して変更したりすることができないと解される。これに対して、後者については、当事者意思によって、法理の適用の有無を決したり、その内容を変更したりすることは許されると解される。

しかし、いずれの法理についても、法理の適用対象となる労務供給者かどうかについては、法理が労働契約について確立されたものであることを考えると、労働契約の当事者となる労務供給者かどうかが問題となる。こうした労務供給者は、少なくとも雇用関係法の分野に属する立法が本来的な規整の対象として予定する「労働者」と一致すると解される。雇用関係法の分野に属する立法による保護必要性が認められることで、その適用対象となる労務供給者は、労働契約の当事者としての就業実態にある労務供給者であると考えられるからである。したがって、判例法理の適用対象も、法規定の場合と同様に、労働者保護の観点から、現実の就業実態を考慮しつつ客観的に決すべきであり、当事者意思によって自由に決定することはできないと解されることとなる。

(3)　以上の考え方によれば、現実の就業実態に一定の客観的事情が認められれば労働者性が肯定され、雇用関係法による保護の必要性が認められるということになる。ただし、その保護必要性は、より正確には、一般的（形式的）保護必要性を意味する。それは、個別、具体的な事例ごとの実質的な保護必要性や保護の適切性ではない点に注意を要する。一定の客観的事情を根拠に、「労働者」性を一律に肯定することが、労働者にとり不利益や不都合を生み出すことは予定されていないからである。しかし、今後、雇用・就業形態の多様化や各形態間の流動化が進行するにしたがって、そうした不利益や不都合を伴うケースが増加することが予想される。例えば、ベンチャービジネスの立ち上げ段階の労務供給関係や在宅労働等、労働時間規制や就業規則による競業制限等を受けない自営業的就業を望むケース等が考えられる。こうしたケースにはいくつかの対応が考えられる。しかし、当事者に不利益や不都合を生む法規制を一挙に撤廃することは、当該法規制による保護を必要とする労働者が他に多く存在する場合には適切でない。また従業員代表との合意により適用除外を認めたり、一定の場合に別の規制を用意する手法を採用することも、労働方の適用が当事者に不利益や不都合を生む事情が個々に多様であり得る点を考えると、妥当とはいえない。

むしろ、保護の要否の判断を当事者の合意（特に、労働者自身の意思）に委ねる方が妥当、適切である場合のあることが十分考えられるのである。そこで、労働者として保護を要しないとする当事者意思（合意）の形成が、特に、一方当事者である労務供給者の自由意思（真意）に基づくと判断できる場合には、労働者性の判断において当事者意思を尊重する判断手法がとれないか検討してみる必要がある。

(4)　そして、こうした判断手法は、判例上、すでに採用されている。例えば、労基法二四条の全額払の原則についての判例があげられる。全額払の原則は、使用者が、所定の賃金の一部を控除する場合だけでなく、労働者に対して有する債権を自動債権として、労働者の有する賃金債権と一方的に相殺して賃金債権を削減、消滅させることで、所定の賃金を支払わない場合も、原則として禁止していると解されている。この解釈では、合意（労働者の同意）による相殺も、賃金について生じる一般的保護必要性からみれば、その効果は生じないと解するのが妥当である。しかし、最高裁は、会社が貸し付けた住宅資金の未返済部分と労働者が有する退職金債権等とを、当該労働者の同意を得て相殺した事例(36)について、「労働者が自由な意思に基づき右相殺に同意した場合においては、右同意が労働者の自由な意思に基づいてされたものであると認めるに足る合理的な理由が客観的に存在するときは」労基法二四条に違反しない、と判示して、それまでの下級審判例(37)の考え方を支持した。保護の個別的、具体的な妥当性、適切性の判断を当事者意思に委ねることが認められた事例といえよう。学説上有力な批判があるが(38)、近時の下級審判例もこの最高裁判例に従っている(39)。ただし、最高裁判例は、労働者の自由な意思に基づく合意（同意）かどうかの判断は、「厳格かつ慎重に行わなければならない」とし、労働者の認識や労働者側の利益等を勘案して、労働者の「自由な意思に基づいてされたものであると認めるに足る合理的理由が客観的に存在していた」と結論づけている。

このケースと同様に、労働者性の判断においても、当事者、特に労務供給者側の自由意思（真意）を尊重する手法が採用できる場合がないかを検討すべき時期にきているというべきである。ただし、労働者性の判断と先の最高裁判決で問題となった事例とはいくつかの点で異なる。先の事例が、「賃金」性の判断それ自体が当事者意思に委ねられるかが問題となったのではなく、賃金に関する特定の法規定の適用の有無に関するものであることや、全額払の原則は、労使協定という当事者意思（合意）形成の形式をとれば適用除外できることがすでに明文の規定で許されている点である。これに対して、「労働者」性の判断では、労働者性自体の判断が当事者意思に委ねられるかが問題となっており、少なくとも雇用関係法による規整の有無全般に関わる問題と解されること、労使協定等による適用除外も明文の規定によって認められていないことである。したがって、解釈によって、労働者性判断において当事者意思を考慮できるとしたとしても、労務供給者の自由意思（真意）か否かの判断そのほかについて、先のケース以上に厳格かつ慎重な考慮が求められるというべきであろう。

そこで、基本的には、①自由意思（真意）が、特定の法規定の適用のみに関わるものではなく、雇用関係法の適用全般に関わるものであることを客観的に示す事情があること、②自由意思（真意）に基づいてされたものであると認めるに足る合理的理由が客観的に存在していること、③自由意思に基づく取扱が法令違反や法の趣旨に反する脱法的効果を持たないこと、といった点が具体的に充たされる必要があると解される。

以上の考え方は、労働者か否かの限界事例についてのみ当事者意思を尊重すべきであるとの見解[40]をさらに進めて、就業実態からの客観的判断によれば労働者性が明白な事例にも妥当すると解される。しかし、現実には、①〜③の要件を充足する事例が今後増加するとしても、多くは、限界事例や、労働者とそれ以外の労務供給者のいずれによってもなされ得るタイプの業務、あるいは、労務供給以外を目的とした活動（例えば、宗教活動、ボランティア活動）等においてであると考えられる。

以上の検討を踏まえると、当事者意思を重視する判例として先に挙げた2つの高裁判決のうち、法規定の適用関係に関して労働者性が問題となった東京高裁判決はどう評価されることになるのであろうか。当該判決が処理した事例は、労災保険法の適用が限界事例について問題となったものである。判決は、Xが「少しでも多額の報酬を得ようとして敢えて従業員でない地位にあることを望み、Yと運送請負契約を結んだという面があることも否定できない」と認定する一方で、「車持ち込み運転手としては、運送請負契約を結んで働く以外に選択の余地がなかったともいえる」と認定もしており、労働者性を否定することにより得られる使用者側の利益が大きこと、労務供給者にとって労働者と自営業者のいずれの扱いにより利益があるといえるかが必ずしも明白とはいえないこと等から、労務供給者側の自由意思（真意）によると認めるに足る合理的理由が客観的に認定でるかやや疑問が残る。

⑸　ところで、以上は、ある労務供給者の労働者性を当事者意思により否定できるかの問題に関わっている。労働者性の判断における当事者意思の評価という場合には、この問題以外に、労働者性がないことが客観的に明白な労務供給者について、明示、黙示の当事者意思を尊重して労働者性を肯定できるかという問題も存在する。先にあげた「山船頭」や「潜水夫」の事例（Ⅱ⑴の本文⑵参照）や、例えば、労働力確保の目的で、使用者があえて労働法等による保護のある労働契約の形式を合意するケース等考えられなくもない。この問題の検討にあたっては、罰則を伴う法規定や、罰則を伴わないが強行的効力を有する法規定ないし判例法理との関係が問題となる。罰則付きの法規定の場合、客観的には、例えば自営業者と考えられる労務供給者について、合意によって労働者性を肯定することは、罰則規定の適用範囲を拡大解釈することを意味し、使用者の同意があっても、許されないと解される。また、法規定や判例法理についても、強行的効力を有すると考えられるものについては、同様に、当事者意思（合意）によりその適用を拡大することは許されないと解される。当事者の合意によって、法規定や判例法理が規整の前提とする一般的保護必要性が発生するわけではないからである。この点、労働者性を否定する当事者意思（合意）を尊重して、罰則付きの法規定や、強行的効力を有する法規定ないし判例法理の適用を狭めることには問題ないと考えられる。法規定等の適用が労働者に不利益、不都合を生む場合にまで、規定内容の尊重を使用者に罰則付きで強制したり、合意を無効とすることまで求められていないと解すべきだからである。先にあげた最高裁判例が当事者意思（合意）の尊重を認めた事例も罰則が付された法規定の適用の有無が問題となった事例であった。

2　労働協約等と労働者性判断

特定の労務供給者の労働者性の有無について、労働協約や就業規則において明示したり、それらの運用の過程で黙示の当事者意思が形成される場合、こうした明示、黙示の当事者意思はどう評価されることになろうか。こうした当事者意思は、(1)労働契約の一方当事者である労働者か否か自体に関わる場合と、(2)労働協約や就業規則の条項の人的適用範囲に関わる場合とがあり、いずれかによって評価のあり方が異なると考えられる。例えば、従業員全員を対象とすべき労働時間規定をある契約社員に不適用とするケース等が(1)であり、退職金規定の人的適用範囲につき、パートタイマーを除外するケース等が(2)にあたると解される。

(1)の場合には、法規定や判例法理の適用対象について先に述べた考え方がそのまま妥当すると考えられる。(2)の場合は、当事者意思が特定の労務供給者を労働協約や就業規則の特定条項の適用対象に明示、黙示に含めたり、除いたりする趣旨であり、これに従うことは許されると解される。

労働者性の判断において当事者意思を尊重した判例として先に挙げた大阪高裁判決（2(2)参照）は、(1)の問題に関わると解される。従業員であれば適用のあるべき就業規則とその就業規則中の退職金規定の適用の有無が問題となっており、労働契約の一方当事者としての労働者か否かが問題となった事例といえる。また、本事例は、現実の就業実態によれば労働者性が明白なケースである。当該判決が当事者意思の評価につき示した判断について、先にあげた①～③の要件に照らすと、③の要件について、年金の受給制限規定の適用が考えられる就業実態にありながら、その適用を回避すべく請負形式を合意したことが、年金関連の法規定の趣旨に反する脱法行為にあたらないかの検討等が必要ではなかったかと考えられる。

五　むすびに代えて

以上の検討を要約すれば、以下のとおりである。

① 雇用関係法の適用対象となる労務供給者かどうか（労働者性）の判断にあたり、当事者意思をどう考慮すべきかの問題については、学説、判例の多数の考え方を再検討する余地のあること。

② 再検討においては、労働法による一般的保護必要性の有無の視点を前提としつつも、個別具体的な保護の必要性の有無の視点からの検討が必要であること。

③ 具体的に当事者意思をどのような場合に尊重できるかについては、労働者性を否定する当事者意思（合意）に限って、この意思が当事者、特に労務供給者の自由意思によっていること等の要件を充足する事例について考慮すべきと考えられること。

④ そうした考え方は、限界事例に限らず、労働者性が明らかな事例についても妥当すると考えられること。

こうした考え方に立つ場合でも、雇用関係法の適用対象となるか否か（労働者性）の判断において、現実に当事者意思が尊重される事例はさほど多くないとも考えられる。これまでは、労働者性の判断においては、当事者意思がどうであれ、就業実態からの客観的な判断の結果を、当事者に強制する考え方（法形式強制）が支持されてきたといえる。これに対して、以上の私見は、あくまで当事者意思（契約の自由）を尊重するとのスタンスを取りつつ、当事者意思の形成が一方当事者の意思のみ反映して、他方当事者（労働者）の自由意思（真意）に基づいていないと客観的に考えられる場合のみ、「契約自由の濫用」として、就業実態による客観的な判断結果を強制してコントロールするとの考え方（内容コントロール）に立つものである。[41] したがって、考え方としては、大きな転換を提案するものであり、雇用関係法の一層の「任意規定」化を承認するものといえる。

（1）労働者の意思（同意）の存在により規制をはずしたり、緩和した例として次のものがあげられる。例えば、企画業務型裁量労働制（労基法三八条の四）の実施にあたり、制度の適用対象となる労働者の同意を要件のひとつとして、みなし労働時間制の採用が認められ、労基法による労働時間制の原則の厳格な適用が緩和されている。あるいは、かつてタクシー・ハイヤーの女性運転手が自ら申し出ること等を条件に、女性労働者に対する深夜労働の禁止の適用除外が認められていた（労基法旧六四条の三第一項但書四号）。

（2）例えば、罰則付きで、私法上は強行的効力を有すると解されてきた労基法二四条が定める賃金の全額払の原則について、使用者が労働者の同意を待ってなす相殺は、労働者の自由な意思に基づいてなされたものであると認めるに足る合理的な理由が客観的に存在するときは、同原則に反しないとする最高裁判決（日新製鋼事件、最二小判平二・一一・二六民集四四巻八号一〇八五頁）や、これを受けて同旨の判示をする下級審判例（更生会社三井埠頭事件、東京高判平一二・一二・二七労判八〇九号八二頁以下）がみられる。

（3）例えば、最低賃金法二条一号、賃金の確保等に関する法律二条二号、じん肺法二条一項四号、労働安全衛生法二条二号等は、その適用対象となる「労働者」の定義を労基法九条の「労働者」定義によることを明定している。労働者災害補償保険法上の「労働者」は解釈によって労基法九条の「労働者」と同義とされている（最近でも横浜南労基署長（旭紙業）事件、東京高判平六・一一・二四労判七一四号一六頁、同事件、最判平八・一一・二八判時一五八九号一三六頁）

（4）例えば、一九八五年までの判例、学説を検討のうえ、集約した労働省労働基準局編『労働基準法の問題点と対策の方向（労働基準法研究会）』（日本労働協会、昭六一）五四頁以下。

（5）ただし、「使用従属関係」の表現は、これまでのところ最高裁判例によって採用されるまでには至っていない。最高裁判例は、原審の判断を是認するのみで自判しないものが多いが、自判したものも含めて、「労働者」性の判断は、実質的には「使用従属関係」の有無によることを是認していると解される。この法分野の「労働者」性に関わる最高裁判決は、かなり早期のものも含めて次のものを挙げることができよう。山崎証券事件、（一小）昭三六・

五・二五民集一五巻五号一三二二頁、大平製紙事件、(二小)昭三七・五・一八民集一六巻五号一一〇八頁、河口宅地造成災害補償請求事件、(二小)昭四一・四・二二民集二〇巻四号七九二頁、前田製菓事件、(二小)昭五六・五・一一判時一〇〇九号一二四頁、日田労基署長事件、(三小)平元・一〇・一七労判五五六号八八頁、大阪中央郵便局事件、(三小)平五・一〇・一九労判六四八号三三頁、横浜南労基署長（旭紙業）事件、(一小)平八・一一・二八判時一五八九号一三六頁、興栄社事件、(一小)平七・二・九判時一五二三号一四九頁、安田病院事件、(三小)平一〇・九・八労判七四五号七頁。

(6)　九州電力事件、福岡地小倉支判昭五〇・二・二五労判二二三号三四頁。

(7)　大塚印刷事件、東京地判昭四八・二・六労判一七九号七四頁。その他、例えば、最近では、横浜南労基署長（旭紙業）事件、横浜地判平五・六・一七労判六四三号七一頁、禁野産業事件、大阪地判平一一・三・二六労判七七三号八六頁等があげられる。

(8)　例えば、中央林間病院事件、東京地判平八・七・二六労判六九九号二二頁などがあげられる。

(9)　例えば、最近では、関西医科大学研修医事件、大阪地堺支判平一三・八・一九労判八一三号五頁などがある。

(10)　労務供給契約の解除が解雇にあたり、解雇権濫用の法理の適用があるかが問題となった事例で、「使用従属関係」の有無により判断するとするのが判例の傾向である。例えば、安田病院事件、大阪高判平一〇・二・一八労判七四四号六三頁、その上告審として原審判決の結論を是認した最高裁判決（前掲注（5）参照）ほか。就業規則の適用対象となるべき労務供給者か否かの問題については、従業員兼務取締役への退職金規定の適用が争われた事例が比較的多く見られるが、こうした立場を取っているものと考えられる。前田製菓事件および興栄社事件の最高裁判決（前掲注（5）参照）のほか、最近では、例えば、シンセイベアリング事件、東京地判平一一・二・一〇労判七六八号八六頁等があげられる。

(11)　太平洋証券事件、大阪地決平七・六・一九労判六八二号七二頁。

(12)　当事者意思を労働者性判断の補強的事情と評価したと考えられる判例として、例えば、中部ロワイヤル事件、名古屋地判平六・六・三労判六八〇号九二頁や協和運輸事件、大阪地判平一一・一二・一七労判七八一号六五頁があげられる。

ドイツにおいて、労働法の適用対象となるか否か（被用者性）の判断について、最上級審である連邦労働裁判所（以下ＢＡＧと略記する）は、明示の当事者意思（合意）を、現実の就業実態と矛盾しない限りで尊重できるとする判断傾向を示している。拙稿「ドイツ労働法における被用者概念と当事者意思」同志社法学（同志社法学会）二八八号（五四巻三号、二〇〇二）四五一頁以下。

（13）　例えば、運送会社と業務委託契約を締結し、運送業務に従事した運転手のケースを扱った中部ロワイヤル事件（前掲注（12）参照）等があげられる。

ドイツでは、ＢＡＧが限界事例について、合理的理由の存在を要件に、明示の当事者意思（合意）に従った判断を認める傾向にある。しかも、この合理的理由として、使用者側の事情（例えば、業務上の必要性）も考慮されている。ドイツでは、有期労働契約の締結について、これが解雇規制を回避する脱法的目的に資する場合があり、これを防止するために、判例上で、労働者の同意や使用者側の経営上の必要等の合理的理由が必要との原則が確立されている。この考え方をそのまま、被用者性の判断に持ち込んだものと説明されている。そのため、使用者側の事情も考慮できるとされているものと解される。前掲拙稿（注（12））四五一頁以下参照。

（14）　例えば、契約書中に「入社一ヶ月間を研修見習期間とする」「賃金」「終業時間、朝礼、ミーティング、一〇時必ず出席のこと、その他の時間は個人の自由とし、…直接自宅に帰宅も可能」等、労務供給者Ｘらを供給先Ｙの従業員として雇用することを前提とする規定、文言があることを指摘し、労働契約性（労働者性）を肯定する事情のひとつにあげるものがある。中部ロワイヤル事件（前掲注（12）参照）。あるいは、研修や宗教活動のように労務給付自体を第一の目的としない事例についても、「研修目的からくる自発的な発意の許容される部分を有し、…特殊な地位を有することは否定できない」としても（関西医科大研修医事件（前掲注（9）参照））とか、「宗教上の奉仕活動として勤務することと、その者が労基法上の労働者たることとは矛盾しない」（実正寺事件、松山地今治友判平八・三・一四労判六九七号七一頁）として、「使用従属関係」の有無により労働者性を判断している。
(15) 福住商事事件、大阪地判平一一・六・三〇労判七七四号六三頁。その他、呉労基署長（浅野建設）事件、広島地判平四・一・二一労判六〇五号八四頁、タオヒューマンシステムズ事件、東京地判平九・九・二六労経速一六五八号一六頁、協和機工事件、東京地判平一一・四・二三労判七七〇号一四一頁、泉証券事件、大阪地決平一一・七・一九労判七七四号八〇頁等があげられる。
(16) 日田労基署長事件、大分地判昭六一・二・一〇労判四六九号二〇頁。
(17) 田辺労基署長（君嶋組）事件、和歌山地判平三・一〇・三〇労判六〇三号三九頁。
(18) こうした傾向は、少なくとも下級審レベルの傾向として確認できるが、最高裁については、こうした考え方を示したと解される原審の結論を是認する限りで、その傾向を支持していると解される。
(19) 江東運送事件、東京地判平八・一〇・一四労判七〇六号三七頁。
(20) 例えば、一般従業員に適用のある就業規則の適用についての合意の存在と、一般従業員に対すると同様の出退勤管理が現実になされたとの評価を行った中部共石油送事件の名古屋地裁判決（平五・五・二〇労経速一五一四号三頁）や、委託者の指示への諾否の自由について、他社の業務の遂行が契約上禁止され、事実上も困難で、ほぼ完全に制限されていたとの評価を行った新発田労基署長（新和コンクリート）事件の新潟地裁判決（平四・一二・二二労判六二九号一一七頁）等があげられる。
(21) 北浜土木砕石事件、金沢地判昭六二・一一・二七労判五二〇号七五頁。その他にも、例えば、横浜労基署長（旭紙業）事件、横浜地判平五・六・一七労判六四三号七一頁ほか多数。
この点について、ドイツでは、ＢＡＧ判例が、契約形式に限らず、労務供給契約上示された当事者意思（合意）は、現実の就業実態と矛盾しない限りで尊重される旨を明言している。前掲拙稿（注（12））四五一頁以下参照。
(22) 呉労基署長事件（前掲注（15）参照）。その他にも、大阪府立高校警備員事件、大阪高判平二・七・三一労判五七五号五三頁、相模原労基署長（一人親方）事件、横浜地判平七・七・二〇労判六九八号七三頁、協和運輸事件

（前掲注（12）参照）。

（23）　スター芸能プロ事件、東京地判平六・九・八判タ八八三号一九三頁。

（24）　新発田労基署長（新和コンクリート）事件（前掲注（20）参照）。その他にも、例えば、関西医科大学研修医事件（前掲注（9）参照）。ドイツでは、ＢＡＧ判例の多くが、契約書等に明示された合意内容と契約の現実の履行から、「現実の業務内容」が推論され、そこから被用者性が判断されると説明している。前掲拙稿（注（12））四五一頁以下参照。

（25）　横浜労基署長（旭紙業）事件、東京高判平六・一一・二四労判七一四号一六頁。その他、労務供給者が特殊な地位にあった点に客観的事情からみて労務供給者に利益があったかを検討するものがあり、これも、新発田労基署長（新和コンクリート）事件（前掲注（20）参照）。

（26）　本件第一審判決（前掲注（21）参照）、最高裁判決（前掲注（5）参照）は、本件判決のような当事者意思を重視した考え方を取らず、現実の就業形態を総合的に考慮して結論を導く判例一般の傾向を承認している。ただし、同様の立場に立つ一審判決と最高裁判決とで結論が逆であり、その分岐点は、「同社の一般従業員」のような典型的労働者との近似性をどこまで重視するかにあったと考えられる。

（27）　大興設備開発事件、大阪高判平九・一〇・三〇労判七二九号六一頁。

（28）　本件第一審判決（京都地判平八・一一・一四労判七二九号六七頁）は、Ｘの労働者性の判断によらずに結論を導いている。

（29）　例えば、『労働基準法の問題点と対策の方向』（前掲注（4）参照）参照。

（30）　例えば、菅野和夫『労働法（第五版補正二版）』（弘文堂、平一三）六九頁―七一頁参照。

（31）　下井隆史『労働基準法〔第三版〕』（平一三、有斐閣）二四頁。その他、当事者の客観的利益状況から推論される当事者意思（認識）であれば、客観的事実に基づき労働者性を判断するとの判例の基本的立場と矛盾しないとして、そうした意味での当事者意思の考慮に肯定的な見解もある。藤原稔弘「車持ち込み運転手の労災保険法上の労

働者性」日本労働法学会誌九一号（平一〇）一四四頁。
(32)　安西愈「「労働者概念」の多義性とその差異をめぐって」季労一四五号（昭六二）一六二頁。ドイツにおける学説の議論状況も、わが国の議論の状況と類似している。前掲拙稿（注(12)）四五一頁以下参照。
(33)　こうした問題意識はすでに、例えば、下井隆史・前掲書（前掲注31参照）一九頁―二〇頁参照。
(34)　前掲注1参照。
(35)　菅野和夫・前掲書（前掲注(30)参照）、七七頁―七八頁。
(36)　日新製鋼事件、最判（二小）平二・一一・二六民集四四巻八号一〇八五頁。
(35)　本件第一審（大阪地判昭六一・三・三一労判四七三号二六頁）、第二審（大阪高判昭六二・二・二九労判五〇七号五三頁）のほか、大鉄工業事件、大阪地判昭五九・一〇・三一労判四四三号五五頁等があげられる。
(38)　菅野・前掲書（前掲注(30)参照）、一二〇頁―一二一頁
(39)　更生会社三井埠頭事件、東京高判平一二・一二・二七労判八〇九号八二頁。
(40)　筆者は、かつて、少なくとも限界事例についての労働者性判断において、当事者意思を考慮する可能性を肯定したことがある。拙稿「社会構造の変化と労働者概念」『労働市場の変化と労働法の課題』（平八、日本労働研究機構）三五頁。
(41)　ドイツにおいて被用者性判断では当事者意思を尊重すべきであると主張する学説にも、同様の判断をするものがある。前掲拙稿（注(12)）四五八頁以下参照。

（二〇〇二年五月脱稿）

2　雇用類似の労務供給契約と労働法に関する覚書

島田陽一

一　はじめに
二　労働法の適用範囲の画定をめぐる議論の到達点と課題
三　日本における労働法の適用範囲をめぐる議論の問題点
四　雇用類似の労務供給契約と労働法の新たな課題

一　はじめに

労働法は、機械制大工業のもとでの労働形態が孕む弊害に対する政策的対処として二〇世紀に誕生した。今日フォーディズムと呼ばれるこの時期の生産システムにおける主要な労働形態は、工場主に雇われた労働者が、工場主またはその代理人による指揮監督のもとで、命じられた仕事を行い、その見返りとして労働者が工場主から報酬を受け取るというものであった。この労働形態は、法的には、労働一般から区別されて雇用労働と呼ばれる労務供給契約に対応していた（日本民法では雇傭、民六二三条以下）。この結果、労働法は、労働一般の法ではなく、雇用労働の法として発展を遂げたのであった。そして、労働法は、それまで雇用労働が享受していた私的自治の世界に公的な規制を課する法として展開したのである。市民法原理の修正としての労働法原理の独自性が語られるのは、このことに対応する。このようにして労働法は、雇用労働を対象に独自の法原理のもとに閉じた世界を形成していったのである。また、社会保障の世界においても、雇用労働に従事する者（雇用労働者または被用者）は、その他の者に比べ有利な制度の適用を受けることになった。

しかし、このような閉鎖的な労働法の世界は、二一世紀においても保持されていくのであろうか。少なくとも、現実の労働の世界では、従来労働法が前提として労働関係が大きく変容を遂げていることは事実である。そこでは、閉じた労働法の世界の基盤を揺るがす事態が進行しているということができる。

かつて企業では、その生産に必要な機能を自社に統合することが合理的と考えられ、その業務は基本的に正社員として雇用された労働者が担ってきた。しかし、ＩＴ革命といわれる情報通信技術の目覚しい発展や国際競争の激化などの企業をめぐる劇的な環境変化に伴って、企業は、労務費および事業費をより一層削減するリストラクチャリングが迫られることになった。この結果、従来正社員が従事してきた多くの業務が、パートタイム労働者などの非正規労働者に担われることになり、また、アウトソーシング（業務の外部化）されることになった。いわゆる就業形態の多様化が起きたのである。今日では、一つの事業所において、さまざまな法的地位にある労働者が就労していることが世界各国で至極ありふれた姿となりつつある。(1)

日本でも労働省（当時）の「平成一一年就業形態の多様化に関する総合実態調査」によれば、いまや全労働者のなかで非正社員が二七・五％を占めるに至っている。しかもこの調査では、同一の事業所で就労している労働者という中に、アウトソーシングによって近年急速に増加している業務請負業者に雇用される労働者（業務請負労働者）が含まれていない。(2) 業務請負労働者については、公式統計があるわけではないが、少なくとも約一〇〇万人程度にのぼるという推計が示されている。(3) この数字は、派遣労働者を上回る数字である。(4) また、事業所の内外を問わず、業務請負契約または業務委託契約という形式で就労する者など、雇用に類似した要素を備えている就業形態が多様な発展を遂げている。(5)

このような労働の世界の状況変化によって、工場における労働関係を労働法の基本モデルと想定することの妥当性が鋭く問われるようになった。もっとも苛酷な労働環境におかれた工場労働者の法として出発した労働法は、今日では、典型的には、企業に正社員として雇用される、相対的に恵まれた労働者のための法となったという印象をもたれる状況すら生まれている。そして、正社員の傍らに、企業に対して労務を供給するということでは、正社員と同様であるにもかかわらず、正社員が享受する権利や利益から排除されている人々が次第に増加しているのである。

これらの人々の就労条件について、市場に委ねておけばよく、労働法自体が変わる必要はないのか、それともこれらの人々こそ労働法による支援が必要であり、そのために労働法自体が変容すべきなのかを見極めることが今日の労働法学に課せられた大きな課題であろう。これはいわゆる非典型雇用をめぐって生じる問題に労働法がいかに対処すべきか、という課題に他ならない(6)。

この課題は、多面的かつ多様な問題を含んでいるが、本稿では、これらのうち、請負・委任など労働契約以外の労務供給契約の形式で企業に労務を提供する就業者をめぐる問題を労働法的観点から検討する(7)。この問題を取り上げるのは、二〇〇三年のＩＬＯ第九一回総会で討議されることになっているなど国際的には非常に注目を集めつつあるが(8)、これまで日本では必ずしも十分には解明されていない課題であるからである(9)。具体的には、雇用に共通する要素を含む労務供給契約に対する労働法の理論および制度の適用可能性の問題に関して、解釈論および立法政策論の立場から、再検討に着手しようとするささやかな試みである(10)。

この問題は、従来の議論でも、労働契約の概念または労働者概念に関する中心的論点であったといえる。少なくとも実用法学のレベルでの議論は、典型契約としての雇傭（労働契約）からみると非典型的な就業形態に対して、労働法の理論および制度を適用することの可否に関わっていたといって過言ではないからである。この古くから議論されてきた問題は、今日の雇用・就業形態の多様化のなかで、より裾野の広い新たな問題として労働法学に検討を迫っていると考える。

本稿は、次のような手順で設定した課題に接近したいと考える。

まず、労働法の適用範囲の画定をめぐる日本およびＩＬＯを含む諸外国の議論を紹介する。このことにより、本稿の課題を検討するための論点が確認できるであろう。

次に、日本におけるそれぞれの論点につき考察を加えることを通じて、雇用に類似する要素を含む労務供給契約をめぐる法律問題を検討する際に必要な視角を明らかにする。

そして最後に、雇用に類似する要素を含む労務供給契約をめぐる法律問題について、解釈論および立法政策論の観点から一定の問題提起をしたいと考える。

なお以下では、雇用に類似する要素を含む労務供給契約にもとづいて就業する者について、便宜上「従属的就業者」という用語をあてる。

二　労働法の適用範囲の画定をめぐる議論の到達点と課題

さて、本稿の課題は、雇用に類似する要素を含む労務供給契約に対する労働法の理論および制度の適用可能性を検討することにあった。この検討対象自体は、さして目新しいものではないと思われるかもしれない。確かに労働法学上の「労働者概念」をめぐる中心的な論点の一つが、正規雇用の周辺に絶えず存在してきた、請負・委任の法形式をとりながら、その法形式が前提とする独立性に欠ける就業者に対する労働法上の理論および制度の適用可能性を検討することであったからである。しかし、従来の議論の延長線上では必ずしも適切な問題解決を得られず、新しい視点が必要であると思われる。以下この点について検討していきたい。

1　「労働者概念」の判断基準に関する従来の議論

労働者概念に関する議論を振り返ってみると，労働者性の判断基準について多様なヴァリエーションがあるものの，国際的にも概ね共通する傾向を次のようにまとめることができるであろう[11]。

労働者性の判断基準は，労働者が使用者の指揮監督のもとで就労しているということ，すなわち人的従属性の有無が第一次的な基準であった。この人的従属性基準は，労働法が工場労働者や定型的な業務に従事する労働者を適用対象としているときには適切に機能したが，管理職や専門職のような労務提供における裁量性の高い労働者にも労働法が適用されるようになると，労働者性の判断基準として不十分となった。この段階において労働者概念をめぐって法的な概念と社会的事実との間に乖離が顕になってきたのである。このため，各国において，自らの生計手段を得ることについて他人に依存しているために，労働条件の決定において独立性を維持できないという経済的従属性基準などが補足的に労働者性の判断基準として用いられるようになっていった。これら判断基準の具体的な適用においては，従属性を示す一群の具体的な指標が形成され，それらの組み合わせによって労働者性が判断される手法がとられるようになったのである。

日本でも，現在においては，人的従属性に経済的従属性を併せて用い，総合的に判断するというのが学説の多数説となっているといえる[12]。また，現在の判例・行政解釈に大きな影響を与えている一九八五年に公表された「労働基準法研究会報告」が示した労働者性に関する一般的判断基準[13]も，基本的に同様の立場にあるといってよい。

しかし，この判断手法は，事実認識の問題としてまぎれのない「労働者」の範囲確定を可能とするわけではない。この「労働者概念」は，あくまで労働法の適用範囲を画定するための目的概念として理解されねばならない。[14] 裁判における事実認定も単なる認識の問題ではなく、常に法的評価を伴うとされるが、[15] 労働者性の判断も、ある就業者に対して労働法を適用するのが妥当であるという規範的な判断を伴うのである。従って、この判断手法によって、労働者の範囲が広くなるか否かは、人的従属性に乏しい就業者のうち、どのような範囲の者に労働法を適用するのが妥当と考えるかに依拠しているといえる。

近年の企業業務の外部化の進行によって、企業が従来以上に自営業者を利用するようになってきている。これらの自営業者は、企業との関係を考えると、専門性が高く独立性の高い就業者から実質的には当該企業に対して独立性の乏しい就業者まで多様である。[16] とくに労働法が発展すると企業にとって人事管理上制約要因が増えるため、この制約を免れるために、意図的に自営業者が創出されることがある。このようななかで、労働者性の判断基準が労働法の提供する保護を享受すべき就業者を適切に見極められるよう機能しているかが問われているのである。日本の労働者性の判断基準についても、この視点から評価する必要がある。

2　労働者概念に関する二分法的な解決の問題点

従来の労働者概念に関する議論は、検討対象となった就業者が労働法上の労働者とされない限り、労働法上の制度および理論が一切適用されないという二分法的な解決方法が採られることが前提となっている。しかし、このように労働法の適用範囲を画定するという手法自体には自ずから限界がある。実際の就労状態に着目すれば、労働契約であるのか請負または委任であるのか微妙なグレーゾーンがあることを考えると、従来のような二分法的な解決には、もともと無理な割り切りが内在しているからである。このことを日本の議論に引き付けて多少詳しく述べておこう。

ここで検討すべきことは、労働基準法が予定しているようにさまざまな労務供給契約について、労働契約とその他とを截然と区分することは、そもそも可能かという問題である。この問題を考えるために、民法が労務供給契約の典型契約としている雇傭・請負・委任の区別について考えてみよう。[17]

民法は、労務供給契約の典型契約として雇傭（民六二三条以下）のほか、請負（民六三二条以下）および委任（民六四三条以下）を規定している。この三つの典型契約については、理念的には以下のように区別されている。

図表1　役務型の契約の諸類型

	目的	役務給付の裁量性	有償性
雇傭（雇用）	役務の給付	使用者の指揮監督下	○
請負	役務の結果の給付	自己の裁量	○
委任	役務の給付	自己の裁量	△

まず雇傭は、「労務供給」それ自体を目的としているのに対し、請負は「仕事の完成」を目的としている。また委任は受任者が自己の裁量において労務を供給するのに対して、雇傭は相手方の指揮命令に従って労務を供給する（図表1参照）。

しかし、もちろんあらゆる労務給付契約がこの三つの典型契約に区分されるわけではなく、それぞれの境界線上に双方の特徴を備える混合契約が存在している。そして、契約解釈のレベルで考えるならば、現実の多様な契約について、特定の典型契約類型に当てはめることはできないことが当然視されているし、それによって問題解決が不可能となるわけではない。[18]混合契約については、当事者の意思を尊重しながら、契約ごとに適切な適用法規を探求すればよいのであり、それぞれの典型契約について、その概念の外延を明確にする必要性に乏しい。

これに対して、労働契約は、私法的な契約概念であると同時に行政取締法規として性格を具有する労基法上の概念でもあるので、その外延の確定という困難な作業が求められてる。[19]

さて、この関係を概念的に示したのが図表2である。雇傭・請負・委任の領域については破線で囲み、労働契約の領域は実線で囲んでいるのは、前者の境界は、曖昧である

図表2　労働契約と雇傭・請負・委任の関係図

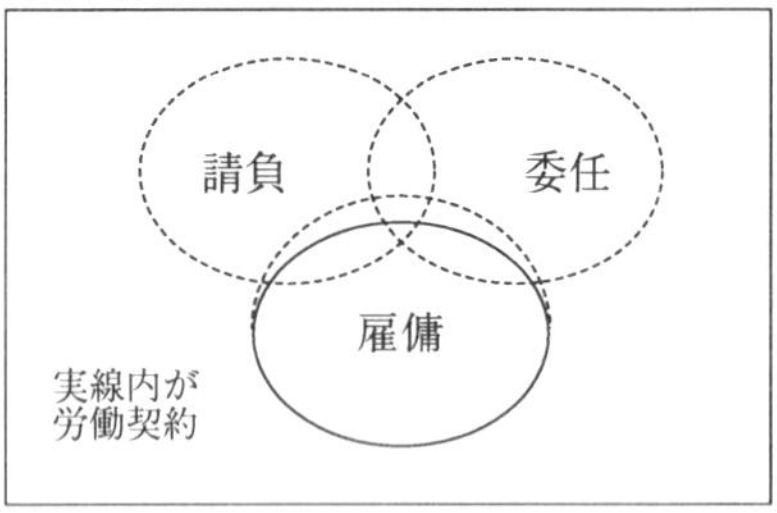

のに対して、後者の境界は、概念的にはその外延が明確でなければならないことを意味している。この図表の示すように、労働契約は、典型契約としての雇傭にあたる契約を中核とし、請負または委任の要素を含み、典型契約としての雇傭とは言えない混合契約の一部を含む[20]。もっとも、これはあくまで概念上のことであり、現実には、ある労務供給契約を労働契約か否かを図表に描かれている実線のように截然と区別することは、およそ不可能というべきであろう。しかも労働契約の外延を示す実線は、概念においても、アプリオリに決定されているのではない。雇傭の破線と労働契約の実線に囲まれた部分が、雇傭の要素を有するが労働契約にはあたらないとされる領域であるが、この領域の大きさは、どのような労働者性の判断基準をどのように運用するかによって変動する。

労務供給契約のなかで労働契約の範囲を確定するという作業は、そもそも以上のような意味での人為的な無理を内包している。そして、この無理を伴う作業は、工場労働者にとどまらず多様な労働者を同一の概念で捉える必要性に迫られるにつれて、労働者性の判断基準に複雑な指標を生み出すことになったといえる。

労働者性の判断基準における総合的判断手法とは、この無理を承知のうえで、近似値を出して割り切ろうとするものである。そして、それはまた、公法的性質を有する労働法規の適用においては、避けて通れない作業でもあるところに問題の難しさがある。言い換えれば、労働法が単なる私法的な紛争解決のための任意的なルールを定めている法ではなく、契約に公法的規制を課し、また労働者保護のための特別な制度を提供する法であることから、その適用範囲の確定において、二分法的な解決を取らざるを得ないのである。

ところで今日では、裁量労働制や在宅勤務の普及[21]に示されるように、企業から仕事に関して直接的かつ詳細な指揮命令を受けることが少ない労働者が増加しているが、企業の正社員であれば労働契約の存在が当然の前提とされている。そして、会社の取締役も健康保険法の被保険者資格が認められている[22]。これは、労働者概念または労働契約概念の核心的判断基準である人的従属性が相対的に希薄な労働者であっても、企業の正社員であれば、労働者としての保護を受けることができることを意味する。これに対して、情報通信技術の発展のなかで増加しているフリーランサーなどと呼ばれるがユーザー企業に対する独立性に欠ける業務委託契約者は[23]、実務上自営業者として取り扱われ、労働法の適用対象からほぼ完全に排除されている。とくに、この業務委託契約の業務が、かつては当該企業の正社員が従事していたものである場合には、その取り扱いの差の不合理性が一層際立ってくるであろう。

そこで、労働法の適用の有無によって生じる落差があまりに大きくなると、この落差を埋めるための何らかの対応が必要となってくる。その対応策の一つが労働者性の判断基準を修正して、労働者概念を拡大するという手法であった。この手法は、企業が人件費・労務費の削減および労働法の適用の回避のために、事実上は自社の労働者として取扱っているにもかかわらず、形式的には自営業者としている就業者、すなわち偽装された自営業者を労働法の適用領域に取り込むという課題には適切に機能すると評価できる。

しかし今日、ＩＴ革命といわれる情報通信技術の著しい発展および国際競争の激化によって、企業組織のあり方自体が大きく変わり、雇用・就業形態が多様化するなかで、労働者と自営業者の区別が以前にも増して相対化・流動化すると[24]、従来の単純な二分法的な解決が妥当しない状況に直面することになった。偽装された自営業者とはい言い切れない、労働者的要素と自営業者的要素を併せ持つ就業者が増加しているからである。このような就業者の置かれている状況の多様性を考慮すると、労働法の適用について二分法的解決を前提とした労働者概念の拡大という手法だけに頼るのではなく、従来の労働法の部分的な適用という柔軟な措置の必要性が高まっているといえる。

3　労働法の適用範囲をめぐる諸外国の立法政策の現状

労働法の適用範囲画定に関しては、いくつかの国では独特の立法的な対応がみられるし、また、近年ＩＬＯを舞台とした国際的検討が続いている。そこで、これら諸国の多様な経験およびＩＬＯの議論の状況を概観してみよう。

⑴　労働法の人的適用範囲を拡大する立法

まず人的従属性が希薄である、特定の職業に従事する者と企業との契約を一定の条件のもとで労働契約とみなすという立法がある。これは、フランスにおいて商品販売などを担当する商業代理人（voyageur, représentant et placier 以下ではＶＲＰと表記）について古くからとられた方法である[25]。ＶＲＰについては、①一人もしくは数人の使用者のために就労すること、②もっぱら代理業に継続的に従事していること、③自己のために実質的にいかなる商取引も行わないこと、および④販売または購入のために提供されるサービス供給または商品の性質、ＶＲＰが業務を行う地域もしくは訪問を担当する顧客の種類および報酬率を定める契約を使用者と締結していることがその契約を労働契約とみなす要件とされている。これらの法定要件をみると、経済的従属性を重視した判断基準であることが分かる。

フランスでは、ＶＲＰ以外にも、ジャーナリスト（L.761-1 条以下）、俳優（L.762-1 条以下）、モデル（L.763-1 条以下）について、同様の立法がある。

ジャーナリストが労働法の適用を受けるためには、ジャーナリストを有償かつ定期的な主たる仕事としていること、この仕事を主たる収入源としていることおよび一誌または数誌の日刊もしくは定期刊行の出版物においてジャーナリストとして活動していることが必要であるとされる（L.761-2条）。この判断基準では、最後の指標が重要である。前二者は、あらゆる職業活動に共通する指標であり必ずしも従属性を判断する特別な指標とはいえないのに対して、最後の指標は、ジャーナリストが特定の使用者と恒常的な関係を有していることを重視しているからである。この事実によって、ジャーナリストが一般の労働者に近似する地位に置かれることになるというのがこの判断基準の基本的な考え方である。

俳優およびモデルについての規定は、ＶＲＰおよびジャーナリストと比較すると、厳格な従属性を要求していない。俳優の契約を労働契約とする推定は、その報酬方法およびその額ならびに契約当事者が契約に与えた法的性質によって覆ることはない。また、俳優が個人的に芝居に出演するときに、演技について表現の自由を保持すること、使用する用具について単独もしくは部分的な所有者であること、あるいは一名または数名の助手を使用しているという事実によっても労働契約としての推定を覆すことはできないとされている（L.762-1条2項）。モデルについても、その動作について完全な自由を保持している事実によっては、法の定める労働契約としての推定を覆すことはできないとされている（L.763-1条2項）。このように俳優およびモデルに関しては、一般的には労働者性を否定する要素となる事実があっても、労働契約としての推定が覆らないことを立法があえて規定しているのである。

さらに、特定の顧客、供給業者またはネットワークに対する依存度の高い従属性の高い商人（commerçant）または個人企業主（chefs d'entreprise individuels）に労働法を適用するために、彼らを労働者と同視する立法（L.781-1条以下）および明示的に非被用者とされる支配人（gérants）について、最低賃金などの特定の規定を適用する規定（L.782-1条以下）がある。

前者の規定では、商人または個人企業主が労働法の適用を受けるための基準として、その業務が特定の企業のために排他的または準排他的になされること、その企業により提供された、または許可された場所で営業すること、およびその企業が販売条件または価格を定めていることなど基本的に経済的従属性に関する指標が定められている。この結果、例えば商人または個人企業主が使用者責任を負っているという場合にでも、労働法の適用を受けることが可能となっている。

この規定は、もともとは街頭の新聞販売所（kiosques）店長および宝くじ券販売者の保護を目的として制定されたのであるが(26)、判例において適用範囲が次第に拡張され、ガソリンスタンド店長(27)、一手販売特約店主（concessionnaires, dépositaires et distributeurs exclusifs）(28)、さらにはフランチャイズ契約者にも適用されるようになった(29)。このように、L.781-1 条は、特定の職業に限定されない一般的な性格を有していることに特徴がある(30)。

以上に紹介したフランスの立法は、人的従属性に乏しいが、労働法の保護を適用するのが妥当と考えられる特定の職業について、その職業の特性に配慮した労働契約の推定規定を設けていることが注目される。本稿の課題からすれば、立法政策を検討するうえでの示唆が大きいと思われる。

もっとも、このような規定を設けても、問題が一義的に解決するわけではなく、その具体的機能は、判例による解釈に委ねられることになるし、実定法規の適用において二分法的解決となることは避けがたいことはいうまでもない。

(2)　労働者と自営業者との間に中間的な概念を設ける立法政策

次に近年になった登場してきたのが、労働者と自営業者との間に中間的な概念を設ける立法である。この種の立法は、カナダ、ドイツおよびイタリアで見られる(31)。

カナダでは、団体交渉当事者の範囲画定について判例によって形成された従属的請負契約者（dependent contractor）という概念を立法のなかに取り入れている。カナダ労働法典（Canada Labour Code）は、被用者

(employee）に、従属的請負契約者を含むと定義し、そして従属的請負契約者としては、第一に輸送用車両を所有、購入または賃貸する運転手（傭車運転手）および第二に漁業共同事業者である漁師という具体的な職業があげられる外、第三に包括的な類型が定められている。この第三の類型は、雇用契約に基づいて使用されているか否かを問わず、他人に対して経済的従属状態に置かれ、かつ当該他人にために職務を履行する義務を負っている形態において当該他人のために作業もしくは業務を履行する者と定義されている。このような従属的請負契約者を被用者に含める規定は、オンタリオ州などいくつかの州法にも見られる(32)。

カナダの立法の特徴は、典型的な被用者と典型的な自営業者との中間概念の適用領域を集団的労使関係法に限定していることであろう。カナダにおいて従属的請負契約者という中間概念が法定化された背景としては、裁判所および労働委員会の実務において労働者概念の拡張的な解釈が遅れたことがあげられている(33)。このカナダの経験は、被用者と自営業者との中間概念の立法化が必要であるかを検討する際には、労働者概念の解釈を通じた拡大がどの程度実現しているかという点が重要な考慮事項となることを示唆しているといえる。

また、カナダの従属的請負契約者は、立法では詳細に定義されず、具体的な適用基準については、団体交渉紛争を管轄するカナダ労働委員会（Canada Labour Relations Board）または各州の労働委員会における実務に委ねられていることも特徴といえよう。このような傾向の究極のものとしてサスカチュワン州労働組合法では、もはや従属的請負契約者という概念を使用せず、「同法の目的のために州労働委員会が指定する者」という柔軟な規定を設けていることが注目される(34)。

ドイツでは、労働法の一定の領域において「被用者類似の者」という概念が導入されている。この中間概念は、人的従属には欠けるが経済的に従属性がある者とされている。この経済的従属性は、①一人で、言い換えれば他の労働者の補助なしに就労している事実、②主たる注文主から収入の半分以上を得ている事実および③

社会的保護の必要性が被用者のそれに類似する事実を指標として判断される。「被用者類似の者」は、連邦休暇法や労働協約法、労働裁判所法、労働保護法などの立法の適用対象とされている。[35]

ドイツの立法については、「被用者類似の者」の判断基準およびその効果について、法的な簡潔さに欠けるという問題点が指摘されている。[36]

またイタリアでは、準従属労働者という中間概念がいくつかの立法で導入されている。この中間概念は、一九七三年に個別労働紛争の特別手続を一定の範囲の自営業者に拡張するために導入された（民事訴訟法典四〇九条）。準従属労働者は、商業代理人の契約関係ならびに従属性がなくとも、継続しかつ連携した労働を個人として提供することによって成立している協働関係と定義された。その後、この準従属労働者という概念は、二〇〇〇年の労災保険制度の改正においても導入されている。[37]

被用者と自営業との間の中間概念に関するドイツの立法例と比較すると、適用範囲がイタリアの法が狭いことおよびイタリアでは判断基準において社会的保護の必要性が被用者に類似するという指標がないことが指摘できる。

以上のような立法例をみると、被用者と自営業者との間に中間概念を設ける場合には、労働法の一般的な適用ではなく、労働法のうちでも特定に領域の制度をこれらの就業者に拡張して適用しようとするものであることが分かる。

典型的な被用者から典型的な自営業者まで多様な段階があることを考えると、被用者とは同視できないが、社会的には一定の範囲で労働法的な保護を要する自営業者が存在するであろうことは当然といえよう。被用者と自営業者との間に中間概念を設けることは、労働法の部分的な適用を行う必要があるときには、一つの有力な選択肢として検討すべきであろう。

⑶　労働者概念の範囲を限定する立法

以上に紹介した立法例は、いずれも労働法の適用範囲の拡大を目的としていたが、これとは逆に労働者概念の範囲を限定する機能を有する立法例もある。フランスの一九九四年二月一一日の法律(loi Madelin マドラン法)が導入した規定がそれである。(38)この規定は、さしたる現実的効果も発揮しないまま、二〇〇〇年一月一九日の法律により、すでに廃止されたのではあるが、(39)労働者概念を限定するというベクトルでの実験的な立法例として紹介しておこう。労働者概念をめぐる議論は、決してその拡大というベクトルでの議論だけではないからである。雇用政策および産業政策において自営業の拡大を重視する立場からは、むしろ労働者概念の範囲を限定する議論が展開されるのである。

さて、マドラン法は、商業・会社登記簿、手工業者名簿、代理商登記簿に登録されている個人または社会保険料徴収組合に属する個人については、労働契約がないことを推定するとした(旧L.120-3条)。この推定を覆すためには、契約の相手方と恒常的な法的従属関係(subordination juridique permanente)があることを立証することが必要とされた。登記簿などの客観的事実によって、労働契約の不存在を推定するというのは、確かに簡明な手法といえよう。しかし、この推定を覆すためことを労務供給側に求めるということが妥当であるかは別問題であろう。しかもフランスにおいては、それまで従属性の判断基準に取り入られてこなかった「恒常性」という基準を導入したことにより、臨時的または間歇的な労働契約関係の場合には、この推定を覆すことができなくなるという点でも問題があったといえる。(40)

⑷　ＩＬＯにおける議論の状況

ＩＬＯにおいても、労働法の保護の受けない労務供給者の問題が取り上げられ、(41)議論が継続している。第八六回総会(一九九八年)請負(契約)労働(contract labour)に関する条約の採択が提案されたが、実現しなかった。(42)

そして、二〇〇三年の第九一回総会において、若干視点を変えて、労働法の適用される雇用関係（employment relationship）の範囲に関する条約・勧告の採択を実現すべく準備作業が進められている。ここでは、最近のＩＬＯ理事会報告書[43]を参考にＩＬＯにおける議論の状況を紹介したい。

ＩＬＯ理事会は、雇用関係上の地位が偽装されるか、または不明確であるために労働法の適用を受けていない従属的就業者（dependent workers）が世界的規模で生じているという認識から、労働法の適用範囲の再検討が必要であるという見解を示している。

この問題についてＩＬＯでは、当初、請負（契約）労働という被用者とは異なる新しい統一した概念により対処しようとした。しかし、請負（契約）労働という用語自体について言語上[44]および概念上の問題があることが条約案の討議をめぐり明らかとなり、条約の採択が見送られ、かつＩＬＯはこの用語を使用しないこととした。そこで、当面は、要保護状況にある就業者（workers in situations needing protection）という用語が採用されることになった。具体的には、従属的就業者について、①ユーザー企業と明示的な雇用関係がないが、②ユーザー企業に依存または従属する、雇用関係を特徴付ける条件に類似する条件で、③自らユーザー企業のために労務供給を行なっているのである者を意味すると定義された[45]。

その後、この問題を検討するためにＩＬＯ第八六回総会の決議に基づいて二〇〇〇年五月に専門家会議が開催された[46]。この会議では、各国がこの問題に対処するためにとるべき措置として、①従属的就業者と自営業者との区別に関するガイドラインの提供、②就業者に対する効果的かつ適正な保護の付与、③本来の性質を偽装された雇用関係に対する対処、④真正の独立した請負業者の発見を阻害しない配慮および⑤就業者の法的地位を決定するための適正な紛争解決制度の設置が提案された[47]。

この会議を受けてＩＬＯ理事会は、二〇〇三年の第九一回総会に、雇用関係の範囲の再検討という観点から条約・勧告案を提出することを決定した。そして、二回の総会での討議を経て条約を採択する通常の手続をとらず、一回の討議で採択する手続をとるとしている。理事会によると、条約には以下の点を規定することを予定している(48)。

① 現在の雇用関係の実情を考慮して、適当な時期ごとに雇用関係の適用範囲を再検討し、必要があればそれを明確化し、かつ現状に適応させることを目的とする労働者保護政策の策定および実施。

② 雇用の変化を分析し、必要な措置の採用および実施のために政府に助言する適切な機関の設立または任命および公権力および労使の代表のこの機関への参加。

また勧告に規定される予定の事項は以下のとおりである(49)。

① 依存または従属に関する基準の実際の指標、雇用関係の定義、当事者間の法的性質の決定および紛争解決に関する手続および証拠手続に関する便宜。

② この条約および勧告のいかなる規定も、使用者が真正に独立した、すなわち真に民事的または商事的な契約関係を他の人々を結ぶ権利を方法を問わず制限すると解釈されてはならないことを明確にすること。

さらに、雇用関係の適用範囲の問題は、第九一回総会では一般討議でも以下の四つのテーマで議論される予定である。

① 保護を欠く従属的就業者の実態およびそれらが発生する原因

② この問題の解決方法

③ 労使代表の参加する、従属的就業者の政策策定のための援助機関のあり方

④ この問題でのＩＬＯの役割

以上のＩＬＯ理事会の提案を見ると、契約(請負)労働という自営業者と被用者との中間的な概念を前提とし

て、従属的就業者の保護の問題を検討するのではなく、雇用関係の範囲という共通の土俵を設定したことが特徴的である。典型的な自営業者と典型的な被用者との間に労働法的な保護が必要であるにもかかわらず、労働法の適用を受けていない就業者がおり、それらの就業者に対して適切な措置をとる必要があるが、その具体的な方法については各国に委ねるということで全体の認識の一致をみようとする姿勢が窺えるといえよう。また、典型的な自営業者の発展を阻害しないことに配慮していることも見逃せない点である。

4　小　括

ここで、これまでの議論をまとめておこう。工場労働者の保護法規として出発した労働法が人的適用範囲を拡大するにつれ、人的従属性だけを労働者性の判断基準とすることが不十分となり、経済的従属性などの基準が併用されるようになった。具体的基準の有り様は各国において多様であるが、重要なことは、労働者概念が労働法の適用範囲を画定するための目的概念であることである。言い換えれば、労働者概念の外延を画定する作業は、経済的従属性は認められるが、人的従属性の乏しい就業者のうち、どの範囲まで労働法を適用するのが妥当かという価値判断を伴っているのである。

労働法の適用範囲の画定は、それが実定法規の適用問題であるときには、二分法的な解決方法をとらざるをえない。このグレーゾーンを無視するという二分法的な割切りの無理が顕になると、労働者性の判断基準に修正を加え、労働者概念を拡大するという手法がとられることになった。しかし、現代では、労働者と自営業者との境界の相対化または流動化が非常に進み、労働法の部分的適用を視野に入れた柔軟な対応が求められるようになってきている。

諸外国の立法例は多様である。フランスでは、経済的従属性は高いが、人的従属性の希薄な就業者のうち、特定の職業類型について独自の推定規定を設けることにより、労働法の適用範囲を拡大する手法が見られた。またフランスでは、これとは逆に、自営業者の発展という観点から労働法の適用範囲を狭める機能を有する立法を導入した経験もあった。これらの手法は、法規の適用についての二分法的な解決を前提とする対処といえる。これに対して、カナダ、ドイツおよびイタリアでは、労働者と自営業者との中間概念を設定し、それらの就業者に労働法を部分的に適用するという手法がとられている。この場合は、中間概念を安定的に構成する判断基準の形成について、労働者概念の判断基準と同様の困難を抱える。

ＩＬＯの議論では、労働法の適用を受けない従属的就業者の問題について対処が必要であるについては国際的に認識が一致しつつあるが、他方でこれら就業者の存在形態の多様性を考慮すると、その対応について、統一的な具体的施策を定立することは困難であることが明らかになりつつあるといえよう。

三　日本における労働法の適用範囲をめぐる議論の問題点

日本では労働法の適用を受けない従属的就業者の問題について、これまでどのように取扱われてきたのであろうか。そしてそれはどのように評価され、またどのような問題点があったのであろうか。

これらの点を検討するために、以下では、第一に、労働者性についてどのような判断基準が形成され、それがどのように機能してきたかを労基法、労組法および社会保険法の適用ならびに労働契約法理などの判例法理の適用にわけて紹介し、また第二にこれら問題についてどのような立法政策が展開されてきたかを検証したい。

1　判例・行政実務における労基法上の労働者の判断基準とその機能

労基法上の労働者概念に関する判例・行政解釈の傾向を鳥瞰するうえでは、一九八五年に公表された「労働基準法研究会報告」が示した労働者性に関する一般的判断基準[50]の内容を見ておくことが適当だろう。この判断基準は、それまでの学説・判例[51]を踏まえて詳細な基準を示したものであり、また、その後の判例・行政解釈も概ねこれにそって判断を下しているからである[52]。

「労働基準法研究会報告」の労働者性に関する一般的判断基準は、「使用従属性」の有無によって判断するという立場である。具体的には、第一に指揮監督下の労働であること、第二に、報酬が労務に対する対償性があること、この二つが労働者性の判断基準の基本要素である。そして、労働者性判断の補強要素として、事業者性の有無および専属性の程度などを示している。つまり、「使用従属性」の有無を労働者性判断の基本要素および補強要素を勘案して総合的に判断するという手法がとられている。いわば人的従属性を基本として経済的従属性の要素を加味して総合的に判断する立場ということができよう。「労働基準法研究会報告」が示した労働者性に関する判断基準には、一般的判断基準に加えて、傭車運転手の労働者性判断基準も示されている。これを具体的にみると、仕事の依頼・業務の指示等に対する諾否の自由や運送物品、運送先および納入時刻の指定の有無、勤務場所及び勤務時間の指定・管理の有無、トラックの自己所有、報酬の性格、他社の業務に従事することへの制約、源泉徴収、労働保険の取扱いなど、傭車運転手の労働者性判断基準における主要な基準を総合的に勘案して、労働者性を判断するという枠組みである。

しかし、いかなる詳細な判断基準に基づくとしても、それは厳密な意味で事実の確定というレベルの問題とはなりえない。実際には判断基準の諸要素の有無というよりは、それらの諸要素をどのように評価するという規範的な判断となるからである。そして、すでに述べたように、この規範的判断をささえるのは、いかなる就業者に対していかなる労働法上の保護を与えることが社会正義にかなうかという認識の問題であるといえる。この意味で労働法上の労働者概念は、まさに目的概念なのである[53]。

このことについていわゆる傭車運転手の労働者性が問題とされた横浜南労働基準監督署長（旭紙業）事件を参考に検討しよう。この事件では、傭車運転手が労災保険法上の労働者に該当するかが問われた。傭車運転手は、特定のユーザーに専属的に労務を供給するが、労働契約という契約形式をとっておらず、ユーザーの従業員として取扱われてもいない。そして、高価なトラックを自己所有するなどの事業者としての属性を有し、また就業形態においても拘束性が低いのが一般的である。しかし他方で専属的な傭車運転手は、一般に、事実上業務の諾否の自由を有せず、ユーザーの業務に有機的に組み込まるという労働者としての属性をも有し、かつ自己の労務供給行為にすべて責任を負うことができるほどの経済的な独立性を備えているわけではない。実際、この事件の傭車運転手の収入は、平均月額六十二万円余であり、トラックのローン代やガソリン代など業務費用としての支出が毎月約二六万六千円あり、差し引き収入は、約三五万四千円であり、年収にして約四二四万八千円であった。そして、この収入額は、ユーザー企業の従業員のそれと大きく異なるものではなかった。

この事件の高裁判決(54)は、このような事実から「車持ち込み運転手は、これを率直にみる限り、労働者と事業主との中間形態にある」という認識を示している。この見解は、「典型的な労働者と典型的な事業主との中間形態」と補って読む限り正当な事実認識と評価できる。問題は、このような中間形態にある就業者の労働者性をいかなる視点から判断するかである。高裁判決は、当事者の意図を尊重するという立場から当該傭車運転手の労働者性を否定する結論に至ったが、労働法上の概念が前述したような目的概念であるとするならば、ここで検討すべきことは、このような中間形態にある就業者が労災保険法上の労働者として保護すべきか否かという実質的な判断でなければならないのである。

しかし、最高裁判決(55)もこのような視点から検討することはなかった。最高裁判決は、高裁判決のような主観的基準を排斥したが、基本的には「労働基準法研究会報告」の傭車運転手の労働者性判断基準に示された諸要素を総合的に判断するという立場から、当該傭車運転手について労働者性を肯定する要素に乏しく、むしろ「自己の危険と計算の下に運送業務に従事していた」として事業者性を認定して労働者性を否定した。ユーザー企業は、「運送という業務の性質上当然に必要とされる運送物品、運送先及び納入時刻の指示をしていた以外には、上告人の業務の遂行に関し、特段の指揮監督を行っていたとはいえず、時間的、場所的な拘束の程度も、一般の従業員と比較してはるかに緩やかであり、上告人が旭紙業の指揮監督の下で労務を提供していたと評価するには足りない」とされたのである。

この事件における傭車運転手の事業者性を基礎付ける事実および労働者性を否定する人的従属性の希薄さは、傭車運転手一般にみられる事実であるので、最高裁のとった客観的な判断は、傭車運転手の労働者性を一般的に否定する機能を営むことになる。(56)

一審判決(57)では、最高裁判決が運送業務の性質上当然に必要とされる行為と評価した事実について、むしろ指揮監督関係の徴表とみて、傭車運転手の労務提供を使用従属関係の下における労務の提供と評価し、当該傭車運転手を結論として労災保険法上の労働者と判断した。

この一審判決と最高裁判決との相違は、単純に事実に対する評価の違いとのみ考えてはならない。そこには、労働者概念を拡張的に捉えるベクトルと限定的に捉えるベクトルとの対立があるとみるべきである。この相違は、当該傭車運転手に労災保険を適用することが適切か否かという価値判断の違いから生ずるといえる。

この場合、その価値判断において考慮すべきことは、当該傭車運転手が労災保険法上の労働者とされない場合においても、業務遂行過程での災害というリスクに適切に対処しえる状況にあったかという点であろう。この点をここで検討しておこう。

当該傭車運転手は、ダンボール製品の運送業務に従事していたのであるが、貨物自動車運送事業法上の一般貨物運送事業の許可（同法三条）を受けていないため、労災保険の特別加入という道は閉ざされていた。貨物運送事業の一人親方は、特別加入を認められるかにみえるが（労災保険法三三条三号、同法施行規則四六条の一七第一号）、労災保険法施行規則四六条の一七第一号にいう「貨物の運送の事業」には制約があり、一般貨物運送については、前述の許可を受けた者に限定されているのである。[58] この結果、当該傭車運転手は、業務遂行過程での災害というリスクには民間任意保険等で対処することが求められる。

前述のようなユーザー企業の従業員と変わりない経済的条件である者に、このリスクを個人に引き受けさせるのが妥当ではないと判断するならば、当該傭車運転手に労災保険法上の労働者とする解釈が導かれたはずである。しかし最高裁判決には、傭車運転手の置かれている客観的状況を踏まえた目的論的な解釈を行なうという姿勢をみることはできなかった。結局、労基法および労災保険法上の労働者性判断においては、最高裁は、自営業者と労働者との中間形態にある従属的就業者の実情を反映する判例法理を形成する立場をとっていないと評価しなければならない。

なお学説として早い時期から労基法関係法規の適用に関して目的論的な解釈を提唱されたのが下井隆史教授であった。[59] 下井教授は、労働法の制度・理論の適用が、それぞれの趣旨・目的に即して決定されるべきであると主張したのである。[60] もっともこの下井説は、少数説にとどまった。同説は、必ずしも労基法関係法規だけを念頭において論じていたわけでないが、[61] 労働法の各法規を領域別に検討する手法はとっておらず、また労基法自体の諸規定の適用についても、労基法の行政取締法規的性格について十分検討することなしに、目的論的な相対的判断方法を主張していたという点で未整理であったことは事実である。[62] また、「労働の従属性」概念から経済的従属性および組織的・集団的従属性を排除したことについては、[63] 必ずしも賛成できない。しかし、労働者概念について、硬直的な解決に満足せず、労働法の理論および制度の多様な発展を踏まえて、柔軟な処理を目指そうとした点にこの理論の真骨頂があり、また後述のように現代に通じる示唆があったと思われる。

2　労働基準法以外の労働関係法規における労働者概念

(1)　労組法上の労働者概念

労組法上の労働者概念は賃金生活者と定義され（三条）、労基法とは異なり「事業に使用される」ことを要しない。この結果、労基法上の労働者とは異なり、人的従属性が希薄でも、労働者性が認められる傾向がある。例えば、ＣＢＣ管弦楽団労組事件最高裁判決(64)では、①楽団員が会社との自由出演契約により、演奏労働力を恒常的に確保する目的で会社の事業組織のなかに組み入れられていること、②演奏という特殊な労務を提供する者であるため時間的拘束性は低いが、会社の随時かつ一方的な出演依頼に楽団員が従う義務があったので、楽団員の演奏労働力の処分につき会社が指揮命令権能を有していたことおよび③その出演報酬は、演奏という労務の提供それ自体の対価としての性質であることから、楽団員を労組法上の労働者としている。

学説でも、一般にこの判例の傾向が支持されている。労組法上の労働者の定義については、「団体交渉助成のための同法の保護を及ぼすべき者はいかなる者かという観点から定められた定義である(65)」とする学説があり、また集団的労使関係では、「労務供給をめぐる集団的な利害関係や対抗関係」が存在していれば、「労務供給に関する指揮命令関係や使用従属関係が一般的・抽象的なものであるとしても、その労務供給者は集団的労使関係上の労働者と認められる(66)」とする見解、さらに、労組法上の労働者概念は、「相手方との関係で構造的な従属関係に置かれ、そのために団結権等を必要とする者(67)」という学説などがある。

ここでは、労基法関連法規においては個々の規定の相対的適用は認められていないが、労働法全般となると、それぞれの立法目的に応じて相対的に労働者概念を構成することが学説・判例において承認されていることを確認しておきたい。

⑵　社会保険法上の労働者概念

次に被用者保険の被保険者資格における被用者概念について簡単にみておこう。この領域では、立法目的を考慮して「法律上の雇用契約の存否は使用関係を認定する参考に過ぎず、事実上の使用関係があれば足りる」[68]と解されてきたとされる。しかし、「判例および行政解釈を統一的合理的に説明することは、かなり難し(く)」、「法人代表者については『使用関係』を肯定しながら、契約の相手方からの指揮命令や管理を受けない請負や準委任について『使用関係』を否定するという[69]」状況にあるとされる。

医療保険について考えると、かりに被用者保険の適用を受けないと、国民健康保険の適用を受けることになる。この両者の相違は、私傷病休業の際に休業補償給付としての傷病手当金の支給があるか否かという点に求められる。そこで、被用者保険における被用者とは、この所得保障を必要とする者の範囲を確定するための目的概念ということになる。倉田聡教授は、この点について、「業務外の事由による労働能力の喪失がストレートに生活障害を意味する人たちを対象とするため、その最も典型的な人的範囲として『被用者』を想定したのであり、それは「法の目的解釈によって拡張され得る」としたうえで、このときには人的従属性は重要な意味を持たず、「経済的な従属性と労働能力による生計の依存度」が考慮すべき要素とし、この観点から前述の裁判例の状況を批判している[70]。

このように労働法に隣接し、就業者に重要な利害のある社会保険法上の被用者概念については、目的論的な解釈が行なわれているが、その方向性は必ずしも適切ではないという状況にあることが確認できるであろう。

3　労働契約法理などの判例法理の適用

判例法理については、実定法規の適用の可否とは異なり、必ずしも二分法的な解決を取る必然性はない。この点で、日本の裁判例は、どのような態度をとってきたのであろうか。

この点について、いささか古い裁判例において示された発想が示唆深いと思われる。(71)この裁判例の一つの争点は、形式上請負契約で放送局に就労するタイトルデザイナーの契約終了について、解雇権濫用法理が適用になるのかということにあった。多少長くなるが、この事件の東京地裁判決を引用しておこう。

「労務提供者の使用者に対する支配従属の程度に種々の段階があって、実際上雇傭と請負との区別が曖昧であるとするならば、それを一刀両断的に雇傭か請負かのいずれかの類型に区別したうえ、それに典型契約の法理を当てはめて問題を解決することは、甚しく不当な結果を生ずる場合がある。労働法は従属労働提供者を実質的に保護するために市民法に対する修正的意味を持つものであるから、その対象となるものは、単に典型契約としての雇傭契約のみならず、従属労働の性格をもつ限り、たとえそれが本来なら請負に分類されるべきものであつたとしても、なおその労働の従属性という側面において労働法上の保護を受けうるものというべきである。

ただ、それが請負としての性格をも有する限りにおいて、換言すれば、労働の従属性が雇傭におけるそれよりは稀薄である点において、その従属性の度合に応じて保護の程度も減少することは当然のことである。」

このように労働契約法理の適用であれば、二分法的な解決にとらわれない柔軟な手法が日本でもとられている。この領域では、前述の下井説の目的論的な解釈が妥当するのである。(72)この他にも、建物建築請負業者に屋根工事に従事していた一人親方の大工の墜落事故において安全配慮義務が問題となった事例では、両者の契約関係は、「典型的な雇用契約関係であったとは到底認め難く、また、典型的な請負契約関係であったともいえないが、請負契約の色彩の強い契約関係であった（が）、……実質的な使用従属関係があった」として業者の安全配慮義務を肯定した裁判例がある[73]。同じ墜落事故について、当該大工は、労災保険法上の療養給付等の不支給決定の取消をもとめていたが、こちらでは労働者性が否定されていることが注目される[74]。つまり、労災保険法上の労働者性が否定され労災補償を受けることができない場合でも、判例法上形成された安全配慮義務が肯定され、損害賠償請求が認められたのである。

このように裁判例の中には、判例法上の労働契約法理などについては柔軟な解釈適用が見られる。しかし、このような裁判例はなお限られており、確固とした判例法理として定着しているとまでは評価できない。

4 被用者類似の従属的就業者に関する立法政策の現状

日本においても、被用者類似の就業者を一般的に対象とする立法は導入されていない。しかし、この種の立法が萌芽的な形態ではあるがないわけではない[75]。一九六五年に導入された労災保険制度における特別加入制度（労災保険法三三条以下）および一九七〇年に制定された家内労働法がそれである。また、近年発達している在宅ワークについても、二〇〇〇年に労働省（当時）は、「在宅ワークの適正な実施のためのガイドライン」を制定している。ここでは、これらを概観することを通して従属的被用者類似の就業者に関する立法政策の現状を検討する。

(1) 労災保険特別加入制度

特別加入制度は、中小事業主、建設業、個人タクシー営業者および個人貨物運送業者などの一人親方等、家内労働者などの特定作業従事者、海外派遣者などが労災保険に任意加入する道を開いており、約一五〇万人（二〇〇〇年当時）がこれに加入している。

特別加入制度は、「業務の実態や災害の発生状況などから見て、労働者に準じて労災保険制度による保護を及ぼすにふさわしい者たちが存在する」という認識を前提に「業務上の事由又は通勤による労働者の負傷、疾病、障害又は死亡に対する保護を行うという労災保険制度本来の建前を損わない範囲内で、また、災害が起こった場合の業務上外の認定等、保険技術的に可能な範囲内で、特に労災保険の加入を認め、労災保険による保護を図ることとしたもの」とされる。このように特別加入制度は、業務上の災害という点で、労働者に類似した状況にある従属的就業者について、業務災害の認定や保険料の徴収などの可能性という保険技術上の観点から可能な範囲内で認められた制度である。[76]

このため一人親方の特別加入についても、貨物運送事業であれば、前述したように一般の貨物運送であれば一般貨物自動車運送事業の許可を受けた者という制約が課せられることになり、この条件を満たさないため特別加入制度に加入できない就業者を生んでいる。いわゆる砂利運搬の傭車運転手だけは、一九七四年になって通達により前述の許可の有無に関わらず特別加入が認められることになった。[77]

また、家内労働法の適用を受ける家内労働者については、全体に適用になるのではなく、特定の作業従事者に限定されている（労災保険法施行規則四六条の一八第三号）。[78]

さらに、一人親方が特別加入する場合、個人で直接加入することはできず、保険事務を執り行うための、当該加入希望者が構成員となる団体が必要となる。この団体が事業主とみなされ、一人親方を労働者とみなして保険関係が成立するのである。[79]この団体は、相当数を構成員とするものであることを要し、全国個人タクシー連合会加盟の単位団体、建設事業の一人親方団体などがこれに該当するとされる。[80]

加えて行政実務・裁判例では、特別加入制度では業務上外認定について限定的な解釈が採用されていることも指摘する必要があろう。[81]

このように労災保険の特別加入制度は、労働者と自営業者との中間形態にある従属的就業者の一定の部分に有益な保護を提供するといえるが、現在のように就業形態が多様化したなかで、被用者以外の従属的就業者すべての労務供給過程での危険をカバーする包括的な補償を提供するものではないという限界があるといえる。

(2)　家内労働法など

いわゆる内職仕事に従事する者を主たる対象として、一九七〇年に制定された家内労働法では、適用対象である「家内労働者」を、主として労働の対償を得るために、委託業者から委託を受けて、物品の製造または加工等に従事する者で、その業務について同居の親族以外の者を使用しないことを常態とする者と定義している（二条二項）。このうち、「主として労働の対償を得るために」とは、行政解釈によれば、家内労働者の労働者的性格を定義上、より明確にしたものとされている。[82] この法律の適用対象となる家内労働者は、約三三万人である（二〇〇〇年当時）。

家内労働法の主な内容を見ると、[83] ①家内労働手帳の交付（三条、文書による労働条件の明確化）、②就業時間の規制（四条、委託者および家内労働者に努力義務）、③委託打切り予告努力義務（五条）、④最低工賃の規制（八～一六条）、⑤安全衛生（一七、一八条）などである。このように、一般の労働者に比べると保護的な規制に乏しい内容となっている。

この現状については、①現在の最低工賃方式の不十分性、②委託打切りに対する規制の弱さおよび③零細な委託者が多く、家内労働者にも余力に乏しいことから生じる安全衛生対策の不十分性などの問題点があることが指摘されている。[84] また、家内労働者には、適切な紛争処理制度が整備されていないという問題点もある。[85]

以上のように、家内労働法は、法的に家内労働者をあくまで一般の労働者と区別して取扱っているため、一般の労働者以上に過酷な条件にある家内労働者に対して十分な法的保護を与えていないといえ、今後適切な対処が課題とされる(86)。

また、ＩＴ技術の発展のなかで生まれてきた在宅ワークについては、それが請負形式をとる場合、家内労働者と同様に労働者保護法規の適用を受けず、また多くの場合、その仕事が物品の製造または加工等にあたらないため、家内労働法の適用も受けない。このような在宅ワーク従事者（在宅ワーカー）は、約一七万四千人と推定されている（在宅就労問題研究会報告、二〇〇〇年）。こうした非雇用の在宅ワークについて、労働省（当時）は、「在宅ワークの適正な実施のためのガイドライン」（二〇〇〇年六月）を制定している。このガイドラインでは、その対象となる在宅ワークを、例えば文章入力、テープ起こし、データ入力、ホームページ作成などの、情報通信機器を活用して請負契約に基づきサービスの提供等を行う在宅形態での就労のうち、主として他の者が代わって行うことが容易なものとしている。ガイドラインの内容を見ると、文書による契約条件の明確化、報酬、納期（就業時間規制）、継続的な注文打切りの場合の事前予告（理由を含む）、個人情報保護、健康確保措置などが定められている。

家内労働法および在宅ワークに関するガイドラインには、労働契約以外の契約であっても、単純作業であるため、注文者との関係で立場が弱く、経済的従属性が高い就業者に労働法類似の規制を及ぼそうとする姿勢を窺うことができるが、なお初歩的な規制にとどまっていると指摘できよう(87)。

5　小　括

日本では、労働関係法規の中でも、労基法関係法規と労組法とでは、法規の目的に即して異なる労働者概念により解釈されている。この結果、労組法では、人的従属性の希薄な就業者に対しても同法の適用可能性がある。これに対して、労基法関係法規の中では、柔軟な目的論的解釈はとられておらず、最高裁は、自営業者と労働者との中間形態にある従属的就業者の実情を反映する判例法理を形成する立場というよりも、結果的に労働者の範囲を限定的に捉える立場をとっている。社会保険の領域における被用者概念についても、従属的就業者の状況を考慮する判例法理が形成されているわけではない。

これに対して、労働契約法理についてみると、解雇権濫用法理および安全配慮義務に関して、労働契約以外の労務供給契約にも柔軟に適用する裁判例が見られる。しかし、これが安定した判例法理を形成するという段階に至っているわけではない。

また従属的就業者に関する立法政策をみると、労災保険の特別加入制度および家内労働法にその萌芽的な形態を見出すことができるが、なお不十分な点が多く、また従属的就業者全般を対象とした立法政策的な検討はなされていないといわざるをえない。

四　雇用類似の労務供給契約と労働法の新たな課題

以上検討したように、日本においては、典型的な労働者と典型的な自営業者との中間形態で就労する従属的就業者について、判例・行政実務および立法においても十分な保護を欠いている現状にあるといえる(88)。従って、これらの従属的従業者に対する適切な措置をとることが喫緊の課題となっているのである。しかし、この問題について全般的に法政策的課題を展開する用意はないので、ここでは、労働法的な観点からの保護を要する従属的就業者について今後検討すべき課題をある程度明らかにすることとどまらざるをえない。具体的には、さしあたり以下の点が検討されるべきであろう。

第一は、判例法理として発達した法理については、実定法規とは異なり、労働契約類似の労務供給契約に対して柔軟に適用している裁判例があることは前述したが、そのことの理論的根拠を探ることを通じて、労働法理の従属的就業者に対する適用可能性をより一般的に検討したい。

第二には、被用者が労働関係法規によって享受している権利や保護のうち、立法政策的に雇用類似の労務供給に従事する従属的就業者にも付与すべきものを摘出することである。この場合には、従属的就業者という第三の法的カテゴリーとして概念化することが必要かという点も併せて検討されることになろう。

1　雇用類似の労務供給契約に対する労働契約法理の適用

すでに繰り返し述べたように、労働保護法規の適用範囲の画定は、実定法規の適用の可否という二分法的解決を余儀なくされる問題であるが、判例法理として発達した労働契約法理は、必ずしもこのような制約を受けるわけではない。実際、労働契約法理を労働契約以外の労務供給契約に柔軟に適用する裁判例があることは前述のとおりである。

ところで、労働契約法理が労働契約以外の労務供給契約に適用することを可能とする理論的な根拠はどこに求めるべきなのであろうか。このことを考えるうえで、労働契約法理を形成している諸要素を分解して検証することが必要と思われるが、ここでは、代表的な労働契約法理である解雇権濫用法理を素材として検討してみたい。

周知のように、使用者の解雇権の行使には、実定法に解雇権を承認する規定（民六二七条）がありながら、判例法理である解雇権濫用法理によって、「客観的に合理的な理由」が要求される。[89]この解雇権濫用法理の正当化については、多様な角度から論じられるが、労働契約の継続的性格が重要な論拠とされている。[90]労働契約の継続的性格[91]から、労働者の雇用継続に対する信頼利益を尊重することが信義則上使用者に求められるという理解がそれである。

しかし、労働契約それ自体にアプリオリに継続的性格があるというのは正確ではないだろう。一日限りの日雇い労働や短期のアルバイトなどのようなスポット的な労働契約も存在するからである。それにもかかわらず、労働契約の継続的性格が語られるのは、現実の労働契約の大部分が、企業という組織に組み込まれているからに他ならない。企業が継続的な労働契約を利用するのは、スポット的な労働契約だけでは、その事業目的を効率的に達成することはできないからである。これは、派遣労働などの利用にほとんど規制のないアメリカにおいても、派遣労働者が正社員を完全には駆逐しないことに象徴される。つまり、労働契約は、企業組織に組み込まれたことによって、継続的な性格を獲得するに至ったのである。これを敷衍すれば、労働契約を労務の提供とその対価としての賃金支払いという単純な交換関係として考えれば、民法六二七条のいう古典的な解約の自由が妥当する関係ということになり、企業という組織を前提に労働契約関係を捉えるならば、「一定の信頼関係を前提とした長期的・継続的な交換関係[92]」ということになる。解雇権濫用法理は、この後者の関係を念頭に置く法理ということができよう。

さて、ある企業が労働契約以外の労務供給契約により必要な労務を供給しようとする場合においても、スポット的な利用もあるだろうし、継続的な関係の場合もあるであろう。そして、後者の場合には、労働契約について述べたと同じように、一定の信頼関係を前提とした長期的・継続的な交換関係が生じることになるであろう。とすれば、この場合の労務供給契約については、関係継続性についての期待利益が発生すると考えることができよう。いかなる意味で、どの程度の期待利益が発生するかについては、一概に論ずることはできないとしても、この労務供給契約の終了についても、それにふさわしい解約制限の法理が探求されるべきであるということは可能であろう。そして、本稿において注目するのは、契約関係継続の期待利益という要素において、解雇権濫用法理を正当化する労働契約の継続性と企業の利用する労働契約以外の労務供給契約について共通する要素を取り出すことができるということである。実際、契約関係継続の期待利益という問題は、継続的な契約関係における普遍的な規範原理として論じられているのである[93]。

ここまでは、労働契約以外の労務供給契約に対する労働契約法理の適用可能性について論じてきたが、この問題を考える上で重要な示唆のある民法学の議論に目を転じてみよう。ここでは、中田裕康教授の継続的売買の解消に関する研究に注目したい[94]。

中田教授は、継続的売買の解消について、「第一次的には契約によって処理し、そこからはみ出る部分については信義則をもって補完するという構成をとる」[95]という立場から、その信義則の実質的根拠を、「継続的売買という社会的接触関係にある当事者間における相手方の期待の保護、相手方に期待させた者の責任、公平、社会政策的配慮」に求めている。このうち社会政策的配慮は、それ以外が市民法的根拠であるのに対して、「被用者的立場の当事者の保護や当該取引への依存度の高い中小事業者の保護という形で現れる」「いわば社会法的根拠である」[96]としている。この見地からは、契約の安定性を保護すべきということになる。このように、民法学ではすでに、継続的売買の解消という労働契約とは異なる局面において、労働契約法理の適用を可能とする理論的枠組みが提供されているのである[97]。実際、労働法における有期労働契約の更新拒絶に関して形成された法理に準えた法理を展開する裁判例として、期間の定めのある運送委託契約[98]およびフランチャイズ契約のフランチャイザーによる更新拒絶の事例[99][100]がある。

このように考えてくると、労働契約的要素と請負または委任的要素が、あるいは労働者的要素と自営業者的要素が混在している労務供給契約について、労働契約か否かを二分法的に判断し、それが否定されると労働契約法理の適用または類推適用が一顧だにされないというのは適切な問題処理とはいえないことは明らかであろう。労働契約以外の契約の中に、被用者的要素がある場合には、その程度に応じて労働契約において形成された法理を適用すべきなのである[101]。労働契約と請負または委任とのグレーゾーンにある契約については、契約関係継続の期待利益があり、人的従属性、組織的従属性または経済的従属性などにおいて、労働契約的な要素が大きければ大きいほど労働契約になぞらえた法理を適用するのが社会的な妥当な解決となるはずである。

また、ここでは、解雇権濫用法理を素材に考えてきたが、労働契約上のその他信義則上の問題や労働条件の変更法理などについても、同様のことが検討される余地があろう。前者については、すでに安全配慮義務は、労働契約関係に限定されていないし、後者についていえば、長期の継続的関係においては、今後、継続性原理と並んで柔軟性原理にもとづく、契約内容の変更が問題となろう。いずれも今後の課題である。

2 雇用類似の労務供給に対する法政策のあり方

(1) 基本的な視点

今日、労働者ということになれば、労基法等の適用を受けるだけではなく、労災保険や雇用保険などの各種社会保険の適用、賃金債権についての先取特権、賃金の立替払い制度などの数多くの権利または利益を享受することができる。このように、現代において、労働者が多くの社会的制度により標準的な生活条件を確保されるのは、企業に経済的に依存して自由を喪失することの見返りと考えられてきた。福祉国家のモデルでは、労働という場において、経済的な依存と社会的保護が交換関係にあったといわれる所以である[102]。

では、労働法規の適用範囲から排除された雇用類似の従属的就業者に対して、立法的な支援措置は、不要といえるだろうか。労働法規は、もともと労使の非対等な関係から生じる弊害を除去し、労使の対等な労働条件の確保を目的とするものである。したがって、雇用類似の労務供給契約においても、これに近似する状況があるとするならば、立法による支援措置が必要ということになろう。このことは、労働関係における工業モデルが後退し、企業の労務供給の調達方法が多様化した現代においては、とくに考慮されるべきことといえよう。

そもそも労働法は、雇傭という法形式を纏った労働者が、機械制大工業に大量に吸収されていったことから生じた弊害に対する対処として生まれた法である。この弊害が雇傭という法形式の労務供給契約に集中したからこそ、これを立法介入の対象としたのである。この労働法の歴史が教えるところに従えば、今日のように、労働契約類似の労務供給形態にも、雇用労働に類似する状況があるならば、そこに労働法類似の観点から立法介入することが検討されねばならない。

典型的な被用者以外の従属的就業者の保護を目的する立法政策を検討するうえでは、その基本的な視点を確立する必要があろう。この点で、フランスのシュピオ教授の提唱する「社会法の四つの同心円」という構想が示唆的である(103)。

シュピオ教授は、現状について、弾力化政策の進行とともに、典型雇用と非典型雇用との分裂が際立ってきていると分析する。このような現状において、典型雇用の安定した地位の保障に重点をおいた従来の労働法は、典型雇用を特権化して、雇用社会を典型雇用と非典型雇用の二つに分裂させることになるとする。そして、この労働法の問題点は、それが雇用労働だけを対象としてきたことにあると主張する。そしてこれからは、有償労働としての雇用労働と自営労働ならびに無償労働を包括的にとらえて、社会法を構想すべきとする。このために提唱されるのが、社会法の再編としての「四つの同心円」である。この構想は、さまざまな社会的諸権利を同一のレベルで論じるのではなく、対象としているリスクおよび労働関係における従属の程度に応じて区別する必要があるという発想に基づいている。

図表3に示したように、社会法の「四つの同心円」とは、一番外側の円①は、医療保障、家族手当、職業訓練資格のように就業状態にあるか否かに関わらず普遍的に保障される権利の領域である。次の円②は、無償労

図表3　社会法の四つの同心円

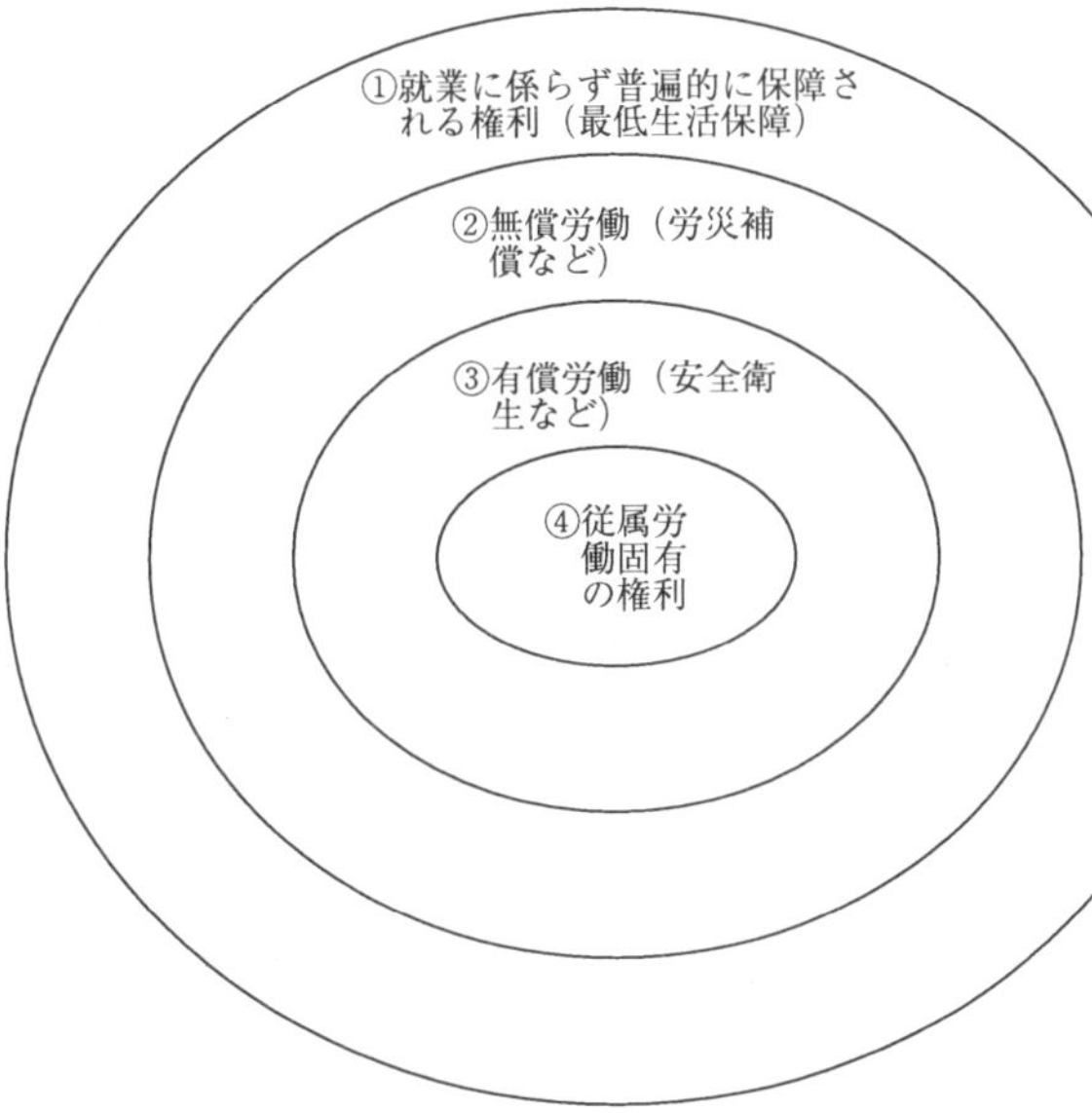

働においても保障される権利の領域である。ここでは労災補償などがそれに当たるとされる。さらに、円③は、有償労働（雇用労働および自営業）を対象とする権利の領域である。安全衛生などがこの領域に入るとされる。最後に最も内側に位置する円④は、従属労働に固有の権利の領域とされる。そして、男女平等は、すべて円に適用される。この構想の背景には、これからの社会では、ある人間がどこに円の対象に属するかを自由に選択でき、かつ自由に移動できるように、これらの四つの円のどこに属していても、それにふさわしい権利や保護があるように法制度を整備することが必要であるという考え方があるといってよい(104)。

この「四つの円」を従属的就業者の保護を目的とする立法政策の検討という課題に引き付けてみると、この課題の前提として円③と円④に属する社会的権利をどのように整理して構想するのかを考える必要があることがわかる(105)。これまでは、被用者には労働法があるが、自営業者については、労災保険の特別加入制度を除いて、社会政策的視点からの権利や保護がないことを前提として、被用者類似の従属的就業者に労働法を適用することの可否を論じてきた。しかし、実は、自営業者についても、自己の労務給付に伴うリスクすべてを完全にその危険負担と計算の下に委ねることが妥当かを検討する必要がある。自営業者が被用者に比べて必要なセーフティ・ネットを欠く就業形態であるとするならば、本当の意味で自営業者が発展することにならないであろうし、ユーザーにとって、自分で雇うよりも極端に負担の軽い就業形態であり続けるならば、偽装された自営業者を生み続けることになろう。つまり、自営業者にも社会政策的な観点から必要な権利および保護を検討することが求められているのである。

このように円③の内容を確定したうえで、円③と円④の接点領域として従属的就業者の問題を取り上げることになる。その際には、従来のような労働法の適用か否かという二分法的な発想ではなく、人的従属性および経済的従属性の程度に応じた立法政策を構想することが必要であろう。このことを以下に敷衍して論じておこう。

労基法関係法規は、労基法九条の「労働者」をその立法目的及び内容に整合的な適用範囲として設定した。このため、労基法関連法規の適用の有無は、労基法上の労働者に該当するか否かに依存することになった。しかし、雇用・就業形態の多様化の進行のなかで、もはや労基法関連法規の提供する多様な労働者保護規定全体の適用の可否を単一の労働者概念で処理することは不可能になってきているのである。統一的な労働者概念で解釈適用すべきとされる労基法関連法規についても、下井教授がかつて提案したように[106]、各法規の趣旨目的に応じてその適用範囲をいくつかのレベルに再編する必要がある。これは、従来の労働法の再編を視野に入れた作業となろう。

(2)　具体的課題

以上を踏まえて、従属的な就業者に関する立法政策において、今後検討すべき基本的課題について若干提示しておこう。[107][108]

ここでは、第一に有償労働および無償労働を問わず、労務供給者に共通する課題（円②に相当する）を、第二に、自営業者に関する課題（円③に相当する）を、そして第三に自営業者と被用者との中間領域に属する従属的就業者に固有の課題（円③と円④との境界線上の領域）を提示する。

① 労務供給者に共通する課題　労務供給者に共通する課題としては、第一に、人の生命・身体の安全の確保という問題が考えられる。安全・衛生の問題は、自営業者でも自己責任にのみ委ねることは社会的にみて妥当とはいえない。労務供給に従事する者が、その契約関係において、健康・安全が確保されるよう適切な措置をとることは国の責務といえるからである。

また、安全衛生に関連して、労務供給中の事故補償については、現在の労災保険の特別加入制度を抜本的に見直すことを含めて、適切な措置が検討されねばならない[109]。労災保険法の適用問題は、ここでの適切な制度改革がなされれば、労働者性の判断という不安定な作業から解放されることになろう。

さらに就業中の健康・安全の確保については、就業場所の管理者に、従来の労働法における使用者に類似する責務を課することが検討されるべきであろう。これは、健康・安全については、有償労働であるか無償労働であるかを問わず、また就業者の契約形式を問わず、就業場所という単位での管理責任を問うという発想である。

加えて、労務供給者の健康・安全確保の観点から、労務供給に従事する時間の長さなどについても、必要な制約を課することが課題となろう。

第二の課題は、労務供給者の人格的な自由および平等原則の確保である。これは、労務供給という行為が労務供給者の人格と不可分になされるため、労務供給者の人格の自由に対する侵害の危険性が常にある。この危険を排除するためには、労務供給に関してさまざまな属性による差別を禁止して平等原則を確保することが必要である。つぎに、個人情報の保護の観点からの規制およびセクシュアル・ハラスメントの防止についても適切の措置が考えられるべきであろう。

第三の課題は、労務供給者の教育訓練ないし能力開発などに関する課題である。すでに述べたように今後は、労務供給者の立場を必ずしも固定的に捉えるべきではなく、流動性が高い存在であることを前提として制度を構想すべきである。その意味では、労務供給者の職業訓練および能力開発は、共通して検討されることが望ましいであろう。

② 自営業者に関する課題　ここでは、現在、被用者に付与されている労働法上の権利および保護のうち、自営業者にも適用するか、もしくは類似の制度を構想すべき課題を提示する。

この点では、第一に集団的な権利、とくに自営業者の団体交渉制度の確立が考えられてよいだろう。すでに述べたように、労働組合法上の労働者は、その立法目的に即して、労基法関連法規よりも広く捉えられているが、これを一歩進めて、自営業者の団体に広く団体交渉権を付与する可能性が検討されるべきである。もちろん、この団体交渉事項の範囲など被用者の有する団体交渉権とは異なる点がでてくるであろうが、自営業者の団体がその集団的利益を代表する機能を法的に支援することが必要なのである。

第二には、自営業者のための個別的な契約紛争に関する解決制度を整備すべきである。

第三には、契約締結に関して、自営業者が十分な情報を得ることができるような支援措置が重要である。この点では、労働契約に準えて、契約締結時において明示すべき契約条件、書面によるなどのその明示の方法および契約の書面化義務などが考慮されるべきである。また、報酬についても、適正な価格が設定されるために必要な措置が検討されるべきであろう。

③ 自営業者と被用者との中間領域に属する従属的就業者に固有の課題　自営業者と被用者との中間領域

に属する就業者に関する立法政策を考える基礎には、自営業者のなかに、その程度に関しては多様であるが、ユーザーに対して事実上経済的な従属関係があるために、被用者に類似する弊害が生じているとの認識があるといってよいだろう。ここでは、具体的課題の提示の前提として、例えば本稿において従属的就業者と呼んだ自営業者と被用者との中間形態の就業者について、第三のカテゴリーとして法的概念を構成する必要があるかという問題がある。

ＩＬＯが第三のカテゴリーの構成を断念したことに象徴されるように、従属的就業者の定義はなかなかの難問である。というのも、労働者概念の外延が不確定であるがままに、従属的就業者を定義しようとする作業であるからである。そして、労働者と従属的就業者とをどこで線引きするかによっては、従属的就業者が労働者概念の範囲を限定し、いわば第二級の被用者を生み出す危険性すら否定できないのである。

鎌田耕一教授の提唱する第三の法的カテゴリーとしての「契約労働者」という概念によれば、「雇用関係に類似する関係」であり、「雇用関係の存在しないこと」という定義が採用されている。そして、雇用関係の類似性の判断基準として経済的従属性を示すと思われる指標をあげている。また、雇用関係とは、労働契約関係があることだけではなく、使用従属関係のあることを含むとされる(110)。これをみると、第三カテゴリーが、被用者概念の外延の確定があってはじめて成立することがわかる。一応、人的従属性を欠くが、経済的従属性の高い就業者というイメージがわくが、労働者との境界も真正の自営業者との境界もいずれも霧につつまれてしまうように思われる。

そこで、従属的就業者の統一的な法的概念を構成することは棚上げにして、立法の趣旨・目的から従属的就業者にも適用すべき場合には、その立法ごとにその適用範囲を定めるという手法をとるのが当面妥当と考えられる(111)。このようにすれば、被用者と従属的就業者の区分は厳格に考える必要がなくなるであろう。もっともこの場合も、結局、従属的就業者と自営業者とを区別する判断指標を示さねばならないことになるが、複雑な判断指標を置くのではなく、簡易な推定規定とし、かつその判定を簡易迅速に行ないうる行政機構を整備することが求められよう。具体的構想は今後の課題である。

さて、ここでは、第一に契約の解除に関する規制の課題がある。この点については、労働契約法理の類推適用の検討においてすでに触れたように、労務供給が特定の相手方に継続して行われるにつれて、契約継続に対する期待利益が大きくなることに対応する措置が必要なのである。この意味では、経済的従属性が認められる広い範囲の就業者に現行の解雇予告制度（労基二〇条）および解雇理由の明示（労基二二条）などが適用されるべきであろう。今後、解雇規制の立法化を検討するうえでは、[112]その適用範囲の問題を併せて考えていくべきである。

第二の課題は、報酬支払いの確保に関する措置である。この点では、賃金債権について、実体法上および手続法上認められている先取特権制度の適用[113]および未払い賃金の立替払い制度（賃金の支払い確保等に関する法律）の適用が検討されるべきであろう。

第三の課題は、社会保険の取扱いである。ここでも一定範囲の従属的就業者の社会保険加入が可能とするような制度が検討されるべきであろう。

（1）　小倉一哉「非典型雇用の国際比較」日本労働研究雑誌五〇五号（二〇〇二年）三頁参照。

（2）　この調査では、非正社員を出向社員、派遣労働者、パートタイマー、臨時・日雇、契約・登録社員その他と定義している。

（3）　例えば、佐藤博樹「新しい人材活用戦力の現状と労働組合の対応」電機総研編『ＩＴ時代の雇用システム』（日本評論社、二〇〇一年）七頁以下参照。その他、請負労働、契約労働について実態調査をおこなった貴重な成果として、鎌田耕一編著『契約労働の研究』（多賀出版、二〇〇一年）がある。

（4）ただし、派遣労働については、現在のところ製造業では利用できず、また、一般に派遣期間が一年に限定されているため、長期にわたって継続する事務労働においても利用が困難となっていることに留意する必要がある。

（5）これらの就業形態については、労働省職業安定局（当時）に組織された「雇用以外の労働・就業形態に関する調査委員会」の報告書がさしあたり参考になろう（以下、「雇用以外の労働・就業形態に関する調査委員会」報告書と表記する）。ここでは、①自営業主・家族従業者、②契約労働、③家内労働、④テレワーク、⑤ＮＰＯ・有償ボランティア、⑥ワーカーズ・コレクティブ、⑦シルバー人材センター、⑧ベンチャー企業、⑨インターンシップが取り上げられている。この報告書は、労働省職業安定局編『雇用レポート二〇〇〇』（労務行政研究所、二〇〇〇年）二四七頁以下に収録されている。

（6）非典型雇用に関する法政策に関する私見については、島田陽一「非正規雇用の法政策」日本労働法研究雑誌四六二号（一九九八年）三七頁参照。なお、非典型雇用に関する法的研究の到達点については、砂山克彦「非典型労働関係と法」日本労働法学会編『講座21世紀の労働法一巻』（有斐閣、二〇〇〇年、以下、同講座については、『講座21世紀の労働法〇巻』と表記する。）一四七頁および同論文に引用されている諸文献を参照。

（7）西谷敏「二一世紀の労働と法」『講座21世紀の労働法一巻』は、「標準的労働関係からはずれる雇用・就労関係が不当に劣悪な労働条件や労働条件差別をもたらさないよう、また労働法の適用を回避するための脱法行為とならないよう、適切な措置をとる」（一二一～一二三頁）ことを今後の労働法学の課題の一つとしている。

（8）ILO Governing Body, *Date, place and agenda of the 91st Session (2003) of the Conference*, GB280/2, 208th Session, Geneva, March 2001（以下、GB280/2と表記）p.10. 最近のＩＬＯの動向については、馬渡淳一郎「非直用労働と法規制」日本労働研究雑誌五〇五号（二〇〇二年）一八頁、とくに二三頁以下参照。

（9）日本におけるこれまでの本格的研究としては、鎌田・前掲書（注3）の外、山川隆一教授（注74）、柳屋孝安教授（注13）などの業績があり、その他前掲（注5）「雇用以外の労働・就業形態に関する調査委員会」報告書には、実態を踏まえた貴重な提言がなされている。

(10)　本稿では、もっぱら二者間の契約関係について検討する。実際には、二者間契約だけではなく、両者の間に仲介者が入る場合や業務請負労働者と請負先との関係も重要な課題であるが、それらは法的に別個な検討を要すると考えるので、ここでは考察の対象から除外している。

(11)　ヨーロッパ諸国については、A. Supiot (Rapporteur général), *Au-delà de l'emploi*, 1999, pp. 38-39. を、とくにフランスについては、F. Gaudu et R. Vatinet, *Les Contrats du Travail*, pp. 17-51. 参照。また、邦語文献としては、鎌田・前掲書（注3）がアメリカおよびドイツについて、永野秀雄「『使用従属関係論』の法的根拠」金子征史編著『労働条件をめぐる現代的課題』（法政大学出版局、一九九七年）一五九頁がアメリカについて、橋本陽子「ドイツにおける労働者概念の意義と機能」本郷法政紀要六号（一九九七年）二四一頁がドイツ法について、それぞれ詳細に検討を加えている。

(12)　さしあたり、蓼沼謙一「労働法の対象」日本労働法学会編『現代労働法講座一巻』（総合労働研究所、一九八一年）七六頁参照。

(13)　「労働基準法の『労働者』の判断基準について」労働省労働基準局編『労働基準法の問題点と対策の方向』（日本労働協会、一九八六年）所収。その後、一九九六年には、労働省の「労働基準法研究会労働契約等法制部会労働者性検討専門部会報告」（労働法律旬報一三八一号〔一九九六年〕五六頁以下所収）が、建設業手間請け従事者および芸能関係者に関する労働者性判断基準を公表している。これらの判断基準は、それまでの学説・判例を踏まえて詳細な基準を示したものであり、また、その後の判例も概ねこれにそって判断を下している。柳屋孝安「非労働者と労働者概念」『講座21世紀の労働法一巻』一二八頁、とくに、一三四～八頁参照。なお、橋本「労働法・社会保険法の適用対象者（一）」法学協会雑誌一一九巻四号六一二頁には判例一覧表がある（六一八～六二七頁）。

(14)　この点については、下井隆史『労働契約法の理論』（有斐閣、一九八五年、以下、下井・労働契約法の理論と表記）九頁および五五頁以下、西谷「労基法上の労働者と使用者」沼田稲次郎他編『シンポジューム労働者保護法』

（青林書院、一九八四年）三頁などを参照。

(15)　大村敦志『典型契約と性質決定』（有斐閣、一九九七年）一一三〇頁参照。

(16)　仁田道夫教授は、日本の雇用・就業者を類型化するなかで、自営に雇用的自営と典型的自営とがあり、さらに雇用のなかに自営的雇用という区分を設けるという実態に即した注目すべき見解を示している。仁田「典型的雇用と非典型的雇用—日本の経験」『雇用形態の多様化と労働市場の変容』（社会経済生産性本部生産性労働情報センター、一九九九年）一九頁。

(17)　以下の叙述については、島田「労働契約 総説」林豊・山川隆一編『労働関係訴訟法〔I〕』（青林書院、二〇〇一年）五頁参照。

(18)　この点についての従来の見解の整理として、大村・前掲書（注15）九頁以下参照。

(19)　この点については、村中孝史「労働契約の概念について」『京都大学法学部創立百周年記念論文集第三巻』（有斐閣、一九九九年）四九二頁以下参照。

(20)　なお労働契約か否かについて、しばしば請負、委任といった契約形式にとらわれることなく、実質的に判断すべきといわれるが、それは、決して典型契約としての請負および委任という契約類型にあたる労務給付契約が、場合によって労働契約概念に含まれるということを意味するわけではない。ここでいう混合契約の一部が、かりに請負または委任という契約形式を取っていたとしても、当事者の意思にかかわりなく、労働契約として取り扱われるということを意味するのである。同旨、土田道夫『労務指揮権の現代的展開』（信山社、一九九九年）二八九頁。

(21)　社団法人日本テレワーク協会によると一九九六年度には八一万人であった在宅勤務は、二〇〇〇年度には約二四六万人となり、二〇〇一年度には三〇〇万人に達するという（日本経済新聞二〇〇二・四・六）。

(22)　例えば、広島高裁岡山支判昭三八・九・二三行裁例集一四巻九号一六八四頁など。

(23)　情報通信技術の発展が正社員を減少させ、アウトソーシングを増加させていることについては、阿部政浩「情報通信技術は雇用にどう影響しているか?」日本労働研究雑誌四九八号（二〇〇一年）一三頁参照。

（24）仁田・前掲論文（注16）はこの状況の多様性を的確にまとめている。

（25）フランス労働法典L.751-1条。J. Pélissier, A. Supiot et A. Jeammaud, *Droit du Travail,* 20e éd. Paris Dalloz, 2000. pp. 163-6. ＶＲＰについては、中田裕康『継続的売買の解消』（有斐閣、一九九四年）二二八頁以下に紹介されている。

（26）F. Gaudu et R. Vatinet, *op. cit*（*11*）., pp. 47-8.

（27）Cass. soc. 18 décembre 1975, *D.* 76. 399.

（28）Cass. soc. 12 mai 1982, *Bull. civ.* n° 295.

（29）Cass. com. 3 mai 1995, *JCP* 95, E, II, 748.

（30）J. Pélissier, A. Supiot et A. Jeammaud, *op. cit*（*25*）, p. 166.

（31）各国の立法の概観としては、P. Davies and M. Freedland, *Employed or Self-Employed? The Role and Content of the Legal Distinction : Labor Markets, Welfare and the Personal Scope of Employment Law,* 21 Comparative Labor Law & Policy Journal 231, 238-240 参照。

（32）カナダの従属請負契約者については、B. A. Langille and G. Davidov, *Employed or Self-Employed? The Role and Content of the Legal Distinction : Beyond Emploees and Independent Contrators : A View from Canada,* 21 Comparative Labor Law & Policy Journal 7 参照。

（33）ibid., p. 26.

（34）ibid., p. 26.

（35）A. Supiot, *op. cit.*（*11*）, pp. 32-33. ドイツの「被用者類似の者」の立法例に関する邦語文献としては、柳屋「自営業と労働者性をめぐる問題」日本労働研究雑誌四五二号（一九九八年）一五頁、橋本・前掲（注11）「ドイツにおける労働者概念の意義と機能」二六一頁以下、鎌田・前掲書（注3）五七頁以下参照。

（36）ibid., pp. 34-35.

（37） ibid., p. 33. イタリアの準労働者概念に関しては、中益陽子「非従属的就業者への労災保険制度の拡張—最近のイタリアの動向」日本労働研究雑誌四九六号（二〇〇一年）五六頁参照。

（38） アラン・シュピオ「フランス労働法における弾力化」（川口美貴訳）日本労働研究雑誌四四〇号（一九九六年）六〇頁、六六～七頁および同「九〇年代におけるフランス労働法の動向」（矢野昌浩訳）日本労働研究雑誌四六四号（一九九九年）八二頁、八四～五頁がこの法律を紹介している。

（39） J. Pélissier, A. Supiot et A. Jeammaud, *op. cit.*（*25*）, p. 150.

（40） A. Supiot, *op. cit.*（*11*）, p. 41.

（41） contract labour とは、日本でいえば、雇傭以外の雇傭的要素を含む労務給付契約を意味すると思われる（図表〈八頁〉の雇傭の点線と労働契約の実線に囲まれる部分に相当する）。従って、契約労働または請負労働という訳語は、いずれも必ずしも適切といえないであろう。本稿では、適訳がないので一応請負（契約）労働という用語を使用しておく。

（42） ＩＬＯにおける請負（契約）労働に関する経緯と議論については、前掲（注8）の理事会報告書を参照。また邦語文献としては、馬渡・前掲論文（注8）一八頁、鎌田・前掲書（注3）一三頁以下、浅倉むつ子「就労形態の多様化と労働者概念—労働者と事業者の間」清水誠先生古希記念論集『市民法学の課題と展望』（日本評論社、二〇〇〇年）四八一頁参照。

（43） GB280/2（注8）。

（44） 鎌田・前掲書（注3）三〇頁参照。

（45） GB280/2, para35.

（46） この経緯については、馬渡・前掲論文（注8）二三—二四頁参照。また、浅倉・前掲論文（注42）四九二頁以下は、専門家会議に提出された同教授のナショナル・レポートの要約という側面を持つ。

（47） GB280/2, para45.

(48)　GB280/2, para49.
(49)　GB280/2, para50.
(50)　前掲（注13）「労働基準法の『労働者』の判断基準について」所収。
(51)　早い時期に、このような一般的判断基準を提示した裁判例として、大塚印刷事件東京地裁判決（昭四八・二・六労働判例一七九号七四頁）がある。
(52)　この判断基準および判例の状況については、柳屋・前掲（注13）「非労働者と労働者概念」一三四〜八頁、橋本・前掲（注13）「労働法・社会保険法の適用対象者（一）」参照。
(53)　同旨、鎌田・前掲書（注3）一二六頁。
(54)　東京高判平六・一一・二四労働判例七一四号一六頁。
(55)　最一小判平八・一一・二八労働判例七一四号一四頁。
(56)　この点については、鎌田「いわゆる傭車運転手の労災保険法上の労働者性が否定された事例」労働法律旬報一四二二号（一九九七年）二一頁、とくに二六―二七頁参照。
(57)　横浜地判平五・六・一七労働判例六四三号七一頁。
(58)　労働省労働基準局補償課編『労災保険特別加入制度の解説改訂版』（労働調査会、二〇〇〇年）八五頁参照。
(59)　「労働契約と賃金をめぐる若干の基礎理論的考察―『独自』の労働契約法理論の検討のために―」ジュリスト四四一号（一九七〇年）一二九頁および「雇傭・請負・委任と労働契約―『労働法適用対象』問題を中心に―」甲南法学一一巻二・三合併号（一九七一年）二四一頁がそれであり、下井・労働契約法の理論（注14）に所収されている。以下の引用は同書による。
(60)　下井・労働契約法の理論（注14）五六頁。
(61)　同書七頁では、不当労働行為の問題が例示されている。
(62)　学説からはこの点が批判された。例えば、片岡曻「労働契約論の課題」季刊労働法別冊一号『労働基準法』（一九七七年、総合労働研究所）三九頁、萬井隆令『労働契約締結の法理』（有斐閣、一九九七年）一二三頁以下、岸井貞男「労働基準法上の労働契約の意義」青木宗也先生還暦記念論文集『労働基準法の課題と展望』（日本評論社、一九八四年）三五頁以下などを参照。また、土田・前掲書（注20）二八九頁は、労働契約論としても「法的安定性を著しく損なうおそれ」があると批判する。もっとも、この点については、下井教授自身、労基法関連法規の行政取締法規としての性格を配慮して、目的論的な解釈の適用について大概次のように限定的な整理をされている。労基法等の労働者保護法規に関しては、判例・行政解釈による総合判断の手法により適用の可否を決定する。そして、判例によって設定されたルール（解雇権濫用法理などの労働契約法理）および就業規則条項についても、一般には同様の方法によるべきであるが、場合によっては制度・ルールなどの趣旨・目的を考慮して適用の可否を決定する。下井『労働基準法第三版』（有斐閣、二〇〇一年）二四頁。

(63)　下井・労働契約法の理論（注14）九頁および五六～五八頁参照。

(64)　最一小判昭五一・五・六民集三〇巻四号四三七頁。

(65)　菅野和夫『労働法第五版補正二版』（弘文堂、二〇〇一年）四六八頁。

(66)　盛誠吾『労働法総論・労使関係法』（新世社、二〇〇〇年）一三九頁。

(67)　西谷『労働組合法』（有斐閣、一九九八年）七二頁。

(68)　加藤智章「生活保障体系における労働法」『講座21世紀の労働法一巻』七二頁。

(69)　倉田聡「短期・断続的雇用者の労働保険・社会保険」『講座21世紀の労働法二巻』二六七～八頁。

(70)　同二七一頁。

(71)　東京12チャンネル事件・東京地判昭四三・一〇・二五労民集一九巻五号一三三五頁。この他、セキノ興産事件・富山地判昭四九・二・二二判例時報七三七号九九頁も、傭車運転手の事案において契約関係を雇用契約関係としながらも、自動車賃貸借契約を含んだ混合契約の性質を有し、その雇用契約の範囲内において労働法上の保護を受けるとしている。

(72) 下井説の問題提起を受けて、同説に批判的なスタンスを取りながらも、やはり早くから労働契約類似の労務供給契約に労働法の法理を適用すべきとしていたのが、西谷・前掲論文（注14）である。
(73) 藤島建設事件・浦和地判平八・三・二二労働判例六九六号五六頁。
(74) 川口労基署長（藤島建設）事件・浦和地判平一〇・三・三〇訟務月報四五巻三号五〇三頁。この二つの事件の対比については、R. YAMAKAWA, *Employed or Self-Employed? The Role and Content of the Legal Distinction : New Wine in Old Bottles : Employment/Independent Contractor Distinction under Japanese Labor Law*, 21 Comparative Labor Law & Policy Journal 98, 122-3 参照。
(75) 柳屋・前掲論文（注13）一三九頁以下参照。
(76) 労働省労働基準局補償課編・前掲書（注58）一～三頁参照。
(77) 昭四九・二・一三基発七二号によって、事業の実体が運送の事業に該当し、「土砂等を運搬する大型自動車による交通事故の防止等に関する特別措置法」の適用を受ける者に適用が拡大された。
(78) ①プレス機械などを使用して行う金属、合成樹脂、皮、ゴム、布又は紙の加工の作業、②研削盤など使用して行う研削もしくは研磨、または溶融した鉛を用いて行う金属製洋食器、刃物、バルブ又はコックの製造又は加工に係るもの、③有機溶剤含有物を用いて行う作業であって、化学物質製、皮製若しくは布製の履物、鞄、袋物、服装用ベルト、グラブ若しくはミット又は木製若しくは合成樹脂製の漆器の製造又は加工に係るもの、④鉛化合物を含有する釉薬を用いて行う施釉もしくは鉛化合物を含有する絵具を用いて行う絵付けの作業など、⑤動力により駆動される合糸機、撚糸機又は織機を使用して行う作業、⑥木工機械を使用して行う作業であって、仏壇又は木製若しくは竹製の食器の製造又は加工に係るもの。
(79) 労働省労働基準局補償課編・前掲書（注58）八七頁参照。
(80) 同九〇頁参照。
(81) 所沢労基署長（田中製作所）事件・浦和地判昭五八・四・二〇労働判例四一二号二六頁、足立労基署長（本間製作所）事件・東京地判平七・一一・九労働判例六八四号一六頁、青野覚「労災保険法特別加入事業主における業務上認定の基準」労働判例四二二号（一九八三年）一八頁参照。
(82) 昭四五・一二・二八基発九二二号。
(83) 森戸英幸「わが家が一番—情報化に伴うテレワーク・在宅就労の法的諸問題」日本労働研究雑誌四六七号（一九九九年）四六頁、とくに、五一頁以下、中脇晃「家内労働法」現代労働法講座九巻（有斐閣、一九八二年）三一八頁、とくに三二七頁以下等参照。
(84) 前掲「雇用以外の労働・就業形態に関する調査委員会」報告書（注5）二七四～五頁参照。
(85) 諏訪康雄「ＩＬＯ基準と日本の家内労働・新しい就業」大原社会問題研究所雑誌四五九号（一九九七年）二六頁参照。
(86) 前掲「雇用以外の労働・就業形態に関する調査委員会」報告書（注5）は、家内労働について「数字的には減少傾向にあっても保護の緊迫性は依然高い場合が多い」と指摘している（三四三頁）。この際には、一九九六年に採択されたＩＬＯ家内労働に関する条約（第一七七号）および勧告（第一八四号）が参考にされるべきであろう。
(87) この点に関する検討として、森戸・前掲論文（注83）、諏訪「テレワークの実現と労働法の課題」ジュリスト一一一七号（一九九七年）八一頁、馬渡「ネットワーク化と雇用の多様化」季刊労働法一八七号（一九九八年）八頁、長坂俊成「テレワークの法的性質と法的保護のあり方」季刊労働法一九三号（二〇〇〇年）一五一頁等参照。
(88) 前掲「雇用以外の労働・就業形態に関する調査委員会」報告書（注5）は、「中間的労働者に対する統一的な基本政策を欠いたまま、個々の制度ごとに適用の可否を判断していくという従来のアプローチそのものに限界がある」（三四二頁）と指摘している。
(89) 日本食塩製造事件・最二小判昭五〇・四・二五民集二九巻四号四五六頁。
(90) 例えば、土田「解雇権濫用法理の法的正当性」日本労働研究雑誌四九一号（二〇〇一年）四頁参照。また、解雇制限については、野川忍「解雇の自由とその制限」『講座21世紀の労働法四巻』一五四頁、本久洋一「解雇制限

の規範的根拠」日本労働法学会誌九九号（二〇〇二年）一二頁参照。

(91) 労働契約の基本的特質については、中窪裕也「労働契約の意義の構造」『講座21世紀の労働法四巻』二頁、島田・前掲論文（注17）五頁、土田・前掲書（注20）二七五頁以下等参照。

(92) 吉田克己『現代市民社会と民法学』（日本評論社、一九九九年）一五一頁。ただし、この表現は、中間組織における企業間取引について使われている。また、契約関係と組織原理という観点からは、平井宣雄「いわゆる継続的契約に関する一考察―『「市場と組織」の法理論』の観点から」星野英一先生古希祝賀論集『日本民法学の形成と課題・下』（有斐閣、一九九六年）六九七頁が参考になる。

(93) 内田貴『契約の時代』（岩波書店、二〇〇〇年）八九頁以下参照。土田・前掲論文（注90）は、解雇権濫用法理を「継続的契約関係に内在する普遍的な法規範」（一二頁）とする。

(94) 中田・前掲書（注25）。

(95) 同書四五九頁。

(96) 同書四六九頁。

(97) 同書四七七頁以下の検討および四八二頁の表三がとりわけ参照されるべきであろう。

(98) 江崎グリコ事件・仙台地決平六・九・三〇判例時報一五五三号一二六頁。

(99) ほっかほっか亭総本部事件・名古屋地判平二・八・三一判例時報一三七七号九四頁。

(100) R. Yamakawa, *op. cit.*（74）, p. 121 は、これらの裁判例を解雇権濫用法理の労働契約以外の分野の拡張と評価している。

(101) フランスでも、労働法により形成された法理が従属的就業者の保護に大きく貢献していることが指摘されている。F. Gaudu et R. Vatinet, *op. cit.*（*11*）, p. 49.

(102) A. SUPIOT, *op. cit.*（*11*）, p. 10.

(103) ibid., pp. 88-90. この社会法の四つの同心円について紹介する邦語文献としては、水町勇一郎「学会展望」国家学会雑誌一一四巻一＝二号（二〇〇一年）一〇七頁、同『労働社会の変容と再生』（有斐閣、二〇〇一年）二二八～二三二頁、濱口桂一郎「EU労働法思想の転換」季刊労働法一九七号（二〇〇一年）一一二頁、とくに一一七～八頁、三井正信「労働法の新たなパラダイムのための一試論（四）」広島法学二六巻一号（二〇〇二年）八七頁、とくに一〇四頁以下がある。また、アラン・シュピオ・前掲（注38）「九〇年代におけるフランス労働法の動向」八二頁、八四頁参照。

(104)　ibid., pp. 89-90.

(105)　さらにいえば、円①および円②の領域についても考えておくべきであろう。前掲「雇用以外の労働・就業形態に関する調査委員会」報告書（注5）は、円②に属する就業の一部も含めて検討している点で画期的といえる。

(106)　下井・労働契約法の理論（注14）五六頁参照。

(107)　実は、この作業の前提として、以下に提示する立法政策の具体的課題の規範的根拠が検討されるべきであった。例えば、日本においては、労働保護法規の多くは、憲法二七条に規範的根拠が求められるが、労働契約類似の労務供給契約については、明示的な規範的根拠があるわけではなく、この点での検討が不可避である。これらの点については、本稿の今後の課題となる。

(108)　鎌田・前掲書（注3）一二九頁以下は、この問題について、①報酬、②社会保険の適用、③仕事の継続性の保障、④団体交渉、⑤男女差別に分けて、具体的な課題を提示している先駆的な業績である。

(109)　この場合には、ボランティア、ワーカーズ・コレクティブなどの領域についても視野に入れた検討が必要である。

(110)　鎌田・前掲書（注3）一二五頁以下参照。ただし、鎌田教授が「契約労働者の定義は問題となる保護法規の趣旨・目的に依存し、単一の概念として定義することはできない」ことを正当に認識しながら、あえてこの課題に取り組んでいることに留意しなければならないであろう。

(111)　山川教授も、統一的な概念として第三のカテゴリーを定義づけることに慎重な態度を示している。R.

Yamakawa, *op. cit.* (74), pp. 124-6.

(112) 解雇規制の立法化の現状と具体的な提案については、島田「解雇規制をめぐる立法論の課題」日本労働法学会誌九九号（二〇〇二年）七四頁参照。

(113) 自己所有の車両による小荷物運送の配送契約が雇用契約でないとして、破産会社の優先破産債権とは認められなかった裁判例として、うえの屋破産管財人事件・富山地判昭六一・一・三〇労民集三七巻四・五号三三五頁、同事件控訴審・名古屋高裁金沢支判昭六一・七・二八労民集三七巻四・五号三二八頁がある。

3　地方公共団体における非正規職員と雇用契約

豊本　治

一　はじめに
二　地方公務員の範囲
三　地方公共団体における非正規職員制度の現状と問題点
四　非正規職員制度の展望

一　はじめに

民間企業におけるワークシェアリングが活発化するなか、地方公共団体においてもワークシェアリングを導入する動きが高まっている。その先駆けとなったのが兵庫県における取組みであり、これに追随する形で全国の地方公共団体に急速に広まっている。(1) 昨今の厳しい雇用情勢に対処するため、地域版の緊急雇用対策として取組みは進んでいるが、職員の時間外勤務手当を減らし、それを原資として、地方公共団体の業務に雇用・就業の場を創出するというのが一般的な方法となっている。(2)

現行法制上、このような手法によって地方公共団体が職員の採用を行う方法としては、臨時的任用、非常勤任用または任期付任用（以下、これらの方法によって採用される職員を総称して「非正規職員」ともいう）などが存在するが、これらの職員もまた、原則的には一般の職員と同様に地方公務員としての取扱いを受けるものとされており、地方公共団体との関係は、民間企業におけるような私法上の契約関係ではなく、公法上の任用関係にあるとされている(3)。また、当該職員には、基本的に地方公務員法（以下、単に「地公法」ともいう）等の公務員関係法規が適用されるものとされている。

一方、同様の趣旨に立つ雇用対策として、国は緊急地域雇用特別基金事業を実施しているが、この事業においては原則として当該事業に従事するための労働者を地方公共団体が直接雇用することが認められておらず(4)、事業そのものを民間企業等に委託して実施するという手法がとられている。こうした業務に従事する者は、単に地方公共団体からの事務の委託を受ける事業者に雇用される者として、私法上の雇用契約関係にあると位置づけられるものであり、地方公務員としての取扱いを受けないことはいうまでもない。

その結果、同じ地方公共団体の事務に従事する者であっても、地方公共団体の直営事業か委託事業かという違いにより、その身分取扱いや労働法規等の適用関係が根本的に異なる形態が発生することとなる。このような例のみならず、行財政改革の推進等によって地方公共団体の業務を民間に委託するアウトソーシング化の動きが活発となっており、地方公共団体の委託事務に従事する労働者の数は相当数に上っている。

他方、民間企業における雇用形態が多様化するなか、公務部門においてもかなり複雑な任用形態がみられるようになっている。しかしながら、その形態は地方公共団体によってまちまちであり、法制度の適用や解釈にも違いがみられるなど、必ずしもその位置づけは明確となっていない。

この点について、平成一一年四月二七日に地方公務員制度調査研究会が行った「地方自治・新時代の地方公務員制度—地方公務員制度改革の方向—」と題する報告においては、「地方分権の進展、規制緩和等官民の役割の変化、民間における雇用形態の多様化等の社会経済情勢の変化に対応し、新しい地方自治の時代にふさわしい地方公務員制度のあり方を検討することを目的」として、国家公務員制度の改革とは異なる視点に立った地方公務員制度の改革に向けた指針が打ち出されており、そのなかでは任期付任用をはじめとする任用に関する問題点と解決策についても触れられている。

そこで、本稿は、複雑多様化している雇用形態のなかにあって、地方公共団体の非正規職員制度等に関する実務上の問題点を紹介するとともに、地方公務員の任用関係のあり方について若干の考察を行うものである。(5)

二　地方公務員の範囲

日本国憲法は第一五条で「公務員」に関する定めをおいているが、その範囲については明確にしておらず、公務員の概念はもっぱら解釈に委ねられている。(6)

地方公務員法第二条は、地方公務員を「地方公共団体のすべての公務員をいう。」と定義しており、その範囲はきわめて広いものとなっている。いかなる者が地方公務員とされるのかについては、①職務の性質、②任命行為の有無、および③報酬の支払いが、その判断基準として挙げられるのが通例であり、(7)具体的には、①その者の従事すべき職務が当該地方公共団体またはその機関の事務であること、②地方公務員としての地位を与える行為が行われていること、③地方公共団体から勤務の対価として報酬（給料）等の支給を受けていること等の有無によって、その者が地方公務員に含まれるかどうかが判断されることになる。

しかし、同じく地方公務員とはいっても、すべての地方公務員が同様の法的取扱いを受けるわけではない。例えば、地方公務員は一般職と特別職に分かれるが、一般職の職員については地方公務員法が適用されるものの、特別職に属する地方公務員にはこれが適用されない（地公法第四条二項）といった違いがある。

地公法は、特別職の職を限定列挙し、それ以外の職をすべて一般職としている。(8)一般職と特別職を区分する基準の要素としては、①指揮命令関係の有無、②専務職であるか否か、③終身職であるか否か、④成績主義の適用の有無、⑤政治職であるか否か等が考えられるが[9]、要するに、特別職は、恒久的な職でないことまたは常時勤務することを要しない職であることがその特徴となっている[10]。

さて、このように公務員の範囲が広く設定されたことの背景としては、戦後確立された公務員制度が戦前における官吏制度を徹底的に排除しようとしたことが挙げられよう。

すなわち、戦前においては、国家によって選任される官吏や地方公共団体に任用される待遇官吏・吏員については、公法上の勤務関係にあると考えられ、国家や地方公共団体に対して無定量の勤務に服従すべき義務を負う一方で、俸給、恩給等の権利や特権、恩典が与えられていた[11]。これらの官吏や吏員以外には、雇員および傭人あるいは嘱託員といった職員が存在していたが、これらの職員は私法上の雇用関係にあるものとされ、国や地方に無定量の勤務を義務づけられる官吏・公吏とは違い、その任免や給与等も、原則として、各省ごとあるいは各地方公共団体ごとに、任命権者によって個別具体的に定められていた。その一方で、官吏・公吏に与えられる権利や恩典、特権は、こうした者には一切認められていなかった[12]。

これら私法上の契約関係にあるとされる職員は、本来、官吏が担う仕事以外の業務に従事することを目的として任用するものとされていたが、官吏の定員が各省官制通則および各省官制をもって定められ、その増員が容易には行えなかったこと、また官吏に登用されるためには、文官任用令による厳格な規制があったことなどから、次第に官吏に代わって業務を行う事態が生じるようになった。

しかし、官吏が厳格な試験を経て任官されたのに対し、私法上の契約関係にある職員の任免がもっぱら任命権者の意思に委ねられていたことから、その任免関係はルーズなものとなる傾向にあった。また、長年にわたって専門的分野を担当することによって、一部にこれらの職員と企業との癒着が生じ、権限外のことに関与したり、官庁の名称を悪用して特殊な利益を得るという現象も見られるようになった。そして、このような場合も、官吏以外の職員については、分限や服務紀律等を定める特段の法令が存在しなかったことから、何の手立ても施しようがなかったといわれている(13)。

戦後、日本国憲法の下で、行政の中立と成績主義の原則をその指標に掲げてスタートした新制度においては、公務員は、一方で公務のために労働を提供してその対価を受けるという勤労者の側面を有するが、他方で、その職務は全体の奉仕者として国民全体のために奉仕することにあり、また国民が納める税によってその給与等が賄われることから、その身分取扱いは納税者によってコントロールされることが基本原則となった。公務員の範囲が先にみたように広い範囲に及ぶものとなったのは、このような考え方が大きく影響しているものと考えられる。

なお、国家公務員法（以下「国公法」ともいう）の制定当初は、嘱託員や技能・労務職員を特別職として扱っていたが、その後、嘱託員は常勤または非常勤の臨時職員に移行し、さらにマッカーサー書簡に基づく政令二〇一号の公布・施行によって一般職として扱われることとなり、国公法が全面適用されることになった、という経緯がある(14)。

さらに、国家公務員法に三年遅れて制定された地方公務員法には、国と地方との制度の違いからくる細かい取扱い上の差異があるほか、「単純な労務に従事する職員（以下「単労職員」という）」という、国家公務員にはない固有の身分取扱いが設けられたことがその大きな特徴となっている。

具体的には、地公法は第五七条において、単労職員についてはその職務と責任の特殊性に基づき別の法律をもってその特例を規定することとし、同法附則第二一項が設けられ、当該法律が制定されるまでの間は、なお従前の例によることとされ、その結果、単労職員については、地公法制定後も「基本的には労働三法が適用されるが、政令二〇一号によってその適用が制限される」こととなったのである。

さらに、単労職員については、「単純な労務に雇用される一般職に属する地方公務員の範囲を定める政令」によってその範囲が定められるにいたったが、[15] 地方公営企業労働関係法の制定に伴い、同政令は失効し、昭和二七年九月三〇日をもって効力を失うこととなった。しかし、単労職員という制度そのものは、現在にいたるまで存続し、その範囲についても従来どおりの解釈が踏襲されている。[16]

なお、国家公務員の範囲については、制定後まもない時期に、その見直しが検討されたことがある。昭和三〇年に公務員制度調査会が行った「公務員制度の改革に関する答申」[17] がそれである。答申の内容は、それまでの公務員を任命行為に基づく者と私法上の契約に基づく者とに二分し、前者のみを公務員制度のなかに組み入れようとするものであったが、具体的には次のようにいう。

(1)　国家公務員は、国民主権に由来する政府の任命行為に基づき、国民全体の奉仕者として、恒常的に、専心、国家の公務に従事する者である点に、その性格上の特質を有することを明らかにすること。

(イ)　国家公務員は、私法上の雇傭契約に基づき、特定の者のために労務を提供する関係にある者と異なり、政府の任命行為に基づき、国民全体のために奉仕すべき特別の勤務関係に立つ者であること。

(ロ)　国家公務員は、旧憲法下の官吏が無定量の勤務に服すべきものとされたのとは異なるが、一定の職務に専心、従事し、全力をあげてこれを遂行すべき責任を有する者であること。

(ハ)　国家公務員は、国家行政組織の恒常的組織要員として、私法上の雇傭関係に立つ者をして処理せしめるに適しない公的色彩の強い国の事務・事業に、恒常的に、従事すべきものであること。

(2)　国家公務員の右のような性格に鑑み、現行法上国家公務員とされているもののうち、左のものは、これをここでいう国家公務員から除外し、それぞれその関係に即した特別の規制をするものとすること。

(イ)　現行法上国家公務員とされているもののうち、委員、顧問、参与その他の非常勤職員は、国家公務員に属しないものとすること。これらの者は、公務の委任関係に立つものとし、これに対しては、その関係に即し、国家公務員と異なった特別の規制をなすものとし、必要に応じ、一般法としての国家公務員法の規定を準用するものとすること。

(ロ)　現行法上国家公務員とされているもののうち、単純な労務に従事するもの（以下「国家労務職員」という。）は、国家公務員に属しないものとすること。これらの者の範囲は、法令上明確に規定するとともに、これらの者は、私法上の雇傭関係に立つものとし、これに対しては、現行法上の厳重な諸規約を解除又は緩和し、必要な範囲においてのみ、その関係に即した特別の規制をなすものとすること。

(ハ)　現行法上国家公務員とされているもののうち、臨時の機械的又は補助的な業務に従事するもの（以下「国家臨時職員」という。）は、国家公務員に属しないものとすること。これらの者は、私法上の雇傭関係に立ち、一定の期間を限って雇傭されるものとし、これに対しては、国家労務職員とおおむね同一の規制をなすものとすること。

(ニ)　政府関係諸機関（とくに公の独立法人）の職に従事する者は、すべて、国家公務員の範囲より除外するものとすること。

以上を要するに、答申は、公務員の範囲を権力的行政に従事する者に限定し、それ以外の職、具体的には単労職員や臨時職員については、これを公務員として扱わず、民間企業に雇用される者と同様に扱おうとするものであった、ということができる。

このような答申が出されるにいたった背景としては、すべての公務員に公務員法を厳格に適用することには問題があり、例えば公務員の場合、職員の採用はすべて競争試験または選考という厳格な手続をもって行わなければならないとされているが、かつての傭人に相当するような職員の採用についてまで、そのような厳格な手続を求めるのはあまりにも形式的に過ぎるのではないか、あるいは、私的な労務者と何ら異るところのない立場にある者についてまで不必要な制限を加えるような不都合な結果を生ずる、などといった問題意識のあったことが挙げられる(18)。

しかしながら、この答申は結局のところ、法改正までにはいたらず、その後、公務員の範囲については目立った議論はなされていない。答申がこのようにして立ち消えとなった理由は明らかではないが、戦後改革によって近代的な公務員制度がようやく確立した状況の下で、戦前のような雇員、傭人といった制度を復活させることには相当抵抗感があったものと推察される(19)。

わが国の公務員制度は、日本国憲法の下でアメリカの制度に倣い、公務員の範囲を広くとらえるものとなった。しかし、当時は公務の範囲も現在とは比べようもないほど狭く、また業務の執行方法も比較的単純なものであったと考えられる。その意味で、上記の答申は時期尚早であったともいえるが、今や状況は一変した。こうした観点から、答申の内容をもう一度読み直す必要があろう。

三　地方公共団体における非正規職員制度の現状と問題点

地方公務員制度は、原則として期限の定めのない終身雇用を前提としたものとなっており、例外的に、特別の場合に限定して任用に期限を設けることとなっている。

地公法は、こうした例外的な制度として、条件附採用および臨時的任用（地公法二二条）、そして定年退職者等の再任用（地公法二八条の四～二八条の六）について定めを設けている。このうち条件附採用は、採用後一定期間、職務を良好な成績で遂行したときに正式採用となることを規定したものであり、また定年退職者等の再任用は、高齢化が進むなか、雇用と年金の連携によって地方公務員の生活保障を図るため、任期を定めて、継続任用しようとするものである。他方、臨時的任用は、一定の場合に限り、期限を付して任用するものであり、典型的な期限を付された任用といえる。以上のほか、地方公共団体の実務では、期限を付された任用として、非常勤任用、任期付任用などが行われている。

1　臨時的任用

地公法は、臨時的任用が可能な場合として、「緊急の場合、臨時の職に関する場合又は任用候補者名簿がない場合（人事委員会を置く地方公共団体に限る。）」と規定しているが、地方公共団体のなかには、これをさらに規則・訓令等で具体的に規定しているものがある。例えば、次のようなものがその典型である。

A市「臨時的任用職員の取扱いに関する規程」

（この規程の目的）

第一条　この規程は、地方公務員法（昭和二五年法律第二六一号）第二二条第五項の規定する職員の臨時的任用およびその職員の給与、身分の取扱い等に関し、必要な事項を定めることを目的とする。

（臨時的任用を行うことができる場合）

第二条　次の各号に掲げる場合においては、現に職員（臨時的に任用された職員を除く。）でない者を、臨時的に任用することができる。

一　災害その他重大な事故のため、地方公務員法第一七条第一項の採用、昇任、降任又は転任の方法により職員を任命するまでの間その職員の職を欠員にしておくことができない緊急の場合

二　季節的又は突発的に繁激なる行政事務処理を必要とし、正規職員のみにては、期限内に処理し得ないと認められる緊急の場合

三　臨時的任用を行う日から、一年以内に廃止されることが予想される臨時の職に関する場合

四　前各号に準ずると市長が承認した特別又は緊急の場合

（名称）

第三条　臨時的に任用される職員を臨時職員と称する。

（以下、略）

この規程の意義は、地公法に規定する「緊急の場合又は臨時の職」を具体的に明示し、地方公共団体自身が安易に任用を行うことを防止することにある。とはいえ、季節的、繁忙期、一年以内に廃止される職といった大義名分の下で、実際には、統計調査、選挙、イベントの業務などで、さまざまな部署において臨時的任用が行われているのが現状である[20]。

2　非常勤任用

地公法は、職員の任用に関する特例を臨時的任用および定年退職者等の再任用について規定するにとどまっていることは先に述べた。これ以外に任用に関する規定としては、その原則を定める一七条を数えるのみであり、臨時的任用及び定年退職者等の再任用以外の任用については、すべて地公法一七条に基づく正式任用として、同法一五条に定める任用の根本基準や成績主義の原則に従い、厳格に行われることとなる。

このような正式任用に際して任期を定めることができるか否かについて、地公法は明文の規定を欠いているが、実務はこの正式任用として任期付の任用を行っており、裁判例もこれを認めている。ただし、それは無制限のものでは決してなく、最高裁も、有名な東郷小学校事件において、職員の任期付任用は、「それを必要とする特段の事由が存し、かつそれが、職員の身分を保障し、職員を安んじて自己の職務に専念される趣旨に反しない場合においては、特に法律にこれを認める明文がなくても許される[21]」としていることに注意する必要がある。本件の場合、地方公務員に定年制が実施される以前の段階で、勧奨退職の実効性をあげるために任期付任用が実施された、というきわめて特殊な事例ではあったが、この判決以降、裁判例は、臨時的な業務や補助的代替的な業務などについて任期付任用を広く認める傾向にある[22]。

なお、地公法一七条に基づく任期付任用の場合、フルタイムのケースは少なく、実務ではそのほとんどが、勤務時間が一般の期限を付されていない職員の勤務時間よりも短い、非常勤職員となっている（ただし、日々雇用についてはフルタイムのケースが多い）。

つまり、地方公共団体の実務では、フルタイムの場合は臨時的任用で、短時間勤務の場合は任期付の非常勤職員でというスタイルがある程度浸透しており、フルタイムの期限付任用はあまりみられないといってよい。そこには、①フルタイムの任期付任用であっても、地方公務員には労働基準法一四条の適用があることから、一年を超える任期を付すことができないこと、②臨時的任用が可能な場合が法律上限られていることを、地方公共団体が十分には認識していないこと、③フルタイムの場合は臨時的任用と任期付任用に実質的に差異がないこと、といった事情が影響しているように思われる。

ところで、非常勤職員という用語は、地方自治法や地公法でも使用されているが、その定義はなく、取扱いもまちまちとなっている(23)。

例えば、地方自治法に関する行政実例では、隔日勤務の職員も、職務内容の性格から他の常勤の職員の勤務と同一の者として取り扱われるものについては、常勤の職員にあたるとされている(24)。それゆえ、地方自治法における常勤と非常勤の区別は、単に勤務形態だけではなく、職務内容も勘案してなされているということができる。

また、地公法における解釈としても、二か月間の期限付任用の職員を常勤、日々雇用の職員を非常勤とした行政実例がある(25)。そして、多くの地方公共団体は、このような形で、日々雇用職員や短時間勤務の非常勤職員を任用しているといえる。

B市「一般職の非常勤職員取扱い規程」

（目的）

第一条　この訓令は、別に定めるもののほか、地方公務員法（昭和二五年法律第二六一号。以下この条において「法」という。）第二二条第五項に基づき任用される臨時的任用職員を除き、市の事務を補助する一般職の非常勤の職員（法第二八条の五第一項又は第二八条の六第二項に規定する短時間勤務の職を占める職員を除く。以下「非常勤職員」という。）の任用、報酬及び身分取扱いについて必要な基準を定め、人事の適正な管理を図ることを目的とする。

（定義）

第二条　この訓令において、次の各号に掲げる用語の意義は、それぞれ当該各号に定めるところによる。

一　第一種非常勤職員　定数内職員の一週間当たりの勤務時間の四分の三を超えない範囲内において、一定の勤務計画の下に勤務を要する者

二　第二種非常勤職員　一日につき七時間四五分を超えない範囲内において、一定の事務の処理を行うため、必要に応じ随時又は臨時に勤務を要する者

三　再任用　任用を終了した非常勤職員をあらためて同一の職に任用すること。

（任用期間）

第三条　任用期間は、一年以内とし、かつ、一会計年度は超えてはならない。ただし、勤務成績等が良好な非常勤職員については、任用期間の通算が次に掲げる期間の範囲内において任用期間を更新することができる。

一　別表第一の職務区分の専門的な知識及び経験に基づく継続的な指導並びに相談業務を行う職務　一〇年

二　前号以外の職務　五年

2　前項各号に規定する期間を超えて任用する必要があると総務部長が認めたときは、さらに五年を超えない範囲内において任用期間を更新することができる。

（以下、略）

C市「非常勤職員の任用等に関する要領」

（目的）

第一条　この要領は、特別職として雇用される非常勤の職員（以下「職員」という。）の身分、任用、勤務時間及び報酬等の取扱いについて定めることを目的とする。

（範囲及び身分）

第二条　この要領は、次に掲げる事由により任用される職員について適用する。

一　法令等の規定に基づいておかれる調査員、嘱託員等

二　定数内職員に欠員を生じ、これを補充するまで、又は短期間、定数内職員に代わる嘱託員等

三　恒常的な職でなく一時的に限って増員を必要とするため、臨時的に雇用する嘱託員等

四　業務上必要であるが、定数内職員をもって充てることが適当でないと認められる次のような場合に雇用される嘱託員等

イ　勤務態様が常時一定せず、一月の又は一日のある時期に集中的に業務があり、臨時的に嘱託員を雇用して処理する場合

ロ　常時勤務する必要がなく交替要員として雇用する嘱託員

五　連日業務があるが、一日のうち短時間の就労で足りる嘱託員等

2　身分は、地方自治法（昭和二二年法律第六七号）第一七二条第三項ただし書の規定による「非常勤」の職であって、地方公務員法（昭和二五年法律第二六一号）第三条第三項第三号の規定による調査員又は嘱託員とする。

（以下、略）

これらの規程ないし要領は、いずれも非常勤職員の任用について定めたものであるが、両者は根本的にその考え方を異にしている。すなわち、前者は非常勤職員を一般職の職員として扱っているのに対して、後者はそれを特別職の職員としているのである。

前述したように、一般職と特別職とは一応、明確に区分されてはいるが、実務における取扱いは必ずしも同じではないというのが実情である。例えば、いわゆる「パートタイム」、「非常勤職員」、「嘱託」等と称される職員については、これを特別職として任用している例の方がむしろ多い（C市の例）。なるほど、地公法は「臨時又は非常勤の顧問、参与、調査員、嘱託員及びこれらの者に準ずる者の職」を特別職として規定しており、これらの職員を特別職として取り扱うことに障碍はないようであり、裁判例もこれを認めている[26]。しかし、地公法が特別職として想定している非常勤職員とは、地方公共団体の業務にもっぱら従事するものではなく、その職の職務の内容が特定の学識または経験を必要とするものとされており[27]、その範囲はかなり狭いと考えられる。

制度が本来想定するものではないとはいえ、現実には多くの地方公共団体で、特別職として期限付の嘱託職員が多数任用されており、こうして任用される職員は、地方公務員として扱われながらも、地方公務員法の適用は受けないということになる。すなわち、嘱託職員に労働者性さえ認められれば、民間企業における労働者と同様に、労働基準法や労働組合法が適用されることになる。

だとすると、特別職の嘱託職員を地方公務員として取り扱う実益は、①当該職員の任用が公法的な関係に基づくものであり、雇用契約に基づくものではないことが明確になること、および②その労働の対価である報酬が条例で定められることの二点に[28]、これを求めることができよう。

3　新しい任期付任用制度

このように、任期付任用は、実務や裁判例によっても認められているが、その一方で、ここ数年、任期付任用に関する新しい制度が相次いで新設されていることにも目を向ける必要がある。具体的には、「研究職の任期付任用」、「一般職の任期付任用」などである。これらの制度によって任用される職員は、それぞれ個別の法律によって任用が行われるのであって、地公法一七条に基づいて任用がなされるのではない。

これらの任期付任用は、その必要性が認められるものについて、法律をもって要件を明定したといえるものであるが、いずれも本来は任期の定めのない職員をもって充てるべき業務について、一定の場合に限り任期付任用を認めるものであり、これまで実務や判例で認められてきた非正規職員の分野に新たに任期付制度を導入したものとは考えるべきではない。そして、このことは、新しい任期付任用形態のいずれもが自由任用ではなく、選考による任用を明確に打ち出していることからも明らかなのである。

4　非正規職員の任用方法をめぐる問題点

国家公務員の場合、非常勤職員の身分取扱いに関しては、その職務と責任の特殊性から、国家公務員法附則第一三条に基づいて人事院規則が定められ、常勤職員とは異なる種々の特例が定められている。しかし、地公法には、この国公法附則第一三条に相当する規定がないため、地方公務員である非常勤職員の身分取扱いについては、地公法や地方自治法による特例的取扱いを除いて、法令上は常勤職員と同様の取扱いを受けることになる。

前述のように、新しい任期付任用についてはいずれも選考によって採用できることが明示されており、任期付とはいえ、安易に任用することに一定の歯止めがかけられている。他方、成績主義、能力実証主義に基づく恣意的任用の禁止（国公法第三三条、地公法第一五条）と平等取扱い（国公法第二七条、地公法第一三条）を基本原理とする現行公務員法制は、その当然の帰結として、競争試験または選考による正規の任用を原則とする立場を導くことになるが、国家公務員の場合、臨時的任用職員や非常勤職員については競争試験も選考も必要としない、いわゆる自由任用職となっているという問題がある。

臨時的任用は、これを厳格に運用すると、緊急の場合等に対応できないケースも想定されることから、厳格な成績主義等の原則に対する例外として認められたものであり、緊急の場合において、競争試験や選考を行う暇がないことを理由に自由任用職とするという点については、合理的な理由があるともいえる。

とはいえ、臨時的任用については、一時的とはいうものの、恒常的な業務に就くことも想定されており、こうした場合には一定の能力を必要とする業務に従事することもあることを考えると、任期付任用と何ら異なるところのないケースもあり、新しい任期付任用が自由任用ではなく、選考による任用を義務づける規定を設け、成績主義を明確に採用していることとも、それは矛盾することになる。

例えば、このような矛盾を明確にした最近の例として、育児休業の代替要員制度がある。国家公務員および地方公務員の育児休業法が改正され、育児休業の期間が一年から三年に延長されることとなったが、この間の代替要員については、一年以内の任用の場合は従来どおり臨時的任用で対応することとし、これを超える（実質的には三年足らずの）任用の場合は任期付任用で対応することが可能になった。言い換えると、一年以内であれば自由任用、一年を超えると競争試験または選考による任用ということになり、要は任期の長短のみで任用方法を決定する措置ともいえ、あまりにも便宜的といわざるを得ない。

ところで、非常勤職員については、国家公務員と地方公務員における任用方法に違いがある。すなわち、国家公務員に関しては、人事院規則八—一四により、非常勤職員の採用については、競争試験または選考のいずれにもよらないで行うことができる（同規則第一条）のに対して、地公法は、一般職の任用を、同法第一七条による正式任用と第二二条に定める臨時的任用のいずれかに該当する場合にしか認めていない。それゆえ、臨時的任用については、任用に当たっての要件が法定されていることからすると、必然的にその要件に該当しない場合には、第一七条による任用によらなければならないということになる。その結果、地方公務員の場合には、非常勤職員といえども、競争試験または選考によらなければならないことになるが、実際には非常勤職員を自由任用としている自治体も少なくない。

では、非常勤職員に成績主義を厳格に適用することはそもそも妥当といえるのであろうか。非常勤職員をはじめとする任期付任用は、裁判例等によって認められているとはいうものの、これらはもとより無制限に認められているわけではない。任期を定めることを必要とする特段の事情があり、かつ、身分保障の趣旨に反しない場合に限って、任期を定めた任用も認められるということを改めて認識する必要がある(29)。

具体的には、特段の事情については、行財政の効率的運営に資する等の行政上の必要性と当該職員の身分保障の必要性を比較衡量して判断すべきであること、また、身分保障の趣旨に反しないという点については、職務が補助的ないしは代替的なものであって、期限付任用を行っても公務の民主的・能率的運営が維持されることという要件を満たす場合に限って、任期付任用が許容されるものと考えたい。そして、このような前提が満たされる場合には、非常勤職員についても、競争試験や選考によることなく、自由任用によることができると解すべきであろう。

四　非正規職員制度の展望

以上にみたように、地方公務員の非正規職員については種々の問題があるが、その解決を図るためには、どのような制度が考えられるであろうか。

冒頭に紹介した地方公務員制度調査研究会報告では、非正規職員について法が予定する制度と実態との乖離を認めた上で、特別職である臨時または非常勤の顧問、参与等のほか、一般職である非常勤職員、一般職の臨時的任用についても、それぞれ本来の趣旨に沿った運用を徹底するとしている。また、一般職の非常勤職員については、その任用の根拠、任用の方法、服務など常勤職員に係る制度の特例となる事項について、制度上の位置づけを検討する必要があるとし、さらに一般職の短時間勤務職員制度の導入についても検討を行っていく必要があるとしている。

その基本的な考え方は、非正規職員であっても、一般職の地方公務員と位置づけられるべきであり、これらの職員に関する身分取扱い等については、特別の規定を設けてこれを規整するという点にある。具体的にどのような規定を設けるかについてまでは、報告では言及されていないが、国家公務員の非常勤職員の状況等を踏まえると、原則的に地公法を適用し、特例的な取扱いを地公法や条例等で規定するといったことが考えられよう。特に非常勤職員については、これを任用できる場合を明確にし、無制限の任用に一定の歯止めをかけるとともに、その任用方法については、自由任用を可能とすべきである。この点に関して、非常勤職員については、期限の定めのない一般職とする制度を創設すべきであるとの意見もあろうが、自由任用を前提とする以上、こうした制度は認めるべきではないと考える。

また、現行法制上、非常勤職員については、専門的または補助的業務に従事する者と、単労職員の双方が存在するが、補助的業務に従事する職員については、単労職員と同様な法的取扱いをすべきである。さらに、研究会報告では単労職員についても、制度改正が検討されているが、少なくとも地公法五七条の特例法を制定し、その範囲を法律上明確に規定することが必要と思われる。

その際、これらの職員については、当面は現行制度を踏襲し、企業職員と同様の取扱いとすることが考えられるが、その根拠となる地方公営企業労働関係法については、これを企業職員と単労職員の双方の身分取扱いについて規定したものであることが明確な法律に改めることが望ましい(30)。

また、非正規職員および単労職員については、前述した公務員制度審議会における答申と同様、これらの職員が私法上の契約関係に立つものであることを法律上明確にすることも併せて検討されてよい。その方法としては、さらに二つのものが考えられる。

その一つは、これらの職員を地方公務員として取り扱わず、民間企業の労働者と同様の身分取扱いとするものである。その場合には、公法上の任用関係がないことはもとより、地方公務員法も適用されないことになる(31)。もう一つの方法は、一応、地方公務員の範囲に含めつつ、その任用関係は私法上の契約関係に立つことを明確にするというものである。国家公務員法では、政府等と外国人との間に個人的基礎においてなされる雇用契約を認めており、このような制度を地方公務員に導入することも選択肢の一つになる。

そもそも、公務員が民間企業の労働者と区別され、特別な法的取扱いを受ける理由は、公務員が全体の奉仕者として国民（住民）の負託を受けているため、国民（住民）全体の利益を擁護しなければならないという点にある。こうした性格は、権力的行政に従事する場合は顕著なものとなるが、非権力的な業務にしか従事しない職員については、公務員として取り扱う必要はないとも考えられる(32)。

こうした考え方の延長においては、常勤の正規職員であっても非権力的行政に従事する職員については、公務員の範囲から除外すべきではないかといった議論も想定されるが、地方公共団体に一般職の常勤職員として任用された職員については、人事異動等で権力的行政と非権力的行政の双方に従事する可能性があることを考えれば、そこまで議論を発展させることは適当ではない。期限を限り、かつ、非権力的行政にのみ従事することを前提として任用された職員に対象を限定して、地方公務員から切り離す（私法上の契約関係に立つものとする）ことが妥当といえよう。

なお、地方公共団体によっては、実際にも私法上の契約関係にある職員の存在を認め、そうした契約を締結している例があると聞く。そして、現行制度がこうした事態が生じることをまったく想定していなかったかというと、必ずしもそうではない。以下、どうしてそういえるのかを説明してみよう。

地方自治法は、地方公共団体に勤務する者のうち、非常勤の職員に対しては報酬、費用弁償、期末手当（議会の議員に限る。）を、常勤の職員に対しては給料、手当および旅費を支給することができるものとし、一方、これら以外の給与その他の給付を支給することはできないと規定している。また、これらの給付の額および支給方法は条例で定めなければならないとされ、給与条例主義を採用することが明確にされている（地方自治法二〇三条、二〇四条、二〇四条の二）。

このことは、常勤・非常勤、一般職・特別職を問わず、地方公共団体に任用される者、言い換えれば、地方公務員としての取扱いを受けるすべての者に対して妥当することになる。他方、地方自治体においては、給与等をはじめ、その支出は予算に基づき執行されなければならず、その予算は地方自治法施行規則に定める区分にしたがって編成及び執行されることになっており、その目的に応じて、款・項・目・節・細節といった定めがおかれている。そして、こうした節の一つとして、報酬、給料、職員手当等といった区分以外に、賃金という節が設けられているのである。

地方自治法ではすべての職員に対して報酬、給料等以外の支給を禁止しているのであるから、職員に対して賃金の給付は一切できないはずである。にもかかわらず、賃金という節が設けられているとすれば、どうか。ここに、地方公務員の範囲には含まれない労働者の存在を想定したとしても、それは不思議ではない。

では、いかなる場合に、賃金の支給が許されるのであろうか。例えば、地方公共団体の大方の職員が歳入歳出科目を判断する際の拠り所としている解説書は、次のようにいう。「具体的に任命行為の形式をとらず、単に雇用契約によるもので、一時的雇用のほか、実質常勤で、しかもある程度継続して雇用されるものを含むものである。常時勤務する形態がある程度継続しているものに係る給与であっても、任命行為の一定の形式により当該団体の正規の地位を有する職員でない場合は、本節に区分される。」と。[33]

以上のことから、任命行為という公法上の関係に立たない、私法上の雇用契約によって地方公共団体に雇用される職員の存在が制度上も想定されているというのである。かかる解釈が妥当か否かは別として、少なくとも地方公共団体の業務執行の規範たる地方自治法と地公法において、規定の不統一があることだけは確かといえよう。

平成一三年一二月二五日、政府が「公務員制度改革大綱」を閣議決定したことを受け、その後、一般行政職の国家公務員を対象に、能力主義への移行や人材の確保等を柱とした新たな国家公務員制度の策定に向けた見直し作業が、精力的に進められることになった。もちろん、公務員制度に関する基本的な考え方は地方公務員についても同様に当てはまるのであって、国家公務員制度改革に合わせて地方公務員制度改革も進められることが予定されている。

ただ、地方公務員制度改革については、前述の地方公務員制度調査研究会報告に基づく改革も並行して行われなければならない。すなわち、同報告は、国家公務員制度改革とは別の視点に立って、独自の地方公務員制度改革の方向を示しているのであり、そこでは、国との関係から法律で定めるべきものは制度の基本的枠組みにとどめ、地方自治体の自主立法を活用する範囲を拡大する必要があるという方針のもと、地方公務員制度における国と地方の関係や、地方公務員法等の法改正に取り組むべき事項、地方自治体における人事管理改革の方向性について具体的な見解が述べられている。

総務省（当時自治省）では、この報告を受けて、地方公務員制度改革の推進方策を検討していく予定[34]とのことであったが、国家公務員制度改革の流れのなかで、これに対応する制度改正の動きは伝えられるものの、それ以外の部分については、目立った動きがみられない。地方公務員の一人として公務員行政の一端を担う者としても、今一度、報告の原点に立ち返って、所要の検討が速やかに行われることを期待したい。

（1）　兵庫県におけるワークシェアリングの取り組み状況については、片山安孝「雇用確保推進プラン～ひょうごキャリアアップ・プログラム～について」地方公務員月報四六九号（二〇〇二年）二〇頁以下参照。

（2）　このほか、鳥取県では、職員の基本給そのものをカットし、これを原資として臨時職員を増やすという方式が採用されている。この点については脇坂明『日本型ワークシェアリング』（二〇〇二年）一二四頁以下参照。

（3）　公務員の勤務関係の法的性格については、行政法学の立場から①特別権力関係説、②公法上の勤務関係説、③労働関係説など種々議論がなされてきているが、最高裁（金塚郵便局事件＝最二小判昭和四九年七月一九日民集二八巻五号八九七頁）は、現業国家公務員につき「一般職の国家公務員として、国の行政機関に勤務するものであり、しかも、その勤務関係の根幹をなす任用、分限、懲戒、服務等については、国公法及びそれに基づく人事院規則の詳細な規定がほぼ全面的に適用されているなどの点に鑑みると、その勤務関係は、基本的には、公法的規律に服する公法上の関係であると言わざるを得ない。」と判示し、ほぼこの議論には決着がついている。学説の内容および検討については、村井達彦「公務員の勤務関係の性質」ジュリスト増刊『行政法の争点（新版）』（一九九〇年）一二六頁以下参照。

（4）　学校の補助教員に関する事業で一定の要件を満たすものについては、地方公共団体の直接採用が認められている。

（5）　国家公務員を含めた公務員の非正規職員制度については、川田琢之「公務員制度における非典型労働力に関する法律問題（一）（二）（三）」『法学協会雑誌』一一六巻九・一〇・一一号（一九九九年）において、詳細な分析・検討が行われている。本稿も同論文から多くの示唆を受けた。

（6）　塩野宏『行政法Ⅲ（第二版）』（二〇〇一年）二〇一頁以下参照。

（7）　橋本勇『新版逐条地方公務員法』（二〇〇一年）三二頁。

(8) 特別職とされる職は、次のとおりである（地公法第三条第二項、第三項）。
① 就任について、公選又は地方公共団体の議会の選挙、議決若しくは同意によることを必要とする職
② 地方開発事業団の理事長、理事及び監事の職
③ 地方公営企業の管理者及び企業団の企業長の職
④ 法令又は条例、地方公共団体の規則若しくは地方公共団体の機関の定める規程により設けられた委員及び委員会（審議会その他これに準ずるものを含む。）の構成員の職で臨時又は非常勤のもの
⑤ 臨時又は非常勤の顧問、参与、調査員、嘱託員及びこれらの者に準ずる者の職
⑥ 地方公共団体の長、議会の議長その他地方公共団体の機関の長の秘書の職で条例で指定するもの
⑦ 非常勤の消防団員及び水防団員の職

(9) 橋本勇・前掲書四六頁以下。

(10) 行政実例は、一般職と特別職の違いについて「地方公務員法第三条第三項に掲げる職員の職は、恒久的でない職または常時勤務することを要しない職であり、職業的公務員の職でない点において、一般職に属する職と異なるものと解される。」とする。（昭和三五年七月二八日、自治丁公発第九号、茨城県人事委員会事務局長宛、公務員課長回答）

(11) 公吏の待遇は、各地方ごとにばらばらであったが、多くの自治体では官吏ほどの待遇が保障されていたわけではない。西村美香「日本の公務員給与政策」（一九九九年）一一頁。

(12) 日本公務員制度史研究会『官吏・公務員制度の変遷』（一九八八年）五四頁以下。雇員は、主に一般の補助的事務を担当し、傭人は労務作業に従事していた。一方、嘱託員は、特殊専門的な技術や相当高度な知識経験を必要とする業務に対処するために活用された。

(13) 公務員制度調査研究会『勤務時間と休暇（全訂新版）』（一九七四年）四二三頁。

(14) 嘱託制度等の改廃経過については、山本吉人「官公労働における臨時職員の法的地位」『季刊労働法』一一七

号（一九八〇年）八五頁参照。

(15)　この政令においては、単純な労務に雇用される職員とは、一般職に属する地方公務員で次の各号の一に掲げる者の行う労務を行うもののうち技術者、監督者及び行政事務を担当する者以外の者をいうとしている。

①　守衛、給仕、小使、運搬夫及び雑役夫
②　土木工夫、林業夫、農夫、牧夫、園丁及び動物飼育人
③　清掃夫、と殺夫及び葬儀夫
④　消毒夫及び防疫夫
⑤　船夫及び水夫
⑥　炊事夫、洗たく夫及び理髪夫
⑦　大工、左官、石工、電工、営繕工、配管工及びとび作業員
⑧　電話交換手、昇降機手、自動車運転手、機械操作手及び火夫
⑨　青写真工、印刷工、製本工、模型工、紡織工、製材工、木工及び鉄工
⑩　熔接工、塗装工、旋盤工、仕上組立工及び修理工
⑪　前各号に掲げる者を除く外、これらの者に類する者

(16)　昭和三八年五月八日自治丁公発一三〇号

(17)　その全文は人事行政学会編集『人事行政』六巻一二号（一九五五年）一頁以下に所収。

(18)　松島五郎「地方公務員法の諸問題」町村合併促進法施行一周年記念・地方自治綜合大展覧会記念『地方自治論文集』（一九五四年）三〇二頁以下。田中二郎「公務員制度改革案についての覚え書」ジュリスト九〇号（一九五五年）三頁。

(19)　塩野宏「地方公務員制度改革の諸問題」地方公務員法制定五〇周年記念『地方公務員制度の展望と課題』（二〇〇一年）二六頁以下。

(20)　これに対して国家公務員については、平成一二年度において郵政事業庁で四九二人が臨時的に任用されているのみであって、ほとんど臨時的任用が利用されていないのが対照的である。人事院編『平成一四年版公務員白書』(二〇〇二年)七九頁。
(21)　最三小判昭和三八年四月二日民集一七巻三号四三五頁。
(22)　臨時的な業務であるとされた例としては、集中豪雨の災害復旧工事に従事する技術者(長野地判昭和四一年九月一三日判例時報四七五号一二頁)、補助的代替的な業務としては、大学の図書館に勤務する補助職員(最一小判平成六年七月一四日判例時報一五一九号一一八頁)などが挙げられる。
(23)　国家公務員の場合、一般職の職員の勤務時間、休暇等に関する法律において、一般職の国家公務員の勤務時間は一週間当たり四〇時間が原則とされ(五条)、この勤務時間を勤務することを要しない者が非常勤職員とされている(二三条)。非常勤職員は、官職の内容にしたがって、①委員、顧問、参与、その他これらに類する者、②事務補佐員、技術補佐員等、③機械的、肉体的な単純労務に従事する者に分類されることもある(中村博『改訂国家公務員法(第二版)』(一九八六年)四七頁)。また、非常勤職員の勤務時間は、人事院規則一五—一五によって、①日々雇用される職員については一日につき八時間を超えない範囲内、②その他の非常勤職員については、常勤職員の一週間当たりの勤務時間の四分の三を超えない範囲内、と定められている。このことから、非常勤職員は、勤務の形態によって、①日々雇用される職員(いわゆる「日々雇用職員」)および②短時間勤務の職員(いわゆる「パート職員」または「時間雇用職員」)に分類されることもある。なお、日々雇用職員には、任期は一日であるが任用予定期間が定められ、事実上その期間中、日々更新がなされる者と、任用予定期間が定められず、文字どおり任期が一日で満了する者とがある。
(24)　昭和二六年八月二五日地自行発第二一六号(鳥取県総務部長宛、行政課長回答)。
(25)　昭和二九年三月一日自丁公発第二七号(山口県総務部長宛、公務員課長回答)。
(26)　市立病院助産婦につき、福岡高判昭和四九年一月三一日判例時報七四〇号一〇三頁、学校図書館事務員につ

き、福岡地判昭和五八年一一月二五日労働判例四二七〇号五三頁など。

(27) 橋本勇・前掲書五八頁。

(28) 特別職の報酬は条例で定められるとはいうものの、嘱託職員等については上限の額を定めるのみで、「○○円を超えない範囲で予算で定める額」等とされる場合が多く、この点において給与条例主義は形骸化しているといえる。ただ、その背景には、嘱託職員の職種や任用形態等が複雑であり、事実上、条例で定めることができないという事情もある。

(29) 前掲注(20)参照。

(30) 独立行政法人のうち、公務員型の特定独立行政法人の職員については、国営企業の職員と同様の取扱いを受けることになったが、これに伴い、国営企業労働関係法が「国営企業及び特定独立行政法人の労働関係に関する法律」に改められたことが参考になる。

(31) このように解した場合、非常勤職員の任用更新によって解雇権濫用法理が適用になる可能性が出てくる。

(32) この点に関連して、埼玉県志木市では、正規職員を減らし、一定のポストに有給の市民ボランティアを活用する「行政パートナー」制度の導入が検討されているという(二〇〇二年八月二一日『朝日新聞』)。現行法制の下での導入には無理があると考えられるものの、今後の推移に注目したい。

(33) 月刊『地方財務』編集局編『五訂　地方公共団体歳入歳出科目解説』(二〇〇一年)一六二頁以下。

(34) 「公益法人等への一般職の地方公務員の派遣等に関する法律」(平成一二年法律第五〇号)、「地方公共団体の一般職の任期付研究員の採用等に関する法律」(平成一二年法律第五一号)、「地方公共団体の一般職の任期付職員の採用に関する法律」(平成一四年法律第四八号)など、すでに措置されたものもある。

Ⅱ　労働契約の成立

4　採用内定の多様化と判例法理

谷本義高

一　はじめに
二　採用内定の法的性質と判例法理
三　内定の取消――民法上の解約権と留保解約権の関係――
四　採用内定の多様化と内定法理
五　おわりに

一　はじめに

採用内定は、新規学卒者の中から優秀な者を早期に、しかも一定量確保するために広く行われてきた事実上の制度である。このような採用内定が法的に問題視され始めたきっかけは、高度経済成長期以降の不況期において、企業による新規学卒者の青田買いと内定取消が大量になされ、当時社会問題にまで発展したことから、何らかの法的対処が望まれたことにある。しかも場合によっては、内定通知を受け取った直後ではなく、就労開始直前の一月や二月になって内定の取消がなされる場合もあり、他社への就職の機会が失われるなど、内定者が著しい不利益を被ったケースもあった。このような背景から、これまでの採用内定問題に関する法理論の蓄積は、その大多数が、内定者の保護にとって最善の法律構成はどのようなものか、という視点から構築されたものであった。いわば、採用内定に関する議論は、内定取消者に対してとられるべき法的救済を前提に議論が組み立てられてきたと評価できる。(1)

しかしながら、産業構造の変化や就業形態の変化、さらにそれにともなう採用形態の多様化、労働力需給バランスの変化や失業率の増加等その他のさまざまな要因によって、採用を取り巻く環境は常に大きく変化し続けている。一九八〇年代半ばからの超好景気による空前の人手不足の時代や、バブル経済崩壊後の平成大不況と就職氷河期の時代を経験した今日においては、約三〇年前の大学推薦に基づく採用方式を背景として下された大日本印刷事件判決(2)の法理や当時の学説が、そのままの形で、新しい多種多様な採用形態のすべてにあてはまるとは考えにくい。

このような問題意識に基づき、本稿では、内定取消から内定者を保護する法理の構築という見地からではなく、当事者の意思に基づく客観的な契約解釈の必要性という視点から、最高裁が確立した判例法理を再度検証し、その射程範囲を明らかにした上で、採用内定法理が抱える今日の課題を明らかにし、それに対する試論を提示することを目的とする。

二　採用内定の法的性質と判例法理

1　採用内定の法的性質論

採用内定の法的性質に関しては、裁判例よりも学説が先行した。(3)まずは、採用内定問題の基礎となる学説の展開を確認したい。

はじめに、内定から本採用までの一連の手続全体が労働契約締結の過程であると唱えられた。(4)この考え方によれば、採用内定は労働契約締結のための単なる一過程ないし事実にすぎず、内定自体何ら法的意味を持たないことになる。この考え方を契機として、内定者を恣意的な内定取消から法的に保護するために、採用内定時に何らかの契約が成立したとする考え方が提示された。予約契約が成立したとする説と、労働契約が成立したとする説である。

採用内定を卒業後に労働契約を締結するための予約であるとする予約契約説によれば、内定の取消は予約契約の不履行として損害賠償責任を生じさせるにとどまる(5)。これに対して、採用内定を労働契約の成立ととらえると、内定取消はいったん成立した労働契約の一方的解約、すなわち解雇であるから、解雇権濫用法理等の解雇に関する法理が適用される。そして違法な内定取消に対しては労働契約上の地位確認等が可能となる(6)。内定をもって労働契約が成立したと考える場合には、新規学卒者については卒業できない場合などの不確定要素が存在することに加え、就労開始までに時間的ずれがあることとの整合性も保たなければならない。このような観点から、労働契約に停止条件が付いているとする説(7)、解除条件が付いているとする説(8)、特別の解約権が留保されているとする説(9)が唱えられた。また、実際に就労を開始するのは卒業後である場合がほとんどであろうから、前述の学説に加え、労働契約に効力発生の始期が付けられているという説と、就労の始期が付いているという説が主張された。これらの説の組み合わせにより、停止条件付労働契約説、解除条件付就労始期付労働契約説、解除条件付効力始期付労働契約説、解約権留保付就労始期付労働契約説、解約権留保付効力始期付労働契約説に分けることができる(10)。

これら学説は、内定を受けた新規学卒者ないし求人者の法的地位をいかに保護するかという観点から、事実上の制度にすぎなかった採用内定に何らかの法的意味を見いだそうとしたのである。これが学説における法的性質論の展開である。端的にいえば、企業側の都合で採用内定という制度が築かれたのだから、常に内定取消の危険にさらされ、そのあおりを被る学生の利益を保護しなければならない、という命題の下、それにふさわしい法律構成の模索に多くの議論が費やされてきたのである。[11]

2　最高裁による内定法理の確立

下級審の裁判例においては、採用内定を一種の無名契約であるとしたものもあるが[12]、当初から内定によって労働契約が成立したと解するものが多勢であった。[13]このような中、当該問題に対する初めての最高裁判決である大日本印刷事件判決が示され、続く電電公社近畿電通局最高裁判決[14]によって、裁判所の態度は確定したものとなった。

大日本印刷事件判決は、後の裁判例に大きな影響を与えた重要な判決であることから、本稿では詳しく検討を加える。Xは、複数内定をさけるために二社制限、先決優先主義の指導を徹底していた大学の推薦を得て、Y会社の求人募集に応じ、昭和四三年七月二日に筆記試験および適性検査を受け、身上調査書を提出した。筆記試験に合格したXは、Yの指示により七月五日に面接試験および身体検査を受け、七月一三日に文書で採用内定の通知を受けた。当該内定通知には誓約書が同封されていたので、所要事項を記入して七月一八日までに送付した。誓約書には、自己都合による取消をしないことに加え、①履歴書等提出書類の記載事項に事実と相違する点があったとき、②過去に共産主義運動に携わった事実が判明したとき、③三月に大学を卒業できなかったとき、④健康状態の低下により勤務に堪えないと判断されたとき、⑤「その他の事由によって入社後の勤務に不適当と認められたとき」には内定を取り消されても異存のないことが記されていた。昭和四四年二月一二日、YはXに対して採用内定を取り消す通知をしたが、当該通知書には理由が示されていなかった。これに対してXが従業員としての地位確認等を請求した。

最高裁は、採用内定の実態は多様であるためその法的性質について一義的に論断することは困難であるから、

「具体的事案につき、採用内定の法的性質を判断するにあたっては、当該企業の当該年度における採用内定の事実関係に即してこれを検討する必要がある」とした上で、「本件採用内定通知の他には労働契約の特段の意思表示をすることが予定されていなかったことを考慮するとき、Yからの募集（申込みの誘引）に対し、Xが応募したのは、労働契約の申込みであり、これに対するYからの採用内定通知は、右申込みに対する承諾であって、Xの本件誓約書提出とあいまって、これにより、XとYとの間に、Xの就労の始期を昭和四四年大学卒業直後とし、それまでの間、本件誓約書記載の五項目の採用内定取消事由に基づく解約権を留保した労働契約が成立した」とする原審の判断を維持した。

続く電電公社近畿電通局事件判決においても、最高裁は大日本印刷事件を踏襲する判断をしている。本件は、高校卒業後他社を退社してY社の社員公募に応じたXに対し、Yは採用内定通知を発したが、反戦青年委員会の指導的地位にあったXが公安条例等違反の現行犯として逮捕され起訴猶予処分となっていたことが判明したため、内定を取り消したという事案である。本件では、内定取消事由として入社前に再度健康診断を行い異常があれば採用を取り消す旨の条項が一つだけ内定通知書に記載されていた。最高裁は、「採用通知のほかには労働契約の締結のための特段の意思表示をすることが予定されていなかった」場合には、社員公募に対する応募は労働契約の申込みであり、これに対する会社からの採用通知は当該申込みに対する承諾であって、これにより「労働契約の効力発生の始期を採用通知に明示された」日時とする、解約権を留保した労働契約が成立した、と判示している。

これら二つの最高裁判決によれば、採用内定の実態は多様であるから、その法的性質については当該年度の事実関係ごとにケースバイケースに判断する必要があるとされている。しかしながら、大日本印刷事件が生じた昭和四〇年代から現在まで広く行われている新規学卒者の定期採用の実態に照らせば、採用内定通知のほかに労働契約締結のための特段の意思表示をすることが予定されていない場合がほとんどであろうから、両判決の射程は事実上広いと解することができる。したがって、判例上、採用内定によって解約権留保付労働契約が成立したとの解釈が確立したと評価できる。

なお、公務員については、前述の判例法理は適用されない。最高裁は、採用内定通知を発した後に内定が取り消されたケースにおいて、採用内定の通知は単に採用発令の手続を支障なく行うための準備手続としてなされる事実上の行為にすぎず、内定者を採用すべき法律上の義務は生じない、と判断している[15]。ただし、内定取消につき損害賠償責任は生じる。

3　労働契約の成立時期

以上の検討から、新規学卒者の定期採用というこれまで一般的に行われてきた採用方法、すなわち使用者による求人・募集に対して、新規学卒者等が応募し、使用者が面接や採用試験等の選考をした後に採用内定を通知するような場合において、当該採用内定通知の他に労働契約締結のための意思表示が予定されていなければ、一般に、当該内定通知によって労働契約が成立したと解してよいであろう。

いわゆる内内定、すなわち書面等にて内定を通知する前に口頭でその旨を伝える段階では、使用者による承諾があったとはいえず、未だ労働契約は成立していないと考えられる[16]。

4　内定中の労働関係

採用内定をもって労働契約が成立したと解するとしても、就労の始期が付いているのか、あるいは効力の始期が付いているのかという問題が残る。大日本印刷事件判決は前者であるとし、電電公社近畿電通局事件判決は後者であるとする。就労の始期が付いていると解される場合は、内定中においてもレポートや報告書の提出等を義務づけることができるし、就業規則のうち一定の条項の適用も予定される。採用内定の問題は、当事者の意思解釈の問題であるから[17]、やはり一元的に決めつけることはできない。事案に応じて解釈すべき問題である。

採用内定関係への労基法の適用については、本稿の目的との関係上、労基法二〇条の解雇予告の問題に限定する。労基法二一条によれば、試みの使用期間中の者については、一四日を超えて引き続き使用される場合に、初めて解雇予告義務が生じる。本条との関係上、採用内定には労基法二〇条の適用はないと考える[18]。

三　内定の取消——民法上の解約権と留保解約権の関係——

採用内定を解約権留保付労働契約の成立と解する場合、留保された解約権とはいったい何かが問題となる。民法六二七条によれば、労働契約に期間の定めがない場合には、両当事者はいつでも解約できる権利を有する[19]。採用内定中の労働契約においても民法六二七条の適用があると解すれば[20]、労基法による規制や権利濫用法理等[21]による制約があるとはいえ、労働契約の締結とともに使用者に解約権が発生しているのだから[22]、あえて最高裁がこの状態に「解約権を留保した」と判示した意味を探る必要がある。

1　民法上の解約権との関係

まず、民法上の解約権と留保された解約権との関係であるが、民法上の解約権が就労開始の前後によって変化するわけではないから、採用内定関係の特殊性に鑑みて、内定中は就労開始後には認められないような理由による解約権を広く留保したと解すべきである[23]。このように解すれば、留保された解約権の範囲は、その行使の適法性の問題となる。[24]

この問題について大日本印刷事件判決は、試用契約を解約権留保付労働契約と解した三菱樹脂事件最高裁判決[25]を引用した上で、その理は「採用内定期間中の留保解約権の行使についても同様に妥当する」から、「採用内定の取消事由は、採用内定当時知ることができず、また知ることが期待できないような事実であって、これを理由として採用内定を取り消すことが解約権留保の趣旨、目的に照らして客観的に合理的と認められ社会通念上相当として是認することができるものに限られる」としている。本判決が引用する三菱樹脂事件判決は、試用契約における「留保解約権に基づく解雇は、これを通常の解雇と全く同一に論ずることはできず、前者については、後者の場合よりも広い範囲における解雇の自由が認められる」とした上で、その具体的範囲確定の基準として、試用契約における「留保解約権の行使は、解約権留保の趣旨、目的に照らして、客観的に合理的な理由が存し社会通念上相当として是認されうる場合にのみ許される」と判示している。このことから、最高裁は、試用契約と同様に、採用内定における留保解約権行使の適法性の範囲は就労開始後の解雇におけるそれよりも広い、と解しているといえる。

学説は、必ずしも民法上の解約権との関係に言及しているわけではないが、留保解約権の意味につき後述する解約権行使の適法性の問題としてとらえた上で、内定取消に特有の解雇を合理的ならしめる理由があるという趣旨であるとする説[26]や、採用内定中の労働契約においては解約理由が相対的に広く認められるとする説[27]など、同様の見解を示すものが多い[28]。他方で、解約権の留保が解雇制限法理の緩和ないし回避を目的とするものである以上、これを限定的に解するべきであるとした上で、誓約書等記載の取消事由は解約権を限定するものであり、内定取消は契約関係の継続が期待し難い事由が発生した場合に可能となるとして、内定取消が一般の解雇より容易になされることを否定する説もある[29]。また、民法上の解約権とは別に、特別の解約権が留保されたとする説もある。[30]

2 誓約書等に記載された取消事由の法的意義

次に、誓約書等に記載された取消事由の法的意義については、学説上、誓約書や内定通知等に記載された取消事由を限定列挙と解し、解約権の行使もこれに限定されるとする説と、[31]明示された取消事由に限定されないとする説がある。[32]前述したように、内定の法的性質については事案ごとに考慮する必要があることから、この問題についても一義的に論じることはできず、ケースによって取消事由の法的意味が異なる場合がある。[33]しかし、前述のように、大日本印刷事件判決と電電公社近畿電通局事件判決の射程が広く、後の裁判例に与える影響は大きいことからも、両判決の解釈がこの問題の鍵になると考えられる。

大日本印刷事件判決は、「本件誓約書記載の五項目の採用内定取消事由に基づく解約権を留保した労働契約」としている。本判決を素直に読めば、本判決は解約権留保の根拠を誓約書記載の五項目に求めていると解釈できる。このような理解の下では、解約権の行使は、誓約書や内定通知書等に示された五項目の取消事由に限定されると解する余地もある。この限定列挙説については、①使用者は民法六二七条によりもともと解約権を有しているが、採用内定中は解約権が誓約書等記載の項目だけに限定されるという解釈、あるいは、②権利濫用法理により民法六二七条における使用者の解約権行使が制限されているから、誓約書等記載の五項目についてはそれより広い解約権を留保したのだ、という解釈が可能である。

①の解釈は、解約権の「留保」ではなく「限定」になってしまう。解約権の「留保」という言葉との関係においてあえて①を説明するとすれば、限定的ではあるけれども一定の範囲において解約権を「留保」したのだ、という説明になろう。しかしこの説には、労働契約の成立によって民法六二七条に基づく広い解約権が既に発

生しているにもかかわらず、あるいは権利濫用法理による制約が既に存在しているにもかかわらず、当該解約権がさらに誓約書等記載の取消事由に限定されるとする理論的根拠が薄弱であるという批判があてはまる。また、意思解釈の問題として使用者がわざわざ取消事由以外の解約権を放棄したとの解釈も現実的ではない[34]。②の解釈については、もともと取消事由が全く記載されていない場合において、使用者の解約権をどのように評価するかが問題であろう。この場合には使用者に民法上の解約権を認めるのか。あるいはこれを制限する場合には、やはり民法六二七条との関係でその理論的根拠は薄弱なものとなろう。さらにこれら限定列挙説は、次に検討する最高裁判決の解釈からも妥当ではないと考える。

すなわち、大日本印刷事件判決において最高裁は、「五項目の……取消事由に基づく解約権」という表現をしているが、これは取消事由の五項目めに「その他の事由によって入社後の勤務に不適当と認められたとき」という包括的取消事由が存在していたからであると考えられる。つまり、当該事案の解決という観点から、広く取消事由を定める五項目めの事由に関して最高裁が合理的解釈を行った、と解釈するのである[35]。とすれば、少なくとも、解約権が誓約書等記載の取消事由に限定されることが本判決によって示されたと積極的に評価することはできない。

続く電電公社近畿電通局事件判決も、留保された解約権が誓約書等記載の取消事由に限定されない場合があることを明確にしている。本件は、「入社前に再度健康診断を行い、異常があれば採用を取り消すことがあること」という事由のみが内定取消事由として採用通知に記載されていた事案である。最高裁は、採用内定の法的性質について大日本印刷事件判決にしたがった判断をする中で、使用者による解約権の留保は本件採用通知記載の事由に限られるものではなく、「採用内定当時知ることができず、また知ることが期待できないような事実であって、これを理由として採用内定を取り消すことが解約権留保の趣旨、目的に照らして客観的に合理的と認められ社会通念上相当として是認することができる場合も含むと解するのが相当である」と判示した。本判決は、取消事由の記載が部分的で不十分である事案においても、社会通念上相当な事由があれば留保解約権の行使ができることを示したと解される。[36] したがって、本判決も、解約権の行使を誓約書等記載の取消事由に限定する趣旨ではないと評価できる。[37]

大日本印刷事件においては、取消事由に包括的事由が記載されていたことから、あらかじめ取消事由が限定されていた事案ではないし、電電公社近畿電通局事件も積極的に取消事由を一項目だけに限定していた事案ではない。また前者は、右包括的取消事由の存在を前提に誓約書の提出とあいまって労働契約が成立したと判断された事案であるが、後者は、採用通知のほかに特段の意思表示が予定されていなかったから単に労働契約が成立した、と判断された事案である。取消事由に限定が完全ないし明確に加えられていたというような特殊な場合は別として、前述の考察からは、事案に応じた弾力的な意思解釈を行いながら、留保解約権の範囲は誓約書等記載の取消事由に限定されるものではないという結論を導く考え方が妥当であろう。[38] このような解釈からは、一般に留保解約権の内容は、誓約書等記載の取消事由を参考に定められ、その行使については客観的合理的かつ社会通念上相当な理由があるものに限定されることになる。[39]

3　留保解約権行使の適法性

以上の検討から、解約権留保の意味については、採用内定という特殊性に鑑みて、就労開始後には認められないような理由による解約権を広く留保したと解すべきである。そして留保された解約権の範囲は、解約権行使の適法性の問題となり、「採用内定当時知ることができず、また知ることが期待できないような事実であって、これを理由として採用内定を取り消すことが解約権留保の趣旨、目的に照らして客観的に合理的と認められ社会通念上相当として是認することができるものに限られる」ことになる。

留保解約権の行使に合理性が認められる具体的範囲については、これを一般化できるほど裁判例が集積されているわけではないが[40]、裁判例を見る限り、裁判所は取消理由に厳格な判断を加え、使用者による安易な内定取消を認めない傾向にあるいえる[41]。例えば、大日本印刷事件判決は、「グルーミーな印象なので当初から不適格と思われたが、それを打ち消す材料が出るかもしれないので採用内定しておいたところ、そのような材料が出なかった」という取消理由については合理性がないと判断している。また、下級審の裁判例であるが、左足に小児麻痺後遺症があり現場作業者として不適格であるという理由についても合理性を認めていない[42]。身上調書等の提出書類に虚偽の事実を記載した事案においては、形式上取消事由に該当したとしても、労働能力の誤認により企業秩序に支障をきたす場合や、企業内にとどめておくことができないほどの不信義性が認められる場合にのみ解約権の行使ができるとして、当該内定の取消を違法としている[43]。また、経営悪化を理由とする内定取消については、整理解雇法理の四要素を総合考慮した結果、会社の対応には誠実さが欠けており、既に転職元に退職届を提出するなど中途採用内定者が著しい不利益を被っているとして、社会通念に照らして相当ではないとしている[44]。これに対して、逮捕および起訴猶予処分を受ける程度の違法行為については、見習社員としての適格性を欠くとの判断に基づく留保解約権行使が有効と認められている[45]。

4　小　括

大日本印刷事件判決は、採用内定通知により、留保解約権付労働契約が成立したとする。既に述べたように、就労開始の前後によって使用者の解約権が変化することはない。したがって、あくまでも解約権は一つであり、民法上の解約権にそれとは別個の解約権が付加された、または別個の解約権が併存している、という意味に本判決を解すべきではない。あるいは、内定中は民法上の解約権ではなく別の何かしらの解約権が発生している、という意味でもなかろう。本判決は、労働契約の締結にともない、内定者の就労開始前においても使用者は民法六二七条に基づく解約権を有しているが、内定期間中における当該権利の行使については、就労開始後のそれと比較して、適法性の幅が相対的に広いという趣旨に解すべきである。このような理解からは、留保解約権という最高裁による表現は適切ではなく、(46) その解釈に混乱を生じさせる可能性がある。

四　採用内定の多様化と内定法理

ここでは、最高裁が示した内定法理に関するこれまでの検討を基礎にして、就業形態や採用形態の多様化等により、今後生じると予想される三つの問題について検討を試みる。

1　今後の内定法理

最近では、これまでの新規学卒者の定期採用という採用方式（以下、単に従来型という）に加えて、卒業後間もない応募者を第二新卒者として従来型と同列に扱ったり、中途採用の枠を拡大したり、通年採用という方式を取り入れる企業もある。従来型の採用内定には、引き続き前述の判例法理が妥当すると考えられる。ここでの問題は、採用形態の多様化や外部労働市場の発達等とともに、今後増加が予想される従来型には含まれない採用内定について、当該判例法理が妥当するかである。典型的には、中途採用者への採用の内定が問題となろう。

この問題は、一義的にとらえることができない。従来型のように、一般化できるような内定のプロセスが存在しないからである。しかも、中途採用者の内定期間（労働契約成立から就労開始までの期間）については、従来型のように長期間にわたるケースはほとんど考えられず、一ヶ月や一週間という短期間の場合もありうる。前述したように、もともと従来型の採用内定に対しては、新規学卒者をいかに保護すべきかという見地から法律構成が考えられてきた。多様な採用形態に対応するためには、内定者の保護という目的はひとまず蚊帳の外におき、契約解釈を重視した客観的な立論をなすべきであろう。[47] つまり、採用内定の問題は、基本的には意思解釈の問題であるから、①いつ②いかなる契約が成立したのかを、当事者の意思を探りながら精査すべきである。[48] 特に②については、契約の名称や法的性質の決定にとらわれることなく、また内定が取り消された場合を想定して立論するのではなく、報酬や業務の内容、その提供方法や時期、勤務地、職種、就労の始期、契約の発効の始期等を含めて、いかなる内容の契約が成立したかを総合的に検討する必要がある。今後は、必ずしも内定取消の有効性が争点になるのではなく、賃金等の契約内容に関する解釈が重要になる場面も多いであろうから、[49] 内定者の保護という視点だけから内定関係をとらえるだけでは十分でなく、それをも含めて内定中の契約関係を明確化するという視点が問題の解決のためには必要である。あえてこれまでの議論に沿っていうとすれば、場合によっては、内定時に労働契約ではなく予約契約が成立する場合もあろうし、停止条件や解除条件が付いた労働契約が成立する場合もあろう。[50] また、労働契約自体が成立していないと評価される場合もある。[51]

他方で、内定者の保護を重視する立場からは、今後外部労働市場が成熟するまでの間は、中途採用者の採用内定問題をいっそう注視する必要があろう。中途採用者の採用内定においては、既に旧勤務先に対して退職届を提出しているケースも多いことが予想され、入社直前に内定が取り消された場合には、しかも中高年齢者にあっては、他に就職の機会を得るチャンスが新規学卒者以上に少ないと考えられるからである。[52]

2　有期労働契約と判例法理

これまで裁判として争われた採用内定に関する事件は、期間の定めのない労働契約の締結に関するものがほとんどであった。また、学説も、従来型の採用内定を念頭に置いていたから、期間の定めのない労働契約を前提に議論していたものと考えられる。しかしながら、長期安定雇用や年功序列型賃金体系を軸とする日本型雇用慣行の変化、外部労働市場の発達、労基法一四条等の改正、労働者派遣法の改正等の諸要因による就労形態の多様化を考えれば、今後は有期雇用を前提として内定通知を受ける者も少なくないであろう。もっともこれまでも、従来型である基幹従業員の採用プロセスに有期雇用者を含めてきた実態は多数存在している。新規短大卒業者に対して雇用契約を一年としながら、従来型の内定者とともに一括して採用内定式を行い、内定通知を発するような場合がその典型例である。これら有期雇用者に関する内定の法的性質や内定取消の問題は、これまで事件とはならなかったこともあって、ほとんど議論されてこなかった。

一般に、内定者からの内定取消は、民法六二七条に基づき少なくとも二週間の予告期間をおけば、自由にこれをなしうると説明されている(53)。民法六二八条によれば、労働契約に期間の定めをおいた場合には、両当事者はやむことを得ざる事由がある場合にのみ労働契約を解約できるにすぎず、両当事者は期間の定めに拘束され、原則として自由に労働契約を解約することはできない。この理を有期労働契約の締結を前提とする採用内定のケースに当てはめると、採用内定をもって有期の労働契約が成立したと解する場合、内定期間中は使用者および内定者ともやむことを得ざる事由のない限り内定を取り消せなくなる。大日本印刷事件における判例法理は、期間の定めのない労働契約の締結を前提とした採用内定に関して、しかも使用者による内定取消につき判示されたものであり、有期労働契約における採用内定のケースや内定者による内定取消を想定したものではない。ここに本判決の射程距離の限界がある。

求職者が複数の内定を受ける可能性のある今日までの就職活動の実態を考えれば、内定者が、期間の定めのある労働契約の締結を前提とした採用内定通知と期間の定めのない労働契約を前提とした採用内定通知の両方を同時期に受ける可能性は十分ありうる。また、派遣労働者として派遣会社に採用が内定していたが、就職活動を続けた結果別会社から正社員としての内定通知を受けたという場合や、派遣を予定していた業務が存在しなくなったことを理由に派遣労働者に対する内定が取り消される場合も考えられる。もちろんこれらの事例に、大日本印刷事件判決の法理をダイレクトに適用できない。内定者による内定取消については、これを内定者による合意解約の申し入れと構成することにより、実務上対処することも可能であろうが、内定者による採用内定の取り消しに民法六二八条に基づく制限を課すこと自体現実にそぐわないのではなかろうか。また、使用者による有期労働契約の内定取消を考える場合、留保解約権行使の適法性の範囲よりやむことを得ざる事由の範囲の方が狭いと解されるから、内定者の保護は厚くなるであろう。しかし、採用内定という特殊な関係を考えれば、期間の定めの有無という相違によって内定取消の適法性の幅に差が生じることに抵抗を感じる。

従来型の採用内定については、期間の定めの有無にかかわらず、内定者には民法六二七条に準じた解約権が、使用者には判例法理による留保解約権が付いた労働契約が成立するとの構成が可能であれば、内定者からの解約は制限されず、使用者からの解約には大日本印刷事件判決に基づく制限を及ぼすことができる。(54) しかし、この構成については、解釈上かなりの困難をともなうため現実的ではない。実務上は、内定者からの合意解約の申し入れがあったとするか、あるいは、やむことを得ざる事由があったとして処理するしかないように思う。その意味では、理論上は別として、実務上は解釈の実益がないかもしれない。

3　経営上の理由による内定取消

これまでの裁判例の多くは、内定者に存在していた事由について、使用者が内定を取り消した事案であった。これとは異なり、企業側の経営上の理由から採用内定が取り消されていたケースは、実態として存在しているだけであった。インフォミックス事件[55]は、経営上の理由による内定取消の適法性が争われたおそらく初めてのケースである。

本件は、スカウトによりマネージャー職として入社が内定し、転職元会社への退職届を既に提出していた中途採用者に対して、会社側が経営悪化を理由に、就労開始当日に内定を取り消したケースである。裁判所は、大日本印刷事件判決を踏襲しながら、当該採用内定によって始期付解約権留保付労働契約が成立したと判断した。その上で、内定者は当該労働契約に拘束され、他に就職できない地位におかれていることを理由として、当該解約権の行使には整理解雇の有効性の判断に関する四要素を総合考慮の上、解約権留保の趣旨、目的に照らして客観的合理性と社会通念上の相当性があるかを判断すべきであるとした。

本決定が示した論点は、内定取消と整理解雇法理との関係である。[56]整理解雇といえども解約権の行使にほかならないから、その解約権については、基本的には整理解雇の法理に沿って留保解約権の行使の適法性を判断すべきであり、[57]その意味では本決定の大筋は支持できる。ただし、整理解雇法理の四要件ないし四要素をあまり厳格に適用することには賛成できない。[58]あくまでも内定という特殊な関係を考慮した上で、留保解約権の趣旨、目的に照らした客観的合理性、社会相当性という枠内で、取消の適法性の判断をすべきである。いわば、整理解雇法理において培われた四要素の検討を中心に、内定の特殊性を加味した総合判断を行うべきであろう。

整理解雇法理の四要素とは、①人員削減の必要性、②人員削減の手段として整理解雇を選択することの必要性（解雇回避努力義務）、③被解雇者選定の合理性、④手続の妥当性をいう。既に指摘されているところであるが、その中でも特に重要な要素である②との関連で、多少問題が生じる。[59]整理解雇の対象が、内定者のみならずいわゆる正社員や反復更新された期間雇用労働者までに及ぶ場合に、内定者に対する解雇回避努力義務をどのように評価するかという問題である。例えば、正社員の整理解雇や期間雇用者の雇い止めを回避するための方策の一つとして、新規採用の停止の選択がなされた場合である。本決定では、一般従業員を対象に広く早期希望退職者を募っている等の措置が講じられているから②の要件は満たされるとしており、やや緩やかな判断している。この要素を過度に強調すれば、人員整理において、既に就労を開始している者とそうでない者の優劣関係や、労働契約に期間の定めがある場合とない場合の優劣関係がクローズアップされることになる。特に、反復更新された期間雇用労働者と、未だ就労を開始していないが期間の定めのない労働契約を締結した内定者との優劣関係という難しい問題が生じる可能性がある。また、③についても、本決定は、端的に既に就労を開始している従業員を対象とするのではないから不合理ではないとしているが、前述と同様の優劣関係が問題になる可能性がある。いずれにしても、具体的事案の処理については、当該事案ごとに判断しなければならず、一義的に議論できる問題ではない。ここでは、内定関係の特殊性から、整理解雇法理を中心にした総合判断が必要であることを強調するにとどめたい。

五　おわりに

1　最高裁による判例法理を再検討した結果、次のことが明らかになった。

判例法理の検討において、多くの学説が意識はしていたものの明確な検討があまりなされてこなかった問題が、民法上の解約権と留保された解約権との関係である。解約権自体は、就労開始前後によって変化するものではなく、常に一本、すなわち同じである。採用内定により労働契約が成立したとするならば、民法六二七条に基づく解約権が既に使用者には生じている。もともと解約権が生じている状況において、さらに「留保解約権」と最高裁が判示してしまったことが、余計な混乱を生じさせる要因となっている。「留保解約権」との表現からは、何か新しい別個の解約事由が備わったとの印象を抱かせる。しかし、「留保解約権」とは、もともと有する解約権の幅が就労開始後に比べて相対的に広い、ということを意味している。したがって、留保された解約権の範囲は、当該解約権行使の適法性の問題となる。

これらの点が確認できたことにより、誓約書等記載の取消事由と留保解約権との関係を明らかにすることができた。すなわち、記載された取消事由は限定列挙ではなく例示列挙であって、あくまでも内定中の解約権行使は、内定の趣旨、目的に照らして、客観的合理的であり社会通念上相当であるか否かという観点から、判断されることになる。

2　次に、判例法理全体が明らかになったところで、これを多様化する採用内定の実態、有期労働契約の締結を前提とする採用内定、経営上の理由による内定取消という問題に当てはめて、その射程と今後残された課題について検討を加えた。

従来型の採用内定形態については、大日本印刷事件判決以降形成された判例法理の適用下にあるといえる。本判決自身は、その射程を当該事案だけに限定しようとしているが、当該採用内定のタイプが現在にも通じる典型的タイプであったことから、今後従来型の内定に関する紛争には事実上大きな影響力を及ぼし続けると解される。

ただし、同判決は、大学の推薦に基づき他社への就職を放棄して内定通知を受けたケースである。受験界の言葉を借りれば、いわゆる専願タイプである。現在においても、高等学校や大学による就職指導にはこの専願タイプが存在しているが、学生が大学の就職部による指導を受けずに独自に内定を得るケースも多々存在する。この中には、いわゆる併願タイプが存在し、自己の目標とする企業の内定を得るまで就職活動を続けた結果、複数の内定を得ている場合も存在する。得られた複数の採用内定のすべてが、必ずしも期間の定めのない労働契約を前提としているとは限らず、期間を定めた労働契約の締結を前提としてる場合も多いと考えられる。大日本印刷事件判決の射程は、あくまでも内定によって期間の定めのない労働契約が成立した後の使用者による当該内定の取り消しに限られる。このように期間を定めている場合と定めていない場合が併存する状態には、別途新たな立論が必要となる。有期労働契約が締結されたと評価される採用内定は、判例法理の射程外に位置しているからである。

このような理解からは、多様化する採用内定をむりやり判例法理の中に押し込むのではなく、当事者の意思解釈を客観的に行うことによって、いつ、いかなる契約が成立したかを、事案ごと精査しなければならないことが重要になる。

次に、判例法理の射程内において生じた新しい問題は、留保解約権行使の適法性判断における整理解雇法理四要素の位置づけである。この問題については、解雇回避努力義務と被解雇者選定の合理性という整理解雇法理の要素を過度に強調せず、柔軟な総合判断が望まれる。

本稿は、これら新たな課題の指摘と、たたき台としての試論の提示にとどまった。さらに、いずれも思いつきの域を出るものではなく、筆者の能力不足もあって、多くの問題を渉猟できなかった。さらなる検討分析は今後の課題としたい。

（1）　渡辺章「労働判例研究」ジュリスト六一一号（一九七六年）一四五頁以下、中嶋士元也「大日本印刷採用内定取消事件最高裁判決について」ジュリスト七〇一号（一九七九年）七七頁以下、水町勇一郎「労働契約の成立過程と法」日本労働法学会編『講座二一世紀の労働法第四巻　労働契約』（二〇〇〇年、有斐閣）四一頁以下など。なお、採用内定の実態の変遷については、金子征史「採用内定の法理の再検討（一）」法学志林八九巻三・四号（一九九二年）一七九頁参照。

（2）最二小判昭五四・七・二〇集三三巻五号五八二頁。
（3）学説の状況については、山口浩一郎「試用期間と採用内定」労働法文献研究会編『文献研究労働法学』（一九七八年、総合労働研究所）二頁以下、菊谷達彌「内定取消・自宅待機と内定者の期待的地位」季刊労働法九六号（一九七五年）一八頁以下、木村五郎「採用内定」ジュリスト増刊労働法の争点（旧版）（一九七九年）一八六頁以下、渡辺裕「採用内定」ジュリスト増刊労働法の争点（新版）（一九九〇年）一六八頁以下、毛塚勝利「採用内定・試用期間」日本労働法学会編『現代労働法講座第一〇巻　労働契約・就業規則』（一九八二年、有斐閣）八四頁以下参照。
（4）有泉亨『労働基準法』（一九六三年、有斐閣）九四頁以下。
（5）後藤清「採用内定労働者の法的地位」季刊労働法五三号（一九六四年）一二九頁、一三八頁。
（6）宮島尚史「資本主義労働契約の複合的構造について」学習院大学法学部研究年報一（一九六五年）一三五頁以下、同「採用取消」季刊労働法五九号（一九六六年）一四四頁以下、本多淳亮「労働契約における採用内定と取消の法理」企業法研究一六六輯（一九六九年）四頁以下、下井隆史「労働契約における『採用内定』とその『取消』について」企業法研究一六六輯（一九六九年）一三頁以下、外尾健一「採用内定の法理」季刊労働法七一号（一九六九年）二四頁以下、浅井清信「採用内定をめぐる法律問題」龍谷法学三巻三・四号（一九七一年）一頁、九頁など。
（7）本多・前掲注（6）論文六頁。
（8）外尾・前掲注（6）論文三三頁。
（9）宮島・前掲注（6）論文学習院大学法学部研究年報一六〇頁、宮島・前掲注（6）論文季刊労働法一四八頁、菊谷・前掲注（3）論文二五頁以下。
（10）園部逸夫「最高裁判所判例解説」法曹時報三四巻一一号（一九八二年）二三二五頁以下。
（11）渡辺・前掲注（1）論文一四八頁、中嶋・前掲注（1）論文八二頁、水町・前掲注（1）書四一頁以下。

(12) 大日本印刷事件・大津地判昭四七・三・二九労民集二三巻二号一二九頁。

(13) 森尾電機事件・東京地判昭四五・一一・三〇労民集二一巻六号一五五〇頁、同・東京高判昭四七・三・二一労民集二三巻二号一四九頁など。裁判例の分析については、安枝英訷「採用内定・採用決定とその取消し」労働判例三六四号（一九八一年）一九頁が詳しい。

(14) 最二小判昭五五・五・三〇判時九六八号一一四頁。

(15) 東京都建設局事件・最一小判昭五七・五・二七民集三六巻五号七七七頁。

(16) 菅野和夫『労働法　第五版補正二版』一三四頁（二〇〇一年、弘文堂）。

(17) 山川隆一『雇用関係法　第二版』六六頁（一九九九年、新世社）

(18) 菅野・前掲注(16)書一三六頁、安枝訷・西村健一郎『労働基準法』一〇八頁（一九九六年、青林書院）。

(19) ただし、使用者による解約権の行使については、労基法や判例法理等による制限がある。

(20) 菅野・前掲注(16)書一三六頁。

(21) 日本食塩製造事件・最二小判昭五〇・四・二五民集二九巻四号四五六頁。

(22) 山川・前掲注(17)書六五頁。

(23) 山川・前掲注(17)書六五頁、宮本光雄「採用内定の法的判断——内内定・複数内定を中心に——」季刊労働法一五九号（一九九一年）五三頁。宮本・前掲注(23)論文は、民法上の解約権は権利濫用法理により事実上極めて制限されているが、留保解約権は、採用内定の趣旨に照らし、より幅広いものであるとする。そして両者の関係については、民法上の解約権は留保解約権の発生事由の範囲で行使される場合にのみ濫用という判断を受けない、と分析している。

(24) 菅野・前掲注(16)書一三五頁。

(25) 最大判昭四八・一二・一二民集二七巻一一号一五三六頁。

(26) 下井隆史『労働基準法　第三版』九〇頁（二〇〇一年、有斐閣）。

(27)　安枝・西村・前掲注(18)書一〇七頁。
(28)　中嶋士元也「不況下の採用行為等をめぐる法律知識」労働法学研究会報一九一三号(一九九三年)一七頁は、正規従業員の解雇や試用期間終了後の本採用拒否よりも合理性の幅が広いとする。
(29)　毛塚・前掲注(3)論文九二頁以下。
(30)　浜田冨士郎「採用内定の取消」法学教室一五二号(一九九三年)六頁以下。
(31)　浅井・前掲注(3)論文一五頁、毛塚・前掲注(3)論文九二頁以下、萬井隆令「採用内定取消と留保解約権の行使を認めた事例」民商法雑誌八三巻六号九七五頁。
(32)　木村五郎『労働契約解消法の諸相』(一九九六年、成文堂)一九一頁、中嶋・前掲注(1)論文八三頁、安枝・西村・前掲注(18)書一〇七頁。
(33)　下井・前掲注(26)書九〇頁。
(34)　この説は、民法六二七条が強行規定か否か、使用者に解雇の自由があるか否かの問題に結びつく。詳細な検討は別稿にて望みたい。
(35)　中嶋・前掲注(1)論文八三頁。
(36)　菅野・前掲注(16)書一三五頁。
(37)　時岡泰「最高裁判所判例解説」法曹時報三四巻二号(一九八二年)二二九頁。
(38)　最近では、経営悪化を理由として内定が取り消された事案であるインフォミックス事件・東京地決平九・一〇・三一労判七二六号三七頁が、入社承諾書等に取消事由が記載されていたか否かには全く触れることなく、いきなり留保解約権の行使があったとしてその有効性の判断を行っている点で注目される。ただし、より詳細な事実認定を欠いていることから、この問題に対する本決定の態度を評価するには性急すぎよう。
(39)　菅野・前掲注(16)書一三五頁。
(40)　安枝・前掲注(13)論文二四頁。

(41)　菅野・前掲注(16)書一三五頁、水町・前掲注(1)書四五頁。
(42)　森尾電機事件・東京高判昭四七・三・二一労民集二三巻二号一四九頁。
(43)　日立製作所事件・横浜地判昭四九・六・一九判時七四四号二九頁。
(44)　インフォミックス事件・前掲平九・一〇・三一決定。
(45)　電電公社近畿電通局事件・前掲昭五五・五・三〇判決。本判決は、一般私企業とは違い公共企業体においては、使用者の懲戒権について私生活上の行為についてもより広くかつ厳しい制限が及ぶ、と判断した国鉄中国支社事件・最一小判昭四九・二・二八民集二八巻一号六六頁の延長線上にあると解される。同事件は、デモ行動中公務執行妨害罪に問われた国鉄職員に対する免職処分を有効とした事案である。
(46)　下井・前掲注(26)書九〇頁。
(47)　水町・前掲注(1)書四九頁以下。
(48)　水町・前掲注(1)書五一頁。
(49)　内定取消の有効性ではなく、求人票や会社説明会における賃金額ないし給与水準等の労働条件が問題となった例として、八洲事件・東京高判昭五八・一二・一九労民集三四巻五・六号九二四頁、日新火災海上保険事件・東京高判平一二・四・一九労判七八七号三五頁等がある。
(50)　わいわいランド事件・大阪高判平一三・三・六労判八一八号七三頁では、保育業務委託契約の成立を見込んで締結した労働契約につき、停止条件ないし解除条件付とは認められないとされた。一方、帝京科学大学事件・甲府地裁平九・三・二八労経速一六三六号一二頁では、転職元の退社や就業規則等における勤務条件の承諾等を停止条件とし、就任始期付き教員採用予定契約が締結されたとしている。
(51)　労働契約自体が成立していないと判断されたケースとして、慶応義塾大学事件・東京地判昭四六・五・三一労民集二二巻三号五七六頁、富士電機冷機事件・東京地判平八・一〇・二二労経速一六二六号二四頁、オリエントサービス事件・大阪地判平九・一・三一労経速一六三九号二二頁、安田病院事件・大阪地判平九・二・一七労経速一六二九号一二頁等がある。また、労働契約の成立が認められた安田病院事件・大阪高判平一〇・二・一八労経速一六九三号三頁は、明示された契約の形式にとらわれることなく、当事者間に事実上の使用従属関係があるか否か、当事者間に黙示の意思の合致があるか否かにより判断すべきであるとしてる。

(52)　インフォミックス事件・前掲平九・一〇・三一決定。

(53)　菅野・前掲注(16)書一三六頁。

(54)　今後の議論のためのたたき台として、当該解釈の可能性を考えてみる。期間の定めの有無にかかわらず、内定者には解約権、使用者には留保解約権が付いた労働契約が成立するとの構成には、次の二通りが考えられる。

一つめは、上述した有期労働契約の問題に着目し、採用内定によって期間の定めのある労働契約が成立した場合においても、両当事者とも解約権を留保している、とする構成である。これによれば、採用内定中における労働関係の特殊性を根拠として、民法六二八条の適用を修正することになる。

二つめは、大日本印刷事件判決における「留保解約権」という表現を強調し、本判決の解釈を拡大する構成である。すなわち、採用内定中における労働関係の特殊性を根拠として、本判決により、内定期間中は民法上の解約権とは「別個の」、就労開始後には認められないような「広い解約権が特別に」留保された、と拡大解釈する構成である。そして、この解釈を期間の定めのない労働契約の締結を前提として内定関係に入った両当事者に対して（したがって内定者についても民法六二七条ではなく判例法理に基づく解約権が生じる）、さらには有期労働契約の締結を前提として内定関係に入った両当事者にも拡張する考え方である。大日本印刷事件判決に対するこのような理解が正確ではないことは既に述べている。これらの解釈は、理論上も実務上も難しいであろう。

(55)　前掲平九・一〇・三一決定。

(56)　整理解雇法理の詳細な検討については先行研究の蓄積に委ねたい。最近の研究として、和田肇「整理解雇法理の見直しは必要か」季刊労働法一九六号（二〇〇一年）一二二頁、村中孝史「人事制度の多様化と解雇の必要性判断」季刊労働法一九六号（二〇〇一年）二七頁等参照。

(57)　下井・前掲注（26）書九〇頁、中嶋・前掲注（1）書九〇頁、中嶋・前掲注（28）論文一六頁、山川・前掲注（17）書六七頁、小宮文人「ヘッドハンティングにより引き抜いた労働者の採用内定取消」法律時報七〇巻九号九六頁以下。

(58)　下井・前掲注（26）書九〇頁。

(59)　下井・前掲注（26）書九〇頁。

5　試用期間の現状と将来

小嶌典明

一　法令にみる試用期間
二　試用期間の有名無実化
三　よみがえる試用期間

試しに使ってみて気に入らなければ返品する。試用期間は通常の場合、そのような意味を表す言葉として用いられる。しかし、労働関係における試用期間の意味はかなり違う。従業員としての適・不適を判断するための期間とはいっても、いったん従業員を採用した以上、多少のことでは辞めさせられない。多くの企業はそう考えているし、裁判所も同じように判断してきた。

そこで、いきおい企業は採用に慎重になる。定職に就くことができない学卒未就職者が巷にあふれるのも、こう考えれば不思議ではない。既就職者（インサイダー）にとっては有利な慣行や判例も、これから就職しようとする者（アウトサイダー）には不利に働く。エコノミストのいうインサイダーとアウトサイダーの関係がそこには明確な形でみられるのである。[1]

こうしたなか、二〇〇一年暮れには、若年失業者を対象としたトライアル雇用（試行就業）の制度がスタートした。[2]原則三ヵ月の有期雇用をバネにして、常用雇用につなげることにその目的はあるが、試用期間が本来の機能をはたしていないからこそ、こうしたスキームが必要になるともいえる。だが、バイパスはいずれにせよバイパスでしかない。試用期間が本来の機能を回復するには何が必要か。今ほどそれを考えるにふさわしいときはない。

一　法令にみる試用期間

試用期間という言葉は厳密には法令用語ではない。労働基準法（労基法）や最低賃金法（最賃法）では「試みの使用期間」または「試の使用期間」といい、公務員法の世界では条件附採用期間または条件附任用期間という。中小企業退職金共済法（中退金法）のように「試みの雇用期間」という場合もある。そこからは試用期間中の使用ないし雇用はあくまで「試み」のものにすぎず、採用も条件付のものにとどまるという試用期間のイメージが浮かんでくるが、これだけでは印象論の域を出るものではない。

1　民間部門

労基法一二条三項五号は「試みの使用期間」について、その日数および期間中の賃金を、平均賃金の算定基礎となる期間および賃金の総額から控除する旨を定める。また、最賃法八条二号は「試の使用期間中の者」について、使用者が都道府県労働局長の許可を受けたときは、最低賃金の適用除外を認める旨定めている。

これらの規定は、試用期間中の賃金が本採用後の賃金に比べ低くなることを暗黙の前提としたものであるが、旧労働省の調査では本採用後に「基本給が上がる」と回答した企業は二割前後と少数にとどまっており(3)、最低賃金の適用除外についてもこれを許可した例はほとんどないとされている(4)。

また、労基法二一条四号は「試の使用期間中の者」について、同法二〇条に規定する解雇予告義務から使用者を解放しているが、こうした適用除外が認められる期間は当初の一四日以内に限られている。[5] さらに、中退金法三条三項三号は、退職金共済契約への包括加入の原則の適用除外を「試みの雇用期間中の者」について認めているが、任意加入の道を閉ざすものではない。

しかし、就業規則には「試用期間中に従業員として不適格と認められた者は、解雇することがある[6]」等とフラットに定めたものが多く、労働協約も、一般に試用期間中の者を非組合員としている（その結果、組合員を対象とした解雇保護規定が適用されない）ほか、組合員であっても試用期間中の従業員については「いつでも解雇することができる[7]」等と定めた協約もみられる。

試用期間中に従業員として不適格とされた者は、いつでも使用者が解雇できるし、労働組合もこれに異を唱えない。労使関係における自主法からはこうした試用期間のイメージが浮かび上がってくるのである。

2　公共部門

こうしたイメージは、公務員法においてより顕著なものとなる。例えば、地方公務員法（地公法）二二条一項は「臨時的任用又は非常勤職員の任用の場合を除き、職員の採用は、すべて条件附のものとし、その職員がその職において六月を勤務し、その間その職務を良好な成績で遂行したときに正式採用になるものとする」と規定しているし、国家公務員法（国公法）五九条一項にも同様の定めがある（国家公務員の場合には、昇任も同様に条件付のものとされる）。公務員型の特定独立行政法人においても、その就業規則には「任命の日から起算して六ヵ月間は条件付任用期間とする。この期間において理事長は、その職員を国家公務員として不適格であると認めたときは任命を取り消すことがある[8]」等と定めるものが多い。

その結果、地方公務員の場合、条件附採用期間中の職員については、次のような取扱いが特例として認められることになる（地公法二九条の二第一項）。

① 地公法に定める分限に関する規定（二七条二項、二八条一項～三項）が適用されない。つまり、同法二八条一項および二項に定める事由以外の事由においても、条件附採用期間中の職員については、その意に反する降任、免職および休職が可能になる。[9][10]

② 地公法に定める不利益処分に関する説明書の交付に係る規定（四九条一・二項）が適用されない。したがって、条件附採用期間中の職員に対して不利益処分を行う場合には、文字どおり説明書の交付を必要としない（③によって不服申立てが認められない以上、説明書を交付する必要もない）。

③ 行政不服審査法が適用されない。それゆえ、条件附採用期間中の職員は、懲戒処分等の不利益処分を受けた場合にも、人事委員会または公平委員会に対する不服申立て（四九条の二を参照）を行うことができない。

以上の規定からは、民間部門における試用期間中の従業員と同様、条件附採用期間中の職員（公務員）については、いつでも免職が可能であり、これを争う手段もないといったイメージが思い浮かぶが、現実はこうしたイメージとは程遠いものとなった。

つまり、「正式採用になるための条件とされる『その職務を良好な成績で遂行したとき』[11]というのは、『その職務を公務員としての通常の成績で遂行したとき』という意味に解するのが妥当」とされ、いったん「採用された職員は、原則として継続的に任用されることを前提とする運用」[12]が実際には行われてきたのであり、そうした超法規的ともいうべき法の解釈と運用が当然のこととされてきたのである。

確かに、条件附採用期間中の職員についても、分限・懲戒に係る公正の原則（地公法二七条一項）や懲戒に関する規定（同法二七条三項、二九条）は適用され、こうした職員の分限については、条例で必要な事項を定めることも認められている（同法二九条二項）[13]。また、地方公務員には、条件附採用期間中の職員であっても労基法が原則として適用されることから、職員が一四日を超えて引き続き使用されるに至ったときは、免職にあたって予告手続を踏むことが必要になる（同法五八条三項を参照）。

しかし、不利益処分に対して不服申立ても認められない職員についてまで、なぜ「処分の取消または無効を行政訴訟によって争うことは可能[14]」とストレートにいえるのか。その背景には、やはり「採用された職員は、原則として継続的に任用されることを前提とする」慣行があったという以外にはないであろう。

二　試用期間の有名無実化

1　慣行の重み

いったん採用された従業員については、長期雇用を前提として、可能なかぎりその雇用を継続する。このような慣行が、確かにわが国には存在する。なるほど、長期雇用（終身雇用）慣行それ自体は、高度成長期の産物といえるかもしれない。あるいは、右肩上がりの経済成長を与件とした場合にのみ、それは達成可能な慣行ともいえる。

しかし、周りを見渡しても、入社早々会社に嫌気がさして辞めた者はいるが、試用期間だからといって辞めさせられた者はほとんどいない。本採用すべき者をふるいにかけるのが試用期間だとは多くの者が思っていない。そうした現実が、わが国では、いつのまにか慣行として定着してしまったのである[15]。

試用期間中に従業員として不適格と判断された者は本採用されない、といくら就業規則に書かれていても、実際に本採用を拒否された者がいなければ意味がない。否、無意味というよりはむしろ、使用者にとってはそれが足枷となる可能性さえある。就業規則に規定する試用期間の意義と機能が明確であればあるほど、使用者の「禁じ手」も明確となり、就業規則の変更という形で「禁じ手」を解除することが難しくなるからである。

こうした場合、仮に使用者が就業規則の定めどおりに試用期間中の適格性判断を厳格に行おうとすれば、少なくとも採用内定以前の段階で、応募者に対してこれまでの慣行とは異なり、今後は本採用拒否も実際にありうることを周知することが必要になると思われるが、そんなことをすれば、応募者が逃げてしまう（採用そのものが困難になる）可能性が高い。(16) いったん死文と化した就業規則条項はもはや生き返らない。試用期間が本来の機能をなかなか回復できないのは、このような事情にもよるのである。

2　判例の追随

今からおよそ三〇年前、最高裁は、試用期間満了後の本採用拒否と関わる事件において、次のように述べた。いうまでもなく、三菱樹脂事件の大法廷判決（最大判昭和四八・一二・一二民集二七巻一一号一五三六頁）がそれである。

「思うに、試用契約の性質をどう判断するかについては、就業規則の規定の文言のみならず、当該企業内において試用契約の下に雇傭された者に対する処遇の実情、とくに本採用との関係における取扱についての事実上の慣行のいかんをも重視すべきものであるところ、原判決は、上告人の就業規則である見習試用取扱規則の各規定のほか、上告人において、大学卒業の新規採用者を試用期間終了後に本採用しなかった事例はかつてなく、雇入れについて別段契約書の作成をすることもなく、ただ、本採用にあたり当人の氏名、職名、配属部署を記載した辞令を交付するにとどめていたこと等の過去における慣行的実態に関して適法に確定した事実に基づいて、「本件においては解約権留保付の雇傭契約が締結されたものと判断した」のであって」、その判断は是認しえないものではない。「したがって、被上告人に対する本件本採用の拒否は、留保解約権の行使、すなわち雇入れ後における解雇にあたり、これを通常の雇入れの拒否の場合と同視することはできない」。

他方「本件雇傭契約においては、［上記］のように、上告人において試用期間中に被上告人が管理職要員として不適格であると認めたときは解約できる旨の特約上の解約権が留保されているのであるが、このような解約権の留保は、大学卒業者の新規採用にあたり、採否決定の当初においては、その者の資質、性格、能力その他上告人のいわゆる管理職要員としての適格性の有無に関連する事項について必要な調査を行ない、適切な判定資料を十分に蒐集することができないため、後日における調査や観察に基づく最終的決定を留保する趣旨でされるものと解されるのであって、今日における雇傭の実情にかんがみるときは、一定の合理的期間の限定の下にこのような留保約款を設けることも、合理性をもつものとしてその効力を肯定することができるというべきである」。それゆえ、上記の「留保解約権に基づく解雇は、これを通常の解雇と全く同一に論ずることはできず、前者については、後者の場合よりも広い範囲における解雇の自由が認められてしかるべきものといわなければならない」。

「しかしながら、前記のように法が企業者の雇傭の自由について雇入れの段階と雇入れ後の段階とで区別を設けている趣旨にかんがみ、また、雇傭契約の締結に際しては企業者が一般的には個々の労働者に対して社会的に優越した地位にあることを考え、かつまた、本採用後の雇傭関係におけるよりも弱い地位であるにせよ、いったん特定企業との間に一定の試用期間を付した雇傭関係に入った者は、本採用、すなわち当該企業との雇傭関係の継続についての期待の下に、他企業への就職の機会と可能性を放棄したものであることに思いを致すときは、前記留保解約権の行使は、上述した解約権留保の趣旨、目的に照らして、客観的に合理的な理由が存し社会通念上相当として是認されうる場合にのみ許されるものと解するのが相当である。換言すれば、企業者が、採用決定後における調査の結果により、または試用中の勤務状態等により、当初知ることができず、また知ることが期待できないような事実を知るに至った場合において、そのような事実に照らしその者を引き続き当該企業に雇傭しておくのが適当でないと判断することが、上記解約権留保の趣旨、目的に徴して、客観的に相当であると認められる場合には、さきに留保した解約権を行使することができるが、その程度に至らない場合には、これを行使することはできないと解すべきである」。

判決のいわんとするところはよくわかるが、このように慣行的実態が重視されるかぎり、留保解約権の行使(適格性の欠如を理由とする本採用拒否)は著しく困難となる(通常の解雇よりも「広い範囲における解雇の自由が認められてしかるべき」という判示部分は、直ちに〈留保〉がついたことによって、事実上リップサービスに近いものとなっている)。また、最高裁が一方で認めた採用時における思想・信条等の調査[17]が、職業安定法に求職者等の個人情報に関する保護規定(五条の四)が設けられたことにより、現在では法律上もこれが認められなくなっていることにも注意する必要がある。[18]

さらに、最高裁は、その後、神戸弘陵学園事件(最三小判平成二・六・五民集四四巻四号六六八頁)において、次のように判示。雇用契約に期間の定めがある場合(有期雇用契約)であっても、以上にみた試用期間に関する判例法理が適用される余地のあることを認めるに至っている。

「使用者が労働者を新規に採用するに当たり、その雇用契約に期間を設けた場合において、その設けた趣旨・目的が労働者の適性を評価・判断するためのものであるときは、[上記]期間の満了により[上記]雇用契約が当然に終了する旨の明確な合意が当事者間に成立しているなどの特段の事情が認められる場合を除き、[当該]期間は契約の存続期間ではなく、試用期間であると解するのが相当である。そして、試用期間付雇用契約の法的性質については、試用期間中の労働者に対する処遇の実情や試用期間満了時の本採用手続の実態等に照らしてこれを判断するほかないところ、試用期間中の労働者が試用期間の付いていない労働者と同じ職場で同じ職務に従事し、使用者の取扱いにも格段変わったところはなく、また、試用期間満了時に再雇用（すなわち本採用）に関する契約書作成の手続が採られていないような場合には、他に特段の事情が認められない限り、これを解約権留保付雇用契約であると解するのが相当である。そして、解約権留保付雇用契約における解約権の行使は、解約権留保の趣旨・目的に照らして、客観的に合理的な理由があり社会通念上相当として是認される場合に許されるものであって、通常の雇用契約における解雇の場合よりもより広い範囲における解雇の自由が認められてしかるべきであるが、試用期間付雇用契約が試用期間の満了により終了するためには、本採用の拒否すなわち留保解約権の行使が許される場合でなければならない」[19]。

しかし、プロ野球選手や予備校講師の世界をみてもわかるように、有期契約を更新するかどうかの決定を契約期間における成績評価や判断（選手や講師としての適格性の評価・判断）に基づいて行うことは決してめずらしいことではない。試用期間の目的が従業員としての適格性の有無を評価・判断することにあるとしても、それはあくまでも試用期間の必要条件にとどまるのであって、これをもって十分条件ということには無理がある。上記の判決に少なからず違和感を覚えるのは、そのせいであろうか[20]。

ただ、判決は、期間の満了により雇用契約が当然に終了する旨の明確な合意が当事者間に成立している場合には、労働者の適性を評価・判断するために雇用契約に期間の定めをおくことも認めている（少なくともそのように読める）。試用を目的とした有期雇用契約がこれに当たるが、その場合、当事者には、契約期間の満了によって期間の定めのない雇用契約に移行するか、契約を更新せずに契約関係を終了するかの二つの選択肢が認められることになる。

一方では裁判所自身が試用期間の有名無実化に協力するなかで、他方ではこれに代わる選択肢を自ら提供する。こういえば明らかに言い過ぎであろうが、現実が行政も含めて、このような選択肢の採用に向かうことにになったのも事実といえる。正面突破が無理なら、側面から攻める。優秀な官僚や事業家の頭脳をもってすれば、それは実にたやすいことであったに違いない。

三　よみがえる試用期間

1　バイパス・ルートが示した可能性

企業が従業員としての適格性の有無を評価・判断するために期間の定めのある雇用契約を結び、契約期間中に適格とされた者については改めて期間の定めのない雇用契約を締結し、適格とされなかった者については雇止めを行う。このように有期雇用を事実上の試用期間として活用すること自体は、先にみたように使用者の自由であり、裁判所もこうしたスキームが事前に明確な形で合意されているかぎり、これに原則として介入しない姿勢を示している[21]。

しかし、このような試用期間のバイパス・ルートが世の中の注目を集めるようになったのはそう以前のことではない。有期雇用をいったん経由してこれを常用雇用に結びつける。公共ないしは民間の職業紹介機関がこうした形での求職者と求人企業との仲介事業を開始したことにより、その注目度は一気に高まったともいえる。行政がトライアル雇用あるいは常用目的紹介と命名したものがこれに相当するが、派遣期間が事実上、試用期間として機能しているという点では、紹介予定派遣にも共通したところがある。以下、順を追ってその特徴点や問題点をみていくことにしよう。

(1)　トライアル雇用（試行就業）

厚生労働省（旧労働省）がこれまで進めてきたトライアル雇用は、一九九八年一一月に策定された政府の「緊急経済対策」を受け、翌九九年二月にスタートした「障害者緊急雇用安定プロジェクト」をもって嚆矢とする

表1　トライアル雇用に係る助成金（奨励金）の概要

事業の種類	金額（1人当たりの月額、最大3ヵ月）
障害者雇用機会創出事業	出勤日数16日以上　59,000円 〃　8～15日　44,300円 〃　1～7日　14,700円
中高年齢者緊急就業開発事業	100,000円（賃金が100,000円を下回る場合は、それと同額）
若年者トライアル雇用事業	50,000円（＋専修学校等の教育訓練機関に委託して教育訓練を実施した場合には、それに要した額、上限60,000円）

が、後続の制度にはないその特徴は、一ヵ月間の職場実習を三ヵ月間のトライアル雇用に先行させたところにある。九九年三月から二〇〇一年一月までの職場実習開始者数は六四〇七名。うち四九九〇名が二〇〇一年二月までにトライアル雇用を開始し、さらにその八三・七％に相当する四一七六名が本雇用に移行。[22] その後、二〇〇一年四月には、これを恒常的事業とする措置が講じられ、名称も「障害者雇用機会創出事業」と変更して、現在に至っている（日本障害者雇用促進協会へ事業を委託）。

こうしたなか、二〇〇〇年一二月には、同年一一月に成立した補正予算をもとに、四五歳以上の求職者を対象とした「中高年齢者緊急就業開発事業」がスタート。二〇〇一年六月末までに一万七七九一名が試行就業を開始し、その約八割（七七・九％）が常用雇用へ移行する等、大きな成果を収めた。[23] さらに、二〇〇一年一二月には、学卒未就職者等、三〇歳未満の求職者を対象とする「若年者トライアル雇用事業」がこれに続き、深刻な若年失業者問題[24]への対応策として、その効果の発揮が期待されている。[25]

このように、トライアル雇用（試行就業）の狙いは、就職困難層に焦点を当てその就職や再就職を支援することにあるといってよいが、トライアル雇用の円滑な導入を図るために助成金（奨励金）が支給されることも共通した特徴となっている。

その額は、**表1**にみるように事業の種類ごとに違いはあるが、他の助成金と同様、それまでの六ヵ月間に労働者を解雇したことのある場合や、過去三年間に雇用したことのある若年者等を再び雇用するような場合には、助成金は支給されない（事業の対象から除外）。また、この制度が適用されるのは、公共職業安定所に登録した求職者のトライアル雇用に限られていることにも留意する必要がある。

⑵　常用目的紹介

二〇〇一年一二月一一日に総合規制改革会議が小泉首相に提出した「規制改革の推進に関する第一次答申」は職業紹介規制の抜本的緩和を求めるなかで、求人企業から徴収する手数料の上限を年収の五〇％とした大臣基準の見直し（上限規制の撤廃）を要求。「その際、トライアル雇用紹介〈仮称〉（トライアルの有期雇用に引き続き、求人者、求職者の合意を条件に『期間の定めのない雇用』を成立させることを予定して行われる職業紹介）が実施可能であること及びその方法についての明確化を図るべきである」とした。

その後、「トライアル雇用紹介〈仮称〉」については、「常用目的紹介」と正式名称が与えられることになったが、二〇〇二年二月には、上記の第一次答申を受ける形で、通達の見直し（厚生労働省職業安定局「**民営職業紹介事業の業務運営要領**」第七ー六の新設、下記参照）が実施されるに至っている。

第7　手数料

6　当初求人者と求職者との間で期間の定めのある雇用契約（以下「有期雇用契約」という。）を締結させ、その契約の終了後引き続き、両当事者間で期間の定めのない雇用契約（以下「常用雇用契約」という。）を締結させることを目的として行われる職業紹介（以下「常用目的紹介」という。）に係る手数料等の取扱い

⑴　求人者と求職者との間で有期雇用契約が締結された場合及び当該契約の終了後改めて当該契約に引き続く契約として常用雇用契約が締結された場合のそれぞれの契約に係る手数料は、次のとおりである。

イ　有料職業紹介事業者が上限手数料を採用している場合は、手数料の最高額の範囲内の手数料とすることができる。

ロ　有料職業紹介事業者が届出制手数料を採用している場合は、届出を行った手数料表に基づく手数料とすることができる。

なお、この場合において、有期雇用契約に係る雇用期間が六ヶ月であるときの手数料表としては、例えば、次のようなものが考えられる。

①　当初の有期雇用契約については、支払われた賃金の一定割合（例えば一〇〇分の一〇）に相当する額とする。

②　常用雇用契約については、当初の職業紹介から六月経過後の一年経過時点までの間に支払われた賃金の一定割合（例えば一〇〇分の三〇）に相当する額とする。

なお、常用雇用契約に係る手数料は、有期雇用契約終了後に常用雇用契約が締結される場合について設定されるものである。

(2)　常用目的紹介については、手数料のほか、以下の点に留意する必要がある。

イ　常用目的紹介に当たっての法第五条の三に基づく労働条件の明示については、求職者に係る労働条件が最初に設定されることとなる有期雇用契約について行わなければならない。

ロ　求職者が有期雇用契約後の常用雇用契約において予定される求人条件（以下「予定求人条件」という。）の提示を希望する場合には、当事者の計画的対応を可能とするとともに、トラブル発生の未然防止に資することとなることから、予定求人条件について、以下の事項を記載した書面を交付して提示すべきである。

①　予定求人条件は職業安定法第五条の三に基づき明示するものではないこと

②　予定求人条件はあくまで予定であり、常用雇用契約が締結されないことがあり、かつ、締結された場合でも、その内容が異なるものになる可能性があること

③　予定求人条件の内容（例えば、当該企業における同種の労働者に係る労働条件等、中途採用者の初年度の労働条件等が考えられる。）

なお、法第五条の三に基づく労働条件の明示は常用雇用契約を対象とはしていないことから、予定求人条件は法第五条の三に基づき明示するものとはならないものである。

ハ　常用雇用契約はあくまで有期雇用契約後に締結されるものであることから、試用期間を設けることは適当ではない。

ニ　雇用主（求人者）が有期雇用契約の終了後の常用雇用契約の締結を拒否する場合は、その理由を労働者（求人者）に明示することが適当である。

常用目的紹介については、通達を含め、これまでもこれを制限禁止した法令上の定めはなく、後述する紹介予定派遣のように、規制緩和によって新たに解禁措置が講じられたというわけではない[26]。事実、以下の『週刊労働ニュース』二〇〇一年一一月一九日号の紹介記事にもあるように、民間の職業紹介事業者のなかには、通達の見直しが行われる以前から、これをアルパーム（アルバイトからパーマネントへ）と称して、その事業化に取り組んでいた事業者もいたのである。

アルパームサービス

一方、ここにきて新しい採用方法を提案するビジネスも出てきている。短期業務請負業などを事業の柱としているフルキャストのグループ会社であるフルキャスト人事コンサルティング（東京・渋谷区）は、企業に人材紹介したスタッフを最初はアルバイトで雇ってもらい、企業が能力・適性を一定期間みた後に正社員にするという「アルパームサービス」を［二〇〇〇年］一〇月にスタートさせた。

事業開始から［二〇〇一年］九月末の一年で、述べ紹介数は二五一件にのぼり、うち正社員に採用されたのは一八三件（約七三％）。紹介するスタッフは、本体であるフルキャストで物流や軽作業の請負要員として登録している学生やフリーターの他、求人雑誌の広告で募集している。登録者数は現在、約七〇〇〇人で年齢は二〇歳代が七五％と圧倒的に多い。

同社の登録者はアルバイト経験はあるが、正社員経験はないといった人が多く、いわゆるスキルの高い人材は少ないという。一般的に、フリーターが正社員に［なろうとして］就職活動を開始しても採用に至るまでには厳しい面もある。

一方、求人企業側もフリーターの採用には二の足を踏む。そこで同社は、求人企業に人材の働きぶりを見るための時間を与え、採用リスクの軽減を提案している。アルバイト期間は平均二～三カ月。手数料は、紹介者が正社員になった場合、予定年収の二〇％と低めに抑えた。

同事業部の小島貴雄取締役は、「求人企業には、あくまで正社員を前提にしてもらう」と強調する。人材紹介のため、求人企業への履歴書提出、事前面接は実施できる。

小島取締役は、紹介予定派遣との違いについて、「派遣というシステムは企業、スタッフにとって複雑。例えば、通常の派遣契約で派遣されているスタッフを派遣先企業が気に入って正社員にしたいと言ってきても、まずその契約をいったん終了させ、その後、紹介予定派遣の契約をむすばなければならない。また、派遣では事前面接ができず、企業に不安が残る」と説明する。

こうした新手法が登場する中、紹介予定派遣が今後、拡大するかどうかは、規制緩和の成り行きが大きく影響してくると言える。

⑶　紹介予定派遣

では、上記の記事にも登場する紹介予定派遣についてはどうであろうか。紹介予定派遣とは「派遣就業終了後に派遣先に職業紹介することを予定してする労働者派遣」をいうが、紹介予定派遣について定めた法令上の規定はなく、現在なお、労働者派遣事業と職業紹介事業を兼業するに当たっての許可要件について定めた通達（厚生労働省職業安定局「労働者派遣事業関係業務取扱要領」参照）にその根拠をおくものでしかない。同一の事業者が労働者派遣と職業紹介を相互に独立した事業として行うことは差し支えないが、職業紹介をする手段として労働者派遣を行うことは禁止する。紹介予定派遣はその例外として認められたものにすぎないのである。

それゆえ、紹介予定派遣といえども、派遣先にスタッフを職業紹介することができるのはあくまで派遣就業終了後に限られ、派遣就業が終了するまでは面接や履歴書の送付等、職業紹介につながる行為さえ許されない。紹介予定派遣はこうした限界を伴って出発すること（二〇〇〇年一二月一日解禁）を余儀なくされたのである。

表2は、上記通達の内容をもとに、紹介予定派遣をめぐる規制の現状を図示したものであるが、そこからも職業安定法（職安法）四四条に規定する労働者供給事業の禁止がネックになっていることがわかる。

派遣元事業主とスタッフとの間に雇用関係がある場合であっても、スタッフを派遣先に「雇用させることを約してする」ものは、派遣法二条一号に定める労働者派遣ではなく、職安法四四条が事業として行うことを禁止する労働者供給に該当する。このように規定する現行法の仕組みにメスを入れなければ、問題は解決しない。

派遣先に派遣スタッフの雇用を約束させることに紹介予定派遣の目的がある以上、それを事業として（継続反復して）行うことができないとすれば、紹介予定派遣は禁止されたのも同然といえるからである。これを逆にいえば、現状は、職業紹介を派遣就業終了後でなければ行えないとすることによって、かろうじてその禁止を免れているともいえるのである。

表２　紹介予定派遣をめぐる規制の現状

派遣就業開始前	○　派遣労働者による派遣就業を行う派遣先として適当か否かを判断するための派遣先訪問 （派遣労働者の要請を受けて、派遣元が訪問を仲介することも可） △　派遣先による予定求人条件の明示	（法的根拠）
	×　派遣先からの履歴書の送付要請 （派遣元の協力も不可） ×　派遣先による事前面接 （派遣元の協力も不可）	・派遣法26条７項（派遣先による派遣労働者を特定することを目的とする行為の禁止［努力義務］） ・派遣元事業主が講ずべき措置に関する指針２の11 ・派遣先が講ずべき措置に関する指針２の３

派遣就業開始後その終了まで	○　派遣労働者による履歴書の送付 （派遣労働者の要請を受けて、派遣元が派遣労働者に代わり履歴書を送付することも可） ○　派遣労働者による派遣先に仮に雇用された場合における労働条件等の確認 △　派遣先による予定求人条件の明示	
	×　派遣元から派遣先への履歴書の送付	・派遣法24条の３（個人情報の保護） ・派遣元事業主が講ずべき措置に関する指針２の10
	×　派遣先・派遣労働者の求人・求職の意思等の確認 ×　派遣先による求人条件等の明示	・職安法44条（労働者供給事業の禁止） ※職安法４条６項および派遣法２条１号により派遣先に「雇用させることを約してするもの」は、労働者派遣ではなく、職安法が事業として行うことを禁止する「労働者供給」に該当。

派遣就業終了後	○　派遣先・派遣労働者の求人・求職の意思等の確認 ○　派遣先による求人条件等の明示 ○　派遣先による派遣労働者の採用内定	

【特例】　派遣就業終了予定日と直接雇用予定日が近接している場合

派遣就業終了予定日の２週間程度前から	○　派遣先・派遣労働者の求人・求職の意思等の確認 ○　派遣先による求人条件等の明示	
	×　派遣先による派遣労働者の採用内定	・職安法44条（労働者供給事業の禁止）

（○は可、×は不可、△は条件付き）

ただ、労働者供給には、供給元と労働者との関係が雇用関係ではなく、単なる使用従属関係にとどまるタイプもあり、こうした使用者としての責任の所在が不明確になるタイプの労働者供給については、今後ともこれを事業として行うことを禁止するのが望ましい。それゆえ、職安法四四条そのものには手をつける必要はないが、これが間違っても紹介予定派遣に適用されることのないよう、現行法の見直しを行う必要がある。

具体的には、①紹介予定派遣を「派遣先に職業紹介することを予定してする労働者派遣」などと定義した上で（職業紹介を派遣就業終了後の紹介に限定しない）、これを派遣法上の制度として明確に位置づける、②労働者派遣の定義を改めることにより、紹介予定派遣が労働者供給ではなく労働者派遣に含まれることを明確にする（職安法四四条が紹介予定派遣に適用される可能性を絶つ）といった措置が、事前面接の禁止に直結する③「派遣労働者を特定することを目的とする行為」の禁止規定（派遣法二六条七項）の適用除外とともに、最低限必要になろう。(27)

2　求められる法制度の整備

採用にはミスマッチがつきものであり、実際に働かせてみないと、従業員としての適性の有無が判断できないという場合がしばしばある。実際に働いてみないと、職場としての適・不適がわからないということは従業員の側にもいえるが、こうした労使双方のニーズを満たすために、本来、試用期間はある。しかし、それが機能しなければ、差し当たりは以上にみたようなバイパスを使う以外にない。

とはいえ、脇道はやはり本道にはなれない。「採否に迷いが生じたときは、採用しない」と、よく人事担当者はいうが、試用期間がその機能を回復すれば、これまでは採用の一歩手前で門を閉ざされてきた者にもチャンスがめぐってくる。また、企業の側も、銘柄大学からしか採用しないといった、証明不能なリスク・ヘッジの行動をとらなくてすむようになる。他方、激しい国際競争に勝ち抜くためには、人材登用の面においても多様性の確保が求められる時代。[28]試用期間の機能回復はそうした多様な採用ルートの拡大にも道を開くのである。

では、どのようにして試用期間の機能回復を図るのか。筆者の提案は、採用後一定期間（従業員としての適格性の評価・判断に必要な期間）については、解雇規制の適用を除外することにあるが、そのような例は他の先進国にも存在する。[29]ただ、わが国の場合、解雇規制が従来もっぱら判例（解雇権濫用法理）に委ねられてきたという事情もあり、解雇には正当事由が必要と法律で定めた上で、その適用除外を図る必要がある。

何をもって解雇の正当事由とするかについては、議論も分かれるところであり、[30]当面はこれまでどおり判例に委ねてもよい。[31]対象地域を限定して行う特区構想にはなじまないとしても、時限立法という考え方もある。そうした実験が今ほど必要なときはない。筆者はこのように考えるのであるが、どうであろうか。

（1）　小嶌「解雇ルール、法律で明確に」『日本経済新聞』二〇〇〇年三月八日「経済教室」参照。
（2）　小嶌「『試行就業』で雇用確保」『日本経済新聞』二〇〇一年一二月六日「経済教室」参照。
（3）　労働省「労働契約等実態調査」（一九九六年）によれば、本採用後に「基本給が上がる」とした企業は、新規学卒者の場合で一九・六％、中途採用者の場合で二二・三％にとどまっている。
（4）　日本労働研究機構「労働問題Q＆A」http://www.jil.go.jp/kikaku-qa/jirei/01-Q06B1.htm（就職と採用／基礎編六「試用期間にはどのような意味がありますか」田口昌子氏の回答）による。なお、「雇入れ後三月ないし六月未満の者であって、技能習得中のもの」には地域別最低賃金を適用し、産業別最低賃金は適用しないものとされている。
（5）　なお、再就職援助の措置の対象となる高年齢者等（四五歳以上六五歳未満の者）の範囲から「試みの使用期間中の者」を除外する旨定める高年齢者雇用安定法施行規則六条一項二号も、「同一の事業主に一四日を超えて引き続き雇用されるに至っている者を除く」と規定している。

（6）　厚生労働省労働基準局監督課監修『［改訂］わかりやすい就業規則の作り方』（日本労務研究会、二〇〇二年）二〇頁。
（7）　労働省労政局労働法規課編『よくわかる労働協約』（労務行政研究所、二〇〇〇年）二六一頁。
（8）　独立行政法人産業技術総合研究所就業規則五条二項。
（9）　なお、地公法二八条一項は、①勤務実績が良くない場合、②心身の故障のため、職務の遂行に支障があり、又はこれに堪えない場合、③その他、その職務に必要な適格性を欠く場合、④職制若しくは定数の改廃又は予算の減少により廃職又は過員を生じた場合にのみ、分限処分としての降任及び免職を認めている。また、同条二項は、①心身の故障のため、長期の休養を必要とする場合、②刑事事件に関し起訴された場合に限り、分限処分としての休職を認めている。
（10）　条例で定める事由によらない降給処分も可能（地公法二八条三項参照）。
（11）　橋本勇『地方公務員法講義（第二次改訂版）』（ぎょうせい、二〇〇二年）七六―七七頁。
（12）　橋本勇『新版　逐条地方公務員法』（学陽書房、二〇〇二年）二八五頁。
（13）　なお、国家公務員について、人事院規則一一―四「職員の身分保障」九条は次のように定める。「条件附採用期間中の職員は、法第七八条第四号に掲げる事由（整理免職―筆者注）に該当する場合又は勤務実績の不良なこと、心身に故障があることその他の事実に基いてその官職に引き続き任用しておくことが適当でないと認める場合には、何時でも降任させ、又は免職することができる」。ただ、これでは正式採用後の職員との区別が明確とはいえない（国公法七八条を参照）。それとも、正式採用後の職員については、「勤務実績が著しく不良の場合」にのみ免職処分を行う（行政改革推進事務局「行政職に関する新人事制度の原案（二次）」（二〇〇二年四月）はこのような考え方を採用する）ということであろうか。
（14）　橋本・前掲（注12）二八九頁。
（15）　二〇〇一年に新宿労政事務所が管内の従業員一〇〇～二九九人規模の事業所を対象に実施した「採用と試用期

間に関する調査」では、「特に問題がなければ、そのまま本採用する」との回答が七〇・六％と圧倒的に多く、同労政事務所も、これらの事業所では「試用期間は形式的なものにすぎない」と推測できるとしている。また、聞き取り調査では、（「試用期間・本採用時の評価は）意識していない。就業規則にあるだけ」とする事業所も見られたという。ただ、本採用しなかった事例のある事業所も三四・〇％を数えるものとなっている（聞き取り調査では、解雇ではなく自分から辞めていった事例が多かったという）。

(16)　企業間の競争を前提とした場合、そのようなリスクをとる企業は登場しそうにない。

(17)　最高裁は、判決のなかで「企業者が雇傭の自由を有し、思想、信条を理由として雇入れを拒んでもこれを目して違法とすること［は］できない」との理解に立って、「企業者が、労働者の採否決定にあたり、労働者の思想、信条を調査し、そのためその者からこれに関連する事項についての申告を求めることも、これを法律上禁止された違法行為とすべき理由はない」としていた。

(18)　職業安定法五条の四第一項は、次のように定める（なお、そこにいう「公共職業安定所等」には「労働者の募集を行う者」すなわち、募集主も含まれる）。「公共職業安定所等は、それぞれ、その業務に関し、求職者、募集に応じて労働者になろうとする者又は供給される労働者の個人情報（以下この条において「求職者等の個人情報」という。）を収集し、保管し、又は使用するに当たっては、その業務の目的の達成に必要な範囲内で求職者等の個人情報を収集し、並びに当該収集の目的の範囲内でこれを保管し、及び使用しなければならない。ただし、本人の同意がある場合その他正当な事由がある場合は、この限りでない」。

また、これを受けて策定された大臣告示（平成一一年一一月一七日労働省告示第一四一号）は、「特別な職業上の必要性が存在することその他業務の目的の達成に必要不可欠であって、収集目的を示して本人から収集する場合」を除き、「人種、民族、社会的身分、門地、本籍、出生地その他社会的差別の原因となるおそれのある事項」に加え、「思想及び信条」や「労働組合への加入状況」に関する個人情報についても、これを収集してはならないと規定している（第四・一・(1)）。

なお、有料・無料の職業紹介事業の許可基準や一般労働者派遣事業の許可基準は、ここにいう「思想及び信条」や「労働組合への加入状況」に、「人生観、生活信条、支持政党、購読新聞・雑誌、愛読書」のほか、「労働運動、学生運動、消費者運動その他社会運動に関する情報」が含まれることを明らかにしている。

(19) 下井隆史『労働基準法〔第三版〕』(有斐閣、二〇〇一年)九五頁は、本判決の内容を「最高裁判決によって、『労働者の適性判断のために労働契約に期間が設定された場合は原則として試用期間と解される』という新たなルールが示された」と端的に要約する。

(20) なお、菅野和夫『労働法〔第五版補正二版〕』(弘文堂、二〇〇一年)一七六―一七七頁は、「『解約権留保付きの期間の定めなき労働契約』という試用法理は、長期雇用制度における正社員の採用と地位取得の過程を想定したものであって、これを正社員とは区別された期間雇用者の労働関係に及ぼす場合には、十分な修正がなければ実態とのくい違いが生じる」として、「過渡的な労働関係が実態として期間雇用である場合には、留保解約権付きの試用労働関係の法理を無修正に及ぼすことは適切」ではない、と説く。

(21) なお、新宿労政事務所の調査(注15)によれば、「試用期間の代わりに非正規社員として働いてもらい、その後正社員に登用する」と回答した事業所が三・八％存在する(他に、「試用期間なしで正社員として採用する」二二・一％、「試用期間付きで正社員として採用する」七二・一％)。「労働相談の現場等で近年事例が見られるため、実質的に試用期間に代わるものとして選択肢に含めた」というが、同労政事務所は「契約関係が複雑で様々な問題をはらんでいる」として、前向きの評価はしていない。

(22) 二〇〇二年六月までのトライアル雇用移行者数。『職業安定広報』二〇〇一年九月六日号四頁。なお、以上の数値は、同プロジェクトの事実上の実施主体であった日本経営者団体連盟(日経連)が公表した数値とは若干異なっている。日経連タイムス二〇〇一年三月二九日号を参照。

(23) データは『週刊労働新聞』二〇〇一年八月二七日号による。なお、同紙の記事によれば、「中高年齢者緊急雇用開発事業」は当初二〇〇一年度で終了することを予定していたが、二度にわたり延長される(二〇〇一年一一月一日まで）ことになった。

(24)　若年失業者問題については、玄田有史著『仕事のなかの曖昧な不安――揺れる若年の現在』（中央公論社、二〇〇一年）および大久保幸夫編著『新卒無業――なぜ彼らは就職しないのか』（東洋経済新報社、二〇〇二年）を参照。

(25)　『週刊労働ニュース』二〇〇二年九月九日号によれば、二〇〇一年一二月の事業開始以降、二〇〇二年七月末までにトライアル雇用を開始した者は一万五九〇二名、うち終了者は六〇九六名（ただし、二〇〇二年五月以降にトライアル雇用を開始した者が七七六九名おり、その多くは同年七月末時点ではトライアル雇用を継続中と推測されることに注意）、その七三・七％が本採用になった（常用雇用に移行した）という。

(26)　したがって、常用目的紹介が実施可能であることは確認するまでもなかった。ただ、手数料の徴収方法を明確化したほか、こうした形態における職業紹介を行政が正面から認知したという意義（アナウンス効果）は、上記の通達にも認められよう。

(27)　「規制改革の推進に関する第一次答申」が、単なる運用の見直しにとどまらず「法制度を含む現行制度の見直しを検討すべきである」としたのも、ここに理由がある。なお、以上につき、詳しくは、小嶌「紹介予定派遣と規制緩和」『阪大法学』五一巻五号（二〇〇二年一月）一頁以下、同「紹介予定派遣の現状と将来」Adecco Career Working News No.16（二〇〇二年五月）一―三頁を参照。

(28)　例えば、日経連『原点回帰――ダイバーシティ・マネジメントの方向性』（二〇〇二年五月）を参照。

(29)　イギリス（一年）やドイツ（六ヵ月）、オーストラリア（三ヵ月）がその例である。

(30)　筆者自身の考え方については、小嶌「高失業時代の解雇制限法制と解雇のルール」現代総研『会報』No.246（二〇〇二年三月二〇日）、http://www5d.biglobe.ne.jp/~g-soken/kaiho/kaiho2.htm を参照。

(31)　ただ、本採用後の従業員についても、勤務成績不良（職務遂行能力の低下）に基づく解雇は認められてよい。勤務成績が著しく不良でなければ解雇できないかのように規定する就業規則の定めは見直すべきである（小嶌・前掲（注30）を参照）。そうしないと、試用期間中の従業員との間にあまりにも大きな格差が生じ、「ともかく試用期間中だけ頑張ればよい」といった誤った観念を従業員にうえつけてしまい、モラール・ダウンは避けられないことになる。

Ⅲ　労働契約の内容

6　労働者の「就労」と労働契約上の使用者の義務

――「就労請求権」と「労働付与義務」試論――

唐　津　　博

一　はじめに――「就労請求権」論と労働契約上の使用者義務――
二　労務契約上の付随的義務と労働者の「就労」に係る使用者義務
三　労働者の「就労」と使用者の「労働付与義務」
四　仕事差別・いやがらせ的処遇と「労働付与義務」
五　若干のまとめ――おわりに

一　はじめに――「就労請求権」論と労働契約上の使用者義務――

「労働契約関係が存続しているにもかかわらず使用者が労働者の就労を拒否した場合に、労働者は使用者に対して現実に労働させるように求めることができるか。また、就労拒否によって生じた損害の賠償を債務不履行による責任として賃金とは別に請求することは可能か。」[1]これが、労働者の「就労請求権」（または使用者の「労働受領義務」）の存否をめぐる問題である。下井教授は、その若き日、真摯な「労働」観のもとに、労働契約上の権利として「就労請求権」を肯定する議論を展開され、「就労請求権」肯定論の代表的論者として広く知られている。すなわち、「労働とは、一面では賃金の獲得のためという意味で目的実現のための手段活動、すなわち

〈しごと〉であるとともに、同時に他面で、それ自体が目的である活動、すなわち〈あそび〉でもあるのだ……。そこで法理論的にも、労働契約関係においては〈労働すること・させること〉が〈賃金を受けること・支払うこと〉と同じく労使の権利義務としてその内容をなす」。「現代の企業内労働における労働の疎外の激化が、少数の恵まれた特権的労働につく者を除いた大多数の労働者から〈労働の喜び〉を奪い去っていて、労働は現実にはほとんど、労苦そのものにほかならず、ただ賃金をえるための手段にすぎないものとなっているのが現在の状況である。このことを否定することは全くできない。しかし、私は、あえていえば、現実がそうであるからこそ、労働することそれ自体が権利として保護されねばならないと主張したい。労働とは本来、人間にとってそれ自体が目的であるべきもの、労働する者にとっての自己実現であるべきものと思うからである」(2)と、説かれたのである。そして、三〇数年後、下井教授は、最新版の体系書において、「就労請求権」については、判例は否定説もしくは「原則否定・例外肯定説」に立っており、学説においても、肯定説が多数説と一応言えるが、近年は、否定説もしくは「原則否定・例外肯定」説を通説というべきである、とされたうえで、なお、労働契約法上のプリンシプルとしては「就労請求権」肯定説を維持したい(3)、と述べられている。

現在、「就労請求権」の問題について、判例・学説の趨勢はほぼ決した観があり(4)、この問題が正面きって論じられることは少なく(5)、議論は膠着状態(6)にあるとも言われている。しかし、「あくまで労働契約上の『就労請求権』の理念を追求することも一つの立場であるが、むしろ、それを通じて何を実現したいのかという方向から考えてみることも必要であろう。(7)」との中窪教授の指摘は、「就労請求権」論の新たな議論可能性を示唆している。すなわち、「就労請求権」をめぐる議論はそもそも何のための議論であったのか、この点に立ち戻って、議論枠組みそのものを見直してみてはどうか。このような取組みによって、「就労請求権」論の新たな展開への道筋を見出すことができるかもしれないのである。

「就労請求権」は、労働者が実際に労働することを使用者に請求できる、労働者の労働契約上の権利として主張されてきた。その肯定論は、「労働そのものに付着する労働者の職業技能上・人格上の諸利益に着目」(8)して、その利益擁護を目的とした議論であり、これらの利益は、現実の労働＝「就労」を通じてはじめて実現・享受できるものと考えられた。そうであるからこそ、「就労」の拒否により労働者が被る不利益（＝損害）を不法行為法理（損害賠償）によって救済することでは足りないのである。すなわち、「就労請求権」を、「就労」利益を不法行為法上の保護に値すべき法的利益と把握して、その意味で「就労請求権」なる権利を観念するのではなく、それを労働契約上の権利であると構成することによって、「就労」＝現実の労働それ自体の履行（仕事をさせること・与えること）請求を図る、この点に「就労請求権」論の眼目があった。

ところが、「就労請求権」論では、もっぱら、その権利の根拠付け（法的根拠、理論的根拠）に力が注がれ、「就労」の具体的内容いかんについては特に関心が向けられてこなかったきらいがある。「就労」＝現実の労働の具体的内容について、たとえば、「就労」の請求とは言うけれども、どのような業務に従事するのか、どのような仕事を行うのか、このような点について特に詰めた議論はなされていない。しかし、例えば、「就労」＝現実の労働を使用者が拒否したので、労働者が「就労」を請求したところ、使用者からは労働者の予期していなかった「就労」機会の提供がなされたような場合、それはどのような法的評価を受けるのだろうか。「就労請求権」にいう「就労」は、どのような内容の労働なのか、どのような内容の労働でもいいのか、それは問題とならないのか。

これは、労働者の「就労請求権」の問題を使用者の「労働受領義務」の問題として論じる場合であれば、「労働受領義務」という労働契約上の使用者の「債務」の具体的内容はどうなるのか、という問題である。おそらく、使用者の「受領義務」は、労働者の申出た「就労」を受入れることであると理解して、それ以上の議論の必要性は感じられなかったのであろう。しかし、前掲の例で言えば、労働者の予期しない「就労」機会の提供は、その「労働受領義務」を履行したことになるのか。そもそも、使用者は、どのようなことを行えば、「労働受領義務」を履行したと評価できるのか、使用者の労働契約上の「債務」としての「労働受領義務」の具体的内容は、どのように解されるのか、このような問題は、いまだ詰められていない(9)。これは、労働者の「就労」について使用者はどのような労働契約上の義務を負うと解すべきなのか、という問題にほかならない。この使用者の「労働受領義務」の具体的内容を画定することは、労働者の「就労請求権」の権利としての実質を明らかにすることでもある。

そこで、本稿では、使用者の「労働受領義務」として論じられてきた問題を、労働者の「就労」について使用者にはどのような労働契約上の義務があると論じることができるのか、という観点から取り上げ、「就労」に係る使用者義務の具体的内容いかんについて若干の考察を試みることとした。この小論は、このような使用者義務の視点から、労働者の「就労請求権」へのアプローチを図ろうとするものである。

＊下井隆史先生が「就労請求権」論で示された「労働」観に強く共鳴した一人として、お元気で古希をお迎えになられた先生のますますのご壮健を祈念し、併せて常日頃のあたたかいご指導への心からの感謝の気持ちをこめて、拙い小論で内心忸怩たるものがあるが、本論を先生に献じることにしたい。

二　労働契約上の付随的義務と労働者の「就労」に係る使用者義務

1　労働契約における付随義務論

労働契約は、その法概念としての意義をどのように理解するかについては議論の対立があるが(10)、契約形式上は民法の典型契約の一つである「雇傭」と等しく、労働者による労務の提供とこれに対する賃金の支払を、その基本的要素とする契約と解される。したがって、労働契約上の労使の基本的な権利義務関係は、こうなる。すなわち、労働者は約定の労働を履行すべき義務（労働義務）を負い、当該義務の履行について約定の賃金を請求する権利（賃金請求権）を取得する。使用者は、約定の労働の給付を請求する権利（労務給付請求権）を取得し、給付された労働について約定の賃金を支払う義務（賃金支払義務）を負う。

ところが、このような基本的な権利義務に止まらず、労使はそれぞれに労働契約上、一定の付随的な義務を負う、と解されている。例えば、下井教授は、付随的義務として、使用者にとっての安全配慮義務、労働者にとっての「企業秩序をみだす行為をしない義務」「使用者の利益を害する行為をしない義務」等を挙げられている[11]。このほかに、判例法ルールとしての人員整理・整理解雇における使用者の解雇回避努力義務や説明・協議義務が、労働契約上の付随義務として説かれたり、配転・単身赴任についての使用者の配慮義務、セクシュアル・ハラスメントの債務不履行責任を根拠づける職場環境配慮義務、さらには成果主義賃金制度における成果評価についての公正評価義務等が、労働契約上の付随的義務として論じられている。

これらの付随義務は、通常、労働契約上の信義則を根拠として導かれる[12]。信義則（信義誠実の原則：民法一条二項）は、私人の法律関係を規律する法原則であり、労働契約関係も当然にその規律対象となる。信義則とは、一定の社会関係において相手方の期待を裏切らない、その期待に沿うように自らが行動しなければならない、このような相互信頼を基礎におく行為原則である、と解されるが、法的には、それぞれの具体的法律関係において様々な権利義務を創造する機能を果たしている。労働契約関係においても、この信義則に基づいて、労使双方に、契約当事者として為すべき、もしくは負うべき義務として、様々な契約義務が導き出されているのである。

信義則に依拠した契約義務の構成は、労働契約関係の現実に対する法的価値評価とも言うべきものである。

労働契約関係を法的にいかなるものとして位置付け、評価するのか、このような観点から信義則を媒介とした付随義務論が展開されているからである。近年の雇用・労働事情の変化は、労働契約の当事者である労使、とくに労働者意識に大きな影響を及ぼしており、例えばセクシュアル・ハラスメントの法的責任のレベルで論じられる職場環境配慮義務や成果主義賃金制度における公正評価義務の提唱は、まさに時代状況を映し出したものと言えよう。

このようにみてくると、労働契約関係は、労働と賃金の交換関係を対象とする権利義務関係、すなわち労働者の労働義務（使用者の労務給付請求権）と使用者の賃金支払義務（労働者の賃金請求権）との対応関係を基本としながら、法技術的には、信義則を論拠とする種々の付随義務を内包した関係ということができる。通常、労働義務および賃金支払義務の具体的内容については、労使の個別的、明示的合意を認めることができるが、信義則上の付随義務のそれについては、そうではない。信義則に基づく契約義務（付随義務）は、労働契約を締結する労使双方の黙示の合意事項（黙示条項）と解すべきものであり、それは、労働義務および賃金支払義務と同様に、労働契約関係一般に共通する基本的労働条件として位置付けるべきものであろう。

問題は、労働契約関係における信義則の実質いかんである。信義則が、契約義務の「打出の小槌」ではないことは言うまでもなかろう。信義則による契約義務の構成は、現行法上の労働関係法制を基礎付ける法原則に則ったものでなければならないことは当然である。労働関係法制は、憲法上の基本的人権の享有（一一条）、個人の尊厳（一三条）、平等原則（一四条）、生存権保障（二五条）、より具体的には労働権（二七条一項）、労働条件の法定（二七条二項）、労働基本権保障（二八条）に基づいて編成・整備されてきた。また、労働条件の原則（労基法一条）、労働条件対等決定原則（労基法二条、労組法一条）は、労働法解釈の指導原理である。現行の労働関係立法は、これらの法原則、権利保障を具体化、実質化したものにほかならない。これらの法原則、権利保障は、現代社会における労働関係の公正さを実質的に確立・確保するための基本的法ルール（以下、公正ルールと呼ぶ）である。したがって、労働契約関係における信義則による契約義務の構成は、この公正ルールに則ったものでなければならない。労働契約関係は、公正ルールに基づいた法律関係でなければならないがゆえに、信義則はこの公正ルールに規律されるのである。労働契約は、法技術的には公正ルールの下で信義則を媒介として具体化、明確化される、契約上の種々の権利義務を包摂する法概念として理解すべきことになる。

2　労働者の「就労」と使用者の契約上の付随的義務

本稿で論じる労働者の「就労」とは、事実としての、労働者による「現実の労働」を指しており、法的には労働者による「労働義務の履行」を意味する。この「就労」は、法的には、労働義務の履行であって、労働契約で定めた約定の内容、態様のそれでなければならない。したがって、通常は、労働者は「就労」を請求されこそすれ、「就労」を請求する法的立場にはない、換言すれば「就労」は、それ自体、使用者に対して一定の作為・不作為を要求できる性質のものではない、このように考えられることになる。裁判例にしばしば曰く、労務の提供は義務であって権利ではないから、労働者に就労請求権はない。この「就労請求権」否定の論理は、きわめて簡明であり、「就労」の法的性質（労働義務の履行）に即したものとして、これへの反論を許さないかの如くである。(13)

しかし、「就労」は、生身の人間が従事する生産活動であって、それがたとえ画一的・定型的内容の作業であっても、それぞれが固有の人格的価値を認められている個々人が展開する、一定の目的を有する肉体的・精神的活動にほかならない。したがって、「就労」が、個々の労働者にとって多面的かつ重層的な意義を有する可能性があることは否定できないのである。「就労」は、例えば、出来高払いの労働者にとっては経済的価値・利益を、特殊な技能労働者にとっては職業技能的価値・利益を、また労働自体に自らの社会生活・日常生活の拠り所を求める労働者にとっては人格的価値・利益をもたらすものと解されよう(14)。

このような、労働者の「就労」価値・利益が、不法行為法上の保護法益たりうる可能性は高い。しかし、不法行為法ルールのもとで、「就労」価値・利益の法的保護を享受できるとしても、その法的保護とは、原則としてかかる価値・利益の侵害、喪失に対する金銭に換価された損害賠償にすぎない。「就労」価値・利益には、金銭換価で実現できるものもある（前の例では、出来高払い労働者の場合）が、それに尽きるものではなく、「就労」それ自体から生み出されるものもある（前の例では、技能労働者の場合）。ここに、「就労請求権」肯定の論拠があった。「就労請求権」を労働契約上の権利と措定して、その権利の履行請求を図ろうとしたのである。しかし、前述のように、「就労請求権」の履行請求の内容について具体的な理論展開はなされていない。「就労請求権」が、具体的にどのような内容の権利であるのかは明らかではないのである。

ここで、裁判例・学説における労働契約上の権利義務論に眼を転じてみれば、使用者には賃金支払義務だけでなく、種々の付随義務が課せられるべきことが論じられている。活発な付随義務論が展開されているのである。このような議論状況は、労働者の「就労」価値・利益の享受についても新たな議論の可能性を期待させる。労働者の「就労」価値・利益内容に即して、労働者がこれを享受するについて、使用者には何かしらの作為・不作為が課せられるのではないか、と。「就労」それ自体に、労働者にとっての法的価値・利益が内在するのであれば、使用者には、少なくともこれを無視してはならず、むしろこれを尊重し、その享受を阻止せず、むしろその維持・発展のために配慮すること（「就労」価値・利益の尊重・配慮）が、労働契約関係における信義則上、要請されているのではないか、ということである(15)。

というのは、公正ルールとしての労働権の保障（憲法二七条一項）は、社会関係における労働それ自体の価値・

利益を確認するという意義を有しており、契約上、労働の給付を請求する権利を取得する使用者は、契約関係の展開を意味する「就労」について、この労働権保障の法精神に則った対応（「就労」価値・利益の尊重・配慮）をとるべきである、と解することには、さして無理はないからである。また、公正ルールを構成する個人の尊厳（憲法一三条）および平等原則（同一四条）は、使用者に、「就労」についての労働者の人格的不可侵性、不合理な差別を受けない平等処遇の法精神の確認・確立とその遵守を求めている。したがって、このような公正ルールの規律する信義則にもとづいて、使用者は、労働契約上の付随義務として、労働者の「就労」価値・利益を尊重し、これに配慮すべき義務を負う、と解することができよう(16)。

では、「就労」価値・利益についての尊重・配慮義務は、使用者に対してどのような行為（作為もしくは不作為）を要求する義務として考えることができるのか。まず、この義務には、合理的理由なく労働者の「就労」を拒否しないという不作為が含まれる。そもそも、労働と賃金の交換関係を基本とする労働契約関係においては、契約当事者の合理的意思解釈として、労働者の「就労」を前提とする、もしくはそれを基点とする契約関係の展開が予定されている(17)。賃金を支払うが、労働者の「就労」は拒否する等、労働契約関係存続中の「就労」拒否は、契約当事者が想定していない異例の事態と解すべきであろう。労働者の「就労」に対して使用者による約定賃金の支払がなされることが、契約当事者の合理的意思内容と解されるからである。労働者の「就労」を拒否することは、例外的場合であって、それゆえに「就労」拒否には合理的根拠を要するのである。さらに、「就労」価値・利益の尊重・配慮義務は、このような不作為に止まらず、労働者の「就労」価値・利益を尊重し、これに配慮した「就労」機会の提供を、その内容として含むものと解される。

そこで、以下では、この義務を、「労働付与義務(18)」と呼ぶこととして、その具体的内容について論じることとしたい。

（1）　下井隆史「就労請求権」労働法の争点（新版）（一九九〇年）一七六頁。
（2）　下井隆史「就労請求権について」日本労働協会雑誌一七五号（一九七三年）九頁。
（3）　下井隆史『労働基準法［第三版］』（有斐閣、二〇〇一年）一六六―一六七頁。
（4）　下井・前掲書一六五頁、菅野和夫『労働法（第五版）』（弘文堂、一九九九年）七二頁では、「原則否定・例外肯定」説の代表的裁判例として読売新聞社事件（東京高決昭三三・八・二労民集九巻五号八三一頁）が挙げられている。東京高裁は、こう論じた。すなわち、「労働契約においては、労働者は使用者の指揮命令に従って一定の労務を提供する義務を負担し、使用者はこれに対して一定の賃金を支払う義務を負担するのがその最も基本的な法律関係であるから、労働者の就労請求権について労働契約等に特別の定めがある場合又は業務の性質上労働者が労務の提供について特別の合理的な利益を有する場合を除いて、一般的には労働者は就労請求権を有するものではない」と。就労請求権は原則として認められず、特約又は就労についての特別利益があるときのみに例外的に認められる、というわけである。学説の状況については、楢崎二郎「労働契約と就労請求権」現代労働法講座第一〇巻『労働契約』（総合労働研究所、一九八二年）二二六頁以下参照。
（5）　最近の裁判例（中央タクシー（懲戒処分）事件・長崎地判平一二・九・二〇労判七九八号三四頁、三井物産関西支社事件・大阪地決平一二・九・二九労判八〇四号七五頁等）では、労務の提供は義務であって権利ではないから、労働契約等に特段の定めがある場合等を除いて、労働者には就労請求権ない、と簡単に言及されているだけである。また、近年の新たな学説としては、使用者の共同作業秩序維持義務なるものによって就労請求権を根拠づけようとする三井正信「就労請求権についての一考察」広島法学第一六巻第四号（一九九三年）三〇五頁以下が見られるに過ぎない。
（6）　中窪裕也「労働契約の意義と構造」講座二一世紀の労働法第四巻『労働契約』（有斐閣、二〇〇〇年）一七頁。また、道幸哲也『職場における自立とプライヴァシー』（日本評論社、一九九五年）二四〇頁では、「就労請求権の問題は忘れられた論点になりつつある」と言われる。

（7）　中窪・前掲一七頁。
（8）　浜田冨士郎「就労請求権」労働判例百選〔第三版〕（一九七四年）三八頁。
（9）　外尾教授によれば、使用者は、「まず労働者の給付行為に先行して労働者のために職場を用意し、必要な機械材料等の設備を行わなければならないし、労働力の給付の途中においても、全給付期間中継続して労働力を生産手段と結びつけ、指揮命令権を発動するという体制をとらなければならない」（外尾健一「労働争議と賃金債権」季刊労働法二三号（一九五七年）六二頁）。使用者の業務命令権の具体的行使を要する、と考えられているようである。しかし、「債務の本旨に従わない労働力の提供については、受領義務は生じないし、また、労働者側にとっても約定された労働と異なる労働を使用者によって課せられた場合、すなわち課せられた仕事の性質、態様が契約条項に適合しない場合には、命令を拒否し、命ぜられた労働の履行を当然に拒否しうる」（同）、とも論じられており、本稿の問題意識からすればきわめて示唆的である。
（10）　労働契約の概念をめぐる論争については、萬井隆令「労働契約論（一）（二）」龍谷法学第二五巻第二号（一九九二年）一頁以下、同第三号（一九九二年）二二頁以下参照。
（11）　下井・前掲書一六四頁。
（12）　以下については、拙稿「労働契約と労働条件の決定・変更」講座二一世紀の労働法第三巻『労働条件の決定と変更』（有斐閣、二〇〇〇年）四二頁以下で論じたところである。
（13）　たとえば、注（5）に掲げた中央タクシー（懲戒処分）事件、三井物産関西支社事件等。
（14）　楢崎教授は、より包括的に、「労働契約における労働は、賃金に対応する債務の履行行為であると同時に、履行主体としての労働者にとっては、日々展開される生活─存在そのものである。それは労働の意義・本質が人間にとって何であるかにかかわりなく、現実に展開される労働者の生活そのものである。この生活の正常な維持・展開は、生活主体としての労働者にとって、それ自体保護されるべきである。」（楢崎・前掲三七頁）、と説かれている。また、労働それ自体を「人格的利益」と捉える最近の議論として、島田陽一「企業における労働者の人格権」講座二一世紀の労働法第六巻『労働者の人格と平等』（有斐閣、二〇〇〇年）三頁以下参照。ただし、萩澤教授は、「労働者はその労働給付の実現につき人格その他に関する利益を有する」としても、「このような労働給付実現に伴う労働者の利益は、いわば労働給付に伴う反射的効果にすぎず、使用者はその実現を保障する義務を負うものではない」（萩澤清彦・ジュリスト労働判例評釈、東大労働法研究会『労働契約Ⅱ（労働判例評釈集（三））』（有斐閣、一九八〇年）八頁）と述べられている。

(15)　沼田教授によれば、「信義誠実の原則という概念は一般的であるが、形式的なものではなくて、その機能は具体的であるべきで、具体的な関係のなかで相手の人権や人格性を尊重するという観点から要請されるモラル」であり、「賃金は従来通り払うが労働はさせない、あるいは人格を無視するが如き仕事を与えるというような経営指揮は信義則からみても許しがたいといえよう。労働契約においては、使用者は労務の給付を信義則に基づく方法によって受領する義務を負う」（沼田稲次郎『労働法入門』（青林書院新社、一九八〇年）一一四―一一五頁）。

(16)　使用者義務の観点からの議論としては、たとえば、「使用者は、その労働力を有効に経営内に組織づける義務を負担する」（峯村光郎「市民法と労働法」新労働法講座第一巻『労働法の基礎理論』（有斐閣、一九六六年）一六頁）、「使用者は、配慮義務に基づいて、労働者の労働することの利益（就労利益）を不当に侵害することができず労働者を現実に使用する義務を負う」（小西国友『労働法の基礎』（日本評論社、一九九三年）六五頁）、「労働者は労働契約に基づく雇用関係を維持することにより、昇給、昇格などの経済的利益のみならず、職業的キャリアの形成など様々な職業上の利益を享受する……。これらの利益は法的保護に値する価値をもつものであり（例えば、国際人権規約A規約七条c、職業能力開発促進法三条・四条一項など参照）、使用者はこれらの利益をそこなわないように配慮すべき義務を負う」（清正寛「就労請求権」労働判例百選（第六版）（一九九五年）三七頁）、あるいは、労働権保障の下で信義則上使用者には雇用維持義務が課せられ、雇用関係成立後の雇用関係の維持に際して、使用者は「労働者の能力およびキャリア形成を配慮する義務を信義則上負う」（清正寛「雇用維持の法理と雇用保障立法の課題（上）」熊本法学七九号（一九九四年）七―一四頁）と説かれている。また、近年、毛塚教授は、労働者の職業的能力の形成・維持・発現に関する利益に着目して、使用者は、労働者の「職業的能力を尊重配慮すべき付随義務」を負うと立論され、①企業内外における教育訓練機会の付与と参加への配慮（職能開発協力義務）、②職業的能力を尊重した職務配置やキャリア形成（適正配置義務）、③職業的能力の発現への配慮（就労請求権）を説かれており（毛塚勝利「賃金処遇制度の変化と労働法学の課題」日本労働法学会誌八九号（一九九七年）一九頁以下）、また、労働者の職業的能力を労働法上どのように位置付けることができるかという問題との絡みでは、諏訪教授による壮大なスケールの「キャリア権」の提唱（諏訪康雄「キャリア権の構想をめぐる一試論」日本労働研究雑誌四六八号（一九九九年）五四頁以下）が注目される。

本稿は、このような議論からの示唆を得て、ささやかな試論を提示しようとするものであるが、下井教授が、使用者の配慮義務の一内容として労働受領義務を肯定することには反対であるとして「契約当事者は相手方の利益を配慮すべきであるというような、きわめて抽象的で、その内包と外延を画定しがたい義務概念は、労働契約に限らず認めるべきではない」、「契約上の義務については、たとえば安全衛生義務とか競業避止義務とか、なるべく具体的で範囲画定がより容易であるように概念構成されるべきである」（下井・前掲「就労請求権について」七頁）と批判されていることを、念頭においている。

(17)　外尾教授によれば、「労働契約においては、債権者の協力行為をまって始めて給付が完成されうるのであり、債権者の協力行為は、債務者の給付完成行為そのものに密接に結びつけられている。すなわち、債権者たる使用者が、協力行為を拒絶するか、協力しないならば、債務者たる労働者は、給付行為を開始することも、これを継続することも、或はこれを完結することもできないのである」（外尾・前掲六一頁）。また、「使用者が労働者に対して仕事を一切与えなかったり、他の労働者から隔絶して共同作業から排除したりすることは……労働契約に基づいて労務の提供を行うことを準備している労働者の使用者に対する信頼ないし期待を裏切る使用者の行為であるといえるので、労働契約の基礎を破壊する行為として債務不履行を構成する」（鈴木隆「企業の懲戒・制裁」講座二一世紀の労働法第六巻『労働者の人格と平等』（有斐閣、二〇〇〇年）一五九頁）とも論じられている。

（18）　イギリス雇用契約上の使用者義務の一つとして、被用者になすべき仕事を与えるべき義務（Duty to provide work）の有無が論じられているが、かつてこれに「労働付与義務」という語を当てた（拙稿「イギリスにおける使用者の労働付与義務（Duty to provide work）―コモン・ロー上の法準則と「労働付与義務」論に関する一考察―」同志社法学一九一号（一九八五年）一二五頁以下）。この議論は、わが国の「就労請求権」論に相当するものであるので、この使用者義務は「労働受領義務」と訳したほうが適切であったかもしれないが、「受領」という日本語の受動的な語感に若干の抵抗があり、「労働付与義務」という語を用いたという経緯がある。本稿では、このことも考え併せたうえで、やや紛らわしいかもしれないが、本文で明示した意味で「労働付与義務」という語を用いることにする。

三　労働者の「就労」と使用者の「労働付与義務」

1　労働契約上の使用者義務としての「労働付与義務」

「労働付与義務」は、使用者が労働契約における付随義務として、労働者に対して信義則上負う義務として認められるべきものである。この義務は使用者が負う労働契約上の義務であるから、義務違反が、労働者による損害賠償請求、労働契約の解約原因になることはもちろんであるが、労働者は、義務違反に対して「就労」について「労働付与義務」の履行を請求することができる。

「労働付与義務」は、使用者に対して、労働者の「就労」価値・利益を尊重し、これに配慮すべきことを求めるものであるので、合理的理由なく労働者の「就労」を拒否することはできない。したがって、合理的根拠のない不適法の「就労」拒否（「労働付与義務」違反）に対して、労働者は、「就労」（＝現実の労働に就くこと）が可能な条件を整備するよう要求することができる。これが、「労働付与義務」の履行請求の一内容と解される。

労働契約期間中の「就労」拒否に合理的根拠が認められる可能性があるのは、①適法な休職制度に基づく休職措置、②適法な懲戒処分としての出勤停止措置、③経営危機等を理由として実施される適法な一時帰休措置、④懲戒処分とは異なる、適法な業務命令による出勤停止措置、⑤適法な争議対抗行為（ロックアウトや特定業務拒否戦術に対する集団的労務受領拒否）である。これらは、いずれもそれぞれの法ルールのもとで、その適法性いかんが議論されるべき問題であるが、当該措置としての「就労」拒否が適法性を認められる限り、その「就労」拒否は、労働契約上の使用者の「労働付与義務」違反には該当しない。

また、「労働付与義務」は、使用者に対して、労働者の「就労」価値・利益を尊重し、これに配慮した「就労」機会の提供をなすことを求めるものでもある。使用者は、労働者の労働義務の履行としての「就労」について、一定の作為義務を負う、と解されるのである。したがって、「労働付与義務」の違反に対して、労働者は、「就労」について一定の作為義務の履行を請求することができることになる。

ところが、労働義務の履行としての「就労」の具体的内容は、労働契約の約定内容に依存しているので、労働者の「就労」について使用者が負う作為義務の具体的内容も、その約定いかんによって異ならざるをえない。そうすると、「労働付与義務」の具体的内容は、労働契約において労働者が従事する職種もしくは職務（担当業務）の内容が限定されている場合と、それが限定されていない場合とでは異なる可能性がある。

そこで、以下では、労働契約において職務（担当業務）が限定されている場合とそれが限定されていない場合とについて、それぞれの「労働付与義務」の内容について論じることにしよう[19]。また、近年、差別的・いやがらせ的な職務割当・配置（以下、仕事差別・いやがらせ的処遇という。）の不当性が争われる裁判事例が増加しているが、このような措置は「労働付与義務」との関係でどのように理解すべきであるのか、この問題も取上げることにしたい。

2　労働契約における職務（担当業務）の限定と「労働付与義務」

労働契約において労働者の従事する職種もしくは職務（担当業務）が限定されている場合には、「労働付与義務」の内容は、限定された一定業務についての労働者の「就労」価値・利益を尊重し、これに配慮した「就労」機会を提供することである。すなわち、使用者は、労働者を、約定の職務に対応する仕事に従事させること、換言すれば約定職務に適合的な仕事を与えること（適合的職務配置）を求められる。このような措置をとらず、限定された職務以外の仕事をさせることは、労働者本人の同意を得ていること等、これを正当とする理由がない限り、「労働付与義務」違反と解される。

職種もしくは職務限定型の労働者の代表的な例がアナウンサーである。日本テレビ放送網事件[20]では、テレビ放送のアナウンス業務のみに従事するという職種限定の労働契約を結び、一七年間当該業務に従事してきた労働者について、放送番組・広告内容の考査その他の事務等を内容とする考査部の業務への配転命令が無効とされた。当該会社は、本人の個別の承諾がない限り、考査部の業務に従事することを命じる旨の配転命令を発する労働契約上の権利を有しない、と説かれたのである。アナウンス業務に従事させることが、「労働付与義務」の内容ということになる。したがって、職務（担当業務）限定型の労働者については、使用者の「労働付与義務」を根拠として、異職種配転の効力を否定することができるのである。

ところが、九州朝日放送事件[21]では、二四年間アナウンス部でアナウンス業務に従事してきた労働者の、報道局情報センター、次いでテレビ編成局番組審議会事務局への配転が有効であるとの判断が示されている。本件の高裁判決（最高裁はこれを維持した）に曰く、アナウンサーとしての業務が特殊技能を要するからといって、直ちに本件労働契約において、アナウンサーとしての業務以外の職種には一切就かせないという趣旨の職種限定の合意が成立したものと認めることはできない。本件では、就業規則、労働協約の配転条項がアナウンサーを除外しておらず、一定年齢に達すると他の職種への配転が頻繁に行われていることが認定され、本件労働契約上、当該会社には、業務運営上必要がある場合には、個別的同意なしに職種の変更を命令する権限が留保されている、とされた。職務限定型の労働者の代表例とみられるアナウンサーについても、必ずしも、職種もしくは職務限定と認められるわけではないのである。

この事例では、長期間の同一業務への従事が、裁判所に、職種限定の合意を認定させるに至らなかったが、この判断には、同様に、長期間、同一業務に従事した労働者の他業務への配転（一七～二八年間機械工として就労してきた労働者らに対する製造部組立作業等への配転）を有効と認めた日産自動車村山工場事件・最高裁判決[22]の影響がみられる。最高裁は、次のような高裁判決の認定判断を正当であるとしたのである。すなわち、本件労働者らを機械工以外の職種には一切就かせないという趣旨の職種限定の合意が明示または黙示に成立したものとまでは認めることはできず、業務運営上必要がある場合には、その必要に応じ、個別的同意なしに職種の変更等を命令する権限が会社に留保されていたとみるべきである、と。

労働者が同一業務に長期間従事したことをもって、職種もしくは職務が限定されていたと認定しないのは、柔軟な人事異動（就業規則における配転可能性の留保条項や頻繁な配転慣行等）をその特徴の一つとする長期雇用慣行を考慮したためである、ともいえるかもしれない[23]。年功的な人事・雇用管理（たとえば、年功的昇進・昇格等）の下で、職種もしくは職務変更を含めた配転等の労働条件の変更が一般的に行われ、労働契約で明示的に職種もしくは職務（担当業務）を限定しない、これがいわゆる長期雇用慣行だからである。

また、「労働付与義務」の履行として使用者が講じるべき適合的職務配置の内容は、職種もしくは職務（担当業務）限定の射程範囲の理解いかんによって、大きく異なる可能性がある。例えば[24]、看護業務から看護問題対策室の管理的業務への配転の効力が争われた学校法人東邦大学（大橋病院）事件では、裁判所は、職種を「看護婦」に限定し、本人の承諾がない限り、そのほかの業務に従事する義務は負わないとする合意があったと認定しながら、看護婦長職以上では、看護業務に直接従事するだけでなく、その技能を生かして人事・労務管理的業務、研究業務に関与することも求められ、これらも看護婦としての業務の一部である、と述べて、配転を有効と判断した。「看護婦」の業務範囲を広く捉えているのである。ただし、本件は、看護婦長の職務内容と看護婦業務との関係についての判断がなされていることからすれば、一定のポストに就くことによって、職務内容が広がる、そのように理解されているとも考えられる。(25)

それにしても、職種もしくは職務（担当業務）の限定について、このような緩やかな解釈をとれば、使用者による職務配置の幅が広がるので、使用者の「労働付与義務」によって、異職種配転の有効性を阻止できる余地は狭まることになろう。

しかし、このような緩やかな解釈によって、使用者の「労働付与義務」の内容に幅をもたせることは、場合によっては、「労働付与義務」の本来の趣旨に合致した機能を果たす可能性もある。「労働付与義務」は、労働者の「就労」価値・利益を尊重し、これに配慮した「就労」機会の提供をその内容とするものである。したがって、職種もしくは職務（担当業務）が限定されている場合には、その限定された職務に従事する機会さえ与えれば、その義務を尽くしたことになる、とは必ずしもいえず、具体的状況に応じた「就労」機会の提供こそが求められる、このように解される。裁判例(26)にも、身体の故障または疾病のため「業務」に耐えないものを解雇事由として定める就業規則条項の「業務」とは、「雇用契約で従業員の職種が限定されている場合でも、その業務のみならず、使用者が契約上従業員に就労を命じうることが可能な業務を含む」と説示するものがある。

このような立場からすれば、北海道龍谷学園事件（旧小樽双葉女子学園事件）の高裁判決(27)には疑問がある。本件では、保健体育を担当していた教諭が脳出血で半身不随となり、二年余り休職した後、復職を申出たが、復職を拒否され、解雇されたので、その解雇の効力が争われた。本件教諭は、休職期間中に地理歴史及び公民の高校教諭一種免許を取得し、それらの科目の教師として業務に従事することができると主張したが、高裁は、当該労働者は、雇用契約上保健体育の教諭としての労務に従事する債務を負担したものであり、就業規則の解雇事由である「身体の障害により業務に堪えられないと認めたとき」にいう「業務」は保健体育の教諭としての労務をいうものであり、公民、地理歴史の教諭としての業務の可否を論ずる余地はない、と断じたのである。

本件では、解雇事由を定めた就業規則条項の解釈適用の当否（「業務」の合理的解釈の問題）と解雇権濫用の有無が争点とされたが、使用者の「労働付与義務」は履行されたといえるのか否か、という観点から、解雇の可否を問うこともできる。すなわち、本件教諭は、休職期間中に公民、地理歴史の教諭資格を取得していたのであるから、使用者は、この教諭の「就労」価値・利益（経済的利益、職業技能上の利益あるいは人格的利益）に配慮して、保健体育の業務に従事できないとしても、公民、地理歴史の教諭としての業務に従事する可能性について十分な考慮を払うべきではなかったか、ということである。

さて、以上の検討を通じて、職種もしくは職務（担当業務）限定型の雇用における「労働付与義務」を、使用者に対して、当該労働者について約定の職務（担当業務）に適合した業務配置を講じるべきことを要求するものと解するとしても、次のような問題があることが明らかとなった。第一に、職種もしくは職務（担当業務）が限定されているとはいえ、その限定職種もしくは職務（担当業務）の内容的な広がり（外延）、あるいは職種もしくは職務限定の射程範囲の広狭をどのように理解するかによって、約定職種もしくは職務に適合的な「業務」配置であるか否かの判断が異なってくる可能性がある。「約定の職種もしくは職務（担当業務）」とは何か、という問題である。第二に、何を基準として、約定職種もしくは職務に「適合的」な業務配置といえるのか、という問題がある。この適合性判断をどのようにして行うのか。その拠るべき判断基準は何なのか。

いずれの問題も、結局は、職種もしくは職務（担当業務）限定についての約定＝合意内容の意思解釈によらざるをえない。基本的には、職種もしくは職務（担当業務）限定という労働契約が締結された経緯、趣旨・目的にてらして、その「職種もしくは職務（担当業務）」の意義、業務配置の「適合性」判断がなされることになろう。契約内容について言えば、長期雇用を予定する期間の定めのない雇用と期間の定めのある雇用（有期雇用）とでは、職種もしくは職務（担当業務）限定の意味が異なる可能性も考慮する必要がある。たとえば、期間の定めなく、契約締結時または採用時に職種もしくは職務（担当業務）を限定されている労働者について、雇用・人事管理上、どのような処遇がなされているのか（たとえば、年功的昇進・昇格による職務（担当業務）内容の拡張が一般的である等）、異職種配転についての制度整備（就業規則、労働協約等）、慣行等はどのような状況にあるのか等、当該労使関係を形成する諸事情、その実態が、契約意思の合理的解釈の判断材料となろう。

3　労働契約における職務（担当業務）の非限定と「労働付与義務」

労働契約において職種もしくは職務（担当業務）が限定されていない場合、その内容については、使用者の業務命令によって画定・具体化すると解するのが、契約当事者である労使の意思の合理的解釈であろう。使用者は、労働契約に基づいて取得した業務命令の権利を行使して、当該労働者の担当する業務を指示・指定するのである。使用者は、その裁量にもとづいて労働者の業務配置を決定することができる、ということになる。しかし、使用者は、労働契約における信義則上の義務として、労働者の「就労」価値・利益を尊重し、これに配慮した「就労」機会を提供すべき「労働付与義務」を負っている。では、具体的にはどのような義務を負うのか。

この点については、まず、課長職にあった労働者の総務課受付業務への配転について、使用者の不法行為責任（精神的苦痛に対する慰藉料請求）を認容したバンク・オブ・アメリカ・イリノイ事件(28)を見ておきたい。本件では、こう論じられた。すなわち、使用者の人事異動等の人事権の行使は経営上の裁量判断に属する事柄であるが、労働者の人格権を侵害する等の違法・不当な目的・態様をもってなされてはならず、その裁量判断が逸脱するものであるかどうかについては、業務上・組織上の必要性の有無・程度、労働者がその職務・地位にふさわしい能力・適性を有するかどうか、労働者の受ける不利益の性質・程度等の諸点が考慮されるべきである。本件配転は、課長職を務めた原告の業務経験・知識にふさわしい職務とはいえず、原告に職場にいたたまれなくさせ、自ら退職の決意をさせる意図の下にとられた措置ではないかと推知される。したがって、本件配転は原告の人格権（名誉）を侵害し、職場内・外で孤立させ、勤労意欲を失わせ、やがて退職に追いやる意図をもってなされたものであり、使用者に託された裁量権の範囲を逸脱した違法なものであって不法行為を構成する、と。

本件で説かれている人事権濫用判断の判断指標は、契約上の使用者義務としての「労働付与義務」の内容について援用することができる。すなわち、まず、労働者の「就労」価値・利益には経済的利益、職業技能上の利益そして人格的利益が含まれているが、このような「就労」価値・利益を損なうような職務（担当業務）指定は、使用者の「労働付与義務」に反する、と解されよう。「労働付与義務」は、業務配置に係る使用者の業務命令権の行使を制約する機能、換言すれば、その適法性を担保する機能を果たすのである。また、使用者は、その業務命令が明らかに違法でない限り、当該労働者にどのような業務＝仕事にも就かせることができるかというと、そういうわけではない。使用者には、「労働付与義務」の履行として、労働者の職業的能力や経験・知識に配慮した、当該労働者にふさわしい業務配置をなすべきことが求められる。すなわち、使用者は、職務（担当業務）を約定していない場合でも、労働者をその職業的能力に照らして適切と考えられる相当な業務に配置すべく、そのような「就労」の機会の提供について配慮すべきことを義務づけられていると解されるのである。

このような使用者義務は、異職種配転に関する裁判例において見出すことができる。たとえば、健康管理業務担当副総婦長の地位にあった看護婦（原告）を医療材料等の供給管理を業務とする中央材料室の副看護部長待遇として勤務するよう命じた配転命令の効力が争われた北海道厚生農協連合会（帯広厚生病院）事件[29]において、裁判所は次のように論じている。すなわち、中央材料室は医療材料、器具類などの供給管理、消毒、滅菌等の比較的単純な業務を担当し、昭和六二年以降看護助手のみで運営されていた部署であり、原告の中央材料室における職務内容についてみると、その管理職としての権限は大幅に縮小され、その職務自体も高度の知識、能力等を要求されるものとは到底いえないものであって、原告の経歴、能力、従前の地位等に照らすと、前記部署に原告を配置する業務上の必要性は認められない。原告は、この配転により看護婦としてこれまで培ってきた能力を発揮することもできず、その能力開発の可能性の大部分をも奪われたばかりでなく、その具体的理由を説明されず、また弁明の機会を与えられないまま一方的に不利益な処遇を強いられた上、その社会的評価を著しく低下させられ、その名誉を著しく毀損されるという重大な不利益を被った。したがって、本件配転命令は業務上の必要性は大きいとはいえないにもかかわらず、原告に通常甘受すべき程度を著しく超える不利益を負わせるもので、人事権の濫用にあたり無効である、と。

本件判決は、言うまでもなく、配転命令の判例法ルールを確立した東亜ペイント事件最高裁判決[30]の判断枠組みに従ったものであるが、本件配転によって労働者の職業的能力の発揮、能力開発の可能性が奪われたことを重大な不利益と認定されている。この点に着目すれば、使用者には労働者の職業的能力を発揮させ、その能力開発の可能性を考慮した「就労」機会を提供するよう配慮すべき義務がある、ということになろう。

労働者の「就労」がその職業的能力の維持・向上にとって重要な意味を有することは、周知のように、「就労請求権」を肯定した裁判例[31]において言及されていたことであるが、近年では、新幹線運転士に対する車両技術係への配転命令の効力が争われた東海旅客鉄道（新幹線運行本部）事件[32]で、新幹線運転士の「就労」についての職業技能上の価値・利益が強調されている。すなわち、安全、確実を要求される大量交通機関の運転士、とりわけ高速運行する新幹線の運転士にあっては、より高度の専門性を有し、特に「のぞみ」の運行に伴う設備、規程の改正等が進み、運転士としてはそれらに対応する技術、取扱手続等に熟達している必要がある。したがって、長期間新幹線の運転から離れることによって運転技術や（車掌業務として）旅客への対応能力の低下等回復困難な不利益を被る恐れが認められる、と。使用者の「労働付与義務」は、このように労働者の職業的能力を考慮し、これに相応しい「就労」機会の提供への配慮を要求するものである。

では、このような「就労」価値・利益への配慮とは、具体的にどのような措置を指しているのか。この点については、病気休職期間満了後の解雇または退職扱いの当否が争われている裁判例で論じられているところが注目される。就業規則等に制度化されている病気休職制度では、疾病や傷害等のために一定期間の欠勤療養期間を設け、一定期間満了後もなお勤務できない場合には解雇または退職扱いとするのが一般であるが、休職期間満了後に労働者が傷病は治癒したとして復職を求めてきた場合、使用者はどのように対応すべきか。使用者義務の存否の観点からみると、裁判例は、このような場合に使用者に一定の配慮を求めるもの（積極論）と、これを否定するもの（消極論）とに、その見解が分かれている。

大型トラック運転手の事例であるニュートランスポート事件[33]では次のような消極論が述べられている。すなわち、本件労働者には後遺症があり大型トラックの長距離運転手としての原職務に就労可能な状態には未だ回復しておらず、本件労働者が他の会社で主にフォークリフトの運転をする臨時作業員として働いていることは認めるが、休職労働者の提供しうる労務の種類、内容が、休職当時のものと異なることになった場合において、道義的には別として、使用者がこの労務を受領すべき法律上の義務や受領のために労働者の健康状態に見合う職種、内容の業務を見つけて就かせなければならないとの法律上の義務があるものとはいえない、と。

これに対して、エール・フランス事件[34]では、他の従業員の協力を得て当初は原職務とは別の業務のみを行わせながら徐々に通常勤務に服させていくことも十分に考慮すべきであり、後遺症の回復の見通しについての調査をすることなく、また復職にあたってこのような配慮を全く考慮することなく医師の判断のみを尊重して、復職不可能と判断した措置は妥当ではない、と論じられ、また、東洋シート事件[35]でも、復職にあたっては軽勤務から徐々に通常の勤務に戻すことの方が望ましく、他の従業員の協力を取りつけたり、当初は溶接職場での就労時間を制限することなどの配慮をすることも可能であるから、原告の職場環境が劣悪であることをもって復職を認めない理由にはできない、と述べられた。

後者の積極論は、東海旅客鉄道（退職）事件[36]において、明確に一般化された。曰く、「労働者が職種や業務内容を限定せずに雇用契約を締結している場合においては、休職前の業務について労務の提供が十全にはできないとしても、その能力、経験、地位、使用者の規模や業種、その社員の配置や異動の実情、難易等を考慮して、配置替え等により現実に配置可能な業務の有無を検討し、これがある場合には、当該労働者に右配置可能な業務を指示すべきである」。この判決は、既に指摘されているように[37]、使用者の賃金支払に対応する労働者の債務の本旨に従った履行の提供とは何かを論じて注目を浴びた片山組事件・最高裁判決[38]の論理を、休職期間満了後の復職措置に援用したものである。片山組事件・最高裁に曰く、「労働者が職種や業務内容を特定せずに労働契約を締結した場合においては、現に就業を命じられた特定の業務について労務の提供が十全にはできないとしても、その能力、経験、地位、当該企業の規模、業種、当該企業における労働者の配置・異動の実情及び難易等に照らして当該労働者が配置される現実的可能性があると認められる他の業務について労務の提供をすることができ、かつ、その提供を申し出ているならば、なお債務の本旨に従った履行の提供があると解するのが相当である。」

片山組事件・最高裁判決は、職務（担当業務）非限定型の雇用において、賃金に対応する労働義務の履行とは何かを論じたものであるが、そこでは、労働義務の履行の対象たる「業務」は、様々な事情に照らして判断されるにせよ、「当該労働者が配置される現実的可能性があると認められる他の業務」とされて、きわめて柔軟に捉えられている。特に、考慮事項の中に「当該企業における労働者の配置・異動の実情及び難易」が挙げられていることからすれば、最高裁のこの「業務」解釈の柔軟性は、使用者に広範な配転命令権行使を許容する判例法ルールを定立していることと表裏をなすものであることを推測させる。(39)

しかし、この最高裁の論理は、使用者の「労働付与義務」の履行として使用者に求められる配慮の具体的内容を示唆している。前掲・東海旅客鉄道（退職）事件判決は、片山組事件・最高裁判決の論理を採用したうえで、こう説いた。すなわち、「雇用契約における信義則からすれば、使用者はその企業の規模や社員の配置、異動の可能性、職務分担、変更の可能性から能力に応じた職務を分担させる工夫をすべきであ」る、と。これは、使用者に対して、労働者の職業的能力に応じた適切な業務配置を要求するものであり、信義則にその根拠を求めている点に注目すべきであろう。

このように見てくると、労働契約における職務（担当業務）非限定の場合、使用者の「労働付与義務」の内容は、以下のように解することができる。まず、「労働付与義務」は労働者の「就労」価値・利益を尊重し、これに配慮した「就労」機会の提供をすべき義務であるから、労働者の人格権を侵害する等の不当な目的・態様による「就労」を命じてはならない。換言すれば、労働者の「就労」価値・利益（経済的利益、職業技能上の利益あるいは人格的利益）を損なうような業務配置をしてはならない、という不作為の義務を含んでいる。次いで、「労働付与義務」は、使用者に対して、労働者をその職業的能力（その能力自体、その能力の発揮、さらにはその能力の向上・開発）に照らして適切であると考えられる相当な業務に配置すべく、配慮すべきことを要求する。そのような「就労」機会の提供について配慮する措置を講じる、という作為義務が課せられているのである。この配慮措置の具体的内容は、たとえば、「その企業の規模や社員の配置、異動の可能性、職務分担、変更の可能性」（前掲・東海旅客鉄道（退職）事件判決）を考慮して画定することになろう。

なお、ここでいう労働契約上の使用者義務としての「労働付与義務」と、過労死関連の裁判例及び学説において論じられている、業務の過重負荷を避けるための業務軽減措置等を講じることを内容とする適正労働配置義務との関係について付言しておきたい。学説にいう疾病労働者に対する適正職場配置義務もしくは適正労働配置義務は(40)、それを安全配慮義務の内容と解するか、または安全配慮義務とは区別される健康配慮義務(41)の内容と解するかはともかくとして、「労働付与義務」と重なり合う部分がある。というのは、「労働付与義務」は、労働者の職業的能力に相応しい相当な業務配置を、使用者に求めるものであるから、疾病労働者については、その疾病がその労働者の職業的能力に与える影響・結果を考慮して、当該労働者の病状もしくは健康状態に応じた職務（担当業務）への配置を講じることが要求されることになるからである。ただし、「労働付与義務」は、疾病労働者についてのみ、相当な職務（担当業務）配置への配慮を求めるものではない。疾病労働者に対する適正職場配置義務は、「労働付与義務」が履行される一局面として、理解すべきことになろう。また、休職期間満了後の労働者の再配置義務について、その実効性に疑問が呈せられている(42)。この懸念に対しては、「労働付与義務」は、企業規模等の実情に応じて、適切であると考えられる相当な業務に配置すべく、配慮すべきことを使用者に要求するものであるという点を確認しておきたい。使用者が、前述のような諸事情を検討・考慮した結果の業務配置であることを合理的に説明できれば、その「労働付与義務」は尽くされたものと評することができる。「労働付与義務」は、使用者に、労働者の業務配置について明確な説明責任を負わせる機能をも果たすのである。

(19)　小西教授は、特約や特別利益の存在しない場合に労働契約に内在する「一般的就労請求権の行使として使用者に要求しうる事柄は、当該労働契約によって定まる労働場所において、しかも当該労働契約によって定まる労務を履行させよ、というものである。したがって、一般的就労請求権の内容は、労働者が構内に入構し、入室し、自己の職場につき、仕事をよこせと要求しうる権能をも含む」（小西国友「懲戒権の濫用と就労請求権の有無」季刊労働法八五号（一九七二年）一二九頁）と説かれている。本稿は、小西教授の言われる「当該労働契約によって定まる労務」もしくは「仕事」の具体的内容を、労働契約で職務（担当業務）を限定した場合と限定していない場合とに分けて、検討しようというのであるが、これは、道幸教授の次のような指摘が的確であると考えたからにほかならない。すなわち、道幸教授に曰く、近時の裁判例が、業務命令権の濫用との観点からであるが、適切な就労を阻害する行為、たとえば、仕事を与えないことや無意味・嫌がらせの仕事をさせることに対し損害賠償を認めて、実質的に就労自体の権利性を認めているが、「どのように就労させなければならないか……をどう判断すべきかという難問をクリアーしなければならない。基本的には、労働契約締結目的に従った仕事をさせるべき（合理的使用者ならばどのように仕事をさせるか）ということになる。しかし、わが国において職務内容を特定する契約は一般的ではないために、その具体化は使用者の広範な裁量に委ねざるをえない。とくに、長期的にキャリアを形成する場合にそのようにいえる。したがって、適切職務付与義務といっても、適切職務自体が個別契約に応じてかなり幅のある概念であることは否定できない」（道幸・前掲書二四〇―二四二頁）。

(20)　日本テレビ放送網事件・東京地決昭五一・七・二三労判二五七号二三頁。同様に、アナウンサーに対する異職種配転命令が、アナウンサーとして職種が特定もしくは限定されているとして、無効とされたものに中部日本放送事件・名古屋地判昭四九・二・二七労働経済判例速報八四一号一四頁、アール・エフ・ラジオ日本事件・東京高判昭五八・五・二五労判四一一号三六頁等。この他、職務限定を認めた例としては、事務系業務から警備業務への異職種配転が無効とされたヤマトセキュリティ事件・大阪地決平九・六・一〇労判七二〇号五五頁、病院の事務職系職種（ケースワーカー）から労務職系職種（ナースヘルパー）への異職種配転命令の効力を否定した直源会相模原南病院（解雇）事件・横浜地判平一〇・一・二七労判七六一号一二六頁、同・東京高判平一〇・一二・一〇労判七六一号一一八頁、同・最二小決平一一・六・一一労判七七三号二〇頁等がある。

(21)　九州朝日放送事件・福岡高判平八・七・三〇労判七五七号二一頁、同・最一小判平一〇・九・一〇労判七五七号二〇頁。なお、古賀タクシー事件・福岡高判平一一・一一・二労判七九〇号七六頁では、タクシー乗務員について職種限定を認めず、タクシー運転業務から営業係りへの異職種配転命令が有効とされた。

(22)　日産自動車村山工場事件・最一小判平元一二・七労判五五四号六頁。

(23)　このような趣旨の指摘をされているのは、山川隆一＝荒木尚志「ディアローグ労働判例この一年の争点」日本労働研究雑誌四七三号（一九九九年）一九頁［荒木］。この他、裁判例として、採用後に資格を取得して、一七年間視能訓練士として眼科に勤務した労働者について、職種限定を否定した中労委（JR東京総合病院）事件・東京地判平一〇・五・二一労判七四四号三五頁がある。野田教授は、このような裁判所の判断に強い疑義を表明されている。すなわち「労働者は、一般に一の職種を継続することでその仕事について熟練度を高め、高度の能力を獲得していくと同時に、それ以外の職種に対応する能力を加齢とともに喪失していく。このように、労働者は同一職種の能力を高めて各界の熟練者として尊重されるとともに、他の職種への対応能力を喪失するようになる。このことを「職種の限定」と称するのではないだろうか。こうした人間労働のもつ尊い価値が、判例の労働契約の理論においてこれほどまでに軽視されていることには、実に驚きを禁じえない」（野田進「労働契約の成立過程と法」講座二一世紀の労働法第四巻『労働契約』（有斐閣、二〇〇〇年）三九頁）と。

(24)　学校法人東邦大学（大学病院）事件・東京地判平一〇・九・二一労判七五三号五三頁。

(25)　山川＝荒木・前掲二〇頁［山川］は、「労働契約の中身としては、職務限定の状況が、会社の中でキャリアを積むに従って変わっていく形態」というものが有りうることを指摘されている。しかし、野田教授は、本件について、『職種』合意をそこまで融通無碍に考えることは、労働契約における意思主義を破綻させる」（野田・前掲三九頁）と厳しく批判されている。

(26)　名古屋埠頭事件・名古屋地判平二・四・二七労判五七六号六二頁。

(27)　北海道龍谷学園（旧小樽双葉女子学園）事件・札幌高判平一一・七・九労判七六四号一七頁。

(28)　バンク・オブ・アメリカ・イリノイ事件・東京地判平七・一二・四労判六八五号一七頁。

(29)　北海道厚生農協連合会（帯広厚生病院）事件・釧路地帯広支判平九・三・二四労判七三一号七五頁。

(30)　東亜ペイント事件・最二小判昭六一・七・一四労判四七七号六頁。なお、フジシール（配転・降格）事件・大阪地判平一二・八・二八労判七九三号一三頁も、原告労働者の職種に限定はなく、会社に配転命令権があるとしたうえで、当該配転が業務上の必要性が存しない場合や、業務上の必要性が存したとしても他の不当な動機・目的をもってなされたものである等の特段の事情が存する場合には、当該配転命令は権利の濫用として無効である、との判断枠組み（東亜ペイント事件・最高裁判決）に基づいて、配転命令の効力を否定している。本件では、開発業務の部長職にあった原告労働者を業績不振を理由として、その経験や経歴とは関連のない単純労働であるインク担当業務に従事させる配転命令は、退職勧奨拒否に対する嫌がらせとして発令されたもので権利の濫用として無効である、と判示されており、命じられた業務が労働者の経験や経歴とそぐわないものであったことが問題とされている。

(31)　スイス事件・名古屋地判昭四五・九・七労働経済判例速報七三一号七頁は、「一般的には労働者は就労請求権を有しないと解されるが、労働契約等に特別の定めがある場合又は業務の性質上労働者が労務の提供について特別の合理的利益を有する場合はこれを肯認するのが相当である」と、「就労請求権」の「原則否定・例外肯定」の立場を採用したうえで、「調理人はその仕事の性質上単に労務を提供するというだけでなく、調理長等の指導を受け、調理技術の練磨習得を要するものであることは明らかであり」、「調理人としての技量はたとえ少時でも職場を離れると著しく低下するものであることが認められるから、申請人は業務の性質上労務の提供につき特別の合理的利益を有する者」であるとして、調理人の「就労請求権」を認めた。本判決は、その就労請求権の「原則否定・例外肯定」論の当否は別として、調理人（コック）のような技能労働者については、その「就労」が職業的能力の維持・向上のために不可欠であることを明言した点に先例としての意義を認めることができよう。

(32)　東海旅客鉄道（新幹線運行本部）事件・大阪地決平六・一二・二六労判六七二号三〇頁。

(33)　ニュートランスポート事件・静岡地富士支決昭六二・一二・九労判五一一号六五頁。また、大阪築港運輸事件・大阪地決平二・八・三一労判五七〇号五二頁では、「一般論として、労働災害により障害を受けた労働者が就労を再開する場合、使用者としてはいわゆる訓練的・段階的な就労の機会を付与し、労働者の労働能力の回復・向上のための措置を講じることが望ましいことはいうまでもないが、その具体的な方法、程度は、職場環境や職務内容、経済状況等に応じて可能な範囲で決定されるべきものである」と論じられている。

(34)　エールフランス事件・東京地判昭五九・一・二七労判四二三号二三頁。

(35)　東洋シート事件・広島地判平二・二・一九判例タイムズ七五七号七七頁。

(36)　東海旅客鉄道（退職）事件・大阪地判平一一・一〇・四労判七七一号二五頁。

(37)　野田進「最近の労働判例について（上）」中央労働時報九六九号（二〇〇〇年）一〇頁、山川隆一＝大内伸哉「ディアローグ労働判例この一年の争点」日本労働研究雑誌四八四号（二〇〇〇年）三七頁［山川］。

(38)　片山事件・最一小判平一〇・四・九労判七三六号一五頁。

(39)　この点も、山川隆一＝荒木尚志「ディアローグ労働判例この一年の争点」日本労働研究雑誌四六一号（一九九八年）三六頁［山川］が、既に指摘されているところである。なお、山川＝大内・前掲三八―三九頁［大内］は、このような考え方に立つと、職種を限定せずに採用した場合、企業は広範な配転権を通して自由な人事配置が可能となる一方で、休職からの労働者の復職に際しては適当な仕事を見つけなければならない（過剰な負担を使用者に負わせる）、ということになるので賛成しがたい旨、述べられている。

(40)　使用者の再配置義務については、野田進『「休暇」労働法の研究』（日本評論社、一九九九年）一三一頁以下参照。また、水島助教授は「疾病労働者に対する適正職場配置義務は、労働契約上の配慮義務として、積極的に肯定されるべきである」(水島郁子「疾病労働者の処遇」講座二一世紀の労働法第七巻『健康・安全と家庭生活』(有斐閣、二〇〇〇年)一四〇頁)とされる。

(41) この点については、渡辺章「健康配慮義務に関する一考察」花見忠先生古希記念論集『労働関係法の国際的潮流』(信山社、二〇〇〇年)七七頁以下、水島郁子「ホワイトカラー労働者と使用者の健康配慮義務」日本労働研究雑誌四九二号(二〇〇一年)二五頁以下参照。

(42) 野田教授は、再配置する場合にその人がどういう形で仕事ができるかということまで工夫しなさいといっても、どこまで可能か、小さな会社で再配置といっても行くところがない、フランス法のように制度的なものがあればまだしも、信義則という契約解釈で、どこまで職務分担させる工夫なり、再配置の義務のようなものが可能か、なお明確でない部分が多すぎる旨(野田・前掲「最近の労働判例について(上)」一一頁)、述べられている。

四　仕事差別・いやがらせ的処遇と「労働付与義務」

「労働付与義務」は、労働契約上の信義則にもとづいて、使用者に対して、労働者の「就労」価値・利益を尊重し、これに配慮すべきことを求める義務である。労働契約で職種もしくは職務(担当業務)が限定されている場合には、使用者は、約定の限定された職種もしくは職務(担当業務)に適合した業務配置をしなければならない。労働契約で職種もしくは職務(担当業務)が限定されていない場合でも、使用者は労働者にどのような業務をも命じることができるわけではない。労働者の「就労」価値・利益を損なうような業務配置をしてはならず、また、労働者の職業的能力に応じた相当な業務に配置するように配慮することを要求されるのである。したがって、使用者が、合理的理由なく労働者の「就労」(現実の労働に就くこと)を拒否することはできない。

では、何らかの差別的意図のもとに労働者に全く仕事をさせないまたは特定の仕事をさせない、あるいはことさらに精神的苦痛や心理的圧迫を与えるような仕事をさせる等、差別的・いやがらせ的な業務配置をすること（仕事差別・いやがらせ的処遇）は、「労働付与義務」とどのような関係になるのか、これがここでの検討課題である。

まず、女性であることを理由とする仕事差別・いやがらせ的処遇は、配置における差別的取扱として、雇用機会均等法六条に違反する。この違反に対して、女性労働者は、均等法の定める救済（行政的救済としての都道府県労働局長による助言、指導、又は勧告、紛争調整委員会（機会均等調停会議）による調停）を受けることができるが、民事上、配置における差別的取扱いによって被った損害（財産的損害だけでなく精神的損害）について、民法七〇九条等の不法行為による損害賠償請求ができよう。また、労働組合員・組合活動を理由とする仕事差別・いやがらせ的処遇は、不利益取扱いの不当労働行為（労組法七条）として、労働委員会による行政救済、裁判所による司法救済を受けることができる。また、この場合も、女性差別と同様に、民事上、この不利益取扱いによって被った損害について、不法行為による損害賠償請求をできる可能性がある。

また、労働者の国籍、信条または社会的身分を理由とする仕事差別・いやがらせ的処遇は、労基法三条の差別的取扱禁止（均等待遇原則）に違反するものとして使用者が処罰され、民事上、労働者はその差別的取扱によって被った損害について、不法行為による損害賠償請求をすることができよう。

これらは、それぞれ、差別的取扱を禁ずる法ルール（反女性差別禁止の法ルール、不当労働行為の法ルール、均等待遇の法ルール）にもとづいて、差別的取扱いを受けた労働者は一定の法的救済を享受することができるのである。

一方、裁判例をみると、不当な業務命令による仕事差別・いやがらせ的処遇について、使用者に対して、民法七〇九条または同七一五条の不法行為にもとづく損害賠償請求が認められている。たとえば、松蔭学園事件(43)は、高校教諭が、一切の校務分掌から外され、全く仕事を割当てられないまま、四年余り職員室から一人別室に隔離され、さらにその後五年余、課題も与えられずに自宅研修を命じられていたことが、業務命令権の濫用と判断された。国鉄清算事業団（JR九州）事件[44]では、氏名札の着用を拒否した労働者に対する指導訓練として、勤務時間中、就業規則等の規程や企画商品の筆写を長期（二〇日間）にわたって強制した行為が、懲罰的行為で違法な不法行為にあたると判断された。空港運輸の事務に関する専門的な知識、技能、経験を有する業務から、コンピュータ処理された到着者、予約者、最終搭乗者の各リストを各統計用紙に書き写して集計する統計作業に職務内容を変更したエール・フランス事件[45]では、この職務内容の変更は労働者を退職に追い込むという不当な動機、目的の下に行われた仕事差別であると推認されるとしたうえで、この変更は、「原告が仕事を通じて自己の精神的・肉体的能力を発展させ、ひいては人格を発展させる重要な可能性を奪うものであり、かつ、原告にことさら屈辱感を与え、原告の仕事に対する誇りと名誉等の人格権を侵害した違法な行為として」不法行為を構成する、と論じられている。なお、NTT東日本（東京情報案内）事件[46]では、業務支障のトラブルを起こしたことを理由として、パソコン操作業務等から外したことが不法行為にあたるとの主張が退けられたが、次のように説かれた。すなわち、業務命令の内容が不合理なものであったり、社員の人格権を不当に侵害する態様のものである場合には、その業務命令は使用者の裁量の範囲を逸脱又は濫用し、社員の人格権を侵害するものとして不法行為に該当するものというべきであるが、その「裁量の逸脱、濫用の有無は、当該業務命令に至った経緯、目的、その態様等諸般の事情を考慮して判断すべきものと解するのが相当である」、と。

さて、以上のように、女性であることや労働組合員であること等を理由とする仕事差別・いやがらせ的処遇については、これに対応する法ルールによる救済が形成されている。また、不当な動機・目的あるいは不当な態様の業務命令による仕事差別・いやがらせ的処遇については、不法行為法による救済が図られている。そうであるとすれば、仕事差別・いやがらせ的処遇について、労働契約上の使用者義務としての「労働付与義務」

を論じる必要性はあるのか。そもそも、この問題について、「労働付与義務」が機能する余地はあるのか。

この問いに対しては、肯定的に答えることができよう。労働契約関係は、通常は、法的には「労働義務」の履行である「就労＝現実の労働」を前提としてまたはこれを基点として展開される（継続的就労とこれに対応する定期的賃金支払）法的関係である。労働者にとっては、「就労」なくして「労働義務」を履行することはできない。これが、合理的に見て、契約当事者である労使の契約意思であると解されるが、これを踏まえたうえで、労働権保障等の公正ルールに規律された信義則を媒介として、使用者に「労働付与義務」が課せられる、本稿では、そのように立論している。すなわち、「労働付与義務」は、労働契約の展開過程において、その履行を求められるものである。仕事差別・いやがらせ的処遇は、労働契約関係の展開において生じている事態であり、ここでは、労働契約関係の実質に照らして、「就労」それ自体の当否が問われる。したがって、仕事差別・いやがらせ的処遇は、不法行為法による対応の可能性を問うまでもなく、労働契約上の問題として取扱う必要がある。すなわち、仕事差別・いやがらせ的処遇は、使用者の「労働付与義務」の履行という観点から論じることが適切なのである。

また、仕事差別・いやがらせ的処遇について、使用者の「労働付与義務」の履行いかんという観点からその法的効果を論じること（債務不履行構成）と、使用者に託された業務命令権の濫用や人格権等の権利侵害いかんという観点からその法的効果を論じること（不法行為構成）との実質的な差異についても注視する必要がある[47]。すなわち、不法行為構成をとる場合には、既に行われた、過去の仕事差別・いやがらせ的処遇によって被った損害を、使用者に、金銭換価による賠償を課すというかたちで法的責任を問うことになるのに対し、債務不履行構成をとる場合には、契約上の本来の地位、利益の確認・実現を求めることによって、過去の清算（損害賠償）だけでなく、将来に向かって一定の措置を講じることを強制するというかたちの法的責任の追及が可能になる。したがって、労働者の「就労」価値・利益の確保という観点からは、「就労」価値・利益を金銭換価した損害賠償によって対応する不法行為構成よりは、「就労」価値・利益の実現を可能ならしめる債務不履行構成のほうが適切なのである。「労働付与義務」の議論は、「就労」の具体化を図る（履行請求）ためのそれである点で、損害賠償による救済を予定する不法行為の議論とは別個に、それ独自の意義を担うものであることを強調しておきたい。

では、仕事差別・いやがらせ的処遇は、使用者義務としての「労働付与義務」の観点から、どのように評価されるのか。一般論としては、こう言うことができる。すなわち、使用者は、労働者の「就労」価値・利益を尊重し、これに配慮すべきことを求められるので、仕事差別・いやがらせ的処遇は、職種もしくは職務（担当業務）限定型の雇用については、約定の職種もしくは職務（担当業務）に適合しない業務配置として、また、職種もしくは職務（担当業務）非限定型の雇用については、労働者の「就労」価値・利益を損なう業務配置として、あるいは労働者の職業的能力に配慮していない業務配置として、「労働付与義務」に反する、と。

仕事差別・いやがらせ的処遇は、労働契約上の使用者義務である「労働付与義務」違反にあたるので、労働者は、損害賠償請求や契約解除だけでなく、使用者にその義務の履行を請求できる。一般的に言えば、労働者は、使用者に対して、差別的・いやがらせ的な業務配置を撤回し、差別やいやがらせのない合理的根拠のある業務配置を要求することができる。また、差別的・いやがらせ的配置によって、「労働付与義務」が適正に履行されていた場合の業務配置について得たであろう利益、あるいはこの義務が適正に履行されなかったために被ったと考えられる不利益（たとえば、特定の職務に対して支給される手当の喪失のような経済的利益）について、その回復（たとえば、手当額の差額請求、またはその差額相当の損害賠償請求）を求めることができよう。

したがって、女性差別、組合差別、均等待遇違反としての仕事差別・いやがらせ的処遇は、前述したように、公正ルールを構成する憲法上の労働権保障、個人の尊厳、平等原則に規律された、労働契約上の信義則にもとづいて、使用者に課せられる「労働付与義務」に反することは言うまでもない。雇用関係における女性差別を禁ずる均等法による救済とは別に、もしくは重畳的に、労働者は、使用者に「労働付与義務」の履行（たとえば、差別のない業務配置のための是正措置）を請求することができるのである。また、前掲の松蔭学園事件、国鉄清算事業団（JR九州）事件、およびエール・フランス事件の労働者らは、使用者の「労働付与義務」を論拠として、それぞれの職業的能力に相応しい校務分担、業務配置等を請求できると解される。

五　若干のまとめ—おわりに

労働者は、それぞれが、その「就労」（＝現実の労働）自体について、たとえそれが「就労」という事実から派生する反射的なものであるにせよ、経済的・財産的なものであれ、非経済的・非財産的なものであれ、様々な価値・利益を有していることは否定できないであろう。労働契約関係が労働者の「就労」なくして展開できないものであることに照らすと、使用者に対しては、このような労働者の「就労」価値・利益を直視して、これを尊重し、配慮することが要請されるのではないか。それは、労働契約の一方当事者である使用者に、「就労」に対する約定対価としての賃金支払義務以外に、「就労」それ自体について、何らかの作為もしくは不作為を求めているのではないか。本稿は、このようにして、使用者には、労働契約における信義則上の付随義務として、労働者の「就労」価値・利益を尊重し、これに配慮した「就労」機会の提供を、その内容とする「労働付与義務」が課せられていると立論して、異職種配転命令の有効性や休職期間満了後の復職時の業務配置の相当性に係る裁判例を素材として、その具体的内容の画定を試みたものである。

結論的に言えば、使用者の「労働付与義務」の内容は、労働契約で職種もしくは職務（担当業務）を限定している場合とそうではない場合とで異なる。まず、職種もしくは職務（担当業務）限定型の雇用については、その限定約定の趣旨をどのように解するかという問題があるが、一般論として言えば、約定の職種もしくは職務に適合した業務配置を講じることが、「労働付与義務」の履行にあたると解される。これに対して、職種もしくは職務（担当業務）非限定型の雇用については、使用者は裁量的に業務命令で労働者の担当業務を指定・決定できるけれども、労働者の人格権等を侵害する不当な目的・態様による「就労」を命じてはならない、換言すれば、労働者の「就労」価値・利益（経済的利益、職業技能上の利益あるいは人格的利益）を損なうような業務配置をしてはならず、さらに、労働者の職業的能力の維持・向上・開発に照らして、適切かつ相当な業務に配置するための配慮をしたうえで、当該労働者の業務配置を行うことが、「労働付与義務」の内容と解される。裁判例にあるように、企業規模や社員の配置、異動の可能性、職務分担、変更の可能性等を考慮した業務配置が求められることになる。

このようにして、労働者は、自らが従事・担当する業務、業務配置について、使用者に対して、その約定職務との適合性あるいはその職業的能力に照らした相当性を求めることができ、これが受入れられなければ、労働契約上、一定の措置（作為または不作為）を請求できる。使用者義務から言えば、労働契約上の「労働付与義務」は、使用者に対して、このような労働者の要求に対して、一定の措置（作為または不作為）を講じ、労働者の業務配置について説明責任を課すものにほかならない。「就労請求権」論の意図した「就労」利益は、このようにして確保され、実現できると解されるのである。

(43)　松蔭学園事件・東京地判平四・六・一一労判六一二号六頁。同・東京高判平五・一一・一二判例時報一四八四号一三五頁。

(44)　国鉄清算事業団（ＪＲ九州）事件・福岡地小倉支判平一一・一二一・一三労判五七五号一一頁。また、ネッスル

（専従者復職）事件・大阪高判平二・七・一〇労判五八〇号四二頁では、明らかにいやがらせといえる劣悪な隔離された職場環境のもとでの長時間にわたるコーヒー豆回収作業等の屈辱的な就労を余儀なくされたことが、人格権侵害の不法行為と判断された。なお、国鉄鹿児島自動車営業所事件・最二小判平五・六・一一労判六三二号一〇頁は、組合員バッジの取り外し命令を拒否したために一〇日間にわたり一人で一日中、自動車営業所構内の火山灰除去作業に従事させる業務命令は不法行為にあたるとした原審（福岡高宮崎支判平元・九・一八労判五八二号八三頁）、第一審（鹿児島地判昭六三・六・二七労判五二七号三八頁）の判断を覆して、その作業は当該労働者の労働契約上の義務の範囲内であるとして、職場規律維持の観点から当該業務命令を適法と結論づけているが、その論旨には納得しがたいものがある。

(45)　エール・フランス事件・千葉地判平六・一・二六労判六四七号一一頁。

(46)　ＮＴＴ東日本（東京情報案内）事件・東京地判平一二・一一・一四労判八〇二号五二頁。

(47)　この点については、拙稿「使用者の成果評価権をめぐる法的問題」季刊労働法一八五号（一九九八年）四五頁参照。

7 競業避止義務・秘密保持義務の現代的課題

香川孝三

一　はじめに
二　競業避止義務
三　秘密保持義務
四　パートタイマー、在宅勤務者、出向労働者、派遣労働者の場合
五　競業避止義務・秘密保持義務の立法化の可能性

一　はじめに

企業に勤務している場合、技術や営業を知らないと仕事ができないので、当然企業側は教育訓練によって、従業員にそれらを開示して身につけさせる。それらを他にもらされると企業側に不利益が生じる。そこで企業の営業や製造、ノウハウに関する情報を秘密として第三者に漏らさない義務、秘密保持義務が従業員に課される。これに対して競業避止義務とは勤務している企業と同じ業務をおこなう企業に再就職したり、競業関係に立つ企業をおこさない義務をさす。民間企業の従業員が在職中であれば、これは兼業・兼職あるいは二重就職の問題としても議論されてきたが、退職後の場合には競業避止義務として議論されている。これは従業員が競業関係にたつことによって企業に不利益をもたらすので、それを避けるためであると同時に、競業によって漏

らされる可能性のある秘密を保持するというねらいがある。

長期雇用で、入社して定年まで勤務する場合には、他の企業に移る機会は少ないので、競業避止義務違反の可能性は少なくなる。秘密保持についても長期雇用であれば、企業に忠誠を尽くすので、企業の利益を損なう行為をおこなう可能性は少ないとされてきた。そこで秘密保持義務や競業避止義務が問題となることが少なかったとされてきた。しかし、裁判例がなかったわけではない。戦前から裁判例は存在していた(1)。考えてみれば、全員が長期雇用を享受しているわけではないし、長期雇用でも定年でやめて同業他社に移ったり、同業の会社をおこす場合はありうる。さらに独立志向の強い人もおり、途中退社して同種の自営業に従事する人はいつの場合にもありうるからである。中小企業では離職率が高く、それだけ転職が多く、中途採用も多かったので、競業問題が起こる可能性が高かった。さらに業界の特色として特定の従業員に顧客がつき、その者が移動すると一緒に顧客も移動する傾向のある学習塾とか広告業界に競業問題が生じてきた。

最近、これらの問題が注目されるのには次のような事情がある。大企業でも長期雇用慣行が崩れ始め、雇用の流動化が進んできた。その結果、競争企業へ転職したり、そのために引き抜きするケースが増えている。その場合、それまでに取得した知識や技術をいかして転職する場合が多く、秘密保持義務や競業避止義務との抵触の問題が生じやすくなってくる。さらに労働時間が短くなると、自由時間が増え、在職中にも兼業しようとする者も出てくる。そうなると在職中でも秘密保持や競業避止に抵触する場合が増えてくる。さらに新しく企業を起こすこと、つまり起業、その中でもベンチャー・ビジネスを立ち上げることが、経済が停滞しているこの時期に推奨されている。また中高年労働者は再就職が難しい状況にあり、起業によって活路を見いだそうとしている。これらの場合にもそれまでに身につけた技術、知識、経験、つまりそれまでに獲得した職業能力を生かして起業を試みるのが通常であろうから、そうなると競争企業を設立したり、そのために人材の引き抜きをおこない、秘密保持や競業避止義務と抵触する場合が生まれてくる。最近のコンピューター・パソコンの発達によって秘密情報が電子化され、巧妙にその秘密情報を漏洩する事例も出てきている。企業間の競争が激しくなってきていることと相まって、ここ一〇年前から裁判例が増加する傾向にある。したがって競業避止義務・秘密保持義務の問題は古くて新しい問題ということになろう。

裁判例が増加することは、この問題に企業側も従業員側も十分な対応ができていない状況にあることを窺わせる。したがって、実務上どのように対応しておけば紛争の防止になるかを考察する意味があろう。増加している裁判例の中から、それを抽出することができよう。この分野では、裁判例によって議論が積み重ねられ、それに触発されて学説が展開されており、裁判例から引き出せる法理を分析することに意味がある。(2)

競業避止義務に関する裁判での紛争の態様には次のケースがある。一つ目は競業行為（転職・起業や引き抜き）に対して不法行為または債務不履行によって使用者側が損害賠償を請求する事例、二つ目は競業を理由とする懲戒処分の効力が争われる事例、三つ目は使用者側が競業行為の差止請求、あるいはそれに基づく仮処分を求める事例である。四つ目は競業行為を理由として退職金の不支給や減額に対して労働者側が退職金の支払を請求する事例、五つ目が、すでに支払った退職金を競業を理由として使用者側が不当利得返還請求する事例である。前者三つが直接的に競業避止義務を問題とするのに対して、後者二つは間接的に競業避止を規制するものである。つまり、後者では退職金の全部または一部をあきらめるか、それを新しい会社から補償されれば、退職金で規制しても競業そのものには障害にならないので、(3)職業選択の自由に対する干渉の程度は小さくなる。

秘密保持義務についての紛争形態として次のケースがある。一つ目は不正競争防止法違反による損害賠償請求や差止請求、二つ目は窃盗、業務上横領等の刑法上の問題、三つ目は秘密が漏洩されて生じた損害賠償を使用者側が請求する事例、四つ目は秘密漏洩を理由とする懲戒処分の効力が争われる事例、五つ目は秘密漏洩を理由とする懲戒解雇で退職金が減額されたり、ゼロになるのに対して、その部分の支払を請求する事例である。

これまで検討されなかった新しい問題も発生することが予想される。正規の従業員であっても、所属する企業グループ間を移動（配転あるいは出向）する場合の秘密保持義務をどう考えるかという問題がある。次にパートタイマー、在宅勤務者、派遣労働者という正規の従業員とは違う従業員の競業避止義務・秘密保持義務をどう扱うか。コンピューター・パソコンの利用によって生じる企業秘密の保持をどうするかという問題も生まれてきている。これらの新しい問題にどう答えるかが問題あると同時に、これまでの相当の蓄積のある裁判例を分析し、理論的課題に答えるという二つの問題があり、これらが現代的課題として提示されている。

競業避止義務と秘密保持義務の両者には、共通する側面もあるが、それぞれに固有に持つ問題点もあるので、分けて議論していきたい。というのは競業避止義務だけを負う場合、秘密保持義務だけを負う場合、競業避止義務と秘密保持義務の両方を負う場合があるからである(4)。

最後に解釈論だけでなく、立法論も今後の検討課題となると思われるので、若干のコメントを加えることにする。

ここの議論は経済法、民法、商法、刑法、民事訴訟法とも関わっているが、それらに若干ふれる程度で、ここでは主に労働法の領域で議論していることを断っておきたい。

二　競業避止義務

法律上競業避止義務が課せられているのは、支配人（商法四一条）、代理商（商法四八条）、無限責任社員（商法七四条、一四七条）、取締役（商法二六四条、二六六条、有限会社法二九条）、営業譲受人（商法二五条）である。これは経営に直接関わっている者であるために、同業他社に移動することは、もとの企業にとってきわめて大きな不利益をもたらすからである。従業員兼務取締役の場合もこの商法の規定の適用を受ける。これに対して、一般従業員の場合には、支配人以外、競業を規制する制定法上の規定はみあたらない。不正競争防止法は営業秘密の保護を目的とした規定を設けているが、これは競業そのものを規制した法律ではない。

1　競業避止義務の内容

競業避止義務の内容はなにであろうか。必ずしも明確になっているわけではない。これまでの裁判例から次の内容が含まれていると思われる。⑴同業他社に再就職（転職）しないこと。⑵同業他社その他で兼職をしないこと。⑶同業同種の企業を起こさないこと。⑷他の従業員を引き抜きや転職の勧誘をしないこと。この場合には競合する企業への引き抜きには限定されていない。競合しない企業への引き抜きも含まれるからである。引き抜きによって使用者の経営を困難にすると同時に、従業員の頭の中に蓄積された情報が他に流出するという不利益をもたらすおそれがある。⑸顧客やお得意先を奪ばないことである。その中で、⑴の転職や⑶の起業がそれまで勤務していた企業の営業秘密やノウハウや技術を利用することにつながり、秘密保持義務の問題とも重なってくる場合がある。

2　競業避止義務の法的根拠

(A)　労働契約上の付随義務としての誠実義務

それでは一般従業員の競業避止義務はなにを法的根拠としているか。それは労働契約上に付随する信義則上の義務の一つである誠実義務を根拠としている。その誠実義務とは労働契約の継続中には、使用者の正当な利益を不当に侵害してはならない義務を指している。これは労働契約によって継続的関係が維持されるためには信頼関係が必要だからである。したがって、在職中は、特別の合意や就業規則に規定がなくても、労働契約上の誠実義務として競業避止義務が生じる。しかし、労働契約が終了した場合には、誠実義務がなくなるのかどうかは議論がある。

労働契約終了後には誠実義務は消滅して競業避止義務がなくなるという説（消滅説）[5]と一定の範囲で残るという説（残存説）[6]がある。一定の範囲で残るといっても「雇用関係継続中に知り得た使用者の業務上や技術上の秘密を不当に利用してはならない」[7]という限度で残るとか、「労働契約継続中に獲得した取引の相手方に関する知識を利用して、使用者が取引継続中のものに働きかけして競業を行うことは許されない」[8]いう義務が残存するという説である。

多数説は競業避止義務が退職後労働契約上は消滅するという考えにたっている。その根拠は労働者の職業選択の自由を保障することに置いており、退職後にも競業避止義務が一部でも残存すれば、職業を選択する幅を狭めることになり、それは避けるべきであると考えるからである。

しかし、一方労働者の職業選択の自由の行使によって使用者の利益が損なわれるおそれもある。そこで、消滅説の場合でも、労働者側の職業選択の自由と競業禁止による使用者側の利益の保護との調整を図る必要性が肯定されている。そこで特約や就業規則・労働協約によって競業避止義務を制限付きで認めるによって、労働者と使用者の利害と調整を図っている。そこから競業避止義務を合理的な範囲に制限することを認めている。その制限の基準をどうするかが問われている。労働契約終了後は原則として競業避止義務がなくなるが、例外として特約等で一定の範囲の義務を認めている。この場合には特約等によって労働契約終了後の競業避止義務が創設されたことになる。

これに対して、残存説でも、労働契約継続中と同じ内容の義務が続いているとは考えられていない。違いを認めており、その義務の範囲は労働契約終了後は狭く解釈されている。ただ特約がなくてもその義務が一部残存することを認める点に特色がある。この場合にも特約や就業規則によって、その内容の規定をもうけてもかまわないが、それは義務の範囲を確認したことを意味する。(9) その範囲の有効性を判断する際には労使の利害の調整を図っていかざるをえない。

以上のように考えると、労働契約終了後の競業避止義務の範囲は、特約や就業規則・労働協約に定めがある場合には、実質的には二つの説の間に大きな違いは存在しないのではないかと思われる。論理的には消滅説が明快であり、特約等の効力を判断することによって使用者の利害との調整を図ることができるし、残存説にたっても、労働者と使用者の利害の調節を図っており、論理的思考回路が違ってくるだけで、結論は大きく違わないのではないかと思われる。違いが生じるのは特約や就業規則・労働協約になんらの定めがない場合である。

そこで問題の発生を避けるためには、退職後の競業避止義務を定める特別な契約（誓約書）や就業規則・労働協約に明文の規定をもうけることで処理するのが望ましい。実務上は、在職中と退職後の両方で競業避止義務を定める規定を設けておくことで対応することが望ましい。

(B)　特約の内容

入社時または退職時に誓約書や念書という形で特約が締結される場合がある。この特約は明確な合意によってなされる必要がある。

では、どのような内容の特約が想定されているのであろうか。たとえば、次のような競業避止規定を設ける提案がなされている。(10)

1　競業避止義務の期間として在職中及び退職後二～三年間とすること。

2　禁止される義務の内容として、会社の許可なく、会社と競合関係にある他社に再就職し、または競業する事業を自ら営むこと。さらに他の従業員を引き抜く行為を含めることもある。さらに、競業行為を禁止される場所を限定する場合もありうる。

3　従業員が違反した時、それによって会社が経済的損害を受けたときには、その情状により、訓戒、減給、出勤停止または懲戒解雇に付し、かつ損害の賠償を求める。懲戒解雇の時には退職金はいっさい支給しない。

4　退職した従業員が競業避止義務に違反した時、会社は退職金の返還及び損害賠償を求める。

少なくとも、違反行為として禁止される行為の内容やその時間的場所的範囲を定めること、さらにその違反に対してどのような制裁を課すかを定める必要があろう。懲戒処分、退職金の取扱がそれに該当する。さらに損害賠償の請求や差止請求を含めることもできよう。

この特約では代償措置を設けていない。しかし、代償措置として一定額の金銭の支払や退職金の上乗せを定めることがありうる。この代償措置を有効要件とするかどうかが議論されている。本来退職後には競業避止義務は発生しないのに、特約によってその義務を生じる労働者に代償措置を設けることは特約を有効と判断する材料の一つとなろう。労働者の地位、競業制限の範囲等とともに総合的に判断して有効性が認められているので、代償措置もその判断材料の一つということになる。[11]

特約の有効性の判断は、その内容に合理性があるかどうかが決め手になっている。合理性がないと判断されれば民法九〇条の公序良俗に違反しているとして無効となる。[12]特約の内容を限定的に解釈することによってその有効性を認める場合もある。

その有効性の判断基準として、従業員の職業選択の自由を制限しても使用者側に保護すべき利益があること、制限される職種・期間・地域から見て不当な制約でなく、合理的なこと、代償措置が講じられていることがあげられているが、それらを従業員の企業内での地位に即して総合的に判断される。その時、特約が有効とされても、それでただちに懲戒処分の有効性、損害賠償責任の肯定、差止請求を認めることにはならない。個別の紛争形態、たとえば懲戒処分の無効確認、損害賠償請求や差止請求にあわせて、それが容認できるかどうかを、事案に即して判断されることになる。つまり、二重のスクリーンを経て判断されることになる。

このように二段階に分けないで、二重のスクリーンを同時に判断してしまう場合もありえよう。つまり、特約の有効性と個別の紛争形態ごとの判断を一時におこなってしまうこともありえよう。

Ⓒ　就業規則による競業避止の禁止規定の有効性

特別の契約ではなく、就業規則に定める場合があることを先に指摘したが、これを有効とみるかどうかが問題となった事例がある。競業避止義務を就業規則で定めるのは任意記載事項にあたるが、使用者が一方的に作成することを認められている就業規則で、従業員の職業選択の自由を規制することが認められるのかという問題がある。

東京リーガルマインド事件では、「従業員は、会社と競合関係にたつ企業に就職、出向、役員就任、その他形態の如何を問わず退職後二年以内は関与してはならない。従業員は、会社と競合関係にたつ事業を退職後二年以内にみずから開業してはならない」という規定を就業規則に新設した。裁判所は「使用者が事業の運営上労働条件に付随し、これに準じるものとして統一的、画一的に労働契約終了後の競業避止義務を定める必要の存する場合を一概に否定することはできない。したがって、労働契約終了後の法律関係であること一事をもって就業規則による規律の対象となり得ること自体を否定する理由はなく」と述べている。そして、新たに就業規則に退職後の競業避止義務を定める場合には、「労働者に不利益な労働条件を一方的に課する就業規則の作成又は変更の許否に関する判例法理——に照らしてその拘束力の有無を判断すべきものと解するのが相当である。」としている。この事件では、就業規則上の規定の有効性はきわめて限定的にしか認めておらず、「労働者が職務遂行上知った使用者の秘密を労働契約終了後であっても漏洩しないという信頼関係が内在し、労働者に退職後まで競業避止義務を課さなければ使用者の保護されるべき正当な利益が侵害されることになる場合において、必要かつ相当な限度で競業避止義務を課すものであるときに限り、その合理性を肯定できる」としている。つまり限定的解釈によって就業規則上の競業避止義務規定の有効性を判断しようとしている。それは退職後の職業選択の自由として行使できる競業行為との調整を図った結果と言えよう。その合理性判断の基準として労働者に不利益を課す代償がどの程度であったか、代償がなくても労働条件の改善状況がみられたどうかを提示している。使用者によって一方的に作成することが認められている就業規則によって統一的に処理されるので、特別の合意（特約）以上に合理性が求められるからである。(13)

問題があるのは、就業規則では一般的に「何年間競業する行為を禁止する」という規定を設ける場合が多いことである。その有効性を判断する際に、就業規則の適用を受ける従業員の社内の地位や職種を考慮して判断されるが、そこまで配慮して就業規則上に規定を定めることは困難である。そこで就業規則だけで対応するには限界がある。特約で個別に避止義務の期間、職種、場所の限定、代償措置をもうけるのがベターということになろう。

たとえ就業規則上の規定の有効性が認められても、それだけで事件が解決できるのではない。事案に即して、個別紛争ごとに請求を容認できるかどうかを、さらに判断する必要があるのは、特約の場合と同様である。

(D)　労働協約による競業避止義務規定の有効性

競業避止義務を労働協約に定めることもできる。それは労働者の待遇に関する事項なので規範的効力が認められる。その効力が認められるためには、協約上の規定に合理性がなければならない。団体交渉の結果使用者と組合との妥協によって締結されるが、競業避止義務の範囲（期間、職種、地域）や代償措置の設定に合理的根拠があれば有効と判断されよう。

これまで労働組合がこの問題に関心を示すことが少なかったために、労働協約に競業禁止規定を定める事例は少ないのではないかと思われる。裁判例では見つけることができなかった。組合員が退職した後は組合員でなくなるために、退職後の競業避止について労働協約に規定を設ける必要性を感じなったものであろう。連合が提案した「労働契約法案要綱」の中でも競業避止義務についての規定がないのも、同じ要因であると思われる。これは企業内組合の限界と言えようか。産業別組合であれば、組合員が退職後同業他社に再就職しても、同じ産業別組合に所属しているので、当然競業避止義務に関心を持つであろう。しかし、今後組合員の転職や起業が増えれば、それへの対応を企業別組合も考える必要性が出てこよう[14]。特に、退職後競業避止義務を認める代償、たとえば退職金の上乗せを定めるのに組合が努力する場合があろう。また今後技術やノウハウの重要性が高まってくるので、在職中の秘密保持義務についても組合としても関心を抱かざるをえなくなるであろう。

3　裁判例にみる判断基準

(A)　在職中と退職後で区分けする意味

在職中と退職後で区分けをして議論をするのが通常であるが、実際の紛争事例を見ると、在職中に転職準備を進め、退職後に転職を実行するとか、新会社の設立（起業）準備を在職中に進め、退職後に本格的に新会社で営業活動を始めるというケースが目につく。在職中にはその気は全然なかったが、退職後生活のためにその気になる事例もあるが、少ないように思われる。転職や起業の動機にはさまざまであるが、その動機は在職中に生じ、退職後ただちに活動できるように在職中に準備している事例が多い。経営方針の対立や労働条件への不満があって転職や起業に走る。したがって、論理的には在職中と退職後を分けて議論することができるが、実際には競業避止義務の問題としては退職前後の連続した時間の中でおこっている。在職中と退職後をはっきり区別できない事例が多々見られる。しかし、論理的には、在職中として処理するか退職後として処理するかに、区分していかざるを得ない。

両者の場合を区別する考えでも、在職中には、競業避止義務があるので、どこまで転職や起業の準備ができるかという問題が生じる。退職後自由に活動できるが、転職や起業の場合には生活のために退職後収入をあげられるように在職中に準備することがありうる。転職の場合には、再就職先のめどがあって転職するのであって、就職活動を在職中におこなうであろう。起業の場合には従業員に呼びかけて引き抜きをしたり、顧客に呼びかけるという、他の者を巻き込む積極的な行為をすれば競業避止義務に違反する場合があろうが、設立登記のための書類作成準備とか、設立登記人になることを承諾するだけとか、転職について相手方と交渉するなど、他の従業員を巻き込まないで自分だけで準備する消極的行為に限定して認められるのではないかと思われる(15)。それらの行為は勤務時間外になされる必要があるのは当然である。

(B)　在職中の競業避止義務

在職中は労働契約上の誠実義務として競業避止義務が生じるが、具体的に紛争事例をみてみよう。紛争の類型ごとに問題点を見てみよう。

・懲戒処分　競業禁止行為違反が懲戒事由になっている場合や、一般的条項である「会社の利益に反する不都合な行為」という懲戒事由に該当する場合、管理職のように上位の地位にいるかどうか、競業行為にいたる事情、競業違反の程度、特に使用者への背信性の程度が決め手になっている(16)。背信性が大きければ懲戒処分のうちもっとも重い懲戒解雇を有効としている。兼職を許可制にしている場合には、その規定自体は限定的解釈によって合理性を判断し、その上で兼業禁止に違反している場合には懲戒処分の対象となろう。その懲戒処分の有効性は権利濫用に該当するかどうかで判断されよう(17)。

・損害賠償請求　　在職中の競業避止義務が問題になるのは、従業員を引き抜きや顧客を奪う行為が債務不履行または不法行為となって損害賠償を請求するケースが多い。そこでは「転職する従業員のその会社で占める地位、会社内部における待遇及び人数、従業員の転職が会社に及ぼす影響、転職の勧誘に用いた方法（退職時期の予告の有無、秘密性、計画性等）等諸般の事情を総合考慮して判断すべき」であるが、単なる勧誘にとどまらず、内密に計画を立て、大量の従業員を引き抜き、社会的相当性を逸脱し背信的な方法でおこなう場合(18)、債務不履行または不法行為の責任を負うべきとされる。

逆に、新会社の発起人として設立に関与したが、それ以上会社を誹謗中傷して他の従業員を退社させていないので、賠償責任ないとされた事例がある(19)。

・退職金不支給・減額条項　　在職中の競業行為自体を理由として退職金不支給・減額する場合と、競業行為が懲戒解雇に該当し、そこから退職金不支給・減額にする場合とがある。在職中に競業会社を設立し、仕入先、販売先を奪取する行為をおこない、会社に多大が利益を失わせた場合に、長年の勤続の功労を抹消してしまうほどの背信行為があることから退職金不支給を肯定している事例がある(20)。

・差止請求　　在職中の競業行為の差止請求が問題となったケースは見つけることができなかった。差止請求する前に懲戒解雇や従業員自身が退職してしまうためかもしれない。しかし、それ以後も競業行為が継続されれば、退職後の競業行為への差止請求として問題となる。

(C)　退職後の競業避止義務についての事例

紛争の類型ごとに問題点を見てみよう。

・懲戒解雇を含む懲戒処分　退職後の事由でさかのぼって、そもそも懲戒処分ができるのかという根本的な問題がある。特約等のないかぎり退職後は競業を制限されないので、懲戒処分はできない[21]。特約がある場合には退職後競業避止義務が発生するので、その義務違反が懲戒処分事由になる。その場合、背信の程度の高い競業避止義務違反は懲戒解雇に該当する。

・退職金不支給・減額の問題　退職後に競業行為をおこなった場合、退職金を減額または不支給という規定が有効かどうかが問題となる。退職金はその支給基準が就業規則や労働協約に定められている場合には、労基法一一条の賃金とされているが、支給基準の中に同業他社に転職した場合自己都合退職の場合の二分の一となるという定めがある時、「退職金が功労報償的な性格を併せ有することに鑑みれば、――制限違反の就職をしたことにより勤務中の功労に対する評価が減殺されて、退職金の権利そのものが一般の自己都合による退職の場合の限度においてしか発生しない」と判断されている[22]。

そこで退職金を賃金とみても半額支給が全額払の原則に違反しないとされている。しかし、なぜ二分の一の減額なら有効なのかの判断は示めされていない。

それを考えるヒントは中部日本広告社事件に見られる。そこでは「退職後六カ月以内に同業他社に就職した場合は退職手当を支給しない」という規定の効力が問題となる。このケースでは全額不支給を定めたものであるが、顕著な背信性や背信性が極めて強い場合に限るという要件を課している。これは功労を減殺するほどの背信性を問題としており[23]、その背信性の程度によって減額の割合の妥当性が判断されるといえよう。したがって、支給基準の中にその場合にどれだけ減額されるかを明確に規定し、従業員が競業によってどの程度減額されるかあらかじめ判断できるようにしておくのが望ましい。

しかし、根本的な問題として、退職後の競業行為を理由にさかのぼって退職金不支給・減額とすることがそもそもできるのかという問題がある[24]。退職後の競業行為に対して使用者が退職金不支給・減額ができるのは、競業避止義務が存在していることが前提となっていなければならない。消滅説では特約等によって競業行為が退職金不支給・減額事由となっている場合にはじめて生じる問題ということになる。残存説では付随義務として競業避止義務が存在するので退職金不支給・減額条項がなくても、不支給や減額を認めやすい。しかし、どの程度の義務が残存するかについては個別に検討する他ないという問題を伴う。

退職後すでに退職金が支払われた場合には、それを不当利得として取り戻すことになるが[25]、これはやっかいなことなので、次の方法が提案されている。退職金の支払い時期と支払い方法は就業規則の必要記載事項であるが、就業規則の定めによって支払われる限り、労基法二三条一項違反にはならないので、退職金の支払い時期を二回に分けて、一年間の競業行為禁止期間があれば、退職直後と一年後に二回に分けて支払い、二回目の時には競業行為がないことを確認して払えば、退職金の返還請求はしなくてすむ[26]。退職金の時効は五年なのでその間に処理する必要がある。これは実務上参考になる取扱方法である。

・債務不履行　退職後でも特約等で競業避止義務が定められている時は、その違反は債務不履行になりうる。顧客リストを持ち出し安い価格での受注を積極的に働きかける行為が債務不履行とされる[27]。進学塾講師の大半を代替要員を確保する時間的余裕なく勧誘して退職させ、職務上入手した情報で生徒を勧誘して新たに進学塾を設立したことが、就業規則上の競業避止義務に違反したことから債務不履行にあたるとされた[28]。退職直前に競業関係に立つ会社を設立して顧客を奪った事例で債務不履行に基づく損害賠償を認めた事例もある[29]。競業禁止期間中にもといた企業と同業の社員研修を実施したことによって生じた損害賠償を認めた事例もある[30]。

・不法行為の問題　競業行為が不法行為に該当するかどうかは、それが適切な自由競争の行為であるかどうか、社会的相当性や信義を欠く手段、態様でおこなわれたどうかが決め手となっている[31]。不法行為では明確な権利義務の侵害でなくても、なんらかの不利益が侵害された場合に発生する問題である。そこで明確な競業避止義務がない場合であっても正当な営業行為を逸脱した場合には不法行為の成立が肯定される。

・差止請求事件や差止請求権を被保全権利とする競業行為の禁止を求める仮処分　そもそも不法行為には差止請求をみとめないという判例[32]もあるが、債務不履行の差止請求は民法四一四条三項によって継続的不作為債務である競業避止義務の履行強制手段となる。しかし、その要件はきびしく、特約等によって競業避止義務が定められている場合に、競業行為により使用者が営業上の利益が現に侵害され、または侵害される具体的がおそれがあるという要件を備えているかぎり差止請求することができる[33]。その結果、差止請求が認められる事例は少ない。

仮処分が認められた事例では、退職後三年間の特約があるが、顧客情報を残さず持って退職して、独占的に利用して競業する営業をおこなったという背信の程度の強い事例である[34]。

三　秘密保持義務

企業が開発した技術や営業上の秘密が特許権、商標権等の知的財産権として登録されれば、それらは公表される。しかし、あえて知的財産権として認められるものでも、ノウハウのように企業内の秘密とすることによって企業の競争力をつけるという経営戦略がある。そのために企業がその技術や営業、顧客に関する企業秘密をどう維持するかが重要な問題となってきる。その秘密には文書で保存されているものから従業員の研修によって頭の中に保存されているものがある。

ところが、コンピューターの利用によって企業の情報が大量にかつ簡単に他に伝達されるようになっているために、企業情報が他に漏洩し易くなっている。企業側は営業秘密を従業員に開示しなければ事業活動ができないが、一方それを他に漏洩されたり、それを使って企業をおこされると企業の利益が侵害されるおそれがある。ここから従業員の秘密保持義務への要請が強まってきている。一方、従業員は職業選択の自由を持っており、自分が取得してきた経験や知識、ノウハウを活用して生活を維持する権利を持っている。そこで企業側と従業員側との利害をどう調整するかの問題がここでも生じている。秘密保持義務は競業避止義務ほど従業員の職業選択の自由への制約は強くない。というのは同業他社に転職しても秘密を保持することは可能であるからである。しかし、その場合に秘密情報が漏れやすいので、両者の利害をどう調整するかが焦点になる。現在秘密保持に関する法制度がいくつか設けられている。

なお国家公務員法一〇〇条、地方公務員法三四条では、公務員の秘密保持義務が規定されているが、ここでは民間企業の従業員の場合を念頭に見てみよう。

1　不正競争防止法上の営業秘密の保護

企業情報には様々な種類がある。ノウハウ、営業や技術に関する情報、顧客情報等があるが、その内の「営業秘密」については不正競争防止法によって保護されている。「営業秘密」という表現は問題があり、営業政策上の秘密だけに限定されているような感じであるが、広く技術、人事、組織上の秘密も含めている。

この法律でいう「営業秘密」とは、「秘密として管理されている生産方法、販売方法その他の事業活動に有用な技術上又は営業上の情報であって、公然と知られていないもの」（二条四項）と定義されている。これは公的な機関での権利の登録（特許権・実用新案権・意匠権・商標権）がない秘密情報に保護を与えるものである。たとえば、技術や製造方法、技術に付随するノウハウ、顧客名簿等が含まれる。その要件として非公知性、有用性、秘密として管理されていることの三つの要件が課せられている。労働契約上の秘密保持義務の対象となる秘密よりその範囲は限定されている。(35)

この営業秘密を保有する事業者からその営業秘密を示された労働者の場合において、「不正の競業その他の不正の利益を得る目的で、又はその保有者に損害を加える目的で、その営業秘密を使用し、開示する行為」が禁止されている（二条一項七号）。これは信義則上の秘密保持義務の違反行為の類型と一つとされている。この不正行為には、罰則の適用はないが(36)、差止請求、廃棄・除却請求、損害賠償請求、謝罪広告等による信用回復請求ができる。この行為は労働契約継続中だけでなく、労働契約終了後でも秘密保持の特約がなくても、不正な目的のために営業秘密を使用・開示する場合には、二条一項七号違反が成立する。不正競争防止法は不法行為法の特別法であって、この法律で定められた要件に該当する営業秘密を保護するにすぎない。これは労働契約上の義務とは直接には関係はない。したがって、特約がなくても、この法律によって、退職後の営業秘密の開示に差止請求が可能になる。(37)

2　刑事責任を追求される場合

秘密保持義務に違反する行為の中には刑事責任を追求される行為がある。

たとえば、従業員や退職者予定者が営業秘密の文書や顧客名簿を持ち出したり、それをコピーして持ち出すと刑法二三五条の窃盗罪にあたる。あとで原本をもとのところに返しても窃盗罪あるいは刑法二五三条の業務上横領罪(38)、あるいは刑法二四七条の背任罪が成立する場合がある。磁気テープ自体を持ち出したり、磁気テープから印字した情報を持ち出すのも同様である。(39)

インターネットの普及につれて、ハイテク犯罪が増加するのに対処するために、不正アクセス行為禁止法が平成一二年二月一三日から施行されている。これによって、他人の識別符号を無断で入力する行為、アクセス制御機能を免れることができる情報を入力する行為がおこなわれれば一年以下の懲役又は五〇万円以下の罰金、他人の識別符号を第三者に提供する行為がおこなわれれば三〇万円以下の罰金が課せられる。秘密情報の漏洩方法として、従業員がこれらの不正アクセスやそれを助長する行為によって内部情報を漏らす場合がある。産業スパイよりこの方がおこりうる可能性が高い。本稿のテーマとの関連でいけば、秘密保持義務をおった従業員の違反行為に刑事罰を課せられる場合があることを明確にした点に、この法律の意義がある(40)。

3　労働契約上の秘密保持義務

信義則上の付随義務として秘密保持義務が労働契約上の義務とされている。したがって在職中は特約や誓約書がなくても秘密保持義務が存在する。就業規則に任意的記載事項として在職中秘密保持義務を定めることがあるが、これは労働契約上の義務を確認したものとして、その規定は有効とされている(41)。労働協約の場合も同様である。

問題は退職後の秘密保持義務である。退職後は労働契約上の誠実義務は消滅するので、特約や誓約書によって秘密保持義務を定める場合に、その義務が生じるとされている(42)。その特約には、秘密情報の範囲、禁止や制限する行為の範囲、義務違反の制裁の種類等を定めるのが望ましい。

次に、就業規則で秘密保持義務を包括的に定めることができるか。たとえば「在職中はもとより退職後も営業秘密について一切他に漏洩してはならない」という規定を設ける場合がある。使用者が一方的に作成できる就業規則で退職後の秘密保持義務が認められるかという問題がある。

これについては、営業秘密は特定の労働者ごとに、その内容や程度が決まるので、就業規則で包括的に定めるだけでは不十分であり、さらに、なんらかの形で義務の内容を明確にすることが必要とする説がある。[43]しかし、秘密保持義務は退職後の転職や起業自体を禁止するわけでないので、職業選択の自由を不当に奪うものではない。この点で競業避止義務とは異なる。さらに秘密情報も年数がたてばしだいに陳腐化し、秘密情報の価値が下がってくる。競業避止義務だと禁止する期間が不可欠であるが、秘密情報の場合には明確に期間の定めがなくても、おのずから制限期間があるものであるとする説もあるが、[44]情報によっては長期間価値を持つものもあり、できるかぎり就業規則の中で具体的に秘密にしておくべき事項を列挙しておくことによって、義務の範囲を特定しておく必要がある。その有効性判断の基準として、従業員の会社内での地位、秘密の内容、制限の期間、制限する場所、職種の範囲、代償の措置の有無等を総合的に判断して、労働者の権利を不当に侵害していれば、公序良俗に反して無効となるのが通説となっている。その際に、一般的知識・技能と当該使用者のみが持つ特殊な知識を区別し、後者は営業秘密として保護されるべきであり、それを知り得る立場にある者に退職後も秘密保持義務を課すことは有効とされている。[45]

労働契約上の秘密保持義務に関する判例は思ったほど多くない。不正競争防止法によって在職中および退職後の営業秘密の漏洩問題が処理されるようになったことがその要因である。したがって、不正競争防止法にいう「営業秘密」に達しない営業上の利益の場合や、人事情報やスキャンダル情報、公害に関する情報等の営業秘密以外の秘密の場合に、労働契約上の秘密保持義務を議論する意義がある。[46]

4　裁判例にみる判断基準

労働契約上の秘密保持義務に関する判例を取り上げてみよう。

(A)　在職中の秘密漏洩

就業規則にある秘密保持違反を解雇または懲戒処分とする規定がある場合、秘密漏洩の結果、安値受注を余儀なくされたことはきわめて重大であるとして解雇を有効とした事例[47]や、会社の重要な秘密を第三者に漏らした者を就業規則の「業務上重要な秘密を社外に洩し又は洩そうとしたとき」に該当するとして懲戒解雇を有効とした事例がある。これらから就業規則上禁止する秘密漏洩に該当しても、解雇や懲戒処分の相当性は秘密の重要性、労働者の地位や職務との関連や秘密漏洩の結果使用者が受けた被害の程度等が考慮されている[48]。

管理職であってノウハウに精通している者が海外出張中に会社に無断で技術的知識を供与したり、指導したことによって、一定の金額を得たことは就業規則上の秘密保持義務違反であり、不法行為を構成するとされた[49]。さらに秘密保持義務の内容が明確ならば、民法四一四条三項に基づく差止請求も可能であり、これは不正競争防止法の差止請求とは請求権競合の関係になる[50]。

(B)　退職後の秘密保持

退職後秘密保持義務について特別の合意事項がないかぎり、いわゆる製造上の秘密が洩れるおそれがあるからといって、退職の申し出た者に就業規則上の懲戒処分をもって律することはできないとされた事例[51]や、退職後の秘密義務違反を理由とする会社の退職金の支払拒否は、特約がない場合には義務がそもそもないので認められないとされた[52]。特約等があれば懲戒処分や退職金不支給・減額が問題となる。これは競業避止義務の場合と同じ考えで処理されよう。

不法行為に該当するかどうかが問題となった事例では、退職後の秘密保持義務が雇用契約上なんらの定めがない場合、同種の営業を開業しても自由競争の範囲内であれば不法行為にはあたらないとされた[53]。第三者への守秘義務違反行為の差止請求が、不法行為である債権侵害として認められた事例もある[54]。

5　秘密保持のための使用者によるモニタリング

秘密情報を企業内でどう管理するかは重要な問題である。不正競争防止法では「秘密として管理」されていなければ、その情報は保護を受けられないようになっている。

書面上に機密文書の印を押して一般情報と区別して取り扱ったり、秘密情報が記載された文書を外部に持ち出す時には、許可書に必要事項を書いて許可を得るとかの情報管理規程を整備しておくことが必要である。最近は多くの情報がデジタル化されているので、デジタル情報の管理方法（たとえばパスワードによる管理）を社内規程で定めておくことが必要である。その管理の一つとして電子メールの使用者による監視（モニタリング）がある。

モニタリングは秘密漏洩以外にも、私的な利用がなされていないか、不正に利用されていないか等をチェックするためになされるが、本稿のテーマである秘密情報が会社貸与のパソコンを利用する電子メールによって漏洩されていないかどうかをチェックするための監視がどのような条件のもとでおこなえるかという問題がある。最近従業員のパソコンの利用をチェックできるソフトウェアが開発され、容易にEメールやインターネットをチェックできるようになっているだけに議論の必要がある。労働者のプライバシー保護と抵触するおそれがあるからである。その条件として、モニタリングを必要とする合理的理由の存在、モニタリングの方法が妥当性を有すること、モニタリングの手続をあらかじめ就業規則に定めておくこと、労働組合があれば労働協約で事前にルールを定めておくこと、具体的にモニタリングをおこなう場合に、従業員に実施時期と実施方法を通知しておくことが求められている。(55)

6　秘密保持義務が免除される場合

労働者が企業の秘密情報を暴露しない義務が秘密保持義務であるが、それを暴露する正当な理由がある場合、秘密保持義務が免除される。

労基法一〇四条、労安法九七条、賃確法一四条、家内労働法三二条、派遣労働法四九条の三では、使用者側にそれぞれの法律に違反する事実があるという情報を、行政官庁に申告することが認められている。その申告を理由とする労働者への解雇その他の不利益取扱が禁止され、それに違反すれば罰則が課せられている。これらは企業に違法行為があるという情報を行政機関に申告することを認めている。言い換えれば内部告発を法律で承認していることになる。これはその限りで秘密保持義務が免除されることを意味する。

労働委員会での審査や調整の際に、証拠の提示や発言を理由に、その労働者を解雇や不利益取扱が禁止されている（労組法七条四号）。その証拠を提示したり、発言する場合に、企業秘密を暴露することがありうる。この暴露には正当な理由があるので、その限りで秘密保持義務が免除される。もちろん、その情報は真実である必要があり、虚偽の情報には秘密保持義務の免除にはならない。

公害が発生していることを告発したことに対して、「公害の一因であると信ずるにつき合理的理由があると判断すべき事実が公表伝達されたときは、使用者としては、これを正当な組合活動として受忍すべきものと解すべきであろう」[56]とされている。これは企業秘密であっても、それを守るに値する社会的価値が認められる情報でなければならないという前提がある。そうでなければ、企業の外部に公表することは結果として企業の名誉を傷つけることになる。従業員は在職中であり、秘密保持義務が生じているからである。しかし、公害告発のように企業側が反社会的行動をとっている場合には、それを告発することは「正当な組合活動」とされ、秘密保持義務は免除される。[57]

7　秘密保持義務違反と立証をめぐる問題

漏洩された秘密が企業内だけで利用される場合には、秘密情報の漏洩を立証することは困難である。文書によって秘密が保存されている場合には、その文書のコピーの有無によって漏洩が立証できるが、従業員の頭の中にある場合には、その企業によって類似の製品が製造されたり、販売されたりしたという外形的行為や従業員の内部情報の提供によって可能となるが[58]、それを訴訟で立証することと秘密保持を維持することとが両立しがたい場合がある。

秘密情報にかかわる訴訟でどこまで証言するかという問題がある。裁判での証言によって秘密を特定することが秘密漏洩につながる可能性があるからである。

法廷で証人として証言する場合、民訴法一九七条一項三号によって、技術または職業の秘密に関する事項について尋問を受ける場合に、証言を拒否できる場合がある。秘密保持義務がある従業員や元従業員の場合には、秘密帰属主体である使用者に準じる者として証言を拒絶権を行使することが認められている[59]。証言を拒絶する理由は疎明され、その当否は裁判所が決定する。つまり訴訟において真実発見を犠牲にしても秘密を守るべきであると裁判所が判断すれば、証言を拒絶できる。ただし、黙秘の義務が免除された時には証言を拒否できない。

さらに民訴法九二条では訴訟記録の閲覧制限の規定があるが、それだけでは企業秘密を保持するには不十分ではないかという問題もある[60]。

四　パートタイマー、在宅勤務者、出向労働者、派遣労働者の場合

雇用形態の多様化によってパートタイマー・アルバイトや出向労働者、派遣労働者が増加している。これらの人々への競業避止義務や秘密保持義務はどうなるのであろうか。これまで裁判例がきわめて少ないが、考えておくべきテーマである。

パートタイマー・アルバイトが比較的に単純な業務に従事している場合には、同業他社に就職しても企業秘密が漏洩されるケースが少なかったので、問題にされなかったのであろう。したがって特約を設けたり、就業規則でパートタイマーの競業避止義務を定めることは多くなかったであろう。しかし、パートタイマーでも常用型パートタイマー（擬似パートタイマー）であれば基幹的な業務に従事する場合もあり、競業避止義務が問題となる場合がありうる。また専門職のパートタイマーも生まれてきている。その時には正規の従業員と同様に、特約なり就業規則で競業避止義務を定めておく必要がある。その規定の有効性は正規の従業員と比較すれば、義務の範囲をより厳格に解釈することになろう。規制の期間、場所の範囲、規制する職種の範囲、代償措置等を総合的に判断して決めることになろう。

在宅勤務者の場合、その働き方が多様であり、労働者と認められる場合と請負者とされる場合がある。いずれも労務供給義務の付随義務として、労働契約や請負契約の中に競業避止義務を定めることが可能である。問題となるのは二重、三重に兼職が可能であるし、労働契約を締結していても他社との間で請負契約を締結することもありうる。仕事量を確保するためにありうることである。これを禁止する規定を特約とすることがありうる。その効力は兼職禁止の範囲、期間、代償措置の有無等から判断することになろう(61)。さらに秘密漏洩の可能性が高いので、秘密保持への対応も必要となろう。二〇〇〇年六月に労働省女性局長名で策定された「在宅

ワークも適正な実施のためのガイドライン」の中で出されているモデル契約様式では、次のような文言が書かれている。注文者および発注者は、「本契約に基づき業務上知り得た情報について、相手方の同意なく無断で、第三者に提供又は漏洩し、本契約以外の目的に利用してはならないものとします」。このような文言によって明確に秘密保持義務を定めることが望ましい。

出向労働者の場合はどうであろうか。在籍出向の場合、出向労働者と出向先企業との間でも労働契約が締結されている。そこには誠実義務の一つとして出向先企業との間で競業避止義務が発生する。問題は出向期間が終了した後である。契約終了後はこの義務を負担しないが、なんら特約のない場合にも競業避止義務を認めた事例がある。「労働契約継続中に獲得した取引の相手方に関する知識を利用して、使用者が取引継続中のものに働きかけをして競業を行うことは許されないものと解するのが相当であり、そのような働きかけをした場合には、労働契約上の債務不履行となる」(62)。これは労働契約終了後の出向社員についての競業避止義務の範囲を限定的ではあるが拡大しているが、特約で明確に競業避止義務を定めることが必要ではないか。特約がない場合には債務不履行ではなく、不法行為の問題として処理すべきであろう(63)。

グループ企業内を出向や配転で移動する場合、それぞれの企業との間で競業避止特約を締結することで対応するか、グループ全体で統一した規則や特約を作ることで処理することで競業によって受ける企業の不利益をグループで避けることが必要となろう(64)。

派遣労働者の中でも、高度な専門的知識や経験を生かしているケースの場合には、秘密保持義務が問題となりうる。もともと派遣労働者は流動性が高いことが前提とされており、労働者派遣法によって派遣期間が制限されているために、派遣先企業にとって競争相手となる会社に派遣されて働くことは当然ありうることである。どこに派遣されるかは派遣元会社によって決定されるので、それまで働いていた派遣先企業の意向によって左右されることではない。したがって、派遣労働者を他の競争企業に派遣することを制限することができるであろうか。これは難しいであろう。どうしても競争企業への派遣を避けたければ、自分の企業で雇用するのが筋であろう。それより競争相手の会社に派遣されて秘密を漏洩するおそれがあり、秘密保持義務をどのように守らせるかが重要である。派遣先企業と派遣労働者間には労働契約関係は存在しないので、秘密保持義務を定める特別の契約を結ぶ方法がある。限定する期間、職種、場所の定め方、代償の内容いかんを総合的に判断して特別の契約の合理性が認められれば、有効となろう(65)。さらに派遣元企業での就業規則で派遣労働者に派遣先での秘密を保持する義務を定める方法もある。これに違反した時懲戒処分ができる。また派遣元企業と派遣先企業との間の派遣契約の中に派遣労働者の秘密保持義務を定めることもありうる。この場合には派遣元企業に派遣労働者の義務順守を守らせるものであり、直接に派遣労働者に義務を発生させるものではない。

五　競業避止義務・秘密保持義務の立法化の可能性

これまでは競業避止義務・秘密保持義務の解釈論をみてきたが、立法論をみておく必要がある。労働契約法と呼ばれる新しい法律が制定されるかどうかは分からないが、この問題が議論の対象になってきているのは確かである。労働基準法研究会報告書である『今後の労働契約等法制のあり方について』の中で、「当面、退職後の権利義務関係を明確化するために、——競業避止の期間、範囲等を書面により明示する等その手続について法的整備を図ることが適当である。」としている。これは労働契約法に規定を設けることではなく、就業規則あるいは特約の中で、競業避止義務の期間や範囲を明示すること、そのための整備をして紛争予防を図ろうとする提案である。これは法制化に持っていくことは避けている(66)。法制化以外のより柔軟な政策で対応しようとする提案である。

別の提案もある。法整備の基盤を整えるための根拠となる条文を労基法あるいは「労働契約法」に設けるに止め、就業規則の中に競業避止を必要とする技術や情報の範囲、期間、代償措置を明記するという提案がなされている。その条文をどうするかは示されていないが、現実的な案として提示されている。これは競業避止義務の内容がまだ明確になっていない現状を考慮した結果であり、労働基準法研究会の報告書と同じ認識に立っている。この案にはもう一つの提案がある。労基法に「使用者は、命令に定める場合の外、労働者の転職の自由を不当に侵害してはならない」という規定を設け、施行規則で競業避止義務の設定が有効となる要件を示すという案も出している(67)。これは競業避止義務によって職業選択の自由が制限されるのを抑制するという意図を持っている。したがって、競業避止義務の認められる範囲を最低限にするための工夫を提案している。

以上、これまでの段階での案を紹介したが、将来労働契約法を制定する場合、あるいは現行の労働基準法の中で、積極的にこの競業避止と守秘義務をどう規定すればよいかを検討する時期がやってくる可能性はある。

そこで立法の仕方を若干検討しておこう。一つの方法は抽象的に、「労働者は労働契約継続中および退職後二年間は使用者の正当な利益を害する競業行為をさけ、または守秘義務を守らなければならない」という一般的な規定を設ける。これはなにを競業とか秘密とみるかを解釈にまかすやり方である。

もう一つは、具体的に禁止行為の内容を定めることである。どのような行為を禁止するかがまとまるかどうかが問題である。たとえば、雇用期間中及び退職後何年間（たとえば二年間を限度とする）、使用者と競業して第三者のために報酬を受けて労働すること、みずから使用者と競合する事業をおこすこと、就労中知り得た製造上の秘密や経営上の秘密を利用したり、漏洩することを禁止することと、この規制が及ぶ場所、期間、職種については合理的範囲に限定すること、さらに代償措置の設定を明記することが考えられる。

（1）　大判明治三四・一一・一六民録七・一〇・四一、大阪控判明治四〇・七・九新聞四四八・五、大判大正七・

五・一〇民録二四・八三〇、大判昭和七・一〇・二九民集一一・一九四七。

(2)　詳細に判例を分析した文献として升田純「現代型取引をめぐる裁判例(36)～(46)」判例時報一七〇八号二七頁、一七一〇号三九頁、一七一一号七頁、一七一三号、一八頁、一七一四号一七頁、一七一九号六頁、一七二〇～号一五頁、一七二三号三頁、一七二四号一一頁、一七二六号三頁、一七二七号一四頁。この中では不公正競争防止法違反に関連する判例や取締役の競業避止義務違反の判例も分析の対象に含めている。川田琢之「競業避止義務」日本労働法学会編『講座二一世紀の労働法第四巻労働契約』有斐閣、一三三頁。さらに少し古くなるが、根本渉「労働者の競業避止義務」判例タイムズ七一九号四頁。

(3)　山口浩一郎「判例評釈・競業避止義務に違反した者に対する退職金不支給規定の効力」ジュリスト九九一号一三七頁。

(4)　土田道夫「秘密保持義務・競業避止義務」日本労働研究雑誌四〇八号八二頁。

(5)　山口俊夫「労働者の競業避止義務―とくに労働契約終了後の法律関係について―」石井照久先生追悼論集『労働法の諸問題』勁草書房、一九七四年七月四〇九頁、土田道夫「労働市場ノ流動化をめぐる法律問題(上)」ジュリスト一〇四〇・五七、石橋洋「会社間労働移動と競業避止義務―退職後の労働者の競業避止義務を中心として―」学会誌労働法八四・一〇七。

(6)　我妻栄『民法講義―債権各論中2。』、岩波書店、五六八頁、幾代通・広中俊雄編『新版注釈民法一六巻』有斐閣、四六頁、後藤清『転職の自由と企業秘密の防衛』有斐閣、二四～三七頁。

(7)　チェスコム秘書センター事件・東京地判平成五・一・二八判例時報五二二・八三。この考えの背景に不正競争防止法によって労働契約終了後も競業避止義務があることを認めているというとらえ方があることを指摘するものとして小畑史子「労働者の退職後の競業避止義務」日本労働研究雑誌四四一号二六頁。

(8)　三島宗彦「労働者・使用者の権利義務」新労働法講座七巻一三九頁、檀原義比古「労働者の退職後における競業禁止に関する契約」中川淳還暦祝賀論集・民事責任の現代的課題、四四二頁、盛岡一夫「ノウハウの防衛―雇用

関係終了後の競業禁止――」日本工業所有権法学会年報五号三六頁。

(9)　早川徹「営業秘密の保護と役員・従業員の守秘義務・競業避止義務」関西大学法学研究所研究叢書一五冊『知的財産の法的保護』一八九頁。

(10)　労政時報三四八六号六三～四頁。小畑史子「退職した労働者の競業避止を巡る問題」日本労働研究機構編『労働市場の変化と労働法の課題』一九九六年、二二〇頁にある標準契約モデルを掲げている。

(11)　野田進「労働力移動と競業避止義務」季刊労働法一六〇号五六頁。

(12)　日本警報装置事件では、代償措置として四八万円を支給されたが、退職後六カ月で他社の取締役になり、従業員の引き抜きをおこなったが、その額を返還すれば競業避止義務を免れることができることを認めている。

(13)　期間、地域、職種の範囲からみて、競業をおこなう者に重大な制約になるとして特約が公序良俗違反として無効と判断された事例として東京貨物社事件・浦和地判平成九・一・二七判例時報一六一八・一一五がある。これは特約の合理性をきわめて厳格に解釈した判断である。

(14)　後藤清・前掲書七七頁以下では企業別組合が各企業において、その事業の性格と各職場の職務の実情を見きわめて、競業避止契約の諸条件を設定するのに適していると述べている。しかし、実際には労働協約に競業避止義務を定める事例がないが、将来の重要課題になることを指摘している。

(15)　宍戸商会事件・東京地判昭和四八・二・二七労経速八〇七・一二、タカラ通商事件・大阪地判昭和五五・九・二六労経速一〇七二・三。

(16)　幹部労働者が大量の従業員引き抜きをおこなったとして懲戒解雇を有効とした日本教育事業団事件・名古屋地判昭和六三・三・四判例タイムズ六八三・一一三、開業準備中の医者が就業時間中に従業員の引き抜きと顧客を奪う行為が問題となった厚生会共立クリニック事件・大阪地判平成一〇・三・二五労働判例七三九・一二六。

(17)　岩村正彦「兼職禁止と競業避止義務」ジュリスト増刊労働法の争点（新版）一八六頁。引き抜き行為を理由とする懲戒解雇を有効とした事例として福岡県魚市場事件・福岡地久留米支判昭和五六・二・二三労働判例三六九・

七四。
(18) ラクソン事件・東京地判平成三・二・二五労働判例五八八・七四、日本コンベンションサービス事件・大阪地判平成八・一二・二五労働判例七一一・三〇、大阪高判平成一〇・五・二九労働判例七四五・四二。
(19) 日本設備事件・東京地判昭和六三・三・三〇労働判例五一五・六。
(20) 吉野事件・東京地判平成七・六・一二労働判例六七六・一五、橋元運輸事件・名古屋地判昭和四七・四・二八判例時報六八〇・八八は四割の支払いを命じている。
(21) 久保製作所事件・東京地判昭和四七・一一・一労働判例一六五・六一、高蔵工業事件・名古屋地判昭和五九・六・八労働判例四四七・七一。
(22) 三晃社事件・最高判昭和五二・八・九労経速九五八・二五。
(23) 同様の趣旨を述べる判例として西部商事事件・福岡地小倉支判平成六・四・一九労旬一三六〇・四八、吉野事件・東京地判平成七・六・一二労働判例六七六・一五、ベニス事件・東京地判平成七・九・二九労働判例六八七・六九。批判する文献として山口浩一郎・前掲判例評釈・ジュリスト九九一号一三七頁。
(24) 小畑史子「労働者の退職後の競業避止義務」日本労働研究雑誌四四一号二七頁。
(25) 福井新聞社事件・福井地判昭和六二・六・一九労働判例五〇三・八三。
(26) 木下潮音「競業避止義務違反と退職金不支給」労働判例八〇九・九五、退職金の支払時期をずらす場合に、立法論として退職後一定期間内に支払うべき旨の法規制を提案するものとして土田道夫・前掲論文、ジュリスト一〇四〇号五九頁。
(27) チェスコム秘書センター事件・東京地判平成五・一・二八判例時報五二二・八三。
(28) 東京学習協力会事件・東京地反平成二・四・一七判例時報一三六九・一一二。
(29) 十字屋広告社事件・東京地反平成八・八・二九判例時報一六〇八・一二五。
(30) ケプナー・トリゴー日本事件・東京地判平成六・九・二九判例時報一五四三・一三四。

(31)　東日本自動車・ユシロ化学事件・東京地判昭和五一・一二・二二判例タイムズ三五四・二九〇、東輝工業事件・横浜地判昭和五九・一〇・二九判例タイムズ五四五・一七八、港ゼミナール事件・大阪地判平成元・一二・五判例時報一三六三・一〇四、フリーラン事件・東京地判平成六・一一・二五判例時報一五二四・六二。自由競争の範囲内の行動で違法性なしとされた事例として中央総合教育研究所事件・東京地判平成五・八・二五判例時報一四九七・八六、池本自動車商会事件・大阪地判平成八・二・二六労働判例六九九・八四。

(32)　大阪地判昭和六三・九・九判例時報一三一四・一〇三。

(33)　東京リーガルマインド事件・東京地判平成七・一〇・一六労働判例六九〇・七五。

(34)　新大阪貿易事件・大阪地判平成三・一〇・一五労働判例五九六・二一。

(35)　不正競争防止法の解釈については渋谷達紀「営業秘密の保護」法曹時報四五巻二号一頁以下、横田俊之・熊谷健一・広実郁郎・中村稔「改正不正競争防止法における法的救済制度について」ジュリスト九六二号二〇頁。

(36)　今後刑事罰をかす改正案が提出されるという情報がある。秘密保持の保護強化をめざす産業構造審議会知的財産政策部会が検討する旨の方針を二〇〇二年六月にだしている。

(37)　山川隆一『雇用関係法第二版』八〇頁。

(38)　新潟鉄工所事件・東京地判昭和六〇・二・一三、東京高判昭和六〇・一二・四。

(39)　市川裕史「企業における営業秘密保護をめぐる法律実務」労働判例七九三・六。

(40)　露木康浩「不正アクセス行為の禁止等に関する法律について」ジュリスト一一六五・五一。

(41)　和田肇「労働市場の流動化と労働者の守秘義務」ジュリスト九六二号五五頁。

(42)　採用内定者モ就業規則上の秘密保持義務の適用を受ける場合があることを指摘するものとして下井隆史『労働基準法（第三版）』八九頁。

(43)　小畑史子「営業秘密の保護と雇用関係」日本労働研究雑誌三八四号四八頁。

(44)　中島茂「企業秘密防衛と人事労務の留意点」労働法学研究会報一八三〇号二三頁。

(45)　フォセコ・ジャパン事件・奈良地判昭和四五・一〇・二三判例時報六二四・七八。
(46)　岩出誠「情報の管理」日本労働法学会編『講座二一世紀の労働法第4巻労働契約』一一九頁。
(47)　三朝電機製作所事件・東京地判昭和四三・七・一六判例タイムズ二二六・一二七。
(48)　古河鉱業足尾製作所事件・前橋地判昭和五〇・三・一八労民集三一巻一号一六九頁、東京高判昭和五五・二・一八労民集三一巻一号四九頁。
(49)　美濃窯業事件・名古屋地判昭和六一・九・二九労働判例四九九・七五。
(50)　菅野和夫『労働法（第五版補正二版）』七四頁。
(51)　久保製作所事件・東京地判昭和四七・一一・一労働判例一六五・六一。
(52)　高蔵工業事件・名古屋地判昭和五九・六・八労民集三・巻三・四・三七五。
(53)　株式会社バイクハイ事件・仙台地判平成七・一二・二二判例時報一六八九・一〇三。
(54)　アイ・シー・エス事件・東京地判昭六二・三・一〇判例時報一二六五・一〇三。
(55)　砂押以久子「情報化社会における労働者のオンラインの権利をめぐる諸問題」花見忠・R・ブランパン編『IT革命と職場のプライバシー』日本労働研究機構、二三七頁。
(56)　日本計算器事件・京都地峰山支判昭和四六・三・一〇労民集二二・二・一八七。
(57)　会社の生産機種、台数、原価、販売収支等を政党の会議に公表したことが、業務上の重要な秘密を暴露しのであり、政治活動のためであった、組合活動として保護されないとして懲戒解雇を有効とした古河鉱業足尾製作所事件・前橋地判昭和五〇・三・一八労民集三一・一・一六九、東京高判昭和五五・二・一八労民集三一・一・四九。
(58)　升田純・前掲論文、判例時報一七〇八号。
(59)　伊藤真『民事訴訟法』有斐閣、三三〇頁。
(60)　升田純・前掲論文、判例時報一七〇八号三四頁。
(61)　馬渡淳一郎「ネットワーク化と雇用の多様化」季刊労働法一八七号一二頁。

(62)　チェスコム秘書センター事件・東京地判平成五・一・二八判例時報五二三一・八三。
(63)　小畑史子「退職した労働者の競業避止を巡る問題」日本労働研究機構編・前掲書二一七頁。
(64)　石橋洋「企業間労働移動と競業避止義務」学会誌労働法八四号一二三頁。
(65)　野田進・前掲論文、季刊労働法一六〇号五七頁。
(66)　小畑史子・前掲論文二一六頁では営業秘密保護だけの立法を妥当としており、その結果競業避止や企業秘密についての法制化に反対している。
(67)　藤本茂「労働契約の終了をめぐる立法論的検討」学会誌労働法八二号一〇〇頁、毛塚勝利「雇用慣行の変化に伴う労働契約法制の見直し動向」労働法学研究会報一八七八号二頁。

8 懲戒処分

鈴木芳明

一 問題の所在
二 懲戒権の根拠と限界
三 懲戒処分の形態
四 懲戒処分の事由
五 懲戒処分手続

一 問題の所在

企業秩序や服務規律を維持するための制度としては、秩序・規律違反や利益侵害に対する制裁としての「懲戒処分」制度がある。懲戒処分は、従業員の非行（企業秩序・服務規律違反行為）に対する制裁罰たる労働関係上の不利益措置であり、企業秩序・服務規律の維持を目的とした独特の制裁制度であるといえる。

労基法八九条一項九号は、就業規則に記載されるべき事項の一つとして、「表彰及び制裁の定めをする場合においては、その種類及び程度に関する事項」を掲げており、これにもとづいて、ほとんどの企業では、就業規則において譴責・戒告、減給、出勤停止、懲戒解雇等の制裁ないし懲戒に関する定めがなされ、制度化されている。懲戒処分は、企業（使用者）の側からすれば、企業秩序・利益や服務規律を維持するために不可欠の制度であるが、従業員（労働者）の側からすれば、労働関係上重大な不利益を受ける制度であり、両者の利益を適切に調整するための法規制が必要となる。(1)

使用者は、労働者の契約違反や債務不履行に対して労働契約の解約、損害賠償の請求などの方法によって民事上の責任を追及することができるが(2)（民法四一五条・五四〇条）、労働者の行為が企業・職場の秩序を乱す場合には懲戒処分を行う。この懲戒処分は、一般に民事上の責任追及手段とは異なるものと受けとめられており、秩序罰ないし制裁罰と呼ばれている。

懲戒処分については、労基法に懲戒処分の定めをする場合にはその「種類」と「程度」を就業規則に制定すべきこと（八九条一項九号）と、処分形態の一つである減給の額を一定限度内にとどめるべきこと（九一条）を定める規定があるにとどまり、使用者が労働者に対して懲戒処分をなす権限を有する旨の規定は、実定法規上存在しない。(3)そこで、いかなる法的根拠にもとづいて使用者は労働者に対して懲戒処分をなしうるかという懲戒権の根拠に関する問題をめぐって、古くから多くの議論がなされてきた。そうしてそこでは、就業規則に懲戒に関する規定がない場合にも使用者は懲戒処分を行うことができるか、また、就業規則に懲戒の事由や手続が列挙されている場合にこれを限定的なものと解すべきかどうかといったことなどが問題とされてきた。

懲戒処分制度が就業規則の重要な構成部分であることから、学説上、懲戒処分の法的根拠に関する論議は、就業規則の法的性質論を前提として、その延長線上において展開されてきた。しかしながら、法形式上、使用者と労働者という本来対等・平等な者の間で、一方が他方に対して懲戒処分としての制裁を加えることが法的に許容されるかどうかは慎重な検討を要する重要な問題であり、就業規則の法的性質論一般に還元して論じつくせない独自の性格をもつことも、従来から指摘されているところである。したがって、懲戒処分の法的根拠に関しては、就業規則の法的性質論を踏まえつつ、懲戒処分制度のもつ特殊な性格をも考慮した独自の検討を行うことが必要とされる(4)。

以下においては、懲戒処分の根拠と限界に関する問題について判例・学説の紹介・検討を行い、その後に懲戒処分の形態(5)(種類)・事由の主なものにつき問題点を検討し、さらに懲戒処分手続について若干の検討を行うことにしたい。

二 懲戒権の根拠と限界

1 懲戒権の根拠

(1) 判例の立場

懲戒処分に関する裁判例は多数あるが、最高裁は、近年の一連の判例を通じて、企業および労働契約の本質から使用者の企業秩序定立・維持権限と労働者の企業秩序遵守義務を導き出し、企業秩序定立・維持権の一環として使用者の懲戒権を肯定する立場を確立するにいたっている。

すなわち、最高裁は、昭和四九年の国鉄中国支社事件判決(6)において、懲戒権の根拠につき、「企業秩序」なる概念を提示し、「使用者がその雇傭する従業員に対して課する懲戒は、広く企業秩序を維持確保し、もって企業の円滑な運営を可能ならしめるための一種の制裁罰である。従業員は、雇傭されることによって、企業秩序の維持確保を図るべき義務を負担することになるのは当然のことといわなくてはならない」とした。この判決を受け、昭和五二年の電電公社目黒電報電話局事件判決(7)は、右判決の基本的な考え方を踏襲し、「従業員は労働契約上企業秩序を維持するための規律に従うべき義務があ」るとし、さらに富士重工業事件判決(8)では、「企業秩序は、企業の存立と事業の円滑な運営の維持のために必要不可欠なものであり、企業は、この企業秩序を維持確保するため、これに必要な諸事項を規則をもって一般的に定め、あるいは具体的に労働者に指示、命令することができ、また、企業秩序に違反する行為があつた場合には、その違反行為の内容、態様、程度等を明らかにして、乱された企業秩序の回復に必要な業務上の指示、命令を発し、又は違反者に対し制裁として懲戒処分を行うため、事実関係の調査をすることができる」としたうえで、「労働者は、労働契約を締結して企業に雇用されることによって、企業に対し、労務提供義務を負うとともに、これに付随して、企業秩序遵守義務その他の義務を負う」として、使用者の企業秩序定立・維持権限に対応する労働者の企業秩序遵守義務は労働契約の締結によって生ずるとの一般論を展開した。その後、昭和五八年の関西電力事件判決[(9)]において、「労働者は、労働契約を締結して雇用されることによって、使用者に対して労務提供義務を負うとともに、企業秩序を遵守すべき義務を負い、使用者は、広く企業秩序を維持し、もって企業の円滑な運営を図るために、その雇用する労働者の企業秩序違反行為を理由として、当該労働者に対し、一種の制裁罰である懲戒を課することができる」との判断を示し、この見解が定着していくこととなったのである。

要するに、判例の立場は、労働契約の締結によって、労働者は企業秩序遵守義務を負い、使用者は労働者の企業秩序違反行為に対して制裁罰として懲戒を課すことができるとするものであり、基本的には「固有権説」的な見解をとっているとみることができよう。

しかし、懲戒処分の効力判断の点については、「使用者と労働者との間に、懲戒解雇事由につき法律あるいは就業規則・労働協約等による具体的定めが存しなければ、使用者は、たとえ労働者に企業秩序違反の行為があったとしても、その労働者を懲戒解雇することはできない[(10)]」とする裁判例にみられるように、就業規則に懲戒の事由と処分内容が定められていないかぎり、使用者は懲戒処分、とりわけ懲戒解雇をなしえないとする考え方が支配的になっている。最高裁も、昭和五四年の国鉄札幌駅事件判決[(11)]において、使用者は規則や指示、命令に違反する労働者に対しては、「規則に定めるところに従い制裁として懲戒処分を行うことができる」とし、使用者の懲戒権を企業秩序定立・維持権の一環として把握しつつも、規則上明定することによって初めて右権限を行使することができるものと解している。(12)

(2)　学説の状況

前述したように、労基法は、八九条一項九号で制裁の種類および程度に関する事項を就業規則の相対的必要記載事項とし、また、九一条で就業規則に減給制裁を定める場合の減給の額への制限を規定するにすぎず、懲戒処分を是認する明文の規定は存しない。このため、学説において、古くから「懲戒権の根拠」如何をめぐって活発に論争がなされてきた。すなわち、労基法に懲戒処分を予定した規定がおかれ、実際に使用者が企業・職場の秩序を乱した労働者に対して懲戒処分を行っていることを法理論的にどのように説明すべきなのかということが問題とされ、議論されてきたのである。この議論は、直接的には就業規則に懲戒に関する規定が存在しない場合にも使用者は労働者に対して懲戒処分をなしうるか、さらに、就業規則に懲戒の事由や手段が列挙されている場合に、それが限定的な意味をもつのか、あるいは例示的な意味しかもたないのかという問題とかかわるが、学説上は見解は分かれており、以下のような対立がみられる。

まず第一に、秩序・規律を必要とする企業の運営担当者として使用者は当然に固有の懲戒権を有するとする固有権説がある。つまり、使用者は経営権（企業所有権）にもとづき、あるいは組織体たる企業の性格から当然に企業秩序を乱す労働者に対して制裁を加えうる、とする考え方である。(13)この説によれば、使用者は、就業規則に規定がなくても懲戒処分は可能であり、また、就業規則に懲戒の事由や処分内容が具体的に規定されていなくても必要な懲戒処分をなしうる。

これは、かつての裁判例に多くみられた見解であるが、納得しうる十分な論拠を提示しえていない。経営権という包括的な権限を法的概念としては承認しがたいこと、所有権が当然に他人に対する指揮命令権を含むものではないことなどからして、使用者の固有の懲戒権を肯定する見解には賛成しえない[14]。

第二は、契約説であり、使用者が労働者に対して懲戒をなしうる根拠を、労働者が労働契約においてそれに合意したことに求める見解である[15]。この説によれば、労使の平等・対等を建前とする近代的労働関係において使用者の懲戒権なるものを当然に認めることはできないが、「就業規則に定めれば、各個の契約の内容として、懲戒解雇ができる」、すなわち「就業規則に書けば、とにかく、労働者の同意ということを媒介として就業規則が労働契約の内容になってくるから、労働者が就業規則によるということ、即ち一括同意ということにより（必ずしも個々の懲戒規定そのものについての同意という意味ではない）使用者は、懲戒ということをなしうる」[16]、あるいは「我国では労働基準法第九三条は就業規則に対し個別契約を規制する意味で法規範的効力を与えているにすぎず、就業規則自体を法規となしたものではないから、特別の意思表示なき限り一定の企業において働くという抽象的合意の中にその企業の就業規則に従って働くという意思が推定され、対って就業規則の内容が労働契約の内容になるという『事実たる慣習』が存在すると見るべきである。従って、就業規則に懲戒規定がおかれることにより一定企業で働くという抽象的合意により一括同意として懲戒処分についての合意があったものと見ることができる」[17]とされる[18]。

この説にあっては、懲戒規定において懲戒の事由や処分内容が具体的に規定されている場合に、その範囲内でのみ懲戒が可能となる。また、この説においても、懲戒が契約上約定された契約罰とは異なる秩序罰としての性格を有することが認められているが[19]、使用者の懲戒権の根拠を労働契約にもとづく当事者間の合意に求める点で、他の見解とは区別せられる。

右契約説に対しては、「本来制度的存在たる企業秩序ないし規律、並びにそれの違反に対する制裁たる懲戒を個別契約によって直接根拠づけること自体に、単なる自由意思の擬制以上に強い擬制が認めえられ」、「生存権原理に立脚した『特別』な労働法秩序のもとで、右のような擬制された抽象的合意に懲戒の法的根拠を見出そうとする試みは、方法論的にみて到底採用しがたい[20]」、「その抽象性、虚偽性があまりにもあらわとなった契約意志を根拠とするのでは今日の法意識を満足させるものとはいえ」ず、「就業規則が社会規範として行なわれているという具体的な事実を直視」していない[21]、あるいは「労使間の私的制裁たる性格をもつ懲戒処分の根拠を労使間の合意に求めることは、あまりにも抽象的・形式的である。そこでは、労働者がその従属性の故に使用者による人格を無視した懲戒を受けざるを得ないという、今日の労働法理念の下では否定的評価の対象となるべき事がらが、労働者の抽象的な合意を媒介として容易に合理化されてしまうこととなるのである。また、この説による場合には、懲戒処分に対する司法審査が――契約自由に対する介入という性格をもつが故に――例外的にしか認められないことになるという点も問題である[22]」といった批判がなされている。

第三は、法規範説であり、契約説と同じく固有権説を批判しつつも、契約説とは異なり、就業規則の法的性質を法規範ととらえ、労働者の規範意識に支えられ、あるいは保護法の原理に矛盾しないかぎりで、使用者の定めた就業規則の懲戒規定が、労基法八九条、九三条等によって付与された法的効力により拘束力をもつとする[23]。そこでは、「懲戒の規範的根拠は共同作業を円滑に遂行しうるごとき経営秩序を維持するということが経営という小社会の規範意識によってささえられていることに求められねばならない。そして、保護法の原理に矛盾しないかぎりで法認される[24]」、あるいは「労基法第八九条の規定は、単に制裁（懲戒）の制限に関する規定たるにとどまらず、近代私企業の技術的構造としての団体的性格に基いて要請せられる客観的な企業秩序の確立維持のため、同法所定の要件を具備する限りにおいて就業規則による使用者の懲戒権の設定を認め、かつ就業規則の法規的性格に基き個々の労働者の合意の有無に論なく就業規則において定められる懲戒規定により直接労働者を拘束することを認めたものと解するほかない[25]」とされる。

また、近時においては、「使用者の行う懲戒が法的現象となり、使用者に懲戒権があるとされる根拠は、労基法が八九条一項九号で制裁に関する事項を就業規則の相対的必要記載事項とし、しかも九三条において就業規則に法規範的効力を付与したことに求める他ない」が、懲戒制度を「実質的に正当化」するためには、「共同作業を円滑に進めるための秩序・規律の必要性は、労働者の規範意識においても是認されるであろう」こと、「制裁手段として、解雇と損害賠償という契約法上予定されている手段では不十分である」ことに注目すべきであるとする見解がみられる。(26)

右法規範説に対しては、「社会経済的認識に従えば懲戒権は経営という小社会の規範によって支えられるものとしてその意味でまさに規範的根拠を有するであろうが、それが法的規範に支えられたものとして、法理的根拠を有するかは別問題であ」り、また、「経営という小社会の規範意識が労使双方によって支えられたものとして統一的に成立しているとは考えられない」(27)、あるいは「労働法の世界において抽象的合意に法的根拠を求めることは方法論的に誤まりであるという一般論が存在するとは考え」られず、「また、一定の制度あるいはルールに拘束されることの承認が個別的合意によってなされることを否定する理由はないと考える」(28)といった批判・反論がなされている。

その他、使用者の懲戒権を原則として否定し、国家法に懲戒を容認する特別の規定がある場合にのみ例外的にこれを認める見解、すなわち、労基法上、具体的に懲戒処分に言及しているのは減給制裁の制限を定める九一条の規定だけであるから、使用者の懲戒は「『財産的なもの』であるかぎり、同条の制限の範囲内においての み容認される」ことになるとする見解(29)（否定説）があるが、労基法八九条一項九号は制裁の「種類」と「程度」を相対的必要記載事項としており、同法は使用者による制裁を減給に限定せずより広く認めていると解するのが素直な解釈であると考えられることから、この見解には無理があるように思われる。また、懲戒の法的根拠を労働者組織との集団的合意に求める見解(30)(集団的合意説)にあっては、使用者の単独決定による就業規則の作成を一応許容している現行就業規則法制のもとで、集団意思の同意なく多くの就業規則が作成されている現実をどのようにとらえるのか明らかにされていないという問題点があり、この見解にも賛成できない。

従来、学説の大勢は、就業規則の法的拘束力を肯定してきた。学説は、大別すれば、法規範説と契約説とに分けられるが、法規範説のうち、就業規則を労働者の規範意識に支えられた社会自主法ないし慣習法の体系の枠組みのなかでとらえようとする社会自主法説や慣習法説は、就業規則をめぐって紛争が多く生じているという現実を看過するものであり、右見解には無理があるように思われる(31)。

就業規則が法規範と認められるためには、それを根拠づけるための制定法上の根拠が必要とされる。労働契約との関係における就業規則の効力につき、労基法九三条は「就業規則で定める基準に達しない労働条件を定める労働契約は、その部分については無効とする。この場合において無効となった部分は、就業規則で定める基準による」と規定し、その規定の仕方が「この法律で定める基準に達しない労働条件を定める労働契約は、その部分については無効とする。この場合において、無効となった部分は、この法律で定める基準による」と定める同法一三条とほぼ同じであることから、法規範説は九三条の規定をその有力な拠りどころとしてとらえようとする。

労基法九三条においては、当該事業場における最低労働条件を強行的直律的に設定する効力が就業規則に与えられており、この意味で、就業規則が法的効力を有することは疑いないところである。しかしながら、労基法が予定する労働関係は基本的には当事者対等の契約関係であり(同二条一項)、就業規則の強行的直律的効力は、右基本原則を前提としつつ、労働者保護という観点から、就業規則の定める労働条件を労働契約関係の最低基準としているにとどまる。使用者が一方的に制定・変更しうる就業規則が、最低基準としての効力の範囲をこえて、労働者にとって不利な内容についてまで労働者を当然に拘束すると解することは、適切ではない。九三条は、労働契約の内容が就業規則の定める基準を下回る場合に、就業規則に対して労働契約を無効にする効力を与えたものであり、これをもって就業規則全体の法規範性を承認する直接の根拠とはなしがたく、本規定が就業規則に対して一般的に法規範としての効力を与えたと理解するのは無理があると思われる(32)。

また、労基法八九条一項九号と九一条は、前述したように、懲戒の定めをする場合には、その「種類」と「程度」を就業規則に制定すべきことと、処分形態の一つである減給の額を一定限度内にとどめるべきことを定めるにすぎず、これらの規定も使用者の懲戒権を十分に根拠づけるものではない。

近代的労働関係において、契約の一方当事者である使用者が他方の契約当事者である労働者に対して固有の懲戒権をもち、一方的に懲戒をなすことができるとみることには問題のあること、また、労基法上、就業規則に対して法規範としての効力を与えたということ（使用者に懲戒権があるとされる根拠）を明白に証する規定が存しないことなどを考えると、懲戒処分の法的根拠については、使用者と労働者との間の合意にこれを求めざるをえないであろう。

懲戒処分が、企業秩序・服務規律の維持を目的とした独特の制裁制度であり、現実には懲罰的な機能を営んでいることは否定できないが、法的には、それは就業規則上の規定にもとづいて労働者の企業秩序・服務規律遵守義務違反に対してなされる制裁手段であるにとどまる。労働契約は、使用者の指揮命令のもとに労務を提供するという特質をもっており、その効果として使用者に懲戒権が認められていると考えることができる。懲戒処分は、使用者が企業秩序・服務規律違反に対し労働契約上なしうる通常の手段（普通解雇、損害賠償請求等）とは異なる特別の制裁罰であるので、契約関係における特別の根拠を必要とする。かかる特別の制裁罰を課そうとする場合には、使用者は懲戒の事由と手段を就業規則に明定し、労働契約の内容として示すことを要する。

労基法八九条一項九号が、常時一〇人以上の労働者を使用する使用者に、制裁の定めをする場合には就業規則にその旨明記すべきことを要求しているのも、このような趣旨によるものであるといえよう(33)。

通常、企業秩序・服務規律違反として懲戒処分の対象とされる労働者の行為は、労働契約にもとづく義務の不履行にあたり、使用者はその責任を追求することができる。民事上の責任追及手段としては、労働契約の解約と損害賠償の請求があるが(民法四一五条・五四〇条)、損害賠償請求は、現実には有効性に欠けるという難点がある。労働契約の解約、すなわち解雇は有効性の点についてはその度合いは高いが、とかく労働者に苛酷な結果をもたらすことから解雇権濫用法理による規制が加えられている。企業経営の合理性、労働者の生活利益の保護という観点からすれば、労働契約関係にあっては、労働者の義務違反に対しては、解雇するか否かという二者択一の方法によるよりは、義務違反の程度に応じた制裁を行うことによって、できるだけその関係を維持することが要請される。そこに、譴責・戒告から懲戒解雇等にいたるさまざまな懲戒処分が行われることの合理性が見いだされる(34)。

2 懲戒権の限界

懲戒権は、その性質上、企業秩序・規律を維持し、業務の正常・円滑な運営を確保するために必要な範囲内にとどめられるべきである。

懲戒処分は、就業規則の規定にもとづいてのみ可能であると考えられる。すなわち、懲戒の事由と手段を就業規則に明定し、労働契約の内容とすることによってのみ懲戒処分をなすことができ、また、実際には就業規則は使用者により一方的に制定されることから、就業規則上の懲戒規定については、労働関係における秩序・規律を目的とするかぎりにおいて、かつそれを維持するために必要な限度においてのみ法的効力をもつとみるべきであろう。就業規則の懲戒規定が強行法規、公序良俗に反してはならないことはいうまでもない。懲戒事由は、企業秩序・規律維持という懲戒の目的との関連において、合目的的かつ合理的であることを要し、処分内容は、労働者の企業秩序・服務規律違反行為の内容・程度その他の事情に照らして相当なものでなければならず、労働者に著しい不利益を与えるものであってはならない。さらに、懲戒処分をなすにあたっては、適正な手続を踏むことが要求される(35)。

わが国の多くの企業は就業規則において懲戒に関する規定をかなり詳細に定めており、裁判所もこのような実態を踏まえ、就業規則上の懲戒規定との関連において懲戒処分の有効性の判断を行い、処分の対象とされた労働者の行為が就業規則上の懲戒事由に該当し、処分内容が就業規則に則ったものであることを要求している(36)。

三　懲戒処分の形態

懲戒処分にはさまざまな種類のものがあるが、以下では、懲戒処分のうち主なものにつき問題点を検討することにしたい(37)。

1　譴責・戒告

通常、譴責は、始末書を提出させて将来を戒めることをいい、戒告は始末書を提出させずに注意を促して将来を戒めることをいう。いずれも直接には実質的不利益を課さない処分ではあるが、何回か重ねて当該処分を受けた場合にはより重い処分の対象とされることがあり、場合によっては、賃金・人事考課査定にあたって不利な評価を受けることがある。

問題は、譴責処分を受けた者が始末書を提出しない場合に、使用者は不提出を理由に懲戒処分をなしうるかどうかである。この点については裁判例は分かれており、職務上の指揮命令に従わないものとして懲戒処分の対象となるとするもの[38]と、「誓約書の提出の強制は個人の良心の自由にかかわる問題を含んでおり、労働者と使用者が対等な立場において労務の提供と賃金の支払を約する近代的労働契約のもとでは、誓約書を提出しないこと自体を企業秩序に対する紊乱行為とみたり特に悪い情状とみることは相当でない」とするもの[39]とがある。労働契約は労働者の人格までをも支配するものではなく、始末書を提出するか否かは労働者の任意に委ねられるべきであり、始末書の提出を懲戒処分によって強制することはできないと解すべきである[40]。

2　減　給

減給とは、使用者が労働者に対して支払うべき賃金から一定額を一方的に差し引くことをいう。労基法九一条は、減給額の制限を規定し、「一回の額が平均賃金の一日分の半額を超え、総額が一賃金支払期における賃金の総額の十分の一を超えてはならない」と定めている。「一回の額」とは、懲戒事案一件の額をいい、一回の事案については減給の総額が平均賃金の一日分の半額以内でなければならず[41]、一回の事案について数回にわたって平均賃金の一日分の半額を減額するような措置をとることは許されない[42]。「総額」とは、一賃金支払期に懲戒事案が二件以上あった場合の減給の総額をいい、一賃金支払期に懲戒事案が数件発生した場合には、その数個の事案に対する総額が当該賃金支払期における賃金の総額の一〇分の一以内でなければならず[43]、賃金総額の一〇分の一をこえて減給の制裁を行う必要が生じた場合には、その部分の減給は次期の賃金支払期に延ばされなければならない[44]。

なお、遅刻・早退などに対する賃金の差引は、労務の提供がなかった時間に相当するだけの差引であれば賃金の計算方法にすぎず、労基法九一条にいう減給制裁に該当しないが、不就労時間に相当する賃金額をこえる差引であれば減給の制裁となる。[45]

3　出勤停止

出勤停止とは、労働契約を存続させながら、労働者の就労を一定期間禁止し、その間の賃金を支給しない懲戒処分をいう。「自宅謹慎」とか「懲戒休職」と呼ばれることもある。

出勤停止処分が有効かどうかについては、学説上は争いがあり、出勤停止は経営秩序保持のためにやむをえない場合にのみ許されるとするもの[46]、即時解雇をすることができるほどの事由があり、その緩和措置として行われ、出勤停止処分の後、労働者が他に職を求める自由が与えられる場合に許されるとするもの[47]などがある。

出勤停止期間中の賃金不払いについて、行政解釈は、「出勤停止期間中の賃金を受けられないことは、制裁としての出勤停止の当然の結果」であって、減給制限に関する労基法九一条の規定とは関係がないとして同条の適用を否定する[48]。学説では、賃金の一部不支給によって労働者の経済生活が脅かされるおそれがある点においては出勤停止と減給の間に差異がないということなどを理由に、出勤停止による賃金減額も原則として労基法九一条の制限に服するとする見解もあるが、労働者が就労したにもかかわらず賃金が減額される「減給制裁」に関する規定を、就労をしない「出勤停止」に適用するのは無理があろう[49]。

また、出勤停止の期間については、明文の法規定は存せず、長期間に及ぶ場合に「公序良俗」（民法九〇条）による制限がなされるにとどまる。

長期間に及ぶ出勤停止・休職等の懲戒処分については、労働者に重大な不利益を与えるおそれがあるから、その有効性（懲戒事由該当性、処分の相当性）に関しては、期間の長さを十分考慮しつつ相当厳しい基準によって判定することを要する[50]。

4　懲戒解雇

懲戒解雇は、懲戒処分としては最も重い処分であり、通常は解雇予告または解雇予告手当の支払なしに即時になされ、また退職金の全部または一部が支給されない。懲戒解雇は懲戒処分としての性格と解雇としての性格を有し、それぞれの法規制を受ける。

懲戒解雇の事由が存する場合に普通解雇を行うことは、それが「たとえ懲戒の目的を有するとしても、必ずしも許されないわけではな」く、その場合には「普通解雇の要件を備えていれば足り」るとされている[51]。

それでは、懲戒解雇としては無効であるという場合に、普通解雇としては有効であるとすることは可能か。裁判例のなかには、「懲戒解雇と通常解雇の差異は、退職金債権が発生するかどうかの点にのみある」から、両者を「全く異質なものとみる必要はなく」、「使用者が懲戒解雇事由にあたると考えた事実を懲戒解雇事由にあたると評価しえない場合でも、右解雇権の行使により通常解雇としての効力すなわち雇傭関係消滅の効果が生じないかどうかを検討する必要がある」とし、懲戒解雇の普通解雇への転換を認めたものがある[52]。しかし、懲戒解雇は制裁罰たる性格を有するものであって、制度上は、通例、普通解雇とは区別されており、実際上も普通解雇より大きな不利益を労働者に与えるものであることから、否定的に解すべきであろう。使用者が同一の事案につき、普通解雇にも該当するとして、懲戒解雇と併せて予備的に普通解雇の意思表示をなすことはさしつかえないと考えられる[53]。

懲戒解雇に対する退職金の全部または一部の不支給は、あらかじめ退職金規程等において具体的かつ明確に規定し、労働契約の内容となした場合に限って行いうる。使用者は退職金を支払う義務を当然に負うわけではなく、支給基準をどのように定めるかは基本的には自由であり、懲戒解雇者に対する退職金の不支給条項を一般的に公序良俗違反で無効と解することは適切でない。しかし、退職金が功労報償的な性格を有することに照らせば、退職金不支給条項を有効に適用しうるのは、労働者の永年の勤続の功を抹消してしまうほどの著しく信義に反する行為があった場合に限られると解すべきである。(54)

四　懲戒処分の事由

就業規則における懲戒規定において懲戒事由としてあげられている事項は多様で、多岐にわたる。以下では、現実にしばしば問題とされる事項のうち、主なものにつき検討を行うことにしたい。

1　経歴詐称

経歴詐称は大部分の就業規則において懲戒事由とされているが、「重要な経歴の詐称」に限定しているものが多い。学説では、経歴詐称は労働契約締結時の行為であって企業秩序を侵害する行為ではないから、労働契約締結の際の瑕疵として錯誤（民法九五条）や詐欺（同九六条）による労働契約の無効または取消しの対象となり、あるいは信頼関係の喪失として普通解雇の理由となることはあるけれども、懲戒処分の対象とはなしえないとする考え方もあるが、(55)裁判例は、経歴詐称は「信義則上の義務に違背する背信行為とみられ」、その結果、「使用者をして当該労働者の労働力の評価を誤まらせ、ひいては適正な労務配置を阻害するなどして企業秩序を乱すこととなる危険が生ずる」ことなどを理由に、これが懲戒処分の対象となることを肯定し、さらに、詐称された経歴は重要なものであることを要するとしている。(56)(57)

経歴詐称については、いかなる場合に使用者はこれを懲戒処分の対象とすることができるかという問題がある。この点については、裁判例の多くは、経歴詐称により「具体的な企業秩序違反の結果が発生しなくても」、懲戒解雇の事由になりうるとの立場をとっているが[58]、「企業秩序に対し、具体的な損害ないし侵害を及ぼした場合において、初めて対象となる」とするものもみられる[59]。

重要な経歴の詐称にあたるとされているのは、学歴や職歴、犯罪歴等であるが、重要な経歴の詐称にあたるかどうかは、業務の種類、詐称された経歴の内容を考慮して具体的に判断されることになる。学歴の詐称については、低い学歴を高く詐称した場合だけでなく、高い学歴を低く詐称した場合も詐称になるとされている[60]。

裁判例は、採用後、当該労働者が一定期間勤務した後にも、労働契約締結時における詐称という瑕疵の治癒を容易に認めない傾向にあるが[61]、相当期間支障なく勤務した場合には労働契約締結時の詐称は治癒され、懲戒解雇事由には該当しなくなると解すべきであろう[62]。

2 職務懈怠

職務懈怠とは、一般に労働契約の本旨に従った履行をなさないことをいう。無断欠勤、出勤不良、職務怠慢、勤務成績不良、遅刻過多、職場離脱、職務上の注意義務違反などが、これにあたる。

裁判例は、基本的には、当該職務懈怠行為の態様、労働者に対する非難可能性の程度、非違行為にいたった経緯、職務懈怠行為により被った企業の損害および信用失墜の程度等の諸事情を総合的に斟酌して懲戒事由になるかどうか判断している[63]。

職務懈怠行為は、それ自体は単なる債務不履行であって、それが就業に関する規律に反したり、職場秩序を乱したと認められる場合に初めて懲戒事由となると解すべきであろう[64]。

3 業務命令違反

業務命令とは、「使用者が業務遂行のために労働者に対して行う指示又は命令」をいう[65]。時間外労働命令の拒否、出張・配転・出向命令の拒否、就業時間中のリボン等の着用に対する取りはずし命令、所持品検査の拒否等が、これにあたる。

使用者の正当な業務命令に違反した労働者は、労働契約上の義務違反として使用者から債務不履行の責任を追及されることがあるとともに、就業規則に懲戒事由として業務命令違反が掲げられている場合には、当該条項にもとづいて懲戒処分を受けることがある。就業規則の合理的な規定にもとづく相当な命令であるかぎり、労働者は当該業務命令に従う義務を負うが、業務命令の内容が合理性を欠く場合には法的拘束力をもたず、それに従わない労働者を懲戒処分に付すことはできない[66]。

業務命令が法的拘束力をもちうる範囲について、最高裁判例は、「使用者が業務命令をもって指示、命令することのできる事項であるかどうかは、労働者が当該労働契約によってその処分を許諾した範囲内の事項であるかどうかによって定まるものであって、この点は結局のところ当該具体的な労働契約の解釈の問題に帰する」が、「就業規則が労働者に対し、一定の事項につき使用者の業務命令に服従すべき旨を定めているときは、そのような就業規則の規定内容が合理的なものであるかぎりにおいて当該具体的労働契約の内容をなしているものということができる」とする[67]。妥当な見解といえよう。

4　職場規律違反

職場規律違反とは、労務の遂行や職場内におけるその他の行動を規律する規定に違反する非違行為をいい、これに属するものとしては、横領、背任、会社の物品等の不正領得、損壊、同僚や上司への暴言、暴行などがある。部下の不正行為の見過しや見逃しも、この種の懲戒事由に属する[68]。

タクシー運転手やバス運転手のメーター不倒・料金横領については、裁判例は、金額の多寡、着服・横領回数にかかわりなく懲戒処分を有効と認める傾向にある。(69) また、会社の物品等の不正領得については、きわめて悪質かつ組織的・意図的な行為であると認められる場合に懲戒処分は有効とされている。(70)

事業場内における政治活動やビラ配布等を一般的に禁止したり、許可制とする就業規則の規定に対する違反については、最高裁判例は、①事業場内での従業員の政治活動は、従業員相互間の政治的対立ないし抗争を生じさせ、あるいは企業施設の管理を妨げるおそれがあるなど、企業秩序の維持に支障をきたすおそれが強いものであるので、企業秩序維持の見地から就業規則により一般的にこれを禁止することも許される、②事業場内で演説、集会、貼紙、掲示、ビラ配布等を行うことは、事業場内の施設の管理、他の従業員の休憩時間の自由利用を妨げるおそれがあり、その内容如何によっては企業の運営に支障をきたし企業秩序を乱すおそれがあるから、これを許可制にかからしめることは合理的な制約ということができる、③したがって、これらの禁止に対する違反は、実質的に事業場内の「秩序風紀を乱すおそれのない特別の事情」が認められないかぎり懲戒処分の対象となる、という立場を示している。(71)

これに対し、学説では、従業員の事業場内での政治活動やビラ配布等を一般的に禁止したり許可制とすることは、労働者の表現の自由の保障の観点から許されず、企業秩序に具体的に違反するかまたは違反するおそれのある行為のみが規制の対象とされるにすぎないとするものが多い。(72)

施設管理権がある以上、使用者が事業場内での政治活動やビラ配布等について何らかの規制をなしうるのは当然であって、企業運営上、従業員相互の協調を重視して、就業規則によって事業場内での政治活動を禁止したり、ビラ配布等を許可制とすることを著しく不合理であるとまではいえない。しかし、懲戒処分の性質に鑑み、就業規則の規定の適用にあたっては、合理的な限定解釈を行う必要がある。形式的には政治活動の禁止やビラ配布等の許可制に反するが、実際上企業秩序を乱すおそれがない場合には当該行為は規律違反とはならず、これに反してなされた懲戒処分は懲戒権の濫用となるであろう。[73]

5　従業員としての地位・身分による規律違反

従業員としての地位（身分）による規律違反に属するものとしては、企業外非行（私生活上の非行）や兼職（二重就職）禁止違反などがある。

(1)　企業外非行　企業外非行について、最高裁判例は、「職場外でされた職務遂行に関係のない」行為であっても、「企業秩序に直接の関連を有するものもあり」、社会的「評価の低下毀損につながるおそれがあると客観的に認められる」行為については、「職場外でされた職務遂行に関係のないものであつても、なお広く企業秩序の維持確保のために、これを規制の対象とすることが許される」[74]、あるいは「会社の社会的評価に重大な悪影響を与えるような従業員の行為については、それが職務遂行と直接関係のない私生活上で行われたものであっても、これに対して会社の規制を及ぼしうる」[75]などといった判断を示している。しかし、個々の事案の具体的な判断にあたっては、判例は、労働者の私生活の自由を尊重して、就業規則の懲戒条項を限定的に解釈し、使用者の懲戒権の行使を厳しくチェックしている。

労働契約関係は人的・継続的な契約関係であり、職務外・就業時間外においても従業員に企業の名誉、体面、信用を傷つける行為を差し控える義務があることは否定できない。ただ、この義務の内容・程度は、企業の規模・種類、労働者の職務・地位等によって異なったものにならざるをえないであろう。労働者の私生活の自由は十分に尊重されなければならず、労働者の企業外非行は、使用者の業務上の利益および名誉・信用を害するおそれが相当程度存する場合に限って懲戒の対象となりうると解すべきである。[76]

(2)　兼職禁止違反　使用者の許可なく他の企業に雇い入れられることを禁止し、違反者を懲戒処分に付する旨定める就業規則は少なくない。兼職（二重就職）許可制の違反について、学説では、労働者は労働契約で定められた一定の時間について使用者に労務を提供する義務を負うにすぎず、それ以外の時間をどのように利用するかは原則として労働者の自由であるとして、兼職によって使用者の利益が不当に侵害され、あるいは企業秩序が著しく乱されるなど、兼職を禁止する合理的な理由が存する場合に限ってこれを規制しうるにすぎないとする見解が有力である。(77)

裁判例でも、就業規則の規定に限定解釈を施し、就業規則に兼職を禁止する旨の規定があっても、企業秩序に影響せず、労務提供に格別の支障を生ぜしめない程度・態様の兼職は規制の対象には含まれず、懲戒事由とすることができないとの見解が示されている。(78)

就業時間外の兼職は基本的には労働者の自由であり、当然には使用者による許可といった規制の対象にはならないと考えられるが、就業時間外であっても、労働者が使用者の利益を害する非違行為をしない義務を一定程度負っていることは否定できず、兼職禁止規定を不合理であるとまではいえない。兼職許可制の問題については、兼職を行う労働者の利益（営業・勤務の自由）と兼職を禁止する使用者の利益を考量して判断するほかない。なお、兼職も基本的には労働契約上の権限の及ばない私生活上の行為であることから、兼職禁止規定については、合理的な限定解釈を施す必要があろう。(79)

五　懲戒処分手続

懲戒処分がしばしば労働者に職業上・生活上の不利益をもたらすことから、使用者による懲戒処分の実施については、学説・裁判例上、慎重な手続が要請されている。使用者の懲戒処分が労基法三条や労組法七条等の法令に違反してはならないのはいうまでもないことであるが、その他にも使用者が準拠すべき基本原則として、次のようなものがあげられている。(80)

(1)　平等取扱いの原則　　同じ規律に違反した場合には、同程度の処分が行われるべきで、別異の取扱いは許されない。懲戒処分は、先例を踏まえてなされるべきであって、従来黙認してきた行為を処分の対象とする場合には、その旨警告するなど事前の特別な措置を必要とする。

(2)　罪刑法定主義、不遡及等の原則　　懲戒の事由とそれに対する懲戒の種類・程度が就業規則に明記されていなければ、懲戒処分をなすことができない。(81)また、就業規則の懲戒規定は、制定前の行為に適用されてはならない。さらに、同一の非違行為について、重ねて懲戒処分を行うことは許されない（一事不再理の原則）。

(3)　相当性の原則　　懲戒は、規律違反等の種類・程度に応じた相当なものでなければならない。実際に懲戒処分を行うかどうか、およびどのような処分を行うかは、原則として使用者の裁量に委ねられている。しかし、判例上は、使用者の懲戒権の行使は、客観的に合理的理由を欠き社会通念上相当として是認しえない場合には、懲戒権の濫用として無効になると解されている。(82)

(4)　適正手続　　懲戒処分の発動にあたっては、手続的な正義（justice in procedure）が要請され、就業規則所定の手続に違反する処分は許されない。就業規則において、懲戒は労使の代表によって構成される懲戒委員会の決定による旨規定されている場合にはこの手続を遵守する必要があり、このような規定がない場合にも、本人に弁明の機会を与えるなど、適正な手続を尽くすことが要求される。就業規則に懲戒手続に関する規定がない場合、使用者は基本的には任意の手続を選択しうるということになるが、(83)手続における正義の観点から、少なくとも手続的要件に反する懲戒処分は、手続上の瑕疵が些細なものでないかぎり、懲戒権の濫用として無効となる。(84)

(1)　菅野和夫『労働法〔第五版補正二版〕』(二〇〇一年、弘文堂) 三八六頁、西谷敏「懲戒処分」片岡曻ほか『新労働基準法論』(一九八二年、法律文化社) 五一一頁以下参照。

(2)　労働者の債務については、履行強制は一切認めるべきではない。また、同時履行の抗弁権は、労働関係においては実際上有効な手段ではないであろう (下井隆史『労働基準法〔第3版〕』(二〇〇一年、有斐閣) 三一二頁参照)。

(3)　公務員については、一般民間企業の従業員とは異なり、法律、人事院規則、条例に定める事由による場合でなければ降任、休職、免職等の処分を受けないという身分保障の原則が定められており (国公法七四条以下、地公法二七条以下)、また、公務員が一定の事由に該当する行為を行った場合においては、任命権者は懲戒処分として免職、停職、減給または戒告の処分をなすことができる旨の規定がおかれている (国公法八二条以下、地公法二九条)。したがって、これらの者に対する懲戒処分の法的根拠については、とくに問題はない (安枝英訷＝西村健一郎『労働基準法 (労働法Ⅱ)』(一九九六年、青林書院) 四二〇頁参照)。

(4)　西谷・前掲論文五一二以下参照。

(5)　これらの問題については、下井・前掲書三一〇頁以下、菅野・前掲書三八〇頁以下、西谷・前掲論文五一一頁以下、安枝＝西村・前掲書四一七頁以下、小西國友「懲戒権の理論」労働法文献研究会編『文献研究　労働法学』(一九七八年、総合労働研究所) 一〇五頁以下、盛誠吾「懲戒解雇の法理 (上)(下)」労協二七二号 (一九八一年) 一八頁以下、二七三号 (同年) 一〇頁以下、同「懲戒処分」日本労働法学会編・現代労働法講座第10巻『労働契約・就業規則』(一九八二年、総合労働研究所) 二二八頁以下、毛塚勝利「懲戒の機能と懲戒権承認の規範的契機」労協二七七号 (一九八二年) 一五頁以下、諏訪康雄「懲戒権と懲戒解雇の法理論 (上)(下)」労協二八〇号 (一九八二年) 一七頁以下、二八一号 (同年) 一一頁以下、野川忍「企業秩序と懲戒権の到達点」季労一七七号 (一九九五年) 六頁以下、籾井常喜「懲戒権論」籾井常喜編『戦後労働法学説史』(一九九六年、労働旬報社) 八〇八頁以下、鈴木隆「企業の懲戒・制裁」日本労働法学会編・講座　21世紀の労働法第6巻『労働者の人格と平等』(二〇〇〇年、有斐閣) 一四六頁以下など参照。

（6）国鉄中国支社事件・最一小判昭四九・二・二八民集二八巻一号六六頁。
（7）電電公社目黒電報電話局事件・最三小判昭五二・一二・一三民集三一巻七号九七四頁。
（8）富士重工業事件・最三小判昭五二・一二・一三民集三一巻七号一〇三七頁。
（9）関西電力事件・最一小判昭五八・九・八判時一〇九四号一二一頁。
（10）洋書センター事件・東京高判昭六一・五・二九労民集三七巻二・三号二五七頁。
（11）国鉄札幌駅事件・最三小判昭五四・一〇・三〇民集三三巻六号六四七頁。同旨、ＪＲ東日本（高崎西部分会）事件・最一小判平八・三・二八労判六九六号一四頁。
（12）下井・前掲書三一一頁、菅野・前掲書三八七頁、野川・前掲論文一〇頁以下参照。
（13）津曲蔵之丞『大衆のための労働法の基礎理論』（一九五六年、有信堂）三三五頁、清水兼男「懲戒権の根拠と懲戒解雇」菊地勇夫教授六十年祝賀記念論文集『労働法と経済法の理論』（一九六〇年、有斐閣）四三七頁以下。
（14）本多淳亮＝佐藤進『就業規則――理論と実務――』（一九六五年、ダイヤモンド社）五五頁以下、西谷・前掲論文五一三頁、深山喜一郎「懲戒権」ジュリ増刊・労働法の争点（一九七九年）二〇八頁参照。
（15）石川吉右衛門「懲戒解雇」東洋経済新報社編『解雇をめぐる法律問題』（一九五四年、東洋経済新報社）一六四頁以下、石井照久「懲戒解雇と就業規則」季労一八号（一九五五年）二一頁以下、同『労働法の研究Ⅱ　経営と労働』（一九六七年、有信堂）一五三頁、花見忠「懲戒権」日本労働法学会編・労働法講座第5巻『労働基準法』（一九五八年、有斐閣）一四一一頁以下、同『労使間における懲戒権の研究』（一九五九年、勁草書房）一四八頁以下など。
（16）石井・前掲書一五三頁。
（17）花見・前掲書一八八頁。
（18）契約説に立つ最近の学説は、次のようにいう。「『企業秩序違反』として懲戒処分の対象とされる労働者の行為は通常、労働契約にもとづく義務の不履行、つまり労働者が使用者に対して負うところの、労務給付を中心としつつ他の付随的・周辺的な義務をも含む・・・労働契約上のもろもろの作為・不作為債務の履行不能または不完全履行にあたる。このような義務の懈怠について、使用者が労働契約にもとづく指揮命令権の行使をもって対処すれば済む場合もあろう。また、配転あるいは賞与や昇格・昇級に関する低査定の措置をとって対応することには一般に問題はない。とはいえ、指揮命令権の行使への不服従、つまり業務命令違反の場合・・・を含めて、『企業秩序違反』行為があった場合に使用者が従業員の法的責任を追及する必要が生ずることがあるのはいうまでもない。その債務不履行責任の追及方法として、契約法によって用意されているのは労働契約の解約と損害賠償の請求（民四一五条・五四〇条）のみである（履行強制は労働者の債務についてはー切認めるべきでないし、同時履行の抗弁権は労働関係では実際上無意味であろう）。しかし、損害賠償請求は一般に現実的有効性に欠ける。解約、つまり解雇の有効度が高いのはもちろんであるが、労働者に過酷な結果をもたらすので解雇権濫用禁止の法理により強い制約が加えられている。いずれにせよ労働者の義務違反につき、使用者には解雇するか否かという二者択一の対応の途しかないというのは、経営合理性の観点からも労働者の生活利益の面からもおよそ適切・妥当とはいい難い。ここのところに、懲戒解雇から戒告等に至る軽重の度合いがさまざまな懲戒処分が労働関係において行われることの合理性が見出される。それは、契約法にもとづき使用者が当然に有する債務不履行責任追及の方法ではない以上、事由と形態が当該の労働契約の内容となっていなければ法的な効力を持ちえないものである。そこで、懲戒処分は就業規則の規定にもとづいてのみ可能ということになる」（下井・前掲書三一二頁）。

(19) たとえば、花見・前掲論文一四〇七頁以下。
(20) 片岡曻「懲戒権の根拠と限界」菊地勇夫教授六十年祝賀記念論文集『労働法と経済法の理論』（一九六〇年、有斐閣）四五八頁。
(21) 沼田稲次郎『就業規則論』（一九六四年、東洋経済新報社）一四九頁。
(22) 西谷・前掲論文五一三頁以下。
(23) 沼田・前掲書一四九頁以下、片岡・前掲論文四六一頁以下、窪田隼人「懲戒権の根拠と限界」末川先生古稀記念『権利の濫用　下』（一九六二年、有斐閣）二六八頁以下、水野勝「懲戒権論」沼田稲次郎先生還暦記念『労働法の基本問題』（一九七四年、総合労働研究所）五三六頁以下など。
(24) 沼田・前掲書一五二頁。
(25) 片岡・前掲論文四六一頁。
(26) 西谷・前掲論文五一五頁。
(27) 花見忠「懲戒権と懲戒解雇」労旬二一六号（一九五五年）一二頁。
(28) 下井隆史「労働契約法における基礎理論的問題をめぐって――『懲戒権の根拠』と『解雇の自由』についての覚書」労働四二号（一九七三年）三三頁以下。
(29) 峯村光郎「懲戒権の法的根拠」季労一八号（一九五五年）一七頁。同旨、西村信雄ほか『労働基準法論』（一九五九年、法律文化社）四四九頁以下〔正田彬〕。
(30) 浅井清信『労働法解釈の基本問題』（一九六〇年、法律文化社）二八八頁以下。
(31) 浜田冨士郎『就業規則法の研究』（一九九四年、有斐閣）五九頁以下参照。
(32) 菅野・前掲書一一二頁、浜田・前掲書六二頁以下、七〇頁以下参照。
(33) 下井・前掲書三一二頁以下、菅野・前掲書三八八頁、中窪裕也＝野田進＝和田肇『労働法の世界〔第４版〕』（二〇〇一年、有斐閣）三〇一頁、厚生労働省労働基準局監督課編『改訂７版　採用から解雇、退職まで』（二〇〇二年、労働調査会）三四八頁参照。
(34) 下井・前掲書三一二頁参照。
(35) 菅野・前掲書三八八頁、窪田・前掲論文二七二頁、萬井隆令「懲戒処分の限界」本多淳亮先生還暦記念『労働契約の研究』（一九八六年、法律文化社）三四二頁以下参照。
(36) 菅野・前掲書三八八頁参照。
(37) 下井・前掲書三一四頁以下、菅野・前掲書三八八頁以下、西谷・前掲論文五一六頁以下、安枝＝西村・前掲書四二八頁以下、厚生労働省労働基準局監督課編・前掲書三五二頁以下参照。
(38) エスエス製薬事件・東京地判昭四二・一一・一五労民集一八巻六号一一三六頁。
(39) 福知山信用金庫事件・大阪高判昭五三・一〇・二七労判三一四号六五頁など。
(40) 同旨、下井・前掲書三一四頁、菅野・前掲書三八九頁。
(41) 昭二三・九・二〇基収一七八九号。
(42) 労働省労働基準局編『改訂新版労働基準法下』(二〇〇〇年、労務行政研究所) 八七四頁参照。
(43) 昭二三・九・二〇基収一七八九号。
(44) 労働省労働基準局編・前掲書八七四頁以下参照。
(45) 昭六三・三・一四基発一五〇号。
(46) 浅井清信「使用者の懲戒権」石井照久＝有泉亨編・労働法大系5『労働契約・就業規則』(一九六三年、有斐閣) 二六七頁。
(47) 有泉亨『労働基準法』(一九六三年、有斐閣) 二三一頁以下。
(48) 昭二三・七・三基収二一七七号。
(49) 同旨、下井・前掲書三一六頁。
(50) 同旨、下井・前掲書三一六頁以下、菅野・前掲書三九一頁。
(51) 高知放送事件・最二小判昭五二・一・三一労判二六八号一七頁。
(52) 日本経済新聞社事件・東京地判昭四五・六・二三労民集二一巻三号九八〇頁。
(53) 同旨、菅野・前掲書四四九頁。
(54) 労働省労働基準局編『労働基準法の問題点と検討』(一九八四年、日本労働協会) 八一頁、下井・前掲書一九八頁以下、菅野・前掲書三九二頁参照。
(55) 西谷・前掲書五二一頁など。

(56) 大和製作所事件・大阪地決昭五三・二・一〇労判二九八号七七頁、炭研精工事件・東京高判平三・二・二〇労判五九二号七七頁、同・最一小判平三・九・一九労判六一五号一六頁など。
(57) 石井保雄「経歴詐称」季労一七七号（一九九五年）五八頁以下参照。
(58) 弁天交通事件・名古屋高判昭五一・一二・二三労判二六九号五八頁。
(59) 西日本アルミニウム工業事件・長崎地決昭五〇・七・一一労判二三三号五二頁。
(60) スーパーバッグ事件・東京地判昭五四・三・八労判三二〇号四三頁。
(61) 神戸製鋼所事件・大阪高判昭三二・八・二九労民集八巻四号四一三頁。
(62) 同旨、下井・前掲書三一九頁、安枝＝西村・前掲書四二六頁。
(63) 鎌田耕一「職務懈怠」季労一七七号（一九九五年）六一頁以下参照。
(64) 菅野・前掲書三九三頁以下参照。
(65) 電電公社帯広局事件・最一小判昭六一・三・一三労判四七〇号六頁。
(66) 下井・前掲書一六八頁以下、菅野・前掲書七二頁、安枝＝西村・前掲書四二一頁以下参照。
(67) 前掲電電公社帯広局事件・最一小判昭六一・三・一三。
(68) 北陸銀行事件・金沢地判昭三一・五・四労民集七巻三号四五二頁、大和伸銅事件・東京地判昭三四・九・一二労民集一〇巻五号八一一頁など。
(69) 東日本交通事件・東京地決昭三一・七・二労民集七巻四号六八四頁、メトロ交通事件・東京地決昭三三・九・一二五労民集九巻五号六二七頁、茨城交通事件・水戸地判昭四七・一一・一六判時七〇五号一一二頁。
(70) 京阪神急行電鉄事件・大阪地判昭三七・四・二〇労民集一三巻二号四八七頁、ラジオ関東事件・東京地判昭四七・一二・一四労判一六八号四〇頁など。
(71) 前掲電電公社目黒電報電話局事件・最三小判昭五二・一二・一三。
(72) 菅野・前掲書三九六頁、中窪＝野田＝和田・前掲書三〇四頁、横井芳弘「企業内政治活動の規制」ジュリ増

刊・労働法の判例第二版（一九七八年）一二八頁以下など参照。

(73) 同旨、菅野・前掲書三九六頁以下。

(74) 前掲国鉄中国支社事件・最一小判昭四九・二・二八。類似の判断として、前掲関西電力事件・最一小判昭五八・九・八、中国電力事件・最三小判平四・三・三労判六〇九号一〇頁。

(75) 日本鋼管事件・最二小判昭四九・三・一五民集二八巻二号二六五頁。

(76) 同旨、下井・前掲書三二〇頁以下、安枝＝西村・前掲書四二七頁。

(77) 安枝＝西村・前掲書四二六頁、浜田冨士郎「二重就職」別冊ジュリ・労働判例百選（第五版）（一九八九年）七六頁参照。

(78) 平仙レース事件・浦和地判昭四〇・一二・一六労民集一六巻六号一一一三頁、橋元運輸事件・名古屋地判昭四七・四・二八判時六八〇号八八頁、国際タクシー事件・福岡地判昭五九・一・二〇労判四二九号六四頁など。

(79) 下井・前掲書一七四頁、菅野・前掲書三九九頁、岩村正彦「兼業禁止と競業避止義務」ジュリ増刊・労働法の争点（新版）（一九九〇年）一八六頁参照。

(80) 有泉・前掲書二二四頁以下、菅野・前掲書四〇〇頁以下、西谷・前掲書五二二頁参照。

なお、懲戒処分手続については、就業規則における懲戒処分制度の整備（懲戒事由および懲戒処分の種類・程度の明確化等）、懲戒処分制度の運用の適正化、懲戒の対象となった行為と懲戒処分の種類・程度との関係の明確化（被処分者に対する書面による懲戒処分の内容・理由の明示等）、懲戒処分に関する紛争を簡易・迅速に解決するための機関や手続の整備などを今後の課題として指摘することができよう（菅野和夫『雇用社会の法（補訂版）』〔一九九七年、有斐閣〕八三頁、労働省労働基準局監督課編『今後の労働契約等法制のあり方について—労働基準法研究会報告—』〔一九九三年、日本労働研究機構〕三五頁参照）。

(81) 懲戒処分後に判明した別の非違行為の処分理由への追加について、最高裁は、「懲戒当時に使用者が認識していなかった非違行為は、特段の事情のない限り、当該懲戒の理由とされたものでないことが明らかであるから、その存在をもって当該懲戒の有効性を根拠付けることはできない」とする（山口観光事件・最一小判平八・九・二六労判七〇八号三一頁）。

（82）　ダイハツ工業事件・最二小判昭五八・九・一六判時一〇九三号一三五頁。

（83）　岸井貞男「表彰および制裁」花見忠＝深瀬義郎編著『就業規則の法理と実務』（一九八〇年、日本労働協会）二一二頁など参照。

（84）　中央林間病院事件・東京地判平八・七・二六労判六九九号二二頁。

9　職場におけるプライヴァシー権

道　幸　哲　也

はじめに
一　職場におけるプライヴァシー権
二　プライヴァシー権をめぐる裁判例

はじめに

探索機器や情報収集・蓄積機器の急激な発達、私生活等の私的領域を重視する労働者意識の確立、さらに労働者の健康状態等を掌握する必要性が企業サイドにおいて高まったこと等で近時職場におけるプライヴァシー権について活発な議論がなされている。[1] EU諸国では、主に労働者の個人情報保護の動きとして、[2] アメリカでは職場のプライヴァシー権の展開として現れている。[3] 今や、職場におけるプライヴァシー問題は各国共通の課題になるとともに、グローバルな観点からの論議もなされている。[4]

わが国では、労働法が雇用保障と労働条件の確保を主要な課題として形成されたために、職場における私的領域の確保とかプライヴァシーの保護という発想はどうしても希薄であった。立法上若干の関連規定が散見されるにすぎない。[5] 実際の労使関係においても、水臭いプライヴァシーよりも協調性や会社の配慮が重視された。会社が立ち入ってはならないとみなされた領域は、思想・信条（労基法三条）や労働組合活動（労組法七条）が中心であった。使用者が本来立ち入るべきではない領域があるという立論よりは、信条の自由とか組合活動権とか使用者に対抗するためには労働者側に明確な「権利」があるという構成のほうが説得力があった。

ところが、上述のようなグローバルな動向を受けて、わが国においても職場におけるプライヴァシー権の問題は、一九九〇年ごろから論議の対象となり(6)、現在活発な議論がなされている(7)。裁判上でも争われ現在一定のケースの蓄積がみられる。同時に、最近は労働行政においても、おもに個人情報保護の観点からの施策が試みられている(8)。本稿は、職場におけるプライヴァシー権の問題を、労働契約論と関連付けて論ずるものである。具体的には、①職場におけるプライヴァシー権の内容を確認し、他の類似概念（たとえば、個人情報の保護、自己決定権）との異同を検討する。②関連裁判例を分類するとともに分析する。以上をふまえて、主要な理論課題と実践的な要請を考察したい(9)。

一　職場におけるプライヴァシー権

職場におけるプライヴァシー権をどうとらえるかについて、現在学説において二つの流れがある。「秘匿しておきたい私的領域」に着目する立場(10)と「個人情報のコントロール」を中心に考える立場(11)である。後者については、その具合的内容が必ずしも明確ではないと思われるので、「論争状態」のレベルまでは至っていない。他方、判例も、「プライヴァシー」侵害を人格権侵害と構成してはいるが(12)、職場のプライヴァシー権について独自の法理を展開しているわけではない。そこで、ここでは、プライヴァシー権についての憲法・民法における学説をごく簡単に検討し、職場におけるプライヴァシー権をどう構築すべきを、他の関連法理をも念頭において考察しておきたい。

1　憲法・民法におけるプライヴァシー権

プライヴァシー権の内容につき当初は「ほっておかれる権利」という消極的なとらえかたをされていたが、最近では多様な立場からより積極的な位置づけが試みられている。[13] たとえば、佐藤教授は、憲法一三条が、身体の自由、精神活動の自由、経済活動の自由、人格価値そのものにまつわる権利、人格的自立権、適正な手続的処遇を受ける権利、参政権的権利等の広汎な人格的利益を保障し、人格価値の一環としてプライヴァシー権が保障されていると解している。そして、プライヴァシー権を間接的に保障する条文として、憲法二一条二項、三五条、三八条一項、一九条、二一条をあげ、これらの条文が十分な規制を為しえない時に一三条上のプライヴァシー権が機能すると述べている。[14] 同時に、プライヴァシーの具体的内容につき、(イ)欲せざる意見や刺激によって心をかき乱されない利益たる静穏のプライヴァシー、(ロ)自己についての情報をコントロールする利益たる情報プライヴァシー、(ハ)一定種類の重要な決定を独立に行うことのできる利益たる人格的自立のプライヴァシー、とに区分をし、(ロ)を最狭義の、(ロ)と(ハ)を狭義の、また(イ)をも含んで広義のプライヴァシー概念が使われている。[15] また、憲法上有力な立場と評価されている芦部説では、[16] プライバシー権は、広義と狭義に区別され、広義のプライバシー権は憲法上個別に列挙された人権規定ではカバーされず、一三条を主たる根拠とする。同時に、「プライバシー権の概念やプライバシーの類型化の議論に深く立ち入らず、むしろプライバシーの名のもとに裁判上保障され、あるいは保障されるべきだと解される広汎な領域にわたる法的利益の実質的範囲と保障の程度」[17] の検討を重視している。まさに形成途上の権利というわけである。[18]

民法的にも、プライヴァシー権は「ひとりでほっておいてもらう権利」として名誉権等とともに人格権[19]の一環として保障されている。もっとも、プライヴァシー権の内容につき憲法学のような華々しい議論がなされているわけではなく、原状回復や差し止め命令の許否等が主要争点の一となっている点に特徴がみられる。[20]

2　職場におけるプライヴァシー権の特質

労働法上プライバシー権をいかにとらえるべきか。憲法上、民法上の議論は示唆に富むが、問題状況が大きく異なるので、独自のプライバシー権を追及する必要がある。では、それをどう構成し、どの点に独自性があるのか。

まず、私見の基本的視点を明らかにしておきたい。職場におけるプライヴァシー権の保護とは、使用者が秘匿しておきたい労働者の私的領域（思想・良心、身体、私生活等）に不必要に関与、詮索すべきでないことを意味する。企業社会に取りこまれない従業員の「私人（この場合、〈公〉は会社）」としての自分らしさを維持、確保するためである。もっとも、労働者の私的領域に対する企業の関与が全く許されないわけではない。労働能力の適正な把握のためには、身体能力や人格の評価が一定程度不可欠であり、そのためには相当な業務命令を発することができる。また、配転命令を発する際等に使用者が労働者の私生活に相当な配慮をすべき場合も少なく無い。

実際にも使用者との関係だけではなく、同僚との間においても、互いにプライヴァシーを開示しながら（円滑な）人間関係を形成している傾向は否定できない。しかし、それらの行為はあくまでも当事者が自主的に為し、また為すべきものと思われる。労働者の意向に反して、使用者が私的領域へ強制的に関与することは原則として許されないと考える。

では、職場におけるプライヴァシー権の特質及び法理形成の際の基本論点はなにか。

第一に、プライヴァシー権は、個人を他人や社会から隔絶するためではなく、適正な均衡の下で他者との交流・接触を図るためのものである。(21) 適度の距離をもった人間関係をいかに形成すべきかが問題になるわけである。その意味では、距離感覚の無さ（全人格的従属？）がわが国の雇用関係の特質の一といわれているので、それだけプライヴァシー保護の必要性が高いといえる。会社との距離、上司や同僚との距離をどうとるかのルールでもあるわけである。

第二に、労働法では主に労働契約上の権利義務との関連でプライバシー権が問題とされる。私的領域に対する調査や関与につき労働者がいかなる合意をしたかという契約論とともに、労務の円滑な遂行につきどの程度の調査や関与が必要かという労働論ともいうべきものが争点となる。「労働」「契約」法理の一環としての論議になるわけであり、具体的には労働者のプライヴァシーを保護すべきであるという信義則上の要請とそれを侵害する業務命令・措置の必要性のバランスが争点となる。労働（過程）が人格と未分化であることからその解明は極めて重要である。

第三に、職場におけるプライヴァシー権の具体的あり方を考える際の難問は、労働者の私的領域に本来関与すべきでないという要請と業務命令を出すにつき労働者の私的事項にも一定の配慮をすべきであるという相矛盾する要請をどう調整すべきかである。たとえば、労働者の健康問題については、より配慮すべきであるという使用者サイドに対する安全配慮義務上の要請が強まるとともに、より広くプライヴァシーを保護すべきであるという労働者サイドの意向も強くなっている。

第四に、人格権との関連については、憲法上、民法上は一般的にプライヴァシー権を包摂するものとして把握されている。[22]では、労働法上はどう考えるべきか。ここでも、同様に、（広義の）人格権の存在を前提に、労働遂行に関係する利益（例えば、適切な仕事をすること、同僚と適切な人間関係を形成すること[23]）については（狭義の）人格権の問題として（以下、主にこの意味で使用する）、使用者が関与すべきでない私的領域の保護についてはプライヴァシー権および自己決定権の問題として処理すべきものと思われる。[24]いずれも使用者からの不当な関与を制約する点では同質である。

その意味では、労働者の自己決定権がその前提にあることは否定し得ない。しかし、プライヴァシー権は秘匿がその特質になり、自己決定権は就労中の髪形等必ずしも秘匿が問題とならない点において違いがある。権利保障の仕方がかなり異なっているのでここでは区別して取扱いたい(25)。

3　自己情報コントロール権との関連

私見は、職場におけるプライヴァシー権を「秘匿しておきたい私的領域に不当に関与されない権利」と把握している。「私的領域」に着目しているが、基本視点は、前述したように孤立ではなく、職場においてどのような関係を使用者や同僚と形成するか、換言すればどう働くかの問題である。以上の私見に対し、労働者の個人情報保護に着目し、憲法上の自己情報コントロール権として構成すべきという批判がなされている。

たしかに、自己情報コントロール権の立場は、対象を「個人情報」として特定し、その処理（情報の収集・管理・利用・流通・提供）に着目することによって権利保障の視角が明確になるというメリットがある。とりわけ、情報の開示や訂正等積極的なエンフォースメントを構想しうる点は魅力的である。実務的には、労務管理の立場からの利用（マニュアル化）や政策としても実施しやすい(26)。一般的な個人情報保護法理との連動も可能である。その意味では、独自の立場から個人情報保護法理を形成することは十分可能であり、理論的にも必要な作業と思われる(27)。

しかし、私的領域の確保という形態での人権保障の立場からは、個人「情報」に特化することは対象を限定しすぎる側面がある。つまり、使用者の侵害行為を「情報」と関連づけることが困難な行為があり（トイレの覗き見、私生活の行為を理由とする解雇）、このような行為を規制対象とすることができないからである。他方、個人情報といっても、賃金・人事情報等をも含み対象が拡大しすぎる点も問題である。

また、労使関係においては、契約関係を前提に労働力の適正なコントロールのために使用者が関連情報を収集・管理するという図式になっている。自己情報コントロールどころか被用者には一定の「真実告知義務」さえ課せられている。さらに、従業員情報には、懲戒処分や査定情報等性質上会社が保有すべきものと、私生活等会社が詮索すべきではない情報が含まれる。これら性格のはっきり異なる情報を全体として自己情報コントロール権によって把握することは法理的に困難と思われる。(28)「労働契約論」との関連を明確にする作業がまず必要といえる。

4　私的領域に対する不当な関与

以上の論議をふまえてプライヴァシー権、つまり「秘匿しておきたい私的領域に不当に関与されない権利」の内容を明らかにしたい。具体的には、「秘匿しておきたい私的領域」と「不当な関与」の内容が問題となる。不当な関与の主体は必ずしも使用者に限らないが(例えば、関係機関の担当者)、原則として使用者の行為が対象になる。「関与の形態」としては、労使関係の特質から以下の五つのパターンが考えられる。それが「不当な」ものか否かは、関与の目的、事項、態様等による。

その一は、調査や申告・表明の要求である。調査は使用者の一方的な行為であるが、申告・表明の要求は、被用者に対し意に反する行為を強要するという側面もある。とりわけ採用時に問題になる事が多い。個人情報の収集ともいえる。

その二は、監視、検査である。裁判上は、職場内における仕事の監視や特定の職種(例えば、車掌)に対する所持品検査が争われている。仕事自体の監視は原則としてプライバシーの問題ではないが、その態様によっては私的領域への関与は想定できる。たとえば、メールや電話のチェックである。また、施設的には、職場内においても私的領域ともいうべきものは存在する。更衣室や自分のロッカーであり、監視・検査は原則として許されないであろう。

その三は、業務命令上の措置である。業務命令が発せられるケースもあれば、それが発せられない場合（例えば、時間外労働を命じない、年休を認める）もある。労基法との関連においては、一定の優遇措置を受けるために私生活を開示しなければならないことの当否（たとえば、年休を取得するために利用目的を明らかにする）も問題としうる。

その四は、私的領域内の特定の行為を理由とする処分や解雇である。最終的な強制手段であり、古典的な措置といえる。

その五は、従業員情報の流通、開示、公表である。開示の相手方は、同僚、取引先、組合等が考えられる。本人への開示も問題となる。

以上五つのパターンのうち、一、二、五は、職場に特化しない一般的なプライバシー侵害とほぼ同じ態様である。一と五は、端的に個人情報保護の問題でもある。もっとも、表明の要求等被用者に特定の行為をさせる部分については、業務命令によってそれを強要するという側面がある（さらに、業務命令違反とする解雇の問題にもなる）ので、このレベルになると労働法独自のものといえる。また、三、四は労働法独自の関与パターンと評価しうる。

次に、「秘匿しておきたい私的領域」とはなにか。[29] ここでは使用者との関係において「秘匿」の必要性が問題になるので、髪型や服装は対象にはならない。これらは、人格権もしくは自己決定権の問題といえよう。また、人事考課や懲戒処分歴も使用者との関連においては私的領域の事項とはいえない。もっとも、それらは同僚や社会との関連ではまさに「秘匿しておきたい私的領域」である。その意味では、相対的な概念という側面もある。一応次の七つの私的領域(30)を想定することが出来、各領域に応じて関与の仕方が問題となる(31)。

その一は、思想、信条の領域である。基本的人権の中核である（憲法一九条、二〇条）とともに、労使関係においてはそれを理由とする不利益取扱いが明文により禁止されている（労基法三条）。

その二は、交遊関係や所属団体の領域である。これらは、職場外における関係と職場内もしくは職場に関連した（例えば、取引先、顧客、労働組合）関係に区別される。後者については純粋な私的領域といえるかは争いとなる。

その三は、家計や家の経済・財産状態である。とくにサラ金等からの借金やローンの有無が問題となる。

その四は、自営業従事や他社における就労である。就業規則において兼職禁止もしくは許可制がとられているケースが多い。

その五は、家族・親族関係である。家族関係は履歴書記載事項であり、社会保険の被保険者資格とも関連するので秘匿されることは少ない。今後、介護休業との関連において、親族関係の申告も必要になる。

その六は、肉体的、精神的な健康状態である。病状が外部に現われると秘匿は不可能になるが、それにまで到らない場合に特に問題となる。メンタル・ヘルスはその処理がデリケートであり、紛争事例が増加する傾向にある。

その七は、学歴、職歴等の履歴である。学歴等は労働力評価のために不可欠とされているが、犯罪歴や組合歴は秘匿する必要性が高い。また、解雇されたりトラブルによって退職した者にとって、職歴は秘匿しておきたいものである。

二　プライヴァシー権をめぐる裁判例

職場におけるプライヴァシー権が裁判上論議されるようになる以前から、労働者の私的領域に不当に関与すべきではないという見解は、主に処分や解雇事件において示されていた。一定の判例法理ともいうべきものが蓄積されていたわけである。たとえば、私生活領域における犯罪を理由とする懲戒処分につき、犯罪の種類、犯罪の程度、従業員の企業における地位・権限から、使用者の懲戒権の行使につき一定の制約を課す横浜ゴム事件最判（最三小判昭和四五・七・二八民集二四巻七号一二二〇頁）や所持品検査の適法性の要件として①合理的理由に基づくこと、②妥当な方法と程度によること、③画一的に実施すること、④就業規則その他明示の根拠に基づくこと、をあげる西日本鉄道事件最判（最二小判昭和四三・八・二判時五二八号八二頁）が好例である。私的自由と業務上・企業経営上の必要性のバランスを試みたものといえよう。

他方、解雇や処分までに至らない使用者の業務命令や措置については、たとえそれが労働者の私的領域を侵害したとしても必ずしも十分な規制はなされていない。たとえば、採用面接時における政治的な質問の適否が争いになった三菱樹脂事件（最大判昭和四八・一二・一二判時七二四号一八頁）や日常的な労務管理下において政党員でない旨の書面の提出要請違法性が争われた東京電力事件（最二小判昭和六三・二・五労働判例五一二号一二頁）において、最高裁はいずれもその違法性を否定している。さらに、総合精密検診の受診命令の適否が争いになった電電公社帯広局事件においても、最高裁（最一小判昭和六一・三・一三労働判例四七〇号六頁）は就業規則等の解釈から受診命令を発しうると判示している。

全体として、一九九〇年頃までは判例法上労使関係において労働者の私的領域を確保するという発想は希薄であった。職場におけるプライヴァシー権という視点もなかった。せいぜい、懲戒処分や解雇事件について

「解雇権の濫用」レベルで処理したり、何らかの対抗法理（たとえば、労基法三条、労組法七条）でチェックするぐらいであった。

職場におけるプライヴァシー法理が俄然注目を浴びるようになるのは一九九〇年代以降であり、そのリーディングケースとなったのは関西電力事件大阪高判（平成三・九・二四労働判例六〇三号四五頁）および最判（最三小判平成七・九・五労働判例六八〇号二八頁）であった。大阪高判は、「被用者は、使用者に対して全人格をもって奉仕する義務を負うわけでなく、使用者は、被用者に対して、その個人的生活、プライバシーを尊重しなければならず、また、その思想、信条の自由を侵害してはならないのであるから、使用者の被用者に対する観察或いは情報収集については、その程度、方法に自ずから限界」があると判示した。最判も、「職場における自由な人間関係を形成する自由を不当に侵害するとともに、その名誉を毀損するものであり」、また、「プライバシーを侵害するものでもあって、同人らの人格的利益を侵害する」と説示し保護法益としてプライバシーをはっきりと明示している。本件は、民青同盟員に対する監視、孤立化、ロッカー調査等がなされた、事案としてはおそろしく古典的なものであったが、そこで使われた法理は先端的な内容といえる。

その後、学説が一定の展開を示したこともあり、裁判上プライヴァシー権が争点となる事案が増加している。とはいえ、判例、学説いずれにおいても必ずしも体系だった展開をみせているわけでない。そこで、以下では、労働者の私的領域の確保という基本的な立場に基づき、使用者のプライヴァシー侵害行為を次の四つの態様、つまり①労働者情報の収集、②労働者情報の管理・外部提供、③就労状態の監視・調査、④私的領域の行為を理由とする処分、私的情報の開示を理由とする優遇措置、に類型化して関連裁判例を分析、検討していきたい。

1　労働者情報の収集

労働者情報の収集は、採用段階とその後の日常的労務管理段階で問題となる。採用段階においては、使用者に採用の自由がほぼ無制限に認められているので（前掲・三菱樹脂事件最判。例外は均等法五条、労組法七条一号）、使用者の行為を適切に規制することが困難な状況にある。採用面接等において真実を述べたならば採用されないリスクがあり、他方、虚偽の申告は経歴詐称とみなされ採用後に懲戒処分の対象とされるおそれがあるからである。法規制が及びにくい聖域化している。

他方、日常的労務管理下においては、解雇等が規制されているので、使用者の行為に対し一定の抵抗は可能である。とはいえ、情報の収集が業務命令によりなされる場合には、やはり懲戒処分のリスクを負うことになる。

次に、情報収集の方法としては、①質問に対する回答や申告による、②健康診断、③興信所等による一方的な収集、④調査・監視、を想定しうる。①②については、当該行為を命じる業務命令を発しうるかが主要な争点であり、また、①については、内心や信条の自由を害しないかも争点となる。③については裁判上問題になることはほとんどなく、また④は、***3***において検討する。

⑴　採用時の情報収集

採用時において、履歴書等を提出させ得ることは当然視されている。その記載内容につき、本籍地等については問題になっているが[32]、その他の学歴、職歴、家族構成、趣味、特技、健康状態等については的確な労働者評価のために必要なものと解されている。裁判上、履歴書の提出義務自体の存否が争われたことはない。また、健康診断の受診義務の有無や興信所による身元調査の適否も問題となるが、採用段階の事例としては裁判上争われていないと思われる。

次に、採用面接時には、使用者は応募者に私的領域に関する事柄をも含む多彩な質問をし、応募者はこれに的確に答えることが要請される。この採用面接については、(イ)当該質問をすることは許されるか、(ロ)応募者は質問に答えなければならないか、(ハ)虚偽の回答をした場合に、使用者はいかなる措置を取りうるか、等が問題になる。

実際には、面接時において応募者の名誉や自尊心を傷つける質問もしくはプライヴァシーに関わる質問（今つきあっている恋人がいるか）がなされることは少なくない。しかし、そのことを理由とする労働者からの損害賠償の請求がなされたことは無いと思われる。最近セクハラがらみの質問が問題となっているが、学説、判例上、(イ)のような問題関心は必ずしも鮮明ではない。具体的事件においては、もっぱら(ロ)が(ハ)との関連で問題となっている。つまり、虚偽回答・申告を理由として懲戒をなしうるような「回答・申告」が法的に義務づけられるか否かが争われているわけである。

もっとも、裁判上、理論的レベルにおいて(イ)(ロ)が直接争点になる場合がある。主に思想、信条に関する質問の適否がそうである。判例によれば、全人格的判断のために使用者は広汎な事項につき質問をなすことができ、「企業者が、労働者の採否決定にあたり、労働者の思想、信条を調査し、そのためその者からこれに関連する事項についての申告を求めることも、これを法律上禁止された違法行為とすべき理由はない」と解されており（前掲三菱樹脂事件最判）、この点についての歯止めはほどんど無い。思想・信条や私的領域に関する事項につき、「自主的な」申告を求めることはほとんど問題が無いわけである。せいぜい、性差別事件と不当労働行為事件で問題になるぐらいである。応募者にとって、質問に答えないことは事実上不可能に近い。

もっとも、質問、より正確にいえば申告を求めるべき事項を制限すべきであるとの判断を示す例もある。例えば、三菱樹脂事件東京高裁判決は、「その入社試験の際、応募者にその政治的思想、信条に関係のある事項を申告させることは、公序良俗に反し、許されず、応募者がこれを秘匿しても、不利益を課し得ない」（昭四三・六・一二労民集一九巻三号七九一頁）と、また、大森精工事件東京地判は、「雇用契約の趣旨に照らし信義則上必要かつ合理的と認められる範囲を越えてまで労働者にその経歴の告知を求めることは、労働者の個人的領域への侵害として許されない」（昭六〇・一・三〇労働判例四四六号一五頁、スーパーバック（本案）事件　東京地判昭五四・三・八労働判例三二〇号四三頁も参照）との立場を明らかにしている。しかし、懲戒処分の適否の問題を、「申告義務」のレベルにおいて処理する以上のような例は極めて稀である。

(ロ)の問題は、応募者は特定の質問に答える義務があるかというものである。採用面接時において、質問に答えないことは、たといどのような質問内容であっても、決定的に不利に取り扱われる（不採用となる）可能性がある。とりわけ、三菱樹脂事件最判が、ほぼ無制限に採用の自由を認めているので、実質的には答えない自由は無いといえよう。そこで、多くの場合応募者は、不利な質問に対しては不正確な若しくは虚偽の申告をすることにならざるをえない。では、この場合に使用者はいかなる措置を取りうるであろうか。採用面接に関する紛争はもっぱらこの(ハ)の問題をめぐるものである。

使用者は、虚偽申告の内容・程度にもよるが、それが明らかになった時期に応じて一応次のような措置を取りうる。内定期間中ならば、採用内定の取消を（例えば、日立製作所事件　横浜地判昭四九・六・一九判時七四四号二九頁）、試用期間中ならば本採用の拒否（例えば、前掲三菱樹脂事件最判）や試用期間中の解雇を（東京キャビネット事件　東京地判昭五〇・二・二二労働判例二二〇号三二頁）、また本採用後ならば、経歴詐称として懲戒解雇をなすことができる。裁判例としては、最後の経歴詐称の事件が圧倒的に多い(33)。

(2)　日常的労務管理時の情報収集

裁判上、申告、表明の強制そのものの許否が争われるのは、採用後についてである。具体的に争われているのは次のような問題である。第一は、会社の方針や政策に対し積極的な賛意を表明するよう労働者に義務づけることが出来るかである。表明をしなかったことを理由とする処分の許否が争われている。第二は、始末書提出拒否を理由とする処分が許されるか、とりわけ、労働者に対し陳謝を強制しうるか、が争われている。以上の第一、第二の論点は、内心や良心の自由を侵害する恐れのある業務命令を発しうるかの問題に他ならない(34)。第三は、思想、信条や家族状態等の申告、表明が義務づけられるか、というものである。ここでは、この第三の問題だけをとりあげたい。

日常的な労務管理下においては思想、信条の表明を要求されることが少ない理由の一は、労基法三条において、思想、信条等を理由とする労働条件上の差別がはっきりと禁止されているからである。したがって、裁判上、思想等の申告、表明を強制することの当否が直接争われることはほとんどない。リーディングケースたる東京電力事件は、電力会社の営業所長が、「赤旗」に漏洩された記事の出処を質すために女子職員に対し共産党員か否かを問い、党員でなければない旨の書面の提出を求めた行為の不法行為性が争われたものである。一審（甲府地判昭五六・七・一三労働判例三六七号二五頁）は、(イ)記事の出処を質すために原告の思想、信条を問わなければならない必要性はなかった、(ロ)手段、方法（営業所長が応接室において一時間にわたり執ように要求した）において多分に強制の契機を宿し原告の自由意思に大きく作用したとして公序違反と判断した。他方、原審（東京高判昭五九・一・二〇労働判例四二四号一四頁）も、本件調査に不相当な面があることは認めつつも、以下のような事実から、書面交付の要求は「社会的に許容し得る限界を越えて上告人の精神的自由を侵害した違法行為」に当らないと判断した。(イ)質問は企業秩序違反行為の調査のためであり、必要性があった。(ロ)質問の態様は返答を強要するものではなく、書面交付についても強要にわたるものではない。(ハ)不利益を課す、もしくは利益誘導の発言はない。(ニ)原告は右要求を拒否した。

本最高裁判決については、調査目的のために共産党員であるか否かを質問する必要があったとしても、共産党員でない旨の「書面の提出」までをも要求する必要はなかったこと、企業内における、就業時間中の上司による質問・調査には必然的に強制的契機がともなうことを見逃している点について基本的な問題があると思われる。当該調査はまさに「業務命令」によるものであり、従業員にはそれを拒否する「自由」はないからである。労働契約上、労働者はどの範囲においてどのような調査に協力すべきかの問題も残されている（富士重工事件　最三小判昭和五二・一二・一三民集三一巻七号一〇三七頁参照）。

ところで、日常的労務管理下において、勤務条件の決定や社会保険上の給付のために、労働者は種々の事柄について申告を要請される。これらの多くは（例えば家族状態）、具体的金銭給付（例えば家族手当）に結び付けられているのでそれらにつき真実を申告する義務がある。裁判上も、不正申告に基づく手当の不正受給が就業規則に違反するという判断が示されている（三菱重工業事件　東京地判平成二・七・二七労働判例五六八号六一頁、セントラルフィルター事件　東京地判平成三・一〇・二二労働判例六〇二号四八頁）。もっとも実際には、その事実だけによって解雇が認められることは稀であり、詐取につき故意を欠く（新大阪新聞事件　大阪地決昭和五四・二・二六労働経済判例速報一〇二五号三頁）とか、上司の指示に基づくとして（マッキーインターナショナル事件　東京地判平成五・一〇・一九労働判例六四七号七二頁）、解雇権の濫用とする判断が示されていることが多い（前掲・三菱重工業事件東京地判も参照）。

(3)　身体情報の収集――健康診断受診義務

健康状態（精神的レベルのそれを含む）や既往症は、プライヴァシーの核となる部分であり、他人がこれらにつき勝手な詮索をなすことは許されない。健康状態を知るための健康診断も、明確な公益上の要請がなければ義務づけることはできない（例えば、結核予防法七条、性病予防法一〇条）。通常、健康診断は、あくまでも自分の健康を守るために自主的に受けるものとされている。この点は、労使関係においても原則として同様であり、通常は健康診断を受ける労働者の「権利」が問題になる。しかし、使用者の立場からいえば、労働安全衛生法等の規定により、また安全配慮義務の履行の一態様として、種々の健康診断を受けさせる「義務」が問題になるわけである。したがって、今までは、労働者の意思に反して健康診断の受診を強制しうるかというプライヴァシーの観点からの問題関心自体が希薄であった。

企業は、安定した労働力の確保、的確な労務配置および安全配慮義務の履行等のために、労働者の健康状態に対する関心を有している。労働者の健康状態を知る強いニーズがあるわけである。また、職場における健康管理の観点から、労働安全衛生法六六条、結核予防法四条、労働安全衛生規則四三条―五二条等は、使用者に対し健康診断を実施することを義務づけている（プライヴァシー保護の観点から労働安全衛生法一〇四条は、「健康診断の実施の事務に従事した者は、その実施に関して知り得た労働者の心身の欠陥その他の秘密を漏らしてはならない」と定めている）。そこで、労働者に対し、どのような場合にどのような内容の受診命令を発しうるか、また、当該命令違反を理由として懲戒処分等をなしうるかが問題になる。今後、労災被災者や私傷病労働者の処遇をめぐって多様な紛争が多発することが予想されるので、この点の検討は極めて重要と思われる。理論的には、労働者に対し受診機会を与えるよう配慮すべき義務と不当に労働者のプライヴァシーを侵害すべきではないという要請をいかに調整すべきかが主要争点になる。以下、判例法理を検討していきたい。

リーディングケースたる電々帯広局事件は、労災による休業者に対し、頸肩腕症候群総合精密検診を受診すべきであるという業務命令が出され、当該命令違反を理由とする戒告処分の効力が争われたものである。一審（釧路地帯広支部判昭五七・三・二四労働判例三八五号四一頁）は、原告の要求にもかかわらず検診項目を明らかにしなかったことを理由として、業務（受診）命令自体を無効とし、原審（札幌高判昭五八・八・二五判時一〇九七号一一九頁）も、医師選択の自由の観点から特段の理由がなきかぎり受診義務を課すことはできないとの判断を示した。その際、「検診期間中における私的生活がかなり制限されるほか、必ずしも自己の信任しない医師により、検診に必要な限度において、身体的侵襲を受けるとともに個人的秘密が知られることになる」点が重視されている。

他方、最高裁（最一小判昭六一・三・一五労働判例四七〇号六頁）は、就業規則および健康管理規定上使用者が必要な指示をなしうることを前提に、合理性、相当性が認められる限り受診命令を発しうるとした。つまり、原告は労災罹患を理由とする要管理者であったので、労働契約上、健康回復に努める義務があるのみならず、右健康回復に関する健康管理従事者の指示に従う義務があり、右疾病の治癒回復という目的との関連において合理性、相当性が肯定される限り、本件総合精密検診を受ける義務があるとの判断がなされている。以上のように各審級の裁判所の判断はそれぞれ全く異なったアプローチに基づき事案を処理していた点が注目される。

本件のように会社指定医において診断を受ける義務があるか否かは、他の事案においても争われていた。それらは一般論としては、労働者の医師選択の自由を認めているが、個別事案との関連においては、実質的に会社指定医による受診を義務づけている場合が多い。例えば、労働者の選択した医師の診断結果に疑問がある場合（日本NCR事件　東京地判昭四九・一一・二六労働経済判例速報八六六号二八頁）や病気が業務上か否かの事実が労働者の処遇に直接影響し、かつ当初診断書を提出した医師が業務上と証言している場合（京セラ［不当労働行為］事件　東京高判昭六一・一一・一三判時一二二六号一三七頁、同民事事件　横浜地川崎支部判昭六三・五・一九労働判例五三〇号七一頁）、さらに、復職の判断につき指定医の診断を受けることが慣行化している場合（全電通労組事件　東京地判平成二・九・一九労働判例五六八号六頁）がある。

その後、市立学校教職員に対する定期健康診断においてエックス線検査の受診を拒否したことを理由とする減給処分の適否が愛知県教育委員会事件で争われた。一審名古屋地判（平成八・五・二九労働判例七二二号七七頁）は、学校保健法八条は教職員に対し定期健康診断の受診義務を定めたものではなく、また、労安法六六条五項や結核予防法七条の規定は「健康診断による利益を享受する立場からこれに協力すべき責務を課するという観点から、これを受診すべき義務を定めたものと解され、それ以上に、労働者（業務従事者）の職務遂行上の義務として右の受診義務を定めた」ものではないと説示し、当該処分を無効とした。他方、原審名古屋高判（平成九・七・二五労働判例七二九号八〇頁）は、学校保健法、労安法の各規定により受診義務が生じると解し処分を有効とした。最判（最一小判平成一三・四・二六労働判例八〇四号一五頁）も、市立学校教職員は「その職務を遂行するに当たって、労働安全衛生法六六条五項、結核予防法七条一項の規定に従うべきであり、職務上の上司である当該中学校の校長は、当該中学校に所属する教諭その他の職員に対し、職務上の命令として、結核の有無に関するエックス線検査を受診することを命ずることができる」と判示している。

本最判は、市立学校教職員という職種につきエックス線検査の受診が業務命令によって義務付けられることを明らかにした。事例としてはやや特殊であり、最判も、学校保健法が教職員の健康が保健上および教育上、児童、生徒等に大きな影響を与えることや結核予防法が学校における集団を防衛する見地から規定されたことを重視している。同時に労安法六六条五項に基づき（契約上の）検診義務をはっきりと認めており、この判示がどの程度一般性をもつかは注目される（芦屋郵便局事件　大阪高判平成一二・三・二二判例タイムス一〇四五号一四八頁も参照）。

以上の他に診断書提出義務自体の有無も争われている。一般的に病気欠勤は、他の事由に基づく欠勤とは異なった有利な取り扱いが為されているので、病気欠勤と認定されるためには、診断書の提出が必要とされる場合が多い。このようなケースにおいて診断書提出義務があることは当然視されている（例えば、日本電々公社事件　東京地判昭五六・二・一三労働経済判例速報一〇九七号一五頁、東灘郵便局事件　大阪地判昭五六・二・二六労働経済判例速報一〇九七号一二頁、安威川生コンクリート事件　大阪地判昭六三・九・二六労働判例五二五号六頁、エイワ事件　東京地判平成五・九・二〇労働判例六四二号二七頁等）。

受診するか否かについては労働者の意思が介在するが、その検診内容についてまでチェックしえない場合もある。Ｔ工業事件は定期健康診断の際に労働者の同意なしにＨＩＶ抗体検査を行ったことに対し、労働者が検査を実施した医療機関と会社を相手に損害賠償を請求した事件である。千葉地判（平成一二・六・一二労働判例七八五号一〇頁）は、事業主であっても「特段の必要性がない限り、ＨＩＶ抗体検査等によりＨＩＶ感染に関する従業員個人の情報を取得し、あるいは取得しようとしてはならず、右特段の必要性もないのにＨＩＶ抗体検査等を行うことはプライバシーの権利を侵害」し、仮にその必要性が認められても、「検査内容とその必要性を本人にあらかじめ告知し、その同意を得た上で行われるべきであ」ると判示し請求を認めた。エイズ関連の情報については、[35]極めて慎重な取扱いが要請されている（後述ＨＩＶ感染者事件東京地判も参照）。

総じて受診義務の在り方については、プライヴァシーとの関連において必ずしも十分な論議はなされていない。[36]同時に、労働者の健康状態に「配慮すべき義務」とプライヴァシーを侵害してはならないという要請を、いかに調和させるべきかとの問題関心も希薄である。[37]プライヴァシーを重視することは使用者の安全配慮義務の内容を軽減することになろう。また、「受診命令」自体の法的位置づけも不十分である。[38]直接仕事と関連して発せられる業務命令との相違、とりわけ拘束力の強弱をどう考えるかが重要といえよう。

2　労働者情報の管理・外部提供

労働者情報の収集・管理・外部提供は、個人情報保護の観点からも重要な問題である。プライヴァシー保護の側面においては、個人情報、とりわけ私的領域に関するそれの収集をめぐる論点が中心となるが、近時その管理や外部提供のあり方も争われている。今後、雇用形態の多様化や転職が一般化するにともない、出向元・派遣元や元の勤め先がどのような情報を関係機関に提供すべきかも問題となろう。実定法上も、労働者派遣法は、二四条の三において派遣労働者の個人情報の適切な取り扱いについて規定している。

(1)　労働者情報の管理

情報機器の急激な発展によって、膨大な個人情報の蓄積が可能となり、情報の管理や流通も容易になった。その分だけ管理の適正さも要求されるようになったといえる。実際に労働者情報が企業内でどのように管理され流通しているかは必ずしも十分に明かにされていない。(39) 裁判上もほとんど問題になっていない。

具体的な事件となったのはＨＩＶ感染者事件であり、使用者がＨＩＶ感染者にその旨告知したことの違法性が争われた。東京地判（平成七・三・三〇労働判例六六七号一四頁）は、感染の事実の告知は、当該疾病の難治性、社会的偏見等による被告知者の受ける衝撃の大きさ等から「被告知者にＨＩＶに感染していることを受け入れる用意と能力があるか否か、告知者に告知をするに必要な知識と告知後の指導力があるか否かといった慎重な配慮のうえでなされるべき」として、告知者にふさわしいのはその者の治療に携わった医療者に限られると判示し、社長による告知は不法行為に当たるとした。

(2)　労働者情報の外部提供

使用者は、労働者個人に関する多様な情報を有している。これらの情報は大別して、労働者としての属性に関するもの（学歴、キャリア、賃金、人事考課等）と個人としての属性に関するもの（信条、家族状態、趣味等）とに分けられる。両者の中間的なもの（例えば、健康情報、組合所属）もある。収集については私的領域の情報収集の在り方が争点となったが、第三者に対する開示については、それ以外に労働者としての属性に関する情報の開示も問題となる。(40) 使用者が有している従業員に関する情報の多くは、賃金情報等をも含んで本人にとって第三者に知られたくないものであるからである。したがって、使用者が相当な理由なくそれらを第三者に対して開示することは、原則としてプライヴァシーの侵害とみなされよう（ＨＩＶ感染者事件　東京地判平成七・三・三〇労働判例六六七号一四頁参照。他方、東京メディカルサービス事件東京地判（平成三・四・八労働判例五九〇号四五頁）は、自宅に解雇通知書を郵送した行為はプライヴァシー侵害に当らないと判示している）。開示の仕方や表現によっては名誉毀損等の問題も生じている。(41)

裁判上実際に争われているのは、訴訟における真実の発見や客観的資料に基づく論議の必要性等から、労働者としての属性に関する情報（賃金、人事考課）の開示が問題となっている。具体的には訴訟における立証のための「文書提出命令」（旧民訴法三一二条、新法二二〇条）の許否や職務上の秘密を理由とする証言拒否の適否（旧民訴法二八一条、新法一九七条）が争点になっている。(42)(43)

文書提出命令については、新法二二〇条四号の規定が広範な文書提出義務を定めたので人事・労働関係の文書の提出が広く認められるようになった（人事考課の際の能力評価に関するマニュアルについては提出命令の申立が却下されている。住友金属工業事件　大阪地決平成一一・九・六労働判例七七六号三六頁）。プライヴァシー保護との関連においては、賃金台帳について他の従業員のプライヴァシーを侵害しないかが特に問題になっている。しかし、それを根拠に提出を認めない例はないと思われる（住友生命保険事件　大阪地決平成一一・一・一一労働判例七六〇号三三頁、高砂建設事件　浦和地川越支部決平成一一・一・一九労働判例七六〇号三二頁、京ガス事件　京都地決平成一一・三・一労働判例七六〇号三〇頁、住友金属工業事件〔履歴台帳〕大阪地決平成一一・一〇・一四労働判例七七六号四四頁）。もっとも、プライヴァシーに対する配慮から対象者を限定するケースもある（京ガス事件　大阪

高決平成一二・七・一二労働判例七六二号八〇頁）。

また、団交において労使が労働条件を適切に決定するためには、客観的な資料に基づく討議が不可欠である。そのために、使用者は財務情報、人事情報等の関連情報を提出しなければならない。労働委員会も、誠実交渉の一態様として関連情報の提出を使用者に対して要求している[44]。とりわけ、査定結果については、プライヴァシーを侵害するので、以下のようにデリケートな問題が生じている。また、このような客観的資料の必要性は、協約に基づく人事協議の際にも問題になっている[45]。

査定情報について、使用者は労働条件決定の「基準」についての情報を開示しなければならないので、査定項目、基準、査定点のウエイト等の開示は必要である。査定制度の公平な運営を担保するために不可欠であり、他方従業員のプライヴァシーは全く害されないからである。次に、査定手続、査定担当者についても同様に考えることができよう。

問題は、査定結果である。この点については、被査定者本人が当該記録を閲覧する権利があるか、またその内容につき補正を要求する労働契約上の権利があるか等極めて興味深い論点がある。では、組合に対する開示についてはどうか。組合自体は、「組合員」の査定結果については使用者に対して開示を要求することができ、開示拒否は不誠実な交渉態度と解されよう。組合加入によって、原則として組合との関係では一定程度プライヴァシーを放棄したとみなされるからである。もっとも、個々の組合員が査定結果の開示にはっきりと反対した場合には、当該組合員の分についての開示は許されないであろう。また、たとえ査定結果が組合に対し開示されたとしても、組合が当該情報を「公表」することまでは許されず、それは組合によるプライヴァシー侵害と解される余地がある。

他方、使用者は、原則として「非組合員」の査定結果についてまで組合に開示する義務は無いと思われる。

当該従業員のプライヴァシーを保護するためである。ただ、査定結果の開示が特に必要なケースについては、労委がプライヴァシー保護に留意した形で（例えば、匿名で査定結果を開示する。もしくはインカメラ方式）当該情報の提供を命じることも許されよう。

ところで、以上のような企業情報、人事情報の開示については、実際にそのニーズがどの程度あるか、また、当該情報を分析、利用する組合側の態勢は十分か、の問題がある。さらに、本稿との関連において、組合は当該情報を如何に下部機関に流すべきか、その際に、組合員のプライヴァシーをいかに守るべきか等の重要な課題が残されている。一般的にいって、労働組合も会社と同様に組合員のプライヴァシー問題にしごく無頓着である。

3　就労状態の監視・調査

わが国では職場における人間関係が重視されているので、従業員に関する多様な情報は同僚等を通じて自然に知られることが多い。また、従業員の多くは、遵法的であり、職場規律を遵守しているので、窃盗等の従業員の不正行為を監視する必要性も少ない。したがって、労働者の企業内、企業外の行為に対して意識的な監視・調査活動がなされるのは極めて稀である。裁判上もこれらの活動の当否が争われることはほとんどなく、せいぜい現金を扱う労働者に対する所持品検査や労働者の政治活動、(46)組合活動に対する調査・監視が問題となっている。(47)しかし、最近職場におけるメールや私用電話の利用等につき監視・調査のニーズが高くなり、紛争も生じている。

ところで、労働者の能力や意欲等に関する調査の多くは、労働者に対する質問との形においてなされるので、「申告」「表明」の問題として処理されることが多い。また、労働者の身体状況の検査はいわゆる健康診断の受診義務の存否として争われている。本稿では、これらを労働者情報の収集の問題として（2）において考察しているが、就労状況の監視・調査の問題という側面もあることを確認しておきたい。

(1)　就労状態の監視・調査

労働者の職務遂行状態を監視・調査することは、勤怠評価、不正行為（窃盗等）の防止、職場秩序の維持（安全管理）の見地から問題はない。通常は、管理職によって、場合によれば監視機器（モニターＴＶ）によってなされている。原則として会社の権能の範囲である。しかし、職場内であっても私的領域たる部分があるので、監視の目的・方法・手段・場所によってはプライバシーの侵害が問題となる（関西電力事件　大阪高判平成三・九・二四労働判例六〇三号四五頁）。具体的には、以下のようなケースが問題となる。なお、所持品検査については一定の判例法理が形成されているので項を改めて論じたい。

その一は、純粋に私的行為がなされる場所・状況の監視である。例えば、化粧室をモニターＴＶで監視したり、私的電話を盗聴することである。京都セクハラ事件京都地判（平成九・四・一七労働判例七一六号四九頁）は、女子更衣室におけるビデオの隠し取りにつき十分な対応措置をとらなかったことを会社の職場環境整備義務違反と判示している。また、岡山電気軌道事件岡山地判（平成三・一二・一七労働判例六〇六号五〇頁）は、組合活動の調査のために従業員控室の天井裏へ盗聴器を設置したことを理由とする慰謝料請求を、会話傍受はプライバシー侵害に他ならないとして認めている。

前述の関西電力事件のように机やロッカーにある私物を検査することもこのパターンに該当する。たとえ、職場内であってもそこで一定の時間すごすことによって私的領域というものが形成され、一方的な調査が許されない私的スポットは想定されるからである。もっとも、業務上の必要から一方的な調査が許される特別な場合はありうる（業務上横領の合理的な疑いがある場合等。四日市市北郵便局事件　名古屋高判平成八・三・二六労働判例六九五号八六頁も参照)。

その二は、職務遂行状態の一方的な監視である。今まで主に争われてきたのは、秘匿しておきたい事項(プライヴァシー)の監視というより、基本的に労働者人格権を侵害する行為と評価すべき事案であった。たとえば、広沢自動車学校事件(徳島地決昭和六一・一一・一七労働判例四八八号四六頁)では、自動車教習中の録音の適否が争われ、「教習指導員が教習態度を監視されているかのように感じて心理的圧迫を受けるのは無理からぬところで、録音される指導員及び教習生の自由な同意なしにこれをする場合には、教習生を含め録音される側の人格権の侵害にもなりうることは否定できない。」との判断が示されている。また、目黒高等学校事件では、教諭の同意なしに全授業を録音しこれを証拠にしてなされた解雇の効力が争われ、東京地判(昭四七・三・三一労民集二三巻二号一五五頁)は、「その授業内容について、有益な援助ないし助言をなすその前提としての授業内容の確認方法において適正な手段とはいい難い」と判示している。

今後は、職場におけるメールのチェックや私用電話の検査も問題になろう[48](F社Z事業部事件　東京地判平成一三・一二・三労働判例八二六号七六頁、日経クイック情報事件　東京地判平成一四・二・二六労働判例八二五号五〇頁)。就労中は私的行為が許されないので、原則としてチェックの必要性は認められる。また、私的メールや私用電話はその程度にもよるが、処分の対象ともなる。しかし、今までそれを是認しておいて一方的にメール等のチェックを行うことはプライヴァシーを不当に害する恐れもあるので、その旨の通知が必要と思われる。今後チェックされる可能性があるという予告でもよい。

(2)　所持品等の検査

所持品検査は、主に乗合自動車等の車掌に対し、料金の不正取得(いわゆる、チャージ)をチェックするためになされており、関連した紛争も少なくなかった。もっとも、その後ワンマン化が進行したので同種紛争は減少している。裁判例は、検査の必要性は認めつつも、一貫してその方法を問題としている。そのような現行法理を築いたのは、脱靴検査拒否を理由とする懲戒解雇の効力が争われた西日本鉄道事件最二小判（昭四三・八・二判時五二八号八二頁）であり、当該検査が適法とされる要件として、①これを必要とする合理的理由、②一般的に妥当な方法と程度、③制度として画一的に実施、④就業規則その他明示の根拠、を挙げている。その後の裁判例は、このフレームに基づいて個別紛争を処理しているが、結果的には当該処分が無効とされることが多い（芸陽バス事件広島地判昭和四七・四・一八判時六七四号一〇四頁、サンデン交通事件　山口地下関支部判昭和五四・一〇・八労働判例三三〇号九九頁）[49]。

注目すべきは、引越し作業従事者が、財布がなくなったという顧客からの連絡により身体検査をされたことを理由に慰謝料を請求した日立物流事件である。浦和地判（平成三・一一・二二労働判例六二四号七八頁）は西日本鉄道事件最判のフレームを前提とし、本件では④就業規則等明示の根拠に欠けるとして所持品検査を違法と判断した（豊光実業事件　大阪地決平成一一・五・三〇労働判例八〇〇号八八頁も参照）。しかし、本件のような顧客のクレームに基づく個別的な検査についてまで一般的な明示の根拠を必要とするかは疑問である。

所持品検査に類似したものとして、構内秩序の維持（製品・企業内資料の持ち出しの禁止、危険物・私物の持ちこみの禁止）の観点からなされる持ちこみ（出し）品の検査がある。このような検査を拒否したことを理由とする処分の効力も多くの裁判において争われており、これらのケースについても前掲・西日本鉄道事件最判のフレームが適用されている。実際には、検査は適法であるとしても処分（多くは懲戒解雇）は重すぎるとして無効と解されている事例が多い（東陶機器事件　福岡地小倉支部判昭和四六・二・一二判タ二六四号三二五頁、神戸製鋼所事件　大阪高判昭和五〇・三・一二判時七八一号一〇七頁、帝国通信工業事件　横浜地川崎支部判昭和五〇・三・三労働判例二二三号四七頁）。

4　私的領域の行為を理由とする処分や私的情報開示を理由とする優遇措置

労働者の秘匿しておきたい私的領域に対する不当な関与は、私的領域の行為を理由とする解雇や処分としても頻繁になされている。判例法上は、主に解雇権・処分権の濫用に当たるかという形で争われている。この権利行使が「不当な関与」と評価しうる場合があるので、ここではプライヴァシー侵害の一パターンと考えた。同時に労働者サイドの保護法益を明らかにしうるというメリットもある。

また、年休権や残業命令拒否等の労基法上の権利行使が問題になる事例においても、プライヴァシー侵害が問題となる。つまり、その権利行使の相当性（換言すれば処分権の濫用の有無）を明かにするために、年休の行使目的や残業命令の拒否事由を使用者に対し開示しなければならないからである。このような形態のプライヴァシー侵害についてはあまり学説、判例上議論はされていないが、労基法の適切な権利行使の観点からもまた、プライヴァシー保護の側面においても重要な問題と思われる。

これらの問題に関する判例については、その数が膨大なこと、私見として一定の分析をすでに行っていること[(50)]、その後新たな展開がほとんどないことから、本稿では基本的論点の指摘にとどめたい。

(1)　私的領域の行為を理由とする処分

企業外の市民的（私的）自由の領域に対しては、企業の規制は及ばないのが原則である。しかし、実際には、企業外の行為、特に非違行為を理由として懲戒処分がなされる例が非常に多い。そこでは、当該行為が会社の名誉・信用を害し、ひいては企業秩序を阻害する点が強調されている（関西電力事件　最一小判昭和五八・九・八判時一〇九四号一二一頁）。さらに、円滑な共同作業を阻害することや営業活動に支障が生じる側面も考慮されている。このような懲戒処分の是非につき裁判上、企業（秩序）の維持と市民的自由の確保とを調整するという観点から、一定の法理が形成されている。具体的には、非違行為の性質・内容・程度や従業員の企業内における地位、処分の程度等から、処分の当否が判断され、当該処分が濫用とみなされる場合も少なくない（横浜ゴム事件　昭和四五・七・二八最三小判民集二四巻七号一二二〇頁）。もっとも、それが私的領域においてなされたことの積極的意義については必ずしも十分には把握されてはいない。せいぜい、処分から免がれるとの意味において、いわば「反射的に」私事が尊重されているにすぎない。私的領域の行為に対しても企業の規制をなしうるとの見方は、非違行為だけではなく、労働者の交遊関係や兼職についても及んでいる。ここにおいても、労働者の市民的自由を尊重するという発想は希薄であり、企業「秩序」の拡散傾向は否定できない。

以上のような私的領域の行為を理由とする処分は、労働者が秘匿しておきたい私的領域への介入・規制を意味するので、プライヴァシー侵害の一体様とみなすことが可能である。処分が可能であるがゆえに、当該私的行為に対する詮索・監視が助長されることからもそのように言えよう。

ところで、良き従業員たることは、職場内においてはより強く要請されている。判例法上、就労時間中はいわゆる「職務専念義務」が課せられており、労働者の私的行為は当該義務違反とみなされる。また、休憩時間中であっても、「施設管理権」に基づいて労働者の私的行為は厳しく規制されている。とりわけ、今までは政治若しくは組合活動がらみの事件が多かったので、「政治的自由」「団結権」の問題として処理され、職務専念義務や施設管理権はそれとの対抗関係において制限されると解されていた。政治活動や組合活動以外の私的行為はほとんど念頭になかったわけである。ところが、近時、職場における私的な行為・服装の是非が正面から争われる事案が増加する傾向にある。そこでは、業務命令によって労働者の「私的領域」をどの程度規制しうるのかという労働契約論の根幹に関わる問題が争点になっている。これらの私的領域の行為は、使用者との関連において必ずしも「秘匿しておきたい」私事とはいえないので、プライヴァシー保護とは直接関連のない問題である。しかし、私的領域の行為に対し業務命令によってどの程度の規制をなしうるかの側面においては密接に関連する論点を包含している（たとえば、ネームプレートの着用義務の問題）。

⑵　私的情報の開示を理由とする優遇措置

使用者が労働者の私生活に関与してはならないのは当然である。しかし、労働者の私生活を無視することが許されるわけではない。とりわけ、労働者の方から、私生活上の種々の支障を理由として特別の配慮を要請した場合や私生活に決定的な影響を与えるような処遇上の決定（例えば、転勤、整理解雇）をする場合にはそのようにいえる。また、職場の人間関係の円滑化のためには、私生活を相互に一定程度開示することが不可欠であり、その点から使用者としては、人事管理上従業員のプライヴァシーをある程度了知する必要がある。実際にも、従業員の私生活に対する細かな気配りはわが国企業の最も得意とするところであった。さらに、労働者に対する適正な処遇（家族手当の支給、特別休暇の付与等）や社会保険上の処理の為には、労働者の私生活に関する正確な情報が不可欠である。判例法上も、配転や整理解雇の事例において、私生活に相当な配慮をしなかったことが濫用性判断の一ファクターとされている（もっとも、実際に濫用とされた例は少ない。帝国臓器事件　最二小判平成一一・九・一七労働判例七六八号一六頁、ケンウッド事件　最三小判平成一二・一・二八労働判例七七四号二五頁）。以上のような事態は、本人の意思に基づくプライヴァシーの開示が前提になっているので、一応問題が無いと思われる。

ところで、このような発想を労基法上の権利行使についてもそのまま貫けるであろうか。例えば、年休承認や残業の拒否事由につき、労働者の私生活上の必要性・要請を配慮すべきであろうか。一見すると好ましい措置と思われがちであるが、労基法の趣旨からすると問題が残る。すなわち、従業員としては「私生活の開示」を余儀なくされ、私生活上の理由いかんによって、年休が承認され、また残業を免除され得るからである。これは、年休法理、残業法理上も問題であり、プライヴァシー保護の観点からは由々しき事態といえよう。

判例法理は、年休の利用目的自由の原則を強調しておきながら（弘前電報電話局事件　最二小判昭和六二・七・一〇判時一二四九号三三頁）、年休の競願（岡山津山郵便局事件　広島高岡山支部判昭和六一・一二・二五労働判例四九〇号二六頁）や特別事由による優遇措置の事案（千葉中央郵便局事件　東京高判昭和五八・三・一四労働判例四〇六号三三頁、同事件最一小判昭和六二・二・一九労働判例四九三号六頁）において、安易に利用目的による異なった取り扱いを許容している。また、残業命令拒否を理由とする懲戒処分の事案についても、拒否理由の相当性をも考慮して処分の当否を判断している（理研精機事件　新潟地長岡支部判昭和五四・一〇・三〇労働判例三三〇号四三頁）。一見すると、私生活を重視した適切な処理とみなされるが、本稿の立場からは私生活の開示を余儀なくされるとの問題が残る。たとえ、特別の「優遇措置」のための処理方法であるとしても、特例を受けたければ私生活情報を開示しなければならないからである。同時に、なにが優遇されるべき私生活上の事由かの判断を使用者に許す結果となる。通常の措置と優遇措置との区別が必ずしも明確に区分しにくい実情（特に年休の場合においては、このような形態によるプライヴァシーの侵害は無視しえないと思われる。

（1）フランス法については、盛誠吾「雇用・職場とプライバシー」ジュリスト増刊・情報公開、個人情報保護（一九九四年）、砂押以久子「労働者のプライバシー権の保護について（一）（二）（三）—フランスの現状と課題」季刊労働法一八四、一八五、一八六号（一九九八年）、ドイツ法については、横井芳弘「被用者の情報開示請求権と人事記録閲覧請求権」同編『現代労使関係と法の変容』（一九八八年、勁草書房）、同「人事情報システムと労働者のデータ保護」蓼沼謙一『企業レベルの労使関係と法』（一九八六年、勁草書房）、高橋賢司「労働関係における人事記録と個人情報保護」中央大学大学院研究年報二五号（一九九六年）、同「ドイツにおける人事情報の閲覧・訂正・削除請求権の法的検討」労働法律旬報一三九二号（一九九六年）、イギリス法については、小宮文人『イギリス労働法』（二〇〇一年、信山社）一一八頁等参照。

（2）アメリカ法については、Ira Michael Shepard, Robert L. Duston & Karen S. Russel, *Workplace Privacy 2nd ed.*

(1989, BNA), John D. Bible & Darien A. McWhirter, ***Privacy In The Workplace*** (1990, QUORUM BOOKS), Matthew W. Finkin, ***Privacy In Employment Law***(1995, BNA)、竹地潔「アメリカに見る労働者のプライヴシー保護」季刊労働法一六〇号（一九九一年）、品田充儀「職場における所持品検査の合理性判断——アメリカ法からの示唆」外国学研究三六号（一九九七年）、同「職場における薬物検査の合理性判断基準——アメリカ公務員の場合」神戸外大論叢四〇巻一号（一九八九年）等参照。

（3）ILO, ***Workers' Privacy, Part1, Protection of Personal Data***, Conditions of Work Digest vol.10 No.2 (1991), ILO, ***Workers' Privacy, Part2, Monitoring and Surveillance in the Workplace***, Conditions of Work Digest vol.12 No.1 (1993), ILO, ***Workers Privacy, Part3 Testing in the Workplace***, Condition of Work Digest vol.12 No.2 (1993)。花見忠＝R・ブランパン編『ＩＴ革命と職場のプライバシー』（二〇〇一年、日本労働研究機構）。また、一九九六年に採択されたＩＬＯの「個人情報保護に関する行動準則」については、拙稿「労働者の個人情報保護に関するＩＬＯの行動準則について」世界の労働四七巻七号（一九九七年）参照。

（4）たとえば、個人データの保護基準の不十分な第三国へデータを移転することを禁止する規定を含む一九九五年の「個人データ処理に係る個人の保護及び当該データの自由な移動に関する」ＥＵ指令。

（5）たとえば、健康診断の実施事務に従事した者の秘密保持義務（労働安全衛生法一〇四条）、職業紹介等担当職員の秘密保持義務（職業安定法五一条）、事業所附属寄宿舎における私生活の自由（労基法九四条）、就業を妨害することを目的とした国籍、信条、社会的身分、労働組合活動に関する通信等の禁止（労基法二二条）がある。

（6）一九八〇年代の学説の展開としては、角田邦重「労使関係における労働者の人格的権利の保障」季刊労働法一四三号（一九八七）、同「労使関係における労働者の人格的利益の保護」労働判例三五四、三五五号（一九八一年）、同「西ドイツにおける労働者人格の保障」横井芳弘編『現代労使関係と法の変容』一九八八年　勁草書房）および手塚和彰「企業の人事戦略・管理の法的検討」季刊労働法一四三号（一九八七年）があった。その後職場におけるプライヴァシー権について総合的に検討したものとして拙稿「職場におけるプライヴァシーの保護（上）（中）（下）」

判例タイムズ七二一、七二二、七二三号（一九九〇年）がある。拙著『職場にける自立とプライヴァシー』（一九九五年、日本評論社）第一部は、この論文を加筆、補正したものである。

（7） 山田省三「職場における労働者のプライバシー保護」日本労働法学会誌七八号（一九九一年）、盛誠吾「雇用・職場とプライバシー」ジュリスト増刊『情報公開、個人情報保護』（一九九四年）、山田省三「雇用関係と労働者のプライヴァシー」、竹地潔「人事労務管理と労働者の人格的利益の保護」いずれも『講座 二一世紀の労働法六巻』（二〇〇〇年）等。

ネットワーク、個人情報については、竹地潔「電子技術を用いた労働監視 vs 労働者のプライバシー」法学新報一〇一巻九＝一〇号（一九九五年）、竹地潔「電子メールのモニタリングと嫌がらせメール――職場のコンピュータ・ネットワーク化に伴う労働法上の諸問題」日本労働法学会誌九〇号（一九九七年）、竹地潔「ネットワーク時代における労働者の個人情報保護」季刊労働法一八七号（一九九八年）、竹地潔「派遣労働者の個人情報保護をめぐる課題」法律のひろば五二巻三号（一九九九年）、岩出誠「労働市場における情報開示――法律の立場から」日本労働研究雑誌四九五号（二〇〇一年）、島田陽一他『我が国の労使関係における情報の収集・開示をめぐる法的諸問題（中間報告）』（二〇〇一年、日本労働研究機構）等、また、健康プライヴァシーについては、渡辺賢「産業医の活動とプライバシー」日本労働法学会誌八六号（一九九五年）、岩出誠「従業員の健康管理をめぐる法的諸問題」日本労働研究雑誌四四一号（一九九七年）等参照。

（8） たとえば、労働者の個人情報の保護につき、厚生労働省を中心に次の様な検討がすすめられている。旧労働省「労働者の個人情報保護に関する研究会報告書」（平成一〇年六月二九日）、「健康情報に係るプライバシー保護に関する検討会中間まとめ」（平成一二年七月一四日）、「人事・労務管理に伴う労働者の個人情報の保護に関する行動指針」（平成一二年一二月二〇日）等。また、一九九九年に職業紹介関係につき求職者の個人情報の取り扱い（職安法五条の四）及び有料職業紹介事業者等による個人情報保護（五一条、五一条の二）の規定が改正され、労働者派遣法についても派遣元の個人情報保護（二四条の三）の規定が新設された。

(9)　本テーマについては、前掲・拙著『職場における自立とプライヴァシー』、拙稿「職場における人権保障法理の新たな展開」日本労働研究雑誌四四一号（一九九七年）、拙稿「自分らしく働く――職場における自立法理の展開」法律時報七三巻九号（二〇〇一年）もあわせ参照されたい。

(10)　拙著『職場における自立とプライヴァシー』（一九九五年、日本評論社）二九頁以下。

(11)　高橋賢司「ドイツにおける人事情報の閲覧・訂正・削除請求権の法的検討」労働法律旬報一三九二号（一九九六年）三一頁、砂押以久子「労働者のプライバシー権の保護について」季刊労働法一八四号（一九九七年）一三七頁、山田省三「職場における労働者のプライヴァシー保護」日本労働法学会誌七八号（一九九一年）三四頁等。

(12)　関西電力事件　最三小判平成七・九・五労働判例六八〇号二八頁。

(13)　プライヴァシーが直面している全般的問題については、堀部政男『現代のプライバシー』（一九八〇年　岩波書店）、同『プライバシーと高度情報化社会』（一九八八年　岩波書店）、船越一幸『情報とプライバシーの権利』（二〇〇一年、北樹出版）等参照。プライヴァシー概念の多義性については、小林節「名誉権・プライバシーの権利とその保護」ジュリスト八八四号（一九八七年）、松井茂記「プライヴァシーの権利について」法律のひろば四一巻三号（一九八八年）、阪本昌成「プライヴァシーと自己決定の自由」『講座　憲法学三　権利の保障(1)』（一九九四年　日本評論社）等参照。

(14)　樋口他『注釈日本国憲法（上）』（一九八四年　青林書林新社）二八六頁（佐藤幸治執筆）。

(15)　佐藤幸治「法における新しい人間像」『基本法学一巻』（一九八三年　岩波書店）三一〇頁。

(16)　芦部信喜『憲法学Ⅱ　人権総論』（一九九四年　有斐閣）三三八頁以下。

(17)　同上書三五八頁。

(18)　新保史生『プライバシーの権利の生成と展開』（成文堂　二〇〇〇年）一〇七頁は、領域の保護、情報の保護又は管理、自律の保障という三つの保護法益を包摂する権利としている。

(19)　人格権については、五十嵐清『人格権論』（一九八九年　一粒社）、斎藤博『人格権法の研究』（一九七九年

一粒社)、同『人格価値の保護と民法』(一九八六年　一粒社)参照。

(20) 全般的状況については、藤岡康宏「名誉・プライバシー侵害」『民法講座六巻』(一九八五年　有斐閣)、裁判例の分析は、竹田稔『プライバシー侵害と民事責任(増補改訂版)』(一九九八年　判例時報社)、竹田稔＝堀部政男『新・裁判実務体系九巻　名誉・プライバシー保護関係訴訟法』(二〇〇一年　青林書林)参照。

(21) 佐藤幸治「権利としてのプライバシー」ジュリスト七四二号(一九八一年)一六三頁。長谷部恭男『憲法学のフロンティア』(一九九九年　岩波書店)一一五頁も、人間関係の自由な形成を強調している。

(22) 五十嵐清・前掲書七頁以下。

(23) たとえば、前掲・関西電力事件最判、エールフランス事件　千葉地判平成六・一・二六労働判例六四七号一一頁。

(24) 名誉権も広義の人格権に含まれる。労働法上は、(懲戒)解雇事実の対外的公表行為が名誉侵害行為に当るか否かが主に争われている(当るとしたものとして、泉屋事件　東京地判昭和五二・一二・一九労働判例三〇四号七一頁、昭和車輌事件　東京地判平成元・九・二九労働判例五四八号一六頁、東京貨物事件　平成一二・一一・一〇労働経済判例速報一七五四号一二頁等がある)。

(25) その点では、職場におけるネームプレート着用はプライヴァシー権の問題ではなく自己決定権の問題といえる(東北郵政局事件　仙台高判平成九・八・二九労働判例七二九号七六頁、近畿郵政局事件　大阪高判平成一〇・七・一四労働判例七五一号四六頁、東京郵政局事件　東京地判平成一一・一二・八労働判例七九一号六六頁等)。もっとも、職場外における着用はプライヴァシー権の問題でもある。

(26) たとえば、労働者の個人情報の保護につき、求職者の個人情報の取扱い(職安法五条の四)及び有料職業紹介事業者等による個人情報保護(五一条、五一条の二)の規定や派遣元の個人情報保護(労働者派遣法二四条の三)の規定。

(27) 従業員情報の収集を制約することによって「自己イメージをコントロールする」(棟居快行『人権論の新構成』

（一九九二年　信山社）一九二頁）と解することも出来ないわけではない。謎のままでいる権利といえようか。

(28) 商工中金（職員考課表提出命令）事件　大阪地決平成一〇・一二・二四労働判例七六〇号三五頁参照。

(29) 私的領域と職業生活領域との関係については、島田陽一「労働者の私的領域確保の法理」法律時報六六巻九号（一九九四年）四九頁参照。

(30) その他、趣味、特技、住所、国籍等も問題となる。

(31) 一般的に秘匿性が重視されるセンシティブデータとしては、①個人の出生に関わるのもの（人種、民族）、②個人の私的自由に関わるもの（政治的見解、宗教、思想・信条、性的私生活）、③個人の過去の行為に関わるもの（犯罪歴）、④個人の正当な権利行使に関わるもの（労働組合加盟・活動状況）、⑤個人の心身に関わるもの（健康・医療）があげられている。（旧労働省「個人情報保護に関する研究会報告書」一九九八年六月二九日）

(32) 大阪府等において差別的な身元調査を規制する条例がある。

(33) 具体的裁判例については、前掲拙著四二―五一頁。

(34) 具体的裁判例については、同上書五三―六〇頁。

(35) 特集「企業とエイズ」季刊労働法一六八号（一九九三年）等参照。

(36) 健康保険診療のレセプト審査の過程において従業員の病歴等が（健保組合を通じて）会社に知られることもある。この点のチェックも十分にはなされていない。

(37) 労働者自身に健康管理義務があるという見解もある（安西愈『業務上疾病と一般健康管理の法律問題』（二〇〇一年　労働福祉共済会）一五五頁）。他方、プライヴァシーを重視する見解として、渡辺賢「産業医の活動とプライバシー」保原喜志夫編『産業医制度の研究』（一九九八年　北大図書刊行会）一三九頁、水島郁子「ホワイトカラー労働者と使用者の健康配慮義務」日本労働研究雑誌四九二号（二〇〇一年）三二頁、前掲拙著八六頁等がある。また、健康情報にかかる被用者、事業者、医療機関・医師の三面的関係の法的性質については、中嶋士元也「被用者健康情報の処理過程を私法的側面」『品川孝次古稀記念『民法解釈学の展望』（二〇〇二年、信山社）参照。

(38)　業務命令のパターンについては、前掲拙著二〇六―二二六頁参照。
(39)　企業における労働者の個人情報の管理の実態については、労働大臣官房政策調査部「労働者の個人情報保護に関する研究会報告書」季刊労働法一八七号（一九九八年）一三六頁以下参照。
(40)　労基法二二条三項は、「使用者は、予め第三者と謀り、労働者の就業を妨げることを目的として、労働者の国籍、信条、社会的身分若しくは労働組合運動に関する通信をし、又は第一項の証明書に秘密の記号を記入してはならない」と定め、従業員情報の開示に対し一定の制約をくわえている。もっとも。当該規制は、プライヴァシーの保護よりも差別禁止政策に基づくものである。
(41)　懲戒解雇等の事実を会社内に掲示したり、関係者に通知することはプライヴァシー侵害よりも、名誉侵害や精神的苦痛を与える不法行為であると判示されている（立川バス事件　東京高判平成二・七・一九判時一三六六号一三九頁、東京貨物社事件　東京地判平成一二・一一・一〇労働判例八〇七号六九頁）
(42)　旧法下の事件については、拙著一四六―一五〇頁参照。
(43)　関連判決については同上書一五〇―一五二頁参照。
(44)　全体の状況については同上書一五二―一五八頁。
(45)　関連論点については同上書一五八―一六一頁。
(46)　政治活動等に関する監視・調査の適否は、電力会社が企業防衛の立場から共産党員等の従業員を監視し、孤立化させた行為が不法行為に当るか否かが争点となった関西電力事件で正面から争われた。神戸地判（昭五九・五・一八判時一一三五号一四〇頁）は、「被告会社の職制自ら又は従業員に指示して原告らを職場の内外で監視態勢を継続し、尾行したり、あるいは、外部からくる電話の相手方を調査確認するとか、ロッカーを無断開扉して原告ら個人所有の手帳を写真に撮影するなどの各行為」及び孤立化政策は、原告らの思想、信条の自由を侵害し、職場における自由な人間関係の形成を阻害する、と判示していた。他方、同事件大阪高判及び最高裁は、前述のようにプライヴァシーを侵害すると明確に判示した。ところで、政治活動等に対する監視・調査に関する協力義務について、富士重工事件最判（最三小判昭五二・一二・一三判時八七三号一二頁）は、企業秩序違反行為についての調査協力義務を次の二つの場合に分けて論じている。つまり、指導・監督者であって、調査協力がその職務になっている者については当該義務があるが、それ以外の者については、総合的に判断し、「調査に協力することが労務提供義務を履行する上で必要かつ合理的」な場合に限り義務がある。

(47)　組合所属や組合活動に対する調査、監視が支配介入に当ることはいうまでもない。例えば、中外電気工業事件（東京地判昭五五・三・一九労働判例三三九号三九頁）では、守衛による組合員の就業状況の撮影が支配介入とされている（中島輸送事件　東京地決昭和六〇・一一・一一労働判例四四六号二八頁、新潟放送事件　新潟地判昭五三・五・一二労働判例二九九号四六頁も参照）。

(48)　詳しくは、竹地潔「電子技術を用いた労働監視 vs 労働者のプライバシー」法学新報一〇一巻九＝一〇号（一九九五年）、同「電子メールのモニタリングと嫌がらせメール―職場のコンピュータ・ネットワーク化に伴う労働法上の諸問題」日本労働法学会誌九〇号（一九九七年）、同「ネットワーク時代における労働者の個人情報保護」季刊労働法一八七号（一九九八年）、砂押以久子「従業員の電子メール私的利用をめぐる法的問題」労働判例八二七号（二〇〇二年）等参照。

(49)　所持品検査に関する確認書に署名しなかったこと等を理由とする諭旨解雇も無効とされている（西鉄戸畑自動車営業所事件　最二小判昭和六二・九・四労働判例五〇五号一〇頁）。

(50)　詳しくは、前掲拙著八七―一四三頁。

Ⅳ　労働契約の変動と終了

10　会社分割時における労働者の異議申立権の行使
――ドイツ法との比較・検討の試み――

中内　哲

一　はじめに
1　本稿の目的と検討手法
2　本稿の構成と射程
二　わが国における異議申立制度とその問題点
1　会社分割制度の骨格
2　承継法による異議申立権の付与とその実体的規制
3　異議申立に関する手続的規制
4　現時点での問題点
三　ドイツの異議申立に関する判例法理
1　異議申立権の行使に関する原則の定立
2　異議申立権行使の原則に対する例外の設定
3　異議申立権の行使と解雇の可能性
4　小　括
四　おわりに
1　日独の異議申立に関する異同性
2　日本法への若干の私見・指摘
3　今後の課題

一　はじめに

1　本稿の目的と検討手法

二〇〇一年四月一日、会社分割制度（商法三七三条～三七四条ノ三一参照）が始動するとともに労働契約承継法

（以下、承継法）も施行された。同法は、会社分割に関わる労働者の保護という目的（一条参照）を達成するための諸施策を用意しており、労働者の異議申立権は、その一つである（四条一項・五条一項参照）。[1]

主として厳しい経営環境に置かれているわが国の経済界から「企業がその経営の効率化や企業統治の実効性を高めることによって国際的な競争力を向上させるために行う組織の再編成に不可欠な制度として…早期の整備を求められた」[2]会社分割制度は、施行直後ながら実務では大いに活用されているとの報道がある。[3]加えて、当該制度の右導入経緯に照らせば、会社分割に基づく企業再編＝企業財産の移転は、わが国の経済状況の見通しがなお不透明なこととも相まって一層活発化すると予想される。[4]これらに基づくと、いずれ異議申立権が実際に発動される場面も生じるであろう。

当該権利はその根拠を承継法に置くとはいえ、いったん行使されれば、そのこと自身が法的紛争を引き起こしかねない。なぜなら、承継法は、異議申立権の行使に至る過程やその様式に対して規制を加えているものの（二条一項・四条一項・五条一項等参照）、かかる規制と当該権利との関係が、少なくとも条文上、不明確だからである。また、異議申立権が行使された結果、おそらく分割当事会社はそれを行使した労働者の処遇を新たに迫られる。その際、当該会社が異議申立労働者を結果的に余剰人員として解雇する可能性も否定できない。本稿は、異議申立権の行使に伴って将来生じうるこうした問題への具体的所見、もしくは今後の議論の方向性を示すことを目指すものである。

右の課題に取り組むにあたって、本稿は、試みにドイツ法の議論を参考とする。ドイツの会社分割においても当事会社間で労働契約関係の承継が行われうる一方、当該承継に対する労働者の「異議申立権（Widerspruchsrecht）」が認められていることがすでに紹介されている。[5]確かに、ドイツにおける労働者の異議申立権は、連邦労働裁判所（Bundesarbeitsgericht,BAG）の判例において認められたものという点ではわが国のそれとは異なる。しかしながら、同裁判所は、その行使に関する手続や要件を設定する判断、さらには、それらと当該権利本体との関係や異議申立権行使に伴う解雇問題といった本稿が関心を寄せる事項についても重要な判断を蓄積してその法理を充実させている。承継法に関する具体的紛争を経験していないわが国にとって、ドイツの判例法理は、示唆に富み興味深い内容となりえよう。

2　本稿の構成と射程

本稿は、まず、わが国の異議申立制度の全容と、現時点で指摘される異議申立権の行使に伴う問題点を示し（二）、次に、その問題関心に沿って、ドイツの異議申立に関する判例法理を描写する（三）。最後に、それらの検討を踏まえて、日本法への若干の私見・指摘を明らかにしたい（四）。なお、かかる過程では、専ら労働者個人と（分割）当事会社との関係に着目し、いわゆる集団的労働法（Kollektives Arbeitsrecht）に含まれる従業員代表法制（Betriebsverfassungsrecht）や労使関係法制は、原則として取り上げない。

二　わが国における異議申立制度とその問題点

1　会社分割制度の骨格

承継法に基づく労働者の異議申立制度は、商法上の会社分割を前提に構築されているため、はじめに当該分割制度の骨格を示す（但し、簡易分割制度（商法三七四条ノ六・同条ノ二二・同条ノ二三）は含まない）。

会社分割とは、会社の営業の全部または一部を他の会社へ承継（＝当該財産に関する個別の移転行為を要せず、かつ、その内容を変更することなく移転）させることを目的とする行為であり[6]、商法上、承継の相手方たる会社（以下、営業承継会社）が新たに設立される「新設分割」（三七三条以下）と、既存である「吸収分割」（三七四条ノ一六以下）の二種が存在する。

承継されるべき営業（以下、承継営業）の内容は、新設分割の場合には分割計画書（商法三七四条二項）、吸収分割の場合には分割契約書（商法三七四条ノ一七第二項）への記載で明確化され、右書面（以下、これらの書面を「分割計画書等」と表す）が分割当事会社の株主総会において決議されることにより確定する（商法三七四条一項・同条ノ一七第一項参照）。労働力も、かかる承継営業の一要素となりうることが想定されている（商法三七四条二項五号・同条ノ一七第二項五号参照）[7]。

なお、分割計画書等に記載された営業の包括承継という会社分割の効力（商法三七四条ノ一〇第一項・同条ノ二六第一項参照）は、営業承継会社の本店所在地における登記[8]によって発生する（商法三七四条ノ九・同条ノ二五参照）。

2　承継法に基づく異議申立権の付与とその実体的規制

右の通り、分割を行う会社（以下、分割会社）の承継営業に従事する労働者の労働契約関係も、商法上の会社分割手続に則って相手方会社へ承継させることができる。とはいえ、分割会社における承継営業従事労働者の保護を目的（一条参照）として制定された承継法は、当該労働者の労働契約関係の承継に関して商法上の手続き・仕組みとは異なるそれを設定した。

すなわち、承継法は、右労働者を承継営業への従事度を基準として（指針第2の1⑵等参照）[9]、当該営業に「主として従事する労働者」と「従として従事する労働者」とに二分し（二条一項各号および同法施行規則（平成一二年労働省令四八号。以下、規則）二条各号参照）[10]、①前者のうち、自らの労働契約関係の承継が分割計画書等に記載されなかった者（四条一項）と、②後者のうち、その承継が分割計画書等に記載された者（五条一項）に「異議申立権」を付与する（以下では、両者を「異議申立権者」と呼び、右①に該当する者を異議申立権者A、右②に該当する者を異議申立権者Bと表す）。

先に述べた商法上の規制（二**1**）に従えば、異議申立権者Aの労働契約関係は営業承継会社へ承継されず、異議申立権者Bのそれは承継されるはずである。ところが、異議申立権が行使されると、当該契約関係につき、前者には営業承継会社への承継が、後者には分割会社への存続が、分割の効力発生時にその効果としてもたらされるのである（承継法四条四項・五条三項参照）。また、こうした法的効果は分割当事会社の意向に左右されずに生じるため、異議申立権の法的性格は形成権と解されることになる[11]。

3 異議申立に対する手続的規制

このように会社分割制度を規定する商法上の効果を否定する（＝異議申立権者Aに対しては労働契約関係の包括承継性を創設し、他方、異議申立権者Bに対してはそれを消滅させる）効力を有する異議申立権に関して、承継法は、その行使への手続的規制を課すとともに、当該権利行使の前提となる手続きをも規定する。

(1) 異議申立権そのものに対する手続的規制——その行使要件等——

異議申立権の行使は分割会社を相手方とし、書面でなされなければならない（承継法四条一項・五条一項参照）。当該書面に記載すべき内容については、異議申立権者Aの場合には氏名と労働契約関係の不承継に反対である旨を、異議申立権者Bは、氏名および当該承継に反対する旨に加えて、自らの承継法二条一項二号該当性を示すことで足りるとされ（指針第2の2(2)イ参照）、行使の理由までを明らかにする必要はない[12]。

異議申立権者が当該権利を行使できる期間は、分割の「通知がされた日」から「分割会社が定める日」（＝期限日）までである。「通知がされた日」とは「通知が労働者に到達した日」（指針第2の1(1)）を指し、「分割会社が定める日」は、遅くとも分割計画書等が議題となる株主総会の前日である（承継法四条一項・五条一項参照）。なお、労働者の異議申立には到達主義（民法九七条一項）が採用される（指針第2の2⑵ロ参照）。

右の「通知がされた日」と「分割会社が定める日」との間には、少なくとも一三日間が確保されなければならない（承継法四条二項・五条二項参照）。これは、異議申立権者に権利（不）行使を判断させるための期間とされる。(13)

⑵　異議申立権行使の前提となる手続き——分割会社の通知義務——

異議申立権の行使期間の起算日は、右で確認した通り、異議申立権者たる労働者に会社分割の「通知がされた日」である。つまり、労働者の異議申立権は、会社分割に関する通知を待って行使されることになる。(14)

承継法二条一項によれば、この通知は、分割会社が負う義務であり、異議申立権者等を相手方として、分割計画書等が議題となる株主総会の遅くとも二週間前までに書面をもって行われなければならない。(15)規則一条は、当該書面に記載されるべき通知事項として、承継営業に対する主従性（一号）、承継営業の概要（二号）、営業承継会社の事業内容や雇用予定数（三号）、分割時期（四号）、営業承継会社における予定業務（五号）、異議申立ができる旨の記載およびそれを実際に受け付ける具体的部署（七号）などを挙げる。また、先に触れたように、労働者の異議申立同様、右通知にも到達主義が援用される（指針第2の1⑴参照）。

かかる規制の趣旨は、異議申立権者が当該権利の（不）行使を「判断するために必要かつ十分な情報を「分割会社から」提供して、異議の申出の権限を効果的たらしめるため」と説明される。(16)

4　現時点での問題点

承継法上の他の論点との比較では議論の端緒が開かれたばかりの感があるが、以上のように把握される会社分割時における労働者の異議申立制度に基づく当該権利行使に伴う問題点として、現在、専ら次の二点が指摘されている。

(1)　分割会社による通知義務違反の法的効果

承継法は、異議申立権行使の前提手続である分割会社からの通知に対して、前述した様々な規制を課している。具体的には、通知の期限（＝分割計画書等が議題となる株主総会の遅くとも二週間前まで（二条一項））、様式（＝書面（同項））、内容（＝規則一条各号）である。ところが、これらの諸条件を満たす通知が全くなされない、あるいは、その一部を欠く通知がなされた場合、それが労働者の異議申立権に対してどのような影響を及ぼすかは法定されていない。(17)

指針は、この問題を分割後における異議申立権者の地位の争訟として処理しようとする。すなわち、右の場合、異議申立権者Aは「当該分割後においても、…［営業承継］会社に対して…地位の保全又は確認を求めることができ、また、分割会社に対してその雇用する労働者ではないことの確認を求めることができる」（第2の2(3)ハ(イ)）。他方、異議申立権者Bは、当該分割後においても、分割会社に対して地位の保全又は確認を求めることができ、また、営業承継会社に対してその雇用する労働者ではないことの確認を求めることができる（第2の2(3)ハ(ロ)参照）、と。学説には、自己の労働契約関係の帰趨について異議申立権者に選択権を付与するものであることを理由に、これを支持する見解がある。(18)

なお、行政解釈は、承継法二条一項・規則一条を満たさない不完全な通知であっても、これを受けて異議申立権者が適法に当該権利を行使した場合、それを有効とする。(19)

(2)　異議申立労働者に対する整理解雇の可能性

具体的には、異議申立権者Aが当該権利を行使することにより営業承継会社において承継すべき労働者の実数が予定数を超えてしまう場合、および、異議申立権者Bの当該権利行使によって分割会社に残るべき労働者の実数が予定数を超えてしまう場合に、当該会社が異議申立労働者を余剰人員として解雇する事態が想定されうる。[20]

学説には、「合理的理由」がない限り、異議申立労働者が優先的に整理解雇されることは許されないとする見解[21]と、異議申立労働者が当該権利を「行使したことを理由に、整理解雇の対象となることはなく、人選において不利益に扱われることもあってはならない」とする見解[22]がある。

指針は、労働者が異議申立権を行使しようとすること、または、行使したことに基づく分割当事会社による解雇その他不利益取扱いを禁止する（第2の2⑵ハ参照）。

三　ドイツの異議申立に関する判例法理

ドイツの会社分割における労働者の異議申立権の位置づけをあらためて確認すれば、次のように捉えることができる。[23] ⑴ドイツにおいても、わが国同様、企業財産の移転方法の一つとして部分的包括承継性（partielle Gesamtrechtsnachfolge）を有する分割（Spaltung）が法定されており（一九九四年組織変更法（Umwandlungsgesetz, UmwG）一二三条参照）、⑵当該分割の実施にあたっては、移転財産に事業所（Betrieb. またはその一部たるBetriebsteil）が含まれる限りで、事業所譲渡（Betriebsübergang）に関する民法典（Bürgerliches Gesetzbuch, BGB. 以下、民法）六一三条a第一項が準用され（組織変更法三二四条参照）、原則として当該事業所における労働者の労働契約関係は相手方会社に承継される。⑶なお、連邦労働裁判所は、判例上、事業所譲渡に伴う労働契約関係の承継に対しては、労働者に異議申立権を認めており、[24] 当該権利が行使されると承継の効果は発生せず、労働者は従前の使用者との労働契約関係を維持できる。⑷かかる事業所譲渡に対する異議申立権は会社分割においても妥当する、と。

つまり、ドイツの会社分割における労働者の異議申立権は、民法六一三条a第一項[25]に基づく事業所譲渡の際の当該権利[26]に関する判例法理に全て依拠するということなのである。したがって、以下では、事業所譲渡に伴う異議申立に関する判例を、本稿の問題関心に沿って、つまり当該権利に対する手続的規制やその行使に伴う解雇の是非に焦点をあてて取り上げる。

1　異議申立権行使に関する原則の定立

① 連邦労働裁判所第五法廷一九七七年一一月一七日判決[27]

［事実の概要］　Y（被告・控訴人・上告人）は、一九七五年一〇月一日、自らが所有する事業所の一つを訴外P会社（Firma）に経営賃貸借（verpachten）した（以下、本件事業所譲渡）。当該事業所の労働者X（原告・被控訴人・被上告人）は、同年九月二五日および二六日に書面をもって、本件事業所譲渡に伴う労働契約関係の承継に異議を申し立てたが、Yは、一〇月一日以降、Xの就労申入れを拒否。Xの訴訟提起に対して下級審がその主張の一部を認めたため、Y上告。

［判　旨］　上告棄却

「本法廷は、…［労働者の異議申立権を認めた］当裁判所におけるこれまでの先例に従うものである。」

「労働者は、…事業所…譲渡…時までに異議申立をなすことができる」。それは、「当該時点が到来して初めて、［新たな使用者となる］事業所譲受人が、従前の労働契約関係…に参入することになる」からである。

他方、事業所譲渡の当事者たる新旧の「使用者（Die beteiligte Arbeitgeber）は、予定された当該譲渡につき、［その実施に先立つ］適切な時期に（rechtzeitig）、全ての関係労働者に対して通知（informieren）しなければばならない」。事前に通知されているにもかかわらず「事業所譲渡後になされた労働者の異議申立は、原則として（regelmäßig）考慮され得ない。」

原審の認定事実によれば、「Xは、［本件事業所譲渡以前である］九月二五日と二六日の両日に書面をもって明示的に［Yに対して］異議を申し立てて」おり、それゆえ、P会社への労働契約関係の承継は認められず、Yは、なおXの使用者たる地位にある。

①判決は、右のように述べて、Xを（一部）救済する結論に至る過程で、ア・異議申立権の行使時期は、事業所譲渡以前を原則とすること、イ・使用者は事業所譲渡について、その実施以前の適切な時期に関係労働者へ通知する義務を負うことを一般論として明らかにした。

前者アは、事業所譲渡時に、その譲受人が労働契約の新たな使用者として登場する、いいかえれば、従前の使用者たる事業所譲渡人が当該契約関係から切り離され当事者たる資格を失うことを根拠とされている。右判示からすれば、連邦労働裁は、異議申立権行使の相手方を従前の使用者＝事業所譲渡人と解していると捉えられよう。

また、同判決では明示されていないものの、後者イは、右アを成り立たせる不可欠の前提と考えられ、その法的性格はアの要件（Voraussetzung）と解されている。(28)

2　異議申立権行使の原則に対する例外の設定

もっとも、①判決は新たな論点を内包するものであった。なぜなら、右原則の要件が成就しない場合、すなわち「労働者への事前通知」がなされないまま事業所譲渡が実施された場合においては、労働者の異議申立権の消長・帰趨如何が解明されるべき問題としてなお残るからである。これに対しては、連邦労働裁において同日に下された次の二つの判断がある。

② 連邦労働裁判所第二法廷一九九三年四月二二日判決（事件番号 2 AZR 31 3/92）(29)

［事実の概要］　訴外Q合資会社（Kommanditgesellschaft, KG）は、一九九一年四月二六日にY（被告・控訴人・被上告人）との間で経営賃貸借契約（Pachtvertrag）を締結したこと（以下、本件事業所譲渡）を、五月二日になって従業員に通知した。Yの従業員であったX（原告・被控訴人・上告人）は、同月三〇日になって書面で異議を申し立てが（以下、本件異議申立）、Yに認められず訴訟提起。第一審はXの請求を認容したのに対し、原審がこれを斥けたため、X上告。

［判　旨］　上告棄却

「当裁判所が確立した判例において、労働者には民法六一三条aに基づく事業所譲渡に伴って生じる労働契約関係の承継に対して異議申立をなす権利が認められている。…とはいえ、Xによる異議申立が遅きに失した（verspätet）との原審の判断は正当である。」

「確かに、労働者の異議申立権は、原則として事業所が新たな所有者［たる譲受人］に譲渡されるまでに行使されなければならないが、この原則は、使用者［たる事業所譲渡人］がそれをなす以前の適切な時期に、労働者に対して当該譲渡を通知していることを要件とする…。Yは当該要件を満たしていなかったのであるから、Xは、事業所譲渡後であっても、異議申立をなしうる。」

但し、ここに二つの問題が生じる。その第一は、異議申立権の行使が可能となる事業所譲渡〝後〟の起算点である。これは、「原則として、［事業所譲渡に伴い労働契約関係が承継され、事業所譲渡人からその譲受人に］

使用者が交替することにつき労働者が十分な通知（ausreichende Unterrichtung）を受けた時」である。「原審の認定事実によれば、Xは、遅くとも五月二日には本件事業所譲渡に関して十分に通知された…のであるから、この日をもって異議申立権の行使可能日が起算される」。

第二の問題は、「労働者が当該権利を何時まで行使しうるかという期間（Erklärungsfrist）である。これについては、従来、明確にされてこなかった」が、本法廷は当該期間を「労働者が［事業所譲渡に関する］十分な通知を受けてから遅くとも三週間以内」と解する。「なぜなら、当該権利の行使は、使用者から解雇通告または変更解約告知（Änderungskündigung）[30]を受けた労働者が、その無効の訴えを提起して当該使用者との労働契約関係を維持しようとする場合と相似する（ebenso wie）からである。したがって、異議申立権の行使期間を設定する際に、解雇制限法（Kündigungsschutzgesetz, KSchG）に規定された［出訴期間である］三週間（同法四条[31]…参照）を援用することは、法体系上、妥当と判断する（systemgerecht）。」

五月二日には本件事業所譲渡を知ったという右認定事実によれば、「Xは、五月二三日に満了する［異議申立権の行使期間である］三週間を費消した」。ゆえに、「Xの異議申立権は消滅している」。

③　連邦労働裁判所第二法廷一九九三年四月二二日判決（事件番号2 AZR 50/92）[32]

［事実の概要］　Y企業（Unternehmen. 被告・控訴人・上告人）は、一九九〇年一〇月一日付の事業所の売却（veräußern）を約六週間前に従業員に通知したが、休暇等のため後になってそれを知った労働者X（原告・被控訴人・被上告人）は、同月九日に書面でYに異議を申し立てた。しかし、Y企業がこれを認めずXを解雇する手続きをとったため、Xは解雇制限訴訟（Kündigungsschutzklage）[33]を提起。第一審はXの請求を認容、Y企業が自らの控訴を斥けられたため上告。

〔判　旨〕　上告棄却

「原審の判断は、…正当であると認められる。…当裁判所が確立した判例において、労働者には民法六一三条ａに基づく事業所譲渡に伴って生じる労働契約関係の承継に対して異議申立をなす権利が認められ…、原審は、Xが〔事業所の売却後であれ〕適切な時期に当該権利を〔Y企業に対して〕行使した旨判示しており、本法廷もこれを支持する。」

もちろん、「事業所の売却元たるY企業は、Xが異議を申し立てる正当な相手方である。…事業所譲渡後には譲渡人と譲受人のいずれが異議申立の相手方となるかという問題は、議論が存するところである」が、本法廷は、「事業所譲渡のいずれの当事者からもそれについて通知されない場合には、労働者が〔どちらの当事者に異議を申し立てるかを〕選択する権利を有する」と解する。なぜなら、「労働者は、事業所譲渡が何時実施されたかを正確に知り得ない。ましてや、それがいくつかの段階を経てなされる場合には、労働者が民法六一三条ａにいう事業所譲渡の実施時を正確に判断することなど、さらに困難になるからである。」

②判決は、当事者Xの異議申立権の行使を否定する判断の中で、ア・①判決が設定した原則「事業所譲渡以前の異議申立権行使」の要件たる「労働者への事前通知」が満たされない場合には、事業所譲渡の実施後であっても、労働者の異議申立権はなお行使可能である、イ・もっとも、その行使には、事業所譲渡に関する通知から起算して三週間以内という期間が設定される、という二つの命題を提示した。後者イについては、解雇制限法上の出訴期間条項が援用された結果であって、その根拠は、労働者による異議申立権の行使と解雇制限訴訟の提起との相似性に求められている。

しかし、事業所譲渡後における異議申立権の行使を認めれば、さらなる問題に直面することになる。なぜなら、事業所譲渡以前における異議申立権の行使では、その相手方は従前の使用者＝事業所譲渡人と解されるのに対し（三1）、事業所譲渡の実施後には労働契約関係が承継され、事業所譲受人が新たな使用者として登場するため、当該権利行使の相手方が、事業所譲渡人か、それとも、その譲受人かを同定しなければならないからである。これについて、③判決は、労働者自身には事業所譲渡時が正確に特定できないことを理由に、労働者が異議申立権行使の相手方に関して選択権を有するとした。

3　異議申立権の行使と解雇の可能性

一九九四年組織変更法三二四条は、事業所譲渡に伴う解雇規制である民法六一三条a第四項も会社分割の際に準用される旨規定する。同項は、事業所譲渡を「唯一」の理由とする関係労働者の解雇を禁じる反面（一文）、当該譲渡を契機とした「その他」の理由に基づく解雇を認める（二文）。

連邦労働裁判所第五法廷一九八四年二月一五日判決は、その傍論において、従前の職（場）（Arbeitsplatz）を失った異議申立労働者を余剰人員と評価して事業所譲渡人が行う解雇を、右「その他」の理由に基づく解雇として許容する立場を示した[34]。問題は、具体的にいかなる条件が整えば、当該解雇が社会的に正当で法的に有効とされるかであるが、それについては、次に取り上げる二つの判断が下されている。

ところで、ドイツでは、余剰人員という第一義的には労働者の責に帰しえない事由に基づく解雇を「経営上の事由に基づく解雇（betriebliche Kündigung）」と呼ぶ。当該解雇の社会的正当性（Sozialrechtfertigung）は、「急迫した経営上の必要性（dringende betriebliche Fordernisse）」（解雇制限法一条二項一文[35]）および「社会的選択（soziale Auswahl）」（同条三項一文[36]）を要件として判断され[37]、社会的に不当な解雇は無効（unwirksam）となる（民法一三四条参照[38]）。

第一要件である「急迫した経営上の必要性」では、ア・解雇の契機となった「使用者による経営上の判断（Unternehmerentscheidung）」と、イ・実際に解雇された労働者（被解雇者）の「継続的就労可能性（Weiterbeschäftigungsmöglichkeit）」（解雇制限法一条二項一号b）が主として検証される。アにいう使用者の判断は原則として尊重され[39]、他方、イでは、同一「企業（Unternehmen）」内における、被解雇者の従前のそれと同価値で（gleichwertig）かつ空席（frei）となっている職の存否が判定される[40]（＝「配転可能性（Versetzungsmöglichkeit）」）。

第二要件たる「社会的選択」とは、被解雇者選定基準と捉えられ[41]、ウ・同一「事業所」内に、被解雇者と「同種の職に従事する労働者（vergleiche Arbeitnehmer）」が存在するか、エ・かかる同種の職に従事する労働者が存在する場合に、当該労働者を含めてもなお、その中で被解雇者の「（解雇からの）要保護性（Schutzwürdigkeit）」が最も低かったか、の二点が問われる。ウにいう「同種」の職とは、その職業上の資格や従来の職務内容に基づけば被解雇者が遂行できると判断されるものを意味し、被解雇者の労働条件を不利益に変更（例えば、変更解約告知を）しなければ達しない職は同種とは評価されない[42]。エの「要保護性」の判断では、勤続年数・年齢・扶養家族（Unterhaltsverpflichtungen）が主たる要素とされる[43]。

なお、第一要件は使用者が全面的に立証責任を負う一方、第二要件では、労働者側がそれを争った場合にのみ、使用者に立証責任が生ずるとされる[44]。

④連邦労働裁判所第二法廷一九九三年四月七日判決[45]

[事実の概要]　Y会社（被告・被控訴人・被上告人）は、一九九〇年一〇月一日付で事業の一部である沖給仕事業（Betriebsteil Stauerei）を訴外S企業に売却（以下、本件事業所譲渡）するにあたり、その旨を当該事業に従

事していた労働者X（原告・控訴人・上告人）に一ヶ月前に書面で通知した。そこには、異議申立は書面で行うこと、但し異議を申し立てた場合、従前の職場が消滅することを理由に解雇される可能性があることも記されていた。

書面により異議を申し立ててY会社から解雇されたXは解雇制限訴訟を提起し、Y会社に残存する事業に配置されている四名の労働者がXと同種の職に従事しており、彼らを被解雇対象者に含めなかったことが社会的選択の瑕疵（Mangel）にあたると主張した。下級審で自らの請求・控訴が斥けられたため、X上告。

［判　旨］　原判決破棄差戻し

Xは本件事業所譲渡以前に異議を申し立てているので、「Y会社による解雇が経営上の理由（Betriebsbedingtheit）に基づくものであるかを判断しなければならない」。Xが従事していた沖給仕事業のS企業への売却には当事者間に争いがなく、それが経営上の必要性を有していることは立証されているから、被解雇者「Xが［従来の職場で］継続的に就労する可能性は消失している」。

次に、Y会社による社会的選択の結果、Xが被解雇者となったことが妥当であったかを検討するに、「Y会社は、Xが指摘した四名の労働者を同種の職には従事していない（nicht vergleichbar）とし［て被解雇対象者に含めなかっ］たこと、…［かりに彼ら四名を被解雇対象者に含めXと比較した場合、その中で］Xを継続的に雇用しようとすれば、［当該四名との関係で］従来の職の格付けを下げる変更解約告知を行わざるをえないこと、以上二点をいずれも具体的に立証していない」。

「かかる四名をXと同種の職に従事する者として被解雇対象者に含めうるとの立場を採ると、異議を申し立てさえしなければ、S企業に労働契約関係が承継され…［解雇にさらされるはずのなかっ］たXが、［異議申立権を行使した結果、従前の使用者たる事業所譲渡人Y会社から解雇された本件において］そもそも社会的選択に瑕疵がある…との主張をなしうるか、という問題が生じる。これについては、従来、…判断されてこなかった」が、「本法廷は、労働者の異議申立に合理的理由（objektiv vertretbare Gründe）が存するか否かによって決せざるを得ないと解する。…本件におけるこうした合理的理由の存否について、原審は…判断していない」。

⑤連邦労働裁判所第八法廷一九九九年三月一八日判決(46)

［事実の概要］　Y（被告・被控訴人・上告人）は、一九九六年四月一日付で事業の一部である環境保護部門（Abteilung Umweltschutz）を訴外T会社へ譲渡すること（以下、本件事業所譲渡）を約一ヶ月前に工学士（専門分野・機械工学）の資格を有するX（原告・控訴人・被上告人）に通知した。

書面で異議を申し立てたところ、本件事業所譲渡に伴い従事する職が消失することを理由にYから解雇されたXは解雇制限訴訟を提起し、本件事業所譲渡後も自らの継続的就労を可能にする職務（Arbeitsaufgabe）はYになお存在すると主張した。第一審はXの請求を棄却したのに対し、原審がXの控訴を認めたため、Y上告。

［判　旨］　原判決破棄差戻し

本法廷は、「原審の見解とは異なり、本件解雇が、解雇制限法一条三項にいう不当な（ungerechtfertigt）ものとは認められない」と判断する。なぜなら、「Xが［異議申立権を行使しなければ］T会社の下で労働契約関係を存続できたことや本件異議申立をなすに至った理由を考慮すれば、Xと同じ工学士（専門分野・機械工学）の資格を有する労働者を［Yが被解雇対象者に含めて］Xと比較した結果、Xが被解雇者に選定されたことに誤りはないからである。」

先例(47)によれば、「事業所譲受人への労働契約関係の承継に異議を申し立てず、その職場を維持しえたはずの労働者であっても、［異議申立権を行使した結果、従前の使用者たる事業所譲渡人から解雇された場合には、その」社会的選択に瑕疵がある旨の主張をなすことができる」。しかし、「当該被解雇者は、他の使用者の下で労働契約関係を存続しえたにもかかわらず、あえてそれを拒否したのであるから、その理由を考慮せずに、異議申立労働者に対する解雇の正当性を判断することはできない」。いいかえれば、「他の使用者の下で労働契約関係の存続が可能な自らに替わって、その可能性のない他の労働者が解雇された場合、当該同僚に［解雇という］負担を課してもなお、そのような選択を正当化しうるだけの理由が解雇を免れた異議申立労働者に存在しなければならないのである。」

「決して〝異議申立権は無価値〟なのではない」し、「解雇制限訴訟は、従事している職から不当に排除される労働者を保護するためにある。…被解雇対象者の間で［解雇からの］要保護性の差が小さくなればなるほど、解雇された異議申立労働者は、そもそも事業所譲渡に関係していなかった［被解雇対象者たる］労働者の［当該業務からの］排除を根拠づけるだけの正当性（wichtig）をより強く示さなければならないのである。…具体的には、異議申立労働者に関する［解雇からの］要保護性と他の被解雇対象者のそれとの間に、ほぼ差がないこと、および、事業所譲渡に伴う労働契約関係承継直後に、事業所譲受人がその職を奪うか、労働条件を決定的に（wesentlich）不利益に変更するとの危惧を当該労働者が抱くだけの理由が存在すること、以上二点に基づいて異議が申し立てられたと判断される場合には、その異議申立の正当性が解雇のそれを上回る（Vorrang）」と解される。

原審の認定事実によれば、「他の被解雇対象者に関する［解雇からの］要保護性は、子供一名を扶養するXのそれと比較すれば相当に低い一方、Xは、本件事業所譲渡直後に、T会社において自らの従事する職が奪われる、あるいは、労働条件が決定的に不利益に変更されるとの危惧を抱いていない」。したがって、「Xが異議申立をなした理由は正当とはいえず、…［Xを解雇するという］Y会社の社会的選択に瑕疵はない。」

④⑤両判決は、事業所譲渡人たる使用者の社会的選択に瑕疵がある旨、解雇された異議申立労働者が主張することを認めた。つまり、連邦労働裁は、事業所譲渡人による異議申立労働者の解雇については、「経営上の事由に基づく解雇」の法理に則って、その正当性を判定するとの立場を示したといえる。

しかしながら、事業所譲渡に伴う解雇の場合、適用される当該法理には以下の二点で修正が迫られる。第一は、同一企業内の継続的就労（＝空席となっている職への配転）可能性（第一要件イ）である。事業所譲渡の場合、民法六一三条a第一項に基づき労働契約関係が承継されるため、事業所譲渡人における右可能性はそもそも検討される余地がない。ここに④判決が「Y会社における被解雇者Xの就労可能性がない」と判断した根拠を求められよう。さらに、これにより、事業所譲渡人による異議申立労働者の解雇は、その第一要件である「急迫した経営上の必要性」自体を基本的に充足することになる。なぜなら、当該要件のア「解雇の契機となった使用者の経営上の判断」たる事業所譲渡行為は、④判決にも見られるように、それが法的に否認される特段の事情がない限り尊重されるからである。

第二は、右解雇法理の第二要件のうち、ウ「同種の職に従事する労働者」の（空間的）探索範囲である。④⑤事件は、いずれも事業所「一部」譲渡（Betriebsteilsübergang）の事案であり、④判決では原則通り同一事業所内の「残存する事業（所）（Restbetrieb）」が対象とされた。他方、⑤判決については、認定事実の不足もあるが、残存事業所を超えた同一「企業」内における当該労働者の探索された可能性が否定できないのである。

なお、第二要件におけるウ「被解雇者と同種の職に従事する労働者の不在」とエ「被解雇者の（解雇からの）最低要保護性」の立証責任については、事業所譲渡に伴う解雇であれ、④⑤判決はともに使用者たる事業所譲渡人のY側に負わせた反面、労働者側の立証に関する新たな一つの命題を設定した。すなわち、異議申立労働者に向け当該権利行使に対する合理的理由の説明が求められたのである。⑤判決によれば、右命題が導出されるのは、異議申立労働者が、事業所譲受人の下で雇用を継続することができたにもかかわらず、その利益を放棄した上、同一企業内の他の労働者を解雇の危険にさらすためとされている。

では、ここにいう合理的理由にはどのような内容が求められるか。⑤判決は次の二点を挙げる。第一は、異議申立労働者に関する解雇からの要保護性が、他の被解雇対象者のそれとほぼ同等であること、第二は、事業所譲渡に伴う労働契約関係承継直後に、事業所譲受人が自らの職を奪い、または、その労働条件を決定的に不利益に変更するとの危惧を異議申立労働者が抱くだけの事情である。

4　小　括

以上の検討から、事業所譲渡に対する労働者の異議申立に関するドイツの判例法理は次のように要約することができ、その内容は、移転財権に事業所（または、その一部）が含まれる限りで会社分割の場合にも妥当することになる。もっとも、その適用の際には、「事業所譲渡」を「会社分割」、「事業所譲渡人」を「分割会社」、「事業所譲受人」を「営業承継会社」に置き換える必要がある。

(1)　異議申立権の行使に関する原則

異議申立権は、事業所譲渡時までに行使されなければならない。その行使の相手方は、使用者たる事業所譲渡人と解される。この原則が妥当するための要件は、使用者が事業所譲渡時以前の適切な時期（まで）に労働者に対して当該譲渡につき通知していること（＝事前通知義務（Unterrichtungspflicht）の履行）である。[48]

また、異議申立権行使の際、労働者は何らの理由も求められないが、その手段・態様は、明示的（ausdrücklich）または最終的（konkludent）なものでなければならないとされる。[49] 本稿が参照した事案を見る限り、書面[50]

(Schreiben) は、この要件を満たすと捉えられている。

さらに、連邦労働裁は、異議申立権の法的性質について次のようにも言及している。すなわち、それは、相手方への到達を要する一方的意思表示（einseitige empfangsbedürftige Willenserklärung）であって[51]、当該権利行使により直ちに民法六一三条a第一項に基づく労働契約関係の承継という効果が発生しなくなることから、形成権（Gestaltungsrecht）であり失効権（Rechtsfolgeverweigerungsrecht）である[52]、と。

(2)　右原則に対する例外

使用者が事前通知義務を履行しなかった場合、労働者は、事業所譲渡時を超えて、また相手方を選択した上で[53]異議申立権を行使することができる。但し、その行使期間は、労働者が当該譲渡を通知されてから三週間以内（解雇制限法四条参照）とされる[54]。この時に行使される当該権利の法的性質は、いったん生じた労働契約関係の承継という民法上の効果を、その発生時である事業所譲渡時に遡って拒絶・阻害するという意味で、遡及効を伴う失効権（Rechtsfolgeverweigerungsrecht mit Rückwirkung）と解されている[55]。

(3)　異議申立権行使と解雇との関係

異議申立労働者は、事業所譲渡人による余剰人員としての解雇という危険を排除できず（民法六一三条a第四項二文参照）、かかる解雇がなされた場合、その是非は「経営上の事由に基づく解雇」法理による司法審査に服する。つまり、異議申立労働者に対する当該解雇は「急迫した経営上の必要性」と「社会的選択（＝被解雇者選定基準）」の二要件によって決せられることになるが、とくに後者による判断がより大きな意義を有する[56]。この第二要件を判断する基準である「被解雇者と同種の職に従事する労働者の存否」と「被解雇対象者の中での被解雇者の最低要保護性」のうち、前者における同種の職に従事する労働者の（空間的）探索範囲は、右解雇法理における同一「事業所」の枠を超えて、同一「企業」内となる場合が考えられる[57]。

なお、解雇された異議申立労働者は、当該権利行使に対する合理的理由を問われることになる。(58) 具体的には、①被解雇対象者となった同種の職に従事する労働者と自らとは、解雇からの要保護性にほぼ差がないこと、②事業所譲受人が、その譲受直後、自らの職を奪うか、その労働条件を決定的に不利益に変更するとの危惧を抱く事情の二点を当該労働者側が立証することを要するのである。

四　おわりに

1　日独の異議申立に関する異同性

ここまで、日独両国の会社分割時における労働者の異議申立権の行使に関わる法規制や判例法理を検証してきた。それによれば、制定法（日本）か判例法（ドイツ）かという規制根拠のほかに、当該権利の法的効果について、労働契約関係の包括承継性を阻害する効力のみを有する（ドイツ）か、それを創設する効力までも有する（日本）かという点で相違点が認められた。

しかしながら、両国の異議申立権は、その前提となる法制上の効果（ドイツ民法六一三条a第一項に基づく労働契約関係の自動的承継、わが国の商法に基づく分割計画書等への記載の有無による当該契約関係の（不）承継）を否定・転換するという意味では、同じ構造を有するといえる。加えて、①異議申立権それ自身の法的性格（形成権・到達主義）、②当該権利の「行使」とその事前手続である分割（当事）会社からの「通知」との密接な関係、③当該「通知」の趣旨・位置づけ（二 **2** **3** および三 **4** (1)(2)）に鑑みれば、異議申立権が発動される構造（制度）面・手続面には日独両国に高い共通性が存在すると捉えられよう。

2　日本法への若干の私見・指摘

⑴　かかる共通性に立脚すれば、わが国の論点である分割会社の通知義務違反の法的効果如何（二 4 ⑴）については、ドイツの判例法理は極めて示唆的であると思われる。

事業所譲渡人（＝従前からの使用者）からの通知を当該権利行使の前提として組み込み、かつ、それを異議申立権行使の要件（Voraussetzung）と解するドイツの異議申立制度においては、通知を待って当該権利を行使するという形が厳格に貫かれる。それが顕著に現れるのは、事業所譲渡後に通知を受けた場合には、その日から三週間の異議申立期間が起算される点である（三 4 ⑴⑵）。

これと対比すると、承継法二条一項の定めを満たさない通知のうち、少なくとも「期限」（＝分割計画書等が議題となる株主総会の遅くとも二週間前まで）に遅れて発せられた通知に対しては、指針が想定する対処方法、すなわち、分割後に異議申立労働者がその地位を裁判で争うという手段のほかに、当該通知が実際に到達した日から異議申立権者の判断期間たる二週間（承継法四条二項・五条二項）を起算するという解釈の可能性が浮かび上がる。もっとも、こうした主張を採用すれば、右株主総会当日以降における異議申立権の行使が認められることになる。いいかえれば、遅くとも右株主総会の前日までに労働者による異議申立の存否を顕在化させて、分割当事会社の「当該株主総会等に向けての事務的整理に支障をきたさないよう」[59]にするという承継法四条一項が想定した目的を達成できないおそれが生じる。

しかし、かかる事態は、そもそも分割会社による適法な通知がなされなかったことに端を発しているのであるから、その不備を犯した当該会社を保護する必要はない。むしろ、ここでは「労働者が異議の申出を行うか否かを判断する期間として、分割会社からの通知が到達した日から起算して最低二週間を確保するため」[60]（傍点筆者）という承継法四条二項（五条二項）の趣旨が尊重されるべきであり、右の新たな解釈は、これに適うものといえる。

このように、分割会社の通知に関する不備を異議申立期間の起算の停止または延期という形に変換しうるとの立場をなお敷衍できれば、承継法二条一項・規則一条の定めを満たさない通知の問題はすべて、ドイツ判例法理の「異議申立権行使の原則に対する例外」におけるのと同様（三 4 ⑵）、二週間という異議申立期間の起算日の設定如何に帰着することになろう。[61]

⑵・　また、わが国では、異議申立労働者に対する整理解雇可能性も議論されている。異議申立権は承継法に基づくものであるから、その行使を理由とする解雇その他の不利益取扱いは当然に許されず、その意味で、指針第2の2⑵ハの内容は確認的である。[62]先に見た学説における主張は（二 4 ⑵）、いずれも当該指針を踏まえた上で、右の解雇可能性を肯定しているものと解され、筆者もこれを支持する。[63]

問題は、かかる整理解雇を法的に許容するための条件であり、学説では「合理的理由」の存在、あるいは「[異議中立労働者を]人選において不利益に取り扱わないこと」が当該条件として示されている。これについては、わが国とは雇用慣行が異なるドイツの判例法理を直接には参考にできない。[64]とはいえ、ドイツの判例が「同種の職に従事する労働者」間でさえ、被解雇者選定の正当性判断基準の確立に苦心している点（三 3 4 ⑶）に徴すると、わが国において求められるべきは、右学説がいう「合理的理由」あるいは「異議中立労働者を不利益に取り扱わないとの基準」のさらなる具体的内容如何である。[65]従来の整理解雇法理に置き換えていえば、異議申立後に分割当事会社が被解雇対象者の範囲を確定し、さらにその中から実際の解雇者を選抜する際の基準（＝被解雇者選定基準）における「合理性・客観性」とは何かである。

わが国においては、ドイツのような職種限定採用は今なお標準的ではない。そのため、分割当事会社は、いわゆるジェネラリストたる労働者同士を、とくに異議申立権者Aが当該権利を行使した場合には、異議申立権者たる分割会社の労働者と、その権利行使さえなければ解雇の危険にさらされるはずのなかった営業承継会社の労働者という、異なる会社で異なるキャリアを積んだ者同士を比較して被解雇者をしなければならなくとになる。このことは、ドイツに比して右基準の合理的・客観的な設定をより困難ならしめよう。それゆえ本稿においては、その具体的基準を示しえないが、この点が今後の重要な理論的課題であることを指摘しておく。

(3)　わが国の異議申立制度と構造面・制度面・手続面において高い共通性を有するドイツの判例法理との比較という観点から、実際に議論されている右二点に加え、わが国の問題として次の二点に簡潔に触れたい。

第一は、承継法が通知や異議申立の際に求める書面性（二条一項・四条一項・五条一項参照）、これを受けた行政解釈がファックスによる伝達を許容しつつ（しかも、受信機器の不調に伴う危険は通知者が負担する）、電子メールやホームページ等の電子情報処理組織（以下、電子メール等）を用いる方法を認めない[66]点への疑問である。行政解釈のかかる立場は、条文上、通知・異議申立の伝達手段として書面のみが掲げられていることゆえの帰結であるとは理解できる。しかし、「当事者の意思や情報に関する相手方への確実な到達」および「会社分割に関わる労使紛争の発生防止」を専らとする書面性に込められたそもそもの趣旨[67]との関係では、今や電子メール等がファックスに実質的に劣後する手段とはいえないであろう。加えて、ＳＯＨＯ・在宅勤務・テレワークといった新たな就労形態の出現、消極的には経営コストの削減策、積極的には地球環境保全への取り組みの一環である社内ペーパーレス化のさらなる進展に伴い、企業実務においては今後ますますコンピューターネットワークの重要性が高まると推測される。それだけに、会社分割時における労使間の意思疎通手段にファックスを含めながら、電子メール等をそこから全く排除している現行法の姿勢への評価は消極的にならざるをえない。したがって、将来に向けて承継法における右伝達手段を考えるならば、労働者の異議申立に対して明示的方法を求め書面はその一態様と捉える[68]、すなわち当該手段に一定の幅を持たせているドイツのように、それに対してはより柔軟な規制のあり方が指向されるべきである。[69]

第二は、異議申立権者の範囲である。わが国の会社分割においては、承継営業に従事する労働者の一部のみが異議申立権者となる（承継法四条一項・五条一項参照）。そのうち、異議申立権者Bに対する当該権利の付与の根拠には、労働契約関係の「承継を望まない労働者が承継を強制される」(70)ことが挙げられている。しかし、かかる根拠は、異議申立権を付与されることなく、当然に当該契約関係が営業承継会社へと移転されることになる「承継営業に主として従事し分割計画書等に自らの労働契約関係の承継を記載された者」（承継法二条一項一号・三条）へも妥当するのではないか。移転対象財産の単位が個別労働契約ではなく事業所であることに起因するとはいえ、ドイツの会社分割においては移転対象事業所で業務に従事する労働者全てが異議申立権を享受できる点と対比すると一層、わが国における異議申立権者の限定性という問題が浮き彫りになる。これは承継法施行以前から批判されているだけに(71)、あらためて確認しておく。

3　今後の課題

本稿は、会社分割時における労働者による異議申立権の行使に伴う法律問題を取り上げた。その意味では、当該権利の積極的側面に注目したことになるが、他方、異議申立権には、その消極的側面である不行使の問題も横たわっている。具体的には、労働者による当該権利の（事前）放棄であり、これについては日独両国で議論がある(72)。右の問題も、先に課題として指摘した「異議申立労働者と整理解雇基準との関係」とあわせ、その解明に向けた取り組みを進めたい。

また、ドイツ法に関しては、判例法理の現状を示すに留まり、学説における議論の詳細やそれの判例への影響等にまで踏み込むことはできなかった。本稿はその位置づけをドイツ法との比較の「試み」としたが、本格的な比較を行うにあたっては、今後の判例動向はもちろん、学説におけるこれまでと今後の議論の経緯・内容を掘り下げる必要がある。

さらには、ここで掲げた今後の課題をより深く緻密に検討するためにも、日独両国における会社分割・異議申立の実態把握が求められよう。

（1）　条文の文言を忠実に用いるならば、本来、「異議申出権」と表現すべきであるが（例えば、江頭憲治郎『株式会社・有限会社法』（有斐閣、二〇〇一年）六二〇頁）、すでに、しばしばかかる表現が用いられることから（柳屋孝安「会社分割と労働法上の諸問題」日本労働研究雑誌四八四号（二〇〇〇年）四九頁（とくに五四頁）、土田道夫「企業組織の再編と雇用関係」自由と正義五一巻一二号（二〇〇〇年）五八頁（とくに七一頁）、菅野和夫＝落合誠一編『会社分割をめぐる商法と労働法』別冊商事法務二三六号（二〇〇一年）八七頁〔厚生労働省労政担当参事官・岡崎淳一氏の講演部分〕、盛誠吾「企業組織の再編と労働契約承継法」季労一九七号（二〇〇一年）二頁（とくに八頁）、奥田香子「労働契約承継法にかかわる労働条件変更問題」同誌五五頁（とくに七〇頁）等を参照）、筆者もこれらにならうこととした。「異議権」との表現が用いられることもある。例えば、菅野＝落合編・前掲書一八頁〔法務省民事法制管理官・原田晃治氏の講演部分〕、本久洋一「労働契約承継法の検討」労法旬一五〇八号（二〇〇一年）六頁（とくに七頁）、徳住堅治『企業再編・会社分割と雇用のルール』（旬報社、二〇〇一年）八八頁等参照。

なお、当該異議申立権に関しては、中内哲「企業結合と労働契約関係」日本労働法学会編『講座　二一世紀の労働法　第四巻　労働契約』二七二頁、とくに二九一頁以下も参照されたい。

（2）　労働省労政局労政課編『労働契約承継法』（労務行政研究所、二〇〇〇年）一五頁。

（3）　日本経済新聞二〇〇二年三月三一日付朝刊［一三版］一面は、企業買収等の仲介会社レコフが行った調査結果を紹介する。それによれば、会社分割制度の利用が、施行後一年間（二〇〇二年三月最終週まで）に二〇〇件（発表ベース、非上場会社を含む）を超えたとのことである。

（4）事実、会社分割制度の活用事例は継続的に増加傾向にあるといえる。日本経済新聞二〇〇二年八月一四日付朝刊［一四版］一面が紹介する前掲会社レコフの調査によれば、同月第二週までの大企業による当該制度の利用件数が三〇〇を超えたことに加え、その利用のあり方としては主に、①企業グループ内における役割分担（本社直轄事業の子会社への切り離しまたは移管、あるいは持株会社の設立）、②グループ内事業のグループ外企業への売却であるとされる。

（5）中内・前掲論文二七八頁以下を参照。また、このことに触れる近時の文献として以下のものを参照。vgl. Picot/Schnitker, Arbeitsrecht bei Unternehmenskauf und Restrukturierung, 2001, S. 71f.; Balze/Rebel/Schuck, Outsourcing und Arbeitsrecht, 2. Aufl., 2002, S. 25f.

（6）江頭・前掲書五九八頁。

（7）この決議は、商法三四三条に基づく特別多数決議でなければならない（商法三七四条五項・同条ノ一七第五項参照）。

（8）その際求められる登記の内容は、新設分割と吸収分割とでは異なる。前者では商法一八八条にいう設立登記であり（商法三七四条ノ八第一項参照）、後者では変更登記である（同法三七四条ノ二四第一項参照）。

（9）承継法八条に基づく「分割会社及び設立会社等が講ずべき当該分割会社が締結している労働契約及び労働協約の承継に関する措置の適切な実施を図るための指針」（平成一二年労働省告示一二七号）を指す。

なお、同指針第2の2⑴は、分割計画書等における労働契約関係の承継に関する記載について、個別労働者が特定されるようにすべきことを規定している。

（10）当該基準については、ほかに指針別添3図、平一二・一二・二七発地八一号・労発二四八号（以下、施行通達）第4の2（前掲『労働契約承継法』一七七―一八二頁）を参照。かかる基準の内容如何がそもそも一大論点であるが、本稿では、その射程を超えるため取り上げない。

（11）行政解釈の立場である。施行通達第6の3⑴（前掲『労働契約承継法』二一〇頁および二一四頁）参照。なお、学説にも同旨を主張するものがある。土田・前掲論文七一頁参照。

(12) 行政解釈によれば、分割会社が労働者の任意の対応を期待して、当該権利行使の理由の記載を求めることは可能であるが、その記載の有無は異議申立の効果に何ら影響を与えない。施行通達第6の2(1)（前掲『労働契約承継法』二〇六頁および二一三頁）参照。

(13) 前掲『労働契約承継法』二〇八頁参照。

(14) 異議申立権者と並んでその相手方となるのは、「承継営業に主として従事し分割計画書等に自らの労働契約関係の承継が記載された者」当該労働者の労働契約関係は、商法上の原則通り、必ず営業承継会社に移転される（承継法三条参照）。

(15) この「株主総会の遅くとも二週間前まで」という設定は、分割当事会社による株主総会招集通知の発送日（商法二三二条一項）や分割計画書等の本店備置日と共通する（商法三七四条ノ二・同条ノ一八参照）。行政解釈は、右総会招集通知発送日・分割計画書等の本店備置日と通知日とが異なる場合、通知日を、当該発送日・備置日いずれか早い日に揃えることを要望する（指針第2の1(1)（前掲『労働契約承継法』一七二―三頁）参照）。

(16) 行政解釈の立場である。施行通達第2の1（前掲『労働契約承継法』一七一頁）参照。

(17) これを指摘するものに、江頭・前掲書六二〇頁脚註5参照。

(18) 本久・前掲論文一〇頁参照。

(19) 前掲『労働契約承継法』二〇一頁。

(20) 柳屋・前掲論文五四―五頁参照。

(21) 柳屋・前掲論文五五頁。

(22) 奥田・前掲論文七〇頁。

(23) 中内・前掲論文二七八―二八三頁参照。なお、同論文では、ドイツにおける通説的見解が説明されるに留まったが、連邦労働裁判所は、二〇〇〇年五月二五日第八法廷判決（BAGE 95, 1）によって、通説の立場を支持する判断を下している。

(24)　かつて当該権利は、ＥＣ指令七七／一八七との関係が取りざたされたことがあったが、欧州司法裁判所（Europäischer Gericht,EuGH）一九九二年一二月一六日判決（BAG AP Nr. 97 zu § 613a BGB）によって同指令とは何ら抵触しないことが確定した。同判決を紹介する邦語文献として根本到「営業譲渡における労働契約の自動的承継と労働者の異議申立権」労法旬一三五一＝一三五二号（一九九五年）六六頁、右ＥＣ指令について論じたものとして荒木尚志「ＥＵにおける企業の合併・譲渡と労働法上の諸問題」北村一郎編集代表『現代ヨーロッパ法の展望』（東京大学出版会、一九九八年）八一頁がある。

(25)　事業所譲渡に伴う労働契約関係の自動的承継を定めた本条項は一九七二年に民法典に挿入されたものである。同年に至るまでの当該承継に関する学説・判例等の動向を論じた最近の邦語文献として、上条貞夫「企業変動と労働者の権利（上）（下）」労法旬一五二二号（二〇〇二年）一八頁、一五二三号（同年）四八頁がある。

(26)　かかる異議申立権は、事業所一部譲渡（Betriebsteilsübergang）の事案であった連邦労働裁判所第五法廷一九七四年一〇月二日判決（BAGE 26, 301=BAG AP Nr. 1 zu § 613a BGB）で初めて認められ、学説からの激しい批判にさらされるものの、同裁判所第三法廷一九七七年七月二一日判決（BAG AP Nr. 8 zu § 613a BGB）において事業所全部譲渡の事案にも拡大された後、現在まで一貫して認められている（最近の判断として例えば、連邦労働裁判所第八法廷二〇〇一年一月二五日判決（NJW 2001, 2571（2572））がある）。こうした経緯のうち、主として一九七〇年代の判例動向に触れる邦語文献として、今野順夫「営業譲渡と解雇」福島大学行政社会論集二巻一号（一九八九年）一頁（とくに二〇―二三頁）がある。

もっとも、当該権利の法的根拠は、右一九七四年一〇月二日判決において、憲法条項（人間の尊厳に関する基本法一条一項、契約自由の根拠たる二条一項、職業選択等の自由を定めた一二条一項）や、一般私法上の規範（労働義務の一身専属性を定めた民法六一三条二文、債務者たる地位の譲渡に関する民法四一五条一項一文類推法理、あるいは民法六一三条ａの制定趣旨・目的等）が援用されて以来、今なお一意的に収斂しているわけではない。vgl.

Münchener Handbuch zum Arbeitsrecht/Wank, 1. Aufl., 1993, Band 2, § 120 Rdnr. 90ff.

(27) DB 1978, 1083=BAG AP Nr. 10 zu § 613a BGB.

(28) Vgl. BAGE 45, 140 (142)=BAG AP Nr. 37 zu § 613a BGB [zu I 2] ;NJW 1994, 2170=BAG AP Nr. 102 zu § 613a BGB [zu V 1].

(29) NJW 1994, 2170=BAG AP Nr. 102 zu § 613a BGB.

(30) 「新たな労働条件による再雇用の申し出を伴った労働契約の解約の意思表示」（菅野和夫『労働法〔第五版補正二版〕』（弘文堂、二〇〇一年）四五三頁）を指し、これには特別な訴訟方法も用意されている（ドイツ解雇制限法二条参照）。ドイツの変更解約告知について詳しく論じた邦語文献として、根本到「ドイツにおける変更解約告知制度の構造（1）（2・完）」季労一八五号（一九九八年）一二八頁、一八七号（一九九八年）八一頁がある。

(31) ドイツ解雇制限法四条は、次のような条文である。
「解雇が社会的に不当であると主張しようとする労働者は、解雇〔の意思表示〕が到達した日から三週間以内に、当該解雇により労働契約関係は解約されていない旨の確認を求める訴えを労働裁判所に提起しなければならない。

（二文以下省略）」

(32) NJW 1994, 2245=BAG AP Nr. 103 zu § 613a BGB.

(33) ドイツの解雇制限訴訟に触れた近時の邦語文献として、李鋌『解雇紛争解決の法理』（信山社、二〇〇〇年）一七〇頁以下を参照。

(34) BAGE 45, 140 (143)=BAG AP Nr. 37 zu § 613a BGB [zu II 2]. 同判決は、「異議申立労働者は、当該権利を行使するにあたっては、…従前からの使用者〔である事業所譲渡人〕から解雇される可能性を予見しておかなければならない」とも述べている。vgl. BAGE 45, 140 (144)=BAG AP Nr. 37 zu § 613a BGB [zu II 3].

(35) ドイツ解雇制限法一条二項は、次のような条文である。
「解雇は、それが労働者の人格または行為、もしくは、配属事業所における当該労働者の継続雇用を許さない急迫した経営上の必要性を理由としない限り、社会的に不当である。（二文以下省略）」

（36）ドイツ解雇制限法一条三項は、次のような条文である。
「前項にいう急迫した経営上の必要性に基づく解雇であれ、使用者が被解雇労働者を選抜する際に社会的観点を全くまたは十分に考慮しなかった場合には、社会的に不当である。なお、使用者は、労働者の要求に応じて、被解雇者に選抜された理由を説明しなければならない。（二文以下省略）」

（37）Vgl. Schaub, Arbeitsrechts-Handbuch, 9. Aufl., 2000, S. 1423f. このことに触れる近時の邦語文献としてさしあたり、李・前掲書一六一―二頁、藤原稔弘「ドイツ解雇制限法における社会的選択の法理」季労一七九号（一九九六年）一二一頁を参照。

（38）民法一三四条は、次のような条文である。
「法律上、他の効果が規定されていない限り、当該法律に反する法律行為は無効である。」

なお、邦訳条文については、法務資料四四五号（一九八五年）三三頁［川井健翻訳］を参照。

（39）「使用者の経営上の判断」は、それが非客観的（unsachlich）、不合理（unvernünftig）、もしくは恣意的（willkürlich）と評価される場合にのみ消極的に捉えられるが、かかる事態は極めて稀（nur ausnahmeweise）とされる。vgl. BAG AP Nr. 6 zu §1 KSchG 1969 Betriebsbedingte Kündigung; Schaub, a. a. O.,S. 1408.

（40）Vgl .BAG AP Nr. 19 zu §1 KSchG 1969 Betriebsbedingte Kündigung; Schaub, a. a. O., S. 1412.

（41）Vgl. Schaub, a. a. O., S. 1424. こうした理解を端的に示す邦語文献として例えば、藤内和公「ドイツの整理解雇における人選基準」岡山大学法学会雑誌四五巻三号（一九九六年）八四一頁参照。

（42）Vgl. NZA 1991, 184. このことに言及する邦語文献として、藤原・前掲論文一二二頁および一二五頁を参照。

（43）Vgl. BAG AP Nr. 12 zu §1 zu KSchG 1969 Betriebsbedingte Kündigung; Schaub, a. a. O., S. 1428.

（44）Vgl. Schaub, a. a. O., S. 1422, 1434.

（45）NJW 1993, 3156=BAG AP Nr. 22 zu §1 KSchG 1969 Soziale Auswahl.

(46)　NJW 1999, 3508=BAG AP Nr. 41 zu § 1 KSchG 1969 Soziale Auswahl.

(47)　ここにいう先例には、④判決と同判決を引用した連邦労働裁判所第二法廷一九九六年三月二一日判決（BAGE 82, 316=BAG AP Nr. 81 zu § 102 BetrVG 1972）が挙げられている。

(48)　①判決は、使用者を事業所譲渡人と譲受人の双方と捉えるが、通知義務に関する両者の関係、すなわち、両者ともに履行しなければならないのか、いずれかが履行すれば足りるのかについては言及していない。もっとも、本稿で参照した判決例を見る限り、連邦労働裁判所は、前者ではなく後者の立場にあると解される。

(49)　Vgl. BAGE 45, 140（143）=BAG AP Nr. 37 zu § 613a BGB［zu II 3］.

(50)　Vgl. BAGE 53, 251（262）=BAG AP Nr. 55 zu § 613a BGB［zu II 1 c］.

(51)　BAGE 80, 74（84）=BAG AP Nr. 128 zu § 613a BGB［zu II 4］. この解釈は、Seiter の見解（Betriebsinhaberwechsel, 1980, S. 68）と同旨であると指摘するものがある。vgl. Staudinger=Richardi/Annuß, BGB, 13. Aufl., 1999, § 613a Rdnr. 123.

(52)　Vgl. BAGE 53, 251（263）=BAG AP Nr. 55 zu § 613a BGB［zu II 2 b］. この連邦労働裁判所第二法廷一九八六年一〇月三〇日判決は、形成権についてはSeiter（a. a. O., S. 66, 68）の、失効権についてはHerschel（Anm. zu BAG AP Nr. 21 zu § 613a BGB）の見解を採用したことを自ら述べている。

(53)　③判決は、かかる相手方に関して、学説に「事業所譲受人」とする見解と「譲渡人・譲受人いずれかでよい」とする見解が存在したことを明らかにする。vgl. NJW 1994, 2245=BAG AP Nr. 103 zu § 613a BGB［zu II 5 a］. また、同判決は、異議申立を受けた当事者が、その旨他方当事者に対して通知する義務（＝相互通知義務）を事業所譲渡に関する契約に付随して負うとも判示する。vgl. NJW 1994, 2245=BAG AP Nr. 103 zu § 613a BGB［zu II 5 b］.

(54)　②判決は、当該行使期間につき、学説において、直後（unverzüglich）説、二週間説、三週間説、四週間（または一ヶ月）説という四つの見解が当時主張されていたことを示す。vgl. NJW 1994, 2170（2171）=BAG AP Nr.102

zu § 613a BGB [zu V 2 c].

(55) NJW 1994, 2245=BAG AP Nr. 103 zu § 613a BGB [zu II 7]. つまり、事業所譲渡後に異議申立権が行使された場合であれ、その法的効果は、労働契約関係の事業所譲受人への移転を一時的にも認めず、従前からの使用者である事業所譲渡人との間に当該契約関係を継続させることにある。これは、③判決の判示（BAG AP Nr. 103 zu § 613a BGB [zu II 7]）に、「労働者は、…たとえ一時的（vorübergehend）ではあれ、使用者の交替（Arbeitgeberwechsel）を強要されてはならない」との言及が含まれている点からも明らかになる。

(56) ④⑤判決による判断枠組みは、連邦労働裁判所第八法廷二〇〇〇年二月二四日判決（DB 2000, 1420=BAG AP Nr. 47 zu § 1 KSchG 1969 Soziale Auswahl）にも引き継がれ、判例において確立した（bestätigt）との評価もあるが、かかる法理には学説からの強い批判があり、今後の推移が注目される。当該論点に関する現在の学説・判例の議論状況については以下の文献を参照。vgl. Lipinski, Sozialauswahl bei Betriebsteilsübergang zugunsten eines widersprechenden Arbeitnehmers?, DB 2002, S. 1214.

(57) 学説には当該可能性に言及する見解がある。vgl.Staudinger-BGB, a. a. O., § 613a Rdnr. 135.

(58) これと、本文における先の記述、すなわち「異議申立権行使の際、労働者は何らの理由も求められない」とは全く矛盾しない。なぜなら、解雇された異議申立労働者が問われる合理的理由は、実体法上のものではなく、あくまでも訴訟法上、労働者側の主張・立証の局面で必要となるに留まるからである。vgl. Hueck/v. Hoyningen-Huene, Kündigungsschutzgesetz, 12. Aufl., 1997, § 1 Rdnr. 441a.

(59) 前掲『労働契約承継法』二〇四頁。

(60) 前掲『労働契約承継法』二〇八頁。

(61) つまり、承継法二条一項・規則一条の定めを満たさない通知は、同法にいう「通知」とは評価せず、全ての条件を満たした通知が発せられた時点から二週間が起算されると考えるのである。

筆者のかかる立場からすれば、不完全な通知に対する労働者の適法な異議申立権行使を有効とする行政解釈

（『註⒆参照』）は、異議申立権者が当該権利を行使するにあたって、本文にいう異議申立期間の起算の停止・延期という形での時効の利益を放棄できる旨を示したものと解される。

(62) 但し、当該指針（第2の2⑵ハ）の表現は、会社分割を理由とする解雇を禁止する指針第2の2⑷イ㈧とは厳密には異なる。すなわち、指針の後者では、会社の分割「のみ」を理由とする解雇を禁止する旨規定されているのに対し、前者には「のみ」という限定を示す言葉が入っていないのである。筆者は、両者のこの差異に何らの法的意義も認めないが、誤解を避けるため、指針第2の2⑵ハにも「のみ」との文言を挿入すべきことを提案する。

(63) 会社分割を理由とする解雇を禁じた前掲指針第2の2⑷イ㈧を前提としても、当該分割を契機とする整理解雇が認められる点（例えば、本久・前掲論文一三頁）と同様の議論である。

(64) 藤内・前掲論文八四四頁は「職種ごとに労働者が採用される」と指摘する。また、西谷敏『ゆとり社会の条件』（旬報社、一九九三年）五七―五九頁には、ドイツにおける労働契約締結の実例が紹介されている。

(65) 当該法理について近時説明したものとしては、清正寛＝菊池高志編『労働法エッセンシャル［第3版］』（有斐閣、二〇〇二年）一六八―九頁［中内哲執筆］を参照。

(66) 施行通達第2の2⑶および第6の2⑵（前掲『労働契約承継法』一七六頁、二〇六頁、二一三頁）参照。

(67) 前掲『労働契約承継法』一七五―六頁、二〇六頁、二一三頁を参照。

(68) 使用者側からの「通知」について、例えば②判決は、従業員集会（Betriebsversammlung. 一九七二年事業所組織法（Betriebsverfassungsgesetz, BetrVG 1972）四二条参照）の席で事業所譲渡が（おそらくは口頭で）伝えられたことを「通知」と認めており、判例上、その様式は異議申立のそれよりも緩やかに捉えられていると解される。

(69) 例えば、就業規則等の周知義務に関する規制である労基法一〇六条一項の定めのように、承継法二条一項・四条一項・五条一項の「書面」との文言を、「書面その他厚生労働省令で定める方法」と改めることが考えられる。

(70) 前掲『労働契約承継法』二一二頁。

(71) 本久洋一「会社分割と労働関係」労法旬一四七八号（二〇〇〇年）一三頁（とくに一〇頁以下）、中内・前掲論文二九三頁、土田・前掲論文七二頁を参照。

（72）　行政解釈（施行通達第6の3⑵）は異議申立権の事前放棄を否定する立場であり、学説にもこれと同旨の見解がある（柳屋孝安「労働契約承継法の意義と解釈・適用をめぐる問題」季労一九七号（二〇〇一年）一八頁（とくに二七頁）参照）。これに対して、ドイツ連邦労働裁判所の判示には、右事前放棄を認めるものが見受けられる。vgl. BAGE 45, 140（145）＝BAG AP Nr. 37 zu §613a BGB［zu Ⅲ 2］; NJW 1994, 2245＝BAG AP Nr. 103 zu §613a BGB［zu Ⅱ 6］.

［附記］　二〇〇二年三月二三日付の船員法（Seemannsgesetz）改正に伴いドイツ民法六一三条ａも改正され（同年四月一日施行）、同条に第五項および第六項が挿入された。これにより、労働者の異議申立権に制定法上の根拠が与えられる（第六項）等、右で述べてきた事業所譲渡当事者の権利義務に関する従来の判例法理を基本的に受容する内容が条文化されたのである。かかる改正につき本稿では立ち入って言及できなかった。他日を期して検討することをお許し頂きたい。

11　労働条件の変更と紛争処理

村中孝史

一　問題の所在
二　就業規則変更法理と紛争処理
三　変更解約告知による労働条件の変更と紛争処理
四　事前審査という方法

一　問題の所在

労働関係が継続的な性質をもつ以上、労働関係成立時の労働条件をそのまま維持し続けることはきわめて難しい。技術の進歩や社会・経済状況の変化が目まぐるしい現代社会において、企業は自らの事業内容やその遂行方法をこうした情勢変化に迅速かつ機敏に対応させていかなければ厳しい企業間競争を勝ち抜けない。しかし、そのためには、従業員の職務内容や労働条件を柔軟に事態の変化に対応させることが不可欠の条件となる。新たな技術や生産方法を導入するには、それを支える従業員の知識や能力が必要であるし、また、世間相場の変化を無視した労働条件の設定は当該企業の競争力を低下させることになり、特別な事情がない限り、早晩当該企業の存立を危うくする。たとえ個々の企業がこうした対応を拒否したとしても、自由競争下にある以上、企業横断的に見れば、旧技術は新技術にとって代わられるし、労働条件は世間相場に収斂していくことになる。

他方、労働者にとってみれば、こうした労働条件の変更は大きな負担となる場合が少なくない。職務内容の変化は新たな知識や技能の習得を要請する場合が多いし、時には肉体的・精神的負荷が大きくなることもあろう。また、賃金額の削減等の場合、職を失うことに比すれば相対的に負担は軽いかもしれないが、急激な変化は労働者およびその家族の生活基盤を直撃する。したがって、かりに労働条件の変更が行われる場合にあっても、労働者へのこうした影響を無視することは許されないであろう。

労働条件変更をめぐる法理論は、以上のような利益状況を背景としつつ、指揮命令権の行使、配転命令・出向命令、就業規則の変更、労働協約の変更、変更解約告知など、様々な形で議論されてきたが、それらは、一方において、契約内容となった労働条件を変更するには本来契約当事者が合意する必要がある、という契約法の原則に対して、当事者の合意によらない労働条件変更の可能性をいかにして導き出すかという努力であり、他方において、労働者保護の観点から労働条件の変更に一定の制約を課すという努力であったと言える。その理論的深化と蓄積は近時相当程度に進んだと言えるが、さらに、具体的な紛争解決のプロセスという視点からも検討を加える必要があるように思われる。

労働条件変更問題は、企業実務において頻繁に生じる問題であるにもかかわらず、それが多くの場合に一方当事者に不利益をもたらすことから、常に紛争の火種となる可能性をもっている。それだけに、こうした紛争を、それが深刻な段階に至る前に、いかに公正かつ迅速に処理するかが企業実務にとって非常に重要な課題となる。したがって、紛争が外部化して、たとえば裁判所に訴えが提起されたことを前提に、そこにおける公正かつ迅速な解決が模索されるだけではなお不十分であり、そこに至る前に、明確なルールに従い当事者の納得のもとで労働条件の変更問題が解決される状況を創出する必要がある。換言すれば、裁判のルールとしてだけでなく、企業実務における行為ルールとしても変更法理は重要な機能を果たさなければならないと言える。本稿においては、こうした観点も含めて紛争解決という角度から労働条件変更法理を検討し、その問題点を析出してみたいと考える。もっとも、前述したように、労働条件の変更問題は多様な場面で現れるため、ここでそのすべてを検討対象とすることはできない。そこで、本稿においては、実務上の重要性が大きく、かつ理論的にも課題が多い就業規則の変更と、個別契約の変更手段として近時注目されている変更解約告知に対象を限定して考察したいと考える。

二　就業規則変更法理と紛争処理

1　判例法理の理論的問題

秋北バス事件判決において最高裁が呈示した就業規則の変更法理は、その後最高裁自身によって繰り返し確認されるとともに、下級審もこれに従った判断を積み重ねるようになり、すでに定着した法理となった感がある。しかし、この法理は、個別的にせよ、集団的にせよ、労使の合意を通じて労働条件を決定するという市民法や労働法の基本原則に対する例外を認める点で、比較法的にもユニークなものであり、我が国労働法を特徴づける法理の一つと言ってよい(1)。

すでに指摘されているように、我が国の裁判所は解雇を厳しく制限しており、使用者としては解雇を通じた労働条件の調整という手段を使えないため、かような変更手段の必要性が大きいことは確かである(2)。また、秋北バス事件判決が指摘するように、多数の従業員を就労させる企業において、労働条件を統一的・画一的に決定する必要性は大きいであろうし、そのような統一的・画一的決定は従業員にとっても公平な処遇を意味するという側面もある。しかし、以上のような必要性からのみ、使用者の一方的変更権を導くことが妥当であるとは思えない。前者の必要性について言えば、解雇を制限しつつ、労働条件変更を認めることは、かえって解雇制限を骨抜きにしかねず、むしろ背理とさえ言える。したがって、秋北バス事件判決も、変更権の根拠付けとしてこうした必要性には言及しておらず、また、不利益変更は、合理性が肯定されることを条件に、例外的にのみ認められるとしている。しかし、後者の必要性に関しても、それだけで十分な根拠であるとは言い難いであろう。後述するように、たとえ最高裁の判例法理に従っても、必ず統一的な変更が保障されるわけではないし、そもそも、こうした必要性が労働者に不利益を甘受させるにふさわしいほど重大なものであるか疑わしい上に、近時における労働条件の個別化は、統一的・画一的規制の意義あるいは必要性自体を動揺させつつある。(3)このように、最高裁法理が理論的に十分な説得力をもつものでないことは、すでに多くの論者が指摘してきたとおりである。(4)しかし、以上の点はおくとしても、このような就業規則の変更法理は、紛争解決という視点から見ても、多くの問題を伴っている。以下、問題のいくつかを指摘しておきたい。

2　事後的審査ルールとしての就業規則変更法理

紛争解決という視点から就業規則の変更法理を見た場合、その問題の一つは、それが事柄の性質からして事後審査による解決のための法理でしかない、という点にある。

就業規則変更法理によれば、使用者は合理性という要件を満たさない限り、変更を労働者に強制できないが、変更法理は、使用者が一方的に変更を行うというプロセス自体を問題にするものではない。換言すれば、同法理は使用者が一方的に変更を行うことを当然の前提とするものである。したがって、変更に不満のある労働者は、自ら訴訟を提起しなければならない。こうした訴訟提起は、たいていの場合、労働者にとって職場の喪失を意味するであろうし、たとえ、職場にとどまりつつ訴訟を提起できたとしても、事後的解決がほとんど無意味な場合もある。たとえば、残業義務を設定する条項が導入された場合、これを無効と考えた労働者が残業を拒否すれば、使用者は通常当該労働者を懲戒解雇するであろう。そうすると、労働者は、当面、職場を失いつつ、就業規則変更の効力を争わなければならない。これに対し、残業命令に従いつつ、就業規則条項の無効あるいは残業義務不存在の確認を求めたとすると、本来従う必要がないかもしれない命令に判決確定まで従わねばならず、たとえ勝訴しても、その間の時間は戻ってこない。勝訴すれば、若干の慰謝料は請求できるであろうが、残業について賃金（あるいは割増賃金）が支払われている以上、財産的損害はほとんど認められないと思われる。いずれにせよ、一方的に変更が行われ、その状態が継続する以上、たとえ労働者が勝訴するとしても、それまでの間について、労働者は非常に不安定な地位におかれ、あるいは、事後的な解決の実効性が不十分である場合も存在するのである。

3　総合評価としての合理性審査

上述した問題は、事後審査のためのルールが不明確であるとさらに増幅されることになる。たとえ事後審査でしか自らの主張を実現できないとしても、訴訟の結末について高い予測可能性があるのであれば、少なくとも不利益変更に対してどのように対応するかをより容易に決断することができる。しかし、ルールが不明確で予測可能性が低ければ、こうした決断、とりわけ訴訟において変更の当否を争うとの決断は難しいものとなろう。このような観点から現在の就業規則変更法理を見ると、予測可能性の高いルールとはとうてい言い難いように思われる。

最高裁は、判例を積み重ねることにより、考慮すべき視点やその軽重に関してルールの明確化に努めているが、合理性審査が、結局、総合判断である以上、そうした努力には限界があるし、また、こうした努力はもっぱら裁判所における処理の効率化あるいは統一化に向けられたものであろう。たしかに、事案のもっとも妥当な解決という観点からすれば、多様な事実に配慮しつつ総合評価を行うことがもっとも適切な手法であろう。しかし、企業実務の中で、行為規範としてこうした判例法理を用いることはきわめて困難であるし、紛争解決という観点から眺めても、予測可能性が低い結果、前述のような問題を生じることにもなる。裁判所というものを、事後審査により紛争を解決する機関と位置づける以上、こうした指摘は筋違いとの批判を受けるかもしれないが、少なくとも事後審査による紛争解決のもつ限界は看過すべきでない。

4　労基法上の手続とルールの明確性

ルールの明確化を図る有力な手段の一つが、手続規制を強化する一方で、実質審査を抑制する、という方法である。

こうした手続規制としては、労働者あるいは労働者集団の関与という共同決定的性格を有するものと、行政などの公平な第三者によるチェックという、二つのものが考えられる。かりに、こうした手続規制が整備されるのであれば、実質審査を後退させることが可能であり、その結果、事後審査におけるルールが相当程度に明確化されることになる。こうした観点から現行法を見た場合、現行の労基法もこうした性格の手続をもっている。そこで、以下において、現在存在する手続規制の意義を検討しておくこととする。

労基法の定める手続規制としては、過半数代表に対する意見聴取義務、監督署への届出義務、事業場における周知義務を挙げることができるが、上記の観点から重要なのは意見聴取義務と届出義務である。

(a)　意見聴取義務

労基法は、就業規則の変更にあたり過半数代表の意見を聴取するよう使用者に義務づけているので、使用者は、通常、その手続きをとることになる。この過程において、過半数組合がある場合には、過半数組合の意見を聴取することになる。しかし、この場合、使用者としては過半数組合の意見を聴取しさえすればよいわけであるから、過半数組合の組合員でない者には、使用者が就業規則の変更を意図していることがまったく伝わらない可能性がある。(5)これらの者については、すでに変更済みの規則条項を一方的に適用されるだけということになる。もちろん、過半数代表者の選出が非民主主義的な手続きで行われた場合、あるいは、そもそも意見聴取の手続きがとられなかった場合にも、同様の問題が生じ、従業員が知らない間に就業規則が変更され、それを適用されてはじめて変更に気づくことも生じるわけである。

ところで、意見聴取義務の違反がある場合、就業規則変更の効力を否定するという考え方も有力であるが、判例においては、むしろ、労基法上の手続きは取締法規にすぎず、就業規則変更の法的効力には影響しないと考えるものが多い。(6)したがって、使用者としては、事後的な合理性審査において従業員への説明が不十分であったことが自らの不利益に考慮される危険を覚悟するのであれば、意見聴取手続自体を無視して変更を行うという選択肢も生じるところである。

以上から明らかなとおり、意見聴取義務は、それが尽くされておれば変更の合理性が担保される程度の実質をもつものとは言えないため、この手続がルールの明確化に資するところは少ないと言える。

(b)　届出義務

使用者は変更した就業規則を労働基準監督署に届け出る義務を負う。この場合、過半数代表の意見が添付されていないなどの手続き不備があったり、あるいは、規則条項に明確な労基法違反があれば、届け出を受理せず、手続きの履践や法定基準の遵守を指導するであろうが、それ以外の場合には、特段の介入を行うものではない。かりに、労使間で就業規則の変更に関して紛争が生じていても、それを理由に監督署が就業規則の届出を認めなかったり、あるいは、労使紛争に介入するということはないし、その権限もないと言える。この限りで、現在、就業規則の変更に対する行政のチェックはごく限られたものと言える。また、多くの判例は、届出義務違反があった場合にも、就業規則変更の効力に影響はない、との見解をとっており、これも行政の関与の意義をさらに縮減することになっている。

このように、届出義務に関しても、それが遵守されていれば変更の合理性が相当程度保障されるような性格のものではなく、結果、この義務の存在がルールの明確化に資するところも少ないと言わざるを得ない。

5　就業規則変更法理における手続の意義

4では、労基法上の手続について検討したが、就業規則変更法理においても手続的な問題への言及は見られる。(7) たとえば最近の最高裁第四銀行事件判決判決(8)も、合理性判断において考慮されるべき事項として、「労働組合等との交渉の経緯、他の労働組合又は他の従業員の対応」(9)を挙げており、かりにこの点を強調して、労働組合や従業員集団との交渉が実施されたこと、そこにおいて大方の労働者の賛同を得られていること、という二つの条件が満たされる場合には合理性が推定される、というルールをとるのであれば、それは相当に予測可能性の高いルールと言える。

実際、学説においては、こうした方向の見解も有力に主張されている。(10) ただ、判例の合理性審査はあくまでも変更の実質的な中味を対象に行われるのであって、従業員の対応などは、その変更の中味が合理的かどうかを判断する場合の参考資料、しかも他にも存在する参考資料の中の一つとしてのみ位置づけられている。今後の判例の動向は予測が難しいが、裁判になるような事例は、労働者間での利害が相当に対立しているケースが多いため、労働者の多数が賛成しているからといって、即座に合理性を肯定できる場合はむしろ少ないのではないかと思われる。したがって、裁判例を見る限りは、他の労働者の対応などにより合理性が相当程度に決せられるという状況は見いだせず、その限りで、ルールの明確化も促進されないように思われる。

6 判決効の問題性

就業規則条項をめぐる紛争は、個々の労働者と使用者との間の紛争として裁判所に持ち込まれることになる。しかし、現在の訴訟制度においては、一部例外的な場合を除き、判決の効力は訴訟当事者の間に限定されるため、かりにある就業規則条項が一つの訴訟において無効と判断されたとしても、それは訴訟当事者でない労働者との間では何ら法的な意味をもたない。あるいは、複数の訴訟が提起されると、異なる結果に終わる可能性も存在する。またこの点を考慮してのことかもしれないが、実体法的にも、最高裁は、当該労働者との関係でのみ就業規則の合理性を判断していると考えられ、たとえ同じ法廷で判断されたとしても、ある労働者については合理性が肯定され、別の労働者については合理性が否定されるという結論も考えられるところである。(11) こうした結論が、労働条件の統一的・画一的規制の必要性から就業規則の法的効力を導く最高裁法理と整合するのか、相当に疑問ではあるが、いずれにしても、使用者にとっては時として大きな負担となる結論である。たとえば、経営危機にある使用者が、五〇歳未満については五％の賃金減額、五〇歳以上については四〇％の賃金減額を内容とする就業規則の変更を行った場合、五〇歳未満の者については就業規則有効、五〇歳以上の者については無効という判断になると、使用者としては全体として予定していた賃金削減額を達成できないこととなる。

また、現行の裁判制度では、就業規則の変更を有効とするか、無効とするかのどちらかしか結論を出せないことにも注意しておく必要がある。たとえば、先の例で、五〇歳以上の者については、四〇％の減額は無効であるが一〇％までの減額であれば合理的なので、一〇％の減額という就業規則変更が行われたという判決を下すことはできない。もちろん、こうした考慮は和解の努力の中で行いうるが、しかし、当事者は勝敗を予想しつつ和解条件を検討するわけであるから、四〇％が明らかに合理性の枠外にあるのであれば、いくら一〇％程度の減額であれば合理的であると考えられても、原告労働者としては全面勝訴を前提とした和解交渉を行うことになる。したがって、勝敗が不分明であれば、和解の中で合理的と思われる基準が和解条件を規定しうる可能性が出てくるものの、はっきりしているケースでは、そうした基準は意味をもたず、むしろ使用者の支払能力であるとか、労働者側の経済状況といったもので条件が決定されることになろう。

三　変更解約告知による労働条件の変更と紛争処理

1　変更解約告知と解雇権濫用法理

就業規則の作成・変更によっては労働条件を変更できない場合が存在する。もちろん、いかなる労働条件であっても、就業規則の作成・変更により変更可能であるとの見解もあり得よう。しかし、労基法八九条が定める記載事項や判例法理における就業規則の法的拘束力の根拠を考慮するならば、就業規則は当該事業場の労働者一般に適用される労働条件を定めるものであり、個別労使間において合意された特殊な労働条件についてまで、就業規則で変更できると解すべきではなかろう。

就業規則による変更が不可能ということになると、個別労使間で合意された労働条件の変更は、原則として合意によらざるを得ないこととなる[12]。この場合、労働者に同意義務などが存在しない以上、合意が成立するか否かは、完全に労働者の自由意思に任されることになる。しかしながら、このような労働条件であっても、時間の経過とともに社会・経済情勢や技術の変化に対応できなくなる可能性が存在するのは、就業規則の場合と同様である。そこで、使用者としては、かかる同意を引き出すために様々な努力をすることになるが、その一つの方法が解雇の威嚇を用いるというものである。すなわち、新たな労働条件の受諾か、解雇かという二者択一を労働者に迫ることにより、労働者の同意を引き出すという方法、いわゆる変更解約告知である[13]。こうした変更解約告知により使用者が欲しているのは、既存の労働条件の変更であり、労働関係の終了が第一次的な目的とされているわけではない。しかし、労働者が変更を拒絶するのであれば、使用者としてはその労働者との契約を終了させ、自己の欲する労働条件を受諾する別の労働者と契約を締結することになろう。したがって、使用者にとって労働条件の変更が最優先の課題であって、その課題が実現する限りでのみ、当該労働者との雇用関係が維持されるのであり、使用者が当該労働者との労働関係をどうしても維持したいわけではない。換言すれば、使用者は既存の労働条件では、もはや労働関係を継続することは不可能であると判断していると言える。

変更解約告知は、場合により強迫に該当することがあるかもしれないが、原則としてこれを禁じる法律があるわけではなく、使用者としてはこうした解約告知を行うこと自体は自由である[14]。もっとも、変更解約告知も、労働者が受諾を拒絶して解雇に至るのであれば、当然、解雇権濫用法理が適用されることになる。問題は、こうした解約告知の有効性判断をどのような基準で行うのか、という点にある。

多くの判例は、こうした解雇についても、その他の解雇ととくに区別することなく、権利濫用の成否を判断してきた[15]。すなわち、変更解約告知による解雇についても、労働関係を終了させることの当否、換言すれば、労働関係の終了をめぐる労使の利害に焦点を当てつつ解雇の有効性を判断してきたと言える。これに対して、スカンジナビア航空事件東京地裁決定[16]は、「雇用契約で特定された職種等の労働条件を変更するための解約、換言すれば新契約締結の申込みをともなった従来の雇用契約の解約」を変更解約告知と捉え、こうした変更解約告知による解雇については、その他の解雇とは異なる基準により解雇の有効性判断が行われるべきであるとの解釈をはじめて示した。[17] 本決定は、「労働者の職務、勤務場所、賃金及び労働時間等の労働条件の変更が会社業務の運営にとって必要不可欠であり、その必要性が労働条件の変更によって労働者が受ける不利益を上回っていて、労働条件の変更をともなう新契約締結の申込みがそれに応じない場合の解雇を正当化するに足りるやむを得ないものと認められ、かつ、解雇を回避するための努力が十分に尽くされているときは、会社は新契約締結の申込みに応じない労働者を解雇することができるものと解するのが相当である」と述べている。すなわち、同決定は、このような変更解約告知については、変更の必要性がそれにより労働者に生じる不利益を上回るものであるのか、という判断をする必要があり、その判断によって解雇の当否までもが決定され得ることを述べるのである。

もちろん、決定は新契約締結の申込みが解雇を正当化するに足りることを求めているので、労働関係の終了により労働者に生じる不利益を無視しているわけではなかろうが、従来であれば、本件のようなケースには整理解雇の法理が適用され、労働条件の変更は解雇回避措置として考慮されることはあっても、その必要性が大きいか否かが問われるわけではなく、いかに必要性が大きくともそれに従わなかったこと自体が解雇の正当理由になるとは考えられてこなかった。本決定も、変更拒否自体を解雇理由として認める趣旨ではないが、本決定の判断枠組では、変更の必要性・相当性に焦点が集まってしまい、使用者については労働関係を終了させなければならない状況にあるのか否かが直接問われることはなく、変更の必要性さえ大きければ、「解雇を正当化するに足るやむを得ない場合」と判断される可能性が生じることになる。また、整理解雇法理が適用されると、人選の合理性や労働者への説明あるいは労働組合との協議などの点で解雇の有効性が否定される場合もあるが、[18] 本件決定はそうした要件を課すものではない。[19] 以上の点と本決定の具体的な判断を前提にする限り、本決定が従来に比してより容易に解雇を認める方向に作用することは確かであろう。[20]

たしかに、紛争の発生源は労働条件の変更にあるわけであるから、労働条件の変更の合理性ないしは相当性を判断し、当事者間の紛争に決着をつけることが実態に即した解決であるとの見解もあり得よう。しかし、紛争の発生源が労働条件の変更にあるとしても、具体的に労働関係の終了が争われる以上、その当否の判断において労働関係の終了により労働者が蒙る不利益を考慮しないわけにはいかないし、とりわけ、使用者側について労働関係を終了させなければならない程の必要性が存在するのかがやはり問われるべきである。従来と異なり、これをしないのであれば、その根拠を示す必要があろう(21)。スカンジナビア航空事件決定以後、同決定に従う判決(22)が出ていないの(23)も、この点を考慮してのことと思われる(24)。

以上のように考えると、かりに、労働条件変更の必要性が大きい場合に解雇が有効と判断される場合があったとしても、それは、そのような変更をしなければ解雇を回避できない場合に限られるのであり(25)、現在の解雇権濫用法理の枠組をはみ出したり、制限の程度を緩和したりするものであってはならないと考えられる。

2　留保付き承諾という構成

変更解約告知の結果労働関係の終了が争われる以上、従来の解雇制限法理をそのまま適用すべきだとしても、かりに、労働関係の終了が争点にならず、もっぱら労働条件の変更だけが争点にされるのであれば、労働条件変更の当否のみを争点として紛争を解決することは検討に値する。上述したように、労働条件を社会・経済情勢の変化などに合わせて変更する必要性は否定できないが現行労働法が想定する集団的決定というスキームが必ずしも十分に機能していない状況下において就業規則変更法理が展開されたことを考えると、少なくとも就業規則でカバーできない部分につき、何らかの手当がなされるべきことは否定できないであろう(26)。また、変更解約告知による解雇を特別扱いすることなく解雇制限法理の適用下におくとしても、企業実務において変更解約告知が行われる場合は少なくないのであり、その場合、たとえ解雇無効と判断されるとしても、多くの労働者は拒絶した場合の成行きを考えて変更を受諾せざるを得ない状況に追い込まれていると思われる。この点を考えると、変更解約告知がなされた場合に、労働関係を維持したまま、変更の当否のみを争点とできるような状況を創出する努力が求められているように思われる(27)。

以上のような要請を満足する可能性の一つとして近時議論されているのが、変更解約告知に対して労働者がいわゆる留保付き承諾を行うことにより、労働関係を維持したまま労働条件の変更だけを争える状況を創出しようという試みである(28)。すなわち、使用者の変更解約告知に対し、労働者が労働条件変更の合理性を留保しつつ変更を承諾すれば、労働者の承諾があったものと扱い、その結果、解約告知の効力は否定され、労働関係が維持されたまま、労働条件変更の当否だけが判断される。労働関係は、当面、変更された条件で維持され、訴訟において変更の合理性が肯定されれば、当初から労働条件が変更されたものと扱われ、逆に、合理性が否定されると、当初より変更はなかったものとして扱われる。ドイツ法にならって(29)、かかるシステムが構想されるのであるが、我が国の場合ドイツとは異なり、こうした制度が制定法上に規定されているのではなく、あくまで解釈による可能性として議論されている。

こうした構成の最大の問題点は、使用者が留保付き承諾を認めず、承諾がなかったものと扱う場合の処理である。とくに、民法五二八条は条件付きの承諾がなされた場合は、申込みに対する拒絶とともに新たな契約の申込みがあったものとみなす、と規定しており、使用者がこの規定に従い留保付き承諾を拒否することは十分に考えられる。この問題については、様々な解決の可能性が模索され、議論の深化が見られるところである。本稿においては、こうした議論に依拠しつつ、かりに留保付き承諾が承諾にあたると解されるとした場合の処理について考えてみたい。

(a)　留保付き承諾を受けて労務を受領する場合

労働者が行った留保付き承諾が承諾にあたる結果、労働関係が存続するとした場合、使用者がこれに従って労働者の労務を受領し、然るべき機関で労働条件変更の当否が判断されれば、理想的な解決となる。この場合、使用者に一方的な変更権があるために労働条件が変更されるのではなく、あくまでも労働者の同意、すなわち然るべき機関での判断を条件とする変更への同意を基礎に労働条件の変更が生じることになる。

労働条件の当否を判断する機関は、必ずしも裁判所である必要はない(30)。もっとも、裁判所以外の機関の場合、当事者間で判断機関につき何らかの形で合意がなされる必要があろう。また、訴訟による場合、たとえば賃金減額が行われるケースに関してであれば、労働者が従前の賃金額と使用者の提案した額との差額賃金を請求する、ということになる。この場合、裁判所は使用者の提案が合理的と考えられれば訴えを棄却し、合理的でないと判断すれば請求を認容することになろう。

(b)　留保付き承諾にもかかわらず労務受領を拒絶する場合

これに対し、留保付き承諾の結果、労働関係が存続しているにもかかわらず、使用者がこれに従わないで労働者の労務提供を拒絶するとどういうことになるであろうか。

これについては、労働関係が存続しているので、労働者側が労務提供を申出ている以上、賃金支払い義務を負うことになる、という解釈がまず考えられる。この解釈をとった場合、そもそも解雇がないわけであるから、その当否を争うことも当然できないことになる(31)。解雇もせずに単に労務の受領を拒絶しているのと同様の状況というわけである。かりに合理性が否定されるような変更提案をしているのであれば、この結論でも良いかもしれないが、変更提案が合理的であったり、とりわけ、単なる解雇でもその有効性が認められるような場合には、使用者にとって酷な結論と言える。とくに、前述したとおり、民法五二八条によれば、使用者は条件付き承諾を拒否と扱ってよいわけであるから、それに従って、解約告知の効力は生じたと考えたにもかかわらず、それは誤解であり、解約告知の効力はおよそ生じていないと言われるのは、いかにも不意打ちの感を否めない。ドイツのように法律が整備されていればともかく、我が国の場合法律はむしろ反対のことを言っているわけであるから、この点を無視するわけにはいかないであろう。

このような不意打ちを回避する解釈はいくつか考え得るであろうが、一つの方法は、留保付き承諾あるいは労務提供の申出を拒絶したことをもって新たな解雇とみなすというものである(32)。この場合、予告などはないわけであるから即時解雇ということになるが、判例は、使用者が即時解雇に固執しない限り普通解雇があったものとみなし、予告期間の満了をもって契約が終了する可能性を認めているので、その解雇が権利濫用でなければ、労働関係は予告期間の満了によって終了したことになる。また、解雇権濫用の成否の判断にあたっては、労働者が労働関係の継続を望んでいるにもかかわらず解雇が有効と判断されれば労働関係が終了する以上、変更をめぐる当事者の利益状況ではなく、終了をめぐる当事者の利益状況が基準とされるべきである。労働関係を維持したまま労働条件変更の当否を判断するという前提が成立していない以上、留保付き承諾という構成の趣旨からみても、かかる解釈が妥当と考えられる。なお、使用者が留保付き承諾の法的意味を理解した上で拒絶する場合には、解約告知の効力が否定されるという冒頭の解釈でも問題はないが、そうなると、使用者の知・不知により法的状況が大きく変化してしまう。事件処理という観点からみてこれが不都合ならば、当面は、使用者が留保付き承諾の法的意味を理解していた場合にも解雇と扱った上で、その他の事情を考慮することなく権利濫用を認めるのも一つの方法であろう。いずれにせよ、労働者側としては、留保付き承諾をするにあたり、その法的意味を使用者に説明しておきさえすれば、労働関係は存続することになる。

ところで、裁判所が労働契約関係の存在を認める場合、いかなる労働条件で契約関係が存在しているものと扱うべきであろうか。労働者としては留保付き承諾をしているわけであるから、変更の合理性が確認されれば、変更された労働条件について合意が成立するはずである。したがって、変更が合理的な場合には、労働条件は変更されたものと扱うことになろう。

(c)　留保付き承諾をせず拒絶した場合

使用者の変更解約告知に対し、労働者が留保付き承諾をせず、単に拒絶の意思を表明した場合はどのように考えるべきであろうか。

労働者としては、従前の労働条件が維持されるのでなければ労働契約を存続させる意味がないと考えた場合、こうした対応をとる可能性がある。この場合、労働者は、留保付き承諾により労働関係を維持したまま労働条件変更の当否を争う方法があるにもかかわらず、あえてそれを用いていない。したがって、本来労働条件の変更問題であるはずの紛争を労働者が自ら労働関係存否の紛争へと転化させたものであるから、もっぱら労働条件の変更の当否により当該解雇の効力を判断すべきであるとの見解が考えられる。また、そのようにしなければ、実際のところ、変更解約告知が労働条件変更のためのツールとして十分に機能しないとの見方もあろう。しかし、こうした判断方法が従前に比して解雇規制を緩めるものであることは明らかである。したがって、留保付き承諾の承認が、解雇規制の緩和を正当化するに足り得るものなのか、換言すれば、解雇規制を緩和しても労働者側にそれに見合うだけの法的状況の改善があるのか、さらには、かりにそう言えないのであれば、現在、そうした緩和を進める積極的理由があるのかが問われなければならないであろう。この点について言えば、たしかに、留保付き承諾を認めれば労働者は職場を離れることなく労働条件の変更のみを争えるが、それは結局のところ使用者がそれを受入れる場合に限定されるし、また、労働者としても本来同意する必要のない変更に条件付きとはいえ同意をするわけであるから、必ずしも労働者側の法的状況が格段に改善するものとは言い難く、少なくとも解雇規制の緩和に見合う改善とは言えないように思われる。また、現在、そうした緩和を進める積極的理由があるのかと言えば、たしかに上述のとおり、労働条件を変更する方法を確立する必要はあるが、しかし、それは解雇規制の緩和を行わなくとも、十分に達成可能であると思われる。というのも、労働者としては、たとえ解雇が無効であると推測される場合であっても、その結果が１００％保障されているわけではないし、何より、職場を放逐された場合の成行きを考えると、留保付き承諾をする、あるいはせざるを得ない場合は少なくないと言え、決して、変更解約告知が変更手段として十分に機能しないとは言えないからである。さらに言えば、本来、変更提案に対する承諾が自由であるのに、解雇規制を緩めることでそれを強制するようなことは、私的自治のあり方としても望ましいものとは言えないであろう。

なお労働者が拒絶をするケースとしては労働者が留保付き承諾という可能性を知らないケースも考えられる。留保付き承諾という可能性が十分に知られていない段階においては、不知が不利益をもたらすことは回避されるべきであるから(33)、結局、解雇が問題になっている以上、終了をめぐる利益状況を基準に解雇の有効性を判断せざるを得ないであろう。

労働者が使用者の変更申込みを拒絶した場合、変更に関する合意が成立する余地がないわけであるから、解雇が無効で労働関係が存在する場合、その労働条件は従前のままであり、使用者の提案した新たな労働条件となる可能性は存在しない。裁判所としては、従前の労働条件での労働関係の存在を確認するか、あるいは、解雇により労働関係が終了したと判断するかのどちらかである。

3　留保付き承諾の問題点

以上検討したところから明らかなように、変更解約告知に対する留保付き承諾という構成は、当事者がその法的意味を理解していれば、労働関係を維持したまま労働条件の変更のみを争点とした紛争解決を実現できる。しかし、この解決にも次のような問題が存在する。

(a)　事後審査の問題点

この構成は、当事者が望む限り、労働関係を維持したまま変更に関する紛争の解決を可能にしてくれる。しかしながら、どちらか一方がそれを拒否すれば、やはり労働関係は維持されず、解消された状態で紛争解決がはかられることになる。しかし、労働関係が維持される場合であっても、従前と同じ労働条件が実施される中で変更が争われるわけではない。反対に、たとえ変更がいかに不合理なものであれ、当面は変更後の労働条件が実施され、労働者はそれを甘受しなければならない。事後的解決により、その間の不利益が回復されればそれでも良いかもしれないが、十分な回復が期待できない場合も存する以上、この構成にも限界があると言わねばならない。

(b)　法的状況の不明確という問題

かりに留保付き承諾を承諾と扱うことになる場合でも、検討してきたように様々な解釈問題が生じ、それぞれに異なる解釈が成り立ちうる。そして、その解決のためには、結局のところ政策判断を行う必要が生じる。要するに、留保付き承諾を承諾と扱うにしても、なお法的状況は明確ではなく、このことが、この構成を労働条件変更のための行為ルールとして機能させるにあたり、大きなマイナスとなる。また、これに加えて、留保付き承諾が承諾と認められるというルールが、解釈レベルあるいは判例レベルでしか確認されない、という点も無視できない。法律に規定されていれば、不知に対する配慮は必要ないであろうが、そうでない以上、不知に対する配慮が必要となろう。しかし、これを行うとなると、前述したとおり、法的状況はさらに複雑になる。このように考えると、変更解約告知に対する留保付き承諾という構成は、制定法において明文化されてはじめて満足に機能するように思われる。

(c)　判決による解決の硬直性

さらに、両当事者が労働関係を維持したまま変更の当否のみを争うとしても、裁判所がこれに判断を下す場合には、使用者の求める変更が許されるか否かという形でしかこれを行えないであろう。これは、就業規則に関して二 **6** で指摘した問題と同様の問題であり、裁判所による解決の限界である。しかし、本来であれば、当事者の主張の範囲内で、より柔軟に労働条件を形成することが望ましいことは明らかである。

四　事前審査という方法

就業規則の変更と変更解約告知という二つの労働条件変更方法について、それぞれ紛争解決という視点から問題点を検討してきた。もっとも、後者に関しては、なお、法的状況が明らかでないため、具体的な問題点を十分に析出できたわけではない。

冒頭に指摘した問題意識からすれば、いずれの変更方法も、当面、使用者により変更された労働条件が実施されることを当然の前提としている点に問題の出発点が存すると言える。訴訟など事後的な解決方法を利用することが様々な面で容易であればその問題性は小さくなるが、それでも遡及的な回復が十分でない場合も存在することを考えると、理想としては、使用者が変更を行う時点において何らかのチェックを入れることにより、事後審査を必要としない、あるいは必要性は残るとしても限定的なもので済むような状況を実現することが望ましいであろう。

1　従業員集団などの関与

このような観点からすれば、前述したように従業員集団あるいは労働組合によるチェックが一つの可能性として考えられる。実際、就業規則についても、変更解約告知に関しても、かかる方向での議論が見られるところである。現行労働法が、労使の集団的合意により労働条件を形成していくとの基本スキームに立脚するものである以上、こうした手法は現行労働法にもっとも忠実なものと評価できる。しかし、この方法が万能でないことにも注意しておく必要がある。すなわち、労働者間に利害の対立がある場合、とくに、不利益が少数の従業員にのみかかわるような場合、多数労働者が少数者を犠牲にして自己の利益をはかることも考えられるため、集団あるいは組合の意見がこうした不利益をうける労働者の利害にも十分な配慮を行った上でのものか否か、慎重に判断する必要があろう。もちろん、こうした問題がない状況においては、利害状況を共通にする他の労働者の対応は、判断基準の一つと考えて良い。

2　企業外の機関の関与

もう一つの可能性は、企業外の第三者を関与させる方法である。たとえば、個別労使間において、労働条件変更条項を設けておき、一方当事者が労働条件の変更を必要と考える場合には、まず、然るべき機関のあっせんあるいは調停を受ける、といった合意をするものである。こうしたあっせんや調停としては、労働紛争調整委員会や地方労働委員会のあっせん、あるいは裁判所における民事調停などがあろう。あっせんや調停において示された変更案に従った変更を行う限り、使用者の変更提案は合理的なものと推定して良いこととなる。もちろん、このような場合にも裁判所による事後チェックは残るが、こうした事前のチェックを経ていれば、合理性が否定される割合が格段に小さくなるし、裁判所もそのような判断をすべきである。しかし、そのためには、こうした事前チェックがそれに相応しい質を確保している必要がある。

この点に関して言えば、労働条件の変更問題は、法令の適用により解決できるという性質をもつというより、むしろ、両当事者の利益の公平な調整により解決されるべき性質をもっている。このような判断を行うためには、労働関係をめぐる利害状況、とりわけ企業のおかれた経営環境や業界の動向、賃金その他の処遇に関する一般的状況や当該業界における状況、人事制度の変化やその基本的考え方、労働者の意識や価値観の変化、労働組合の方針や動向といった事情に精通していることが求められる。他方、労働法や関連する法律についてその基本的内容を理解していることはもちろん必須であるが、法律全般、あるいは、法律実務家としての能力が必ずしも必要なわけではない。また、専門性とともに、公平性を支えるためには、労使それぞれの立場を経験した人材と、中立的な立場のやはり専門的能力をもつ人材からなる機関が望まれる。[34] そして、こうした労使の参加は、労使自治という現行労働法の基本スキームにも合致すると言える。

こうした観点から、前述したそれぞれの機関を見ると、いずれも十分な質を保障できているとは言い切れない。労働紛争調整委員会に関しては労使が参加していない点で問題がある。また、地方労働委員会については三者によるあっせんが行われるようであるが[35]、公益委員の専門的知見に問題がある場合が存するし、そもそもあっせんの経験が少なく、その実態がはっきりしていない。さらに、両者とも、都道府県単位で一カ所しか設置されておらず、アクセスが悪いといった問題点を抱えている。裁判所の民事調停に至っては、労働関係に関する専門的知見という点でも、また、労使の参加という点でもまったく不十分な状況と言わざるを得ない。

もっとも、現在議論されている司法制度改革において労働調停についても検討が進められているところであり、かりに、専門性、公平性、そして労使自治という点で十分な質を確保した労働調停が実現されるのであれば、それは本稿で指摘したような課題にも応えうる機関になる可能性はある。こうした調停がたとえ簡裁ではなく地裁におかれたとしても、その数は地方労働委員会や紛争調整委員会の数をはるかに凌ぐものであり、アクセスという点から見ても、もっとも実務の期待に応え得るものと考えられる。

もっとも、以上のような外部機関による事前チェックは、原則として当事者の合意を基礎にする必要があろう。したがって、個別労使間における労働条件の変更に関しては利用が可能であるが、就業規則については用いることができない。というのも、就業規則の場合には、使用者との合意の相手方となるべき当事者が存在しないからである。なるほど、過半数代表をこれに当て、使用者と過半数代表との間での合意を基礎に、外部機関の判断に委ねるという方法もあり得るが、過半数代表にそのような権限に相応しい正統性が備わっているとは言い難い。かりに、過半数代表の制度が選出手続を含めて現行法以上に整備され、その一権限としてかかる合意を行うことが規定されるのであれば、就業規則の変更に関しても、変更過程に外部機関を関与させることが可能となろう。紛争解決という視点から見た事後的解決の問題性を考えると、就業規則に関しても外部機関による事前チェックという方法も検討に値すると思われる。

なお、外部機関による事前チェックという方法が、白黒を判断することしかしない判決に比べてはるかに柔軟な解決をもたらす点も考慮しておく必要がある。事前チェックにおいて外部機関は、当事者の合意を得るように努力するだけでなく、かりに合意が成立しない場合、使用者が主張する変更内容に白黒の判断をするというより、むしろ、専門家として自らが当該ケースにもっとも適切と考える変更内容を提案すべきであろう。もちろん、これは両当事者の主張の範囲内にとどまるものであろうし、また、当事者の希望を前提にする必要があるかもしれない。さらに、こうした提案がなされたからといって、原則として両当事者がそれに拘束されるわけでもない。しかし、使用者がそれに従った変更をする以上、事後審査においてもそれが尊重されることを通じて、事実上紛争は解決を見ることになる。もちろん、そのためには裁判所が事後審査においてこうした外部機関の判断を尊重する必要があるが、この判断が事実に対する法令の適用というよりも利益調整的性格が強いものである以上、裁判所としてもこうした判断を尊重する条件が整っていると言えよう。

(1)　就業規則に関する文献は非常に多く、ここでは逐一引用することはできないが、こうした学説の議論状況を紹介する文献として、諏訪康雄「就業規則」労働法文献研究会編『文献研究労働法学』(総合労働研究所、一九七八年)、野田進「文献研究六　就業規則」季刊労働法一六六号(一九九三年)一四九頁、中村和夫「就業規則論」籾井常喜編『戦後労働法学説史』(一九九六年、労働旬報社)などがある。

(2)　下井隆史『労働基準法第三版』(二〇〇一年、有斐閣)三〇七頁以下参照。

(3)　こうした疑問を指摘するものとして、山本吉人「就業規則の一方的変更」季刊労働法一五四号(一九九〇年)九二頁以下、拙稿「個別的人事処遇の法的問題点」日本労働研究雑誌四六〇号(一九九八年)三〇頁以下、西谷敏「日本的雇用慣行の変化と労働条件決定システム」民商法雑誌一一九巻四・五号五〇九頁がある。

(4)　下井教授も、最高裁の判例法理のロジックについて批判的であり、契約説の立場から、合理的な変更につき労働者はあらかじめ使用者に黙示の承諾を与えている、との構成を主張されている。下井隆史「就業規則の法的性質」日本労働法学会編『現代労働法講座第一〇巻　労働契約・就業規則』(一九八二年、総合労働研究所)二九七頁。

(5)　唐津博「就業規則の不利益変更と手続要件論」日本労働法学会誌七一号(一九八八年)六一頁参照。

(6)　学説においては、批判的な見解が強い。たとえば、浜田冨士郎「就業規則法の理論的課題」日本労働法学会編『講座二一世紀の労働法第三巻　労働条件の決定と変更』(二〇〇〇年、有斐閣)九二頁など。

(7)　浜田冨士郎「就業規則の不利益変更紛争と労働団体法」日本労働法学会誌七一号八八頁以下(一九八八年)参

照。

(8) 最二小判・平成九年二月二八日・民集五一巻二号七〇五頁。

(9) すでにタケダシステム事件・最二小判・昭和五八年一一月二五日・判時一一〇一号一一四頁において見られる判示である。

(10) いわゆる集団的合意説は、その極限的姿であろう。また、多数組合が合意している場合について、それが合理性審査において尊重されるべきであるとする見解が、近時有力に主張されている。たとえば、荒木尚志『雇用システムと労働条件変更法理』（二〇〇一年）二六五頁以下、菅野和夫「就業規則変更と労使交渉」労判七一八号九頁（一九九七年）。

(11) この問題については荒木尚志・前掲書二八三頁以下が議論状況と問題点を検討している。

(12) 理論的可能性としては使用者の変更権を合意しておくことが考えられる。

(13) 変更解約告知という概念は、労働条件の変更申込みと合わせてなされる解雇予告と理解するのがよいであろう。詳細に見るならば、労働条件変更申込みの受諾を解除条件とする解雇予告または拒絶を停止条件とする解雇予告である場合と、解雇予告とともに新条件での労働契約締結の申込みがなされる場合とを区別することが可能であるが、いずれも、変更条件の受諾がない限り労働関係が解雇により終了する点で違いがあるわけではない。

(14) 同旨・下井隆史『労働基準法第三版』（二〇〇一年、有斐閣）一四〇頁。

(15) 藤川久昭「変更解約告知をめぐる法的状況」学会誌八八号一九四頁（一九九六年）。

(16) 東京地決・平成七年四月一三日・労判六七五号一三頁。

(17) 本判決に対する評釈としては、塚原英治他・労働法律旬報一三五九号（一九九五年）一〇頁、荒木尚志・ジュリスト一〇七二号（一九九五年）一二七頁、毛塚勝利・労働判例六八〇号（一九九五年）六頁、野田進・ジュリスト一〇八四号（一九九六年）一一二頁、米津孝司・法律時報六八巻一号（一九九六年）八四頁、坂本宏志・日本労働法学会誌八七号（一九九六年）一六〇頁、藤原稔弘・季刊労働法一七八号（一九九六年）一八六頁、松田保彦・

八木雄一郎「わが国における変更解約告知法理の構築」横浜国際経済法学第五巻第一号二三頁などがある。

(18) 従来の整理解雇法理では、そもそも人員削減の必要性が求められる。これを総従業員数の削減の必要性と理解すると、そもそもポスト廃止型の解雇はほとんど不可能となる。従来の整理解雇法理をこのように理解するのであれば、個別ポストの廃止による解雇について、何らかの対応が必要であることは確かであり、本判決の判断基準は、その一つの解決と理解できるかもしれない。しかし、そうであるならば、従来の整理解雇法理との間で解雇制限の程度が大きく異なることは不適切であろう。総従業員数削減型の解雇とポスト廃止型の解雇の区別に関しては、拙稿「人事制度の多様化と解雇の必要性判断」季刊労働法一九六号（二〇〇一年）二七頁以下において検討した。

(19) 菅野和夫・前掲書四五四頁は、本判決の基準に、「労働者集団ないし労働組合との相当の協議」を加えるべきであるとする。

(20) 野田・前掲判批一一五頁も本件判決は整理解雇の場合よりも緩やかに解雇を認める趣旨と解している。

(21) 合理的な変更提案をしたにもかかわらず労働者がこれを拒否したため、やむを得ず整理解雇した場合には、整理解雇の法理が適用される。これに対し、同じ内容の変更提案による変更解約告知を行えば、整理解雇ではなく、変更解約告知として、使用者にとってより緩やかな基準で解雇の有効性が判断され、解雇も認められるというのは、矛盾であろう。

(22) 大阪労働衛生センター第一病院事件・大阪地判・平成一〇年八月三一日・労判七五一号三八頁。

(23) 野田進「変更解約告知と整理解雇法理―判例における準変更解約告知法理の展開―」法政研究六六巻二号（一九九九年）四四一頁参照。

(24) また、解雇制限法理が、労働条件の保護を必然的に要請することも無視すべきでない。かりに解雇制限をしつつ、他方で、労働条件の変更を自由に認めるのであれば、使用者は、労働条件の不利益変更により労働者の辞職を促すことで、解雇制限を事実上免れることができる。解雇制限は本来労働条件の保護を伴わなければ実効性を著しく欠くことになるのである。したがって、従来の解雇権濫用法理は、明示的ではないにせよ、既存の労働条件の保護も一定範囲（解雇制限が実効性を失わない範囲）で含意していたと理解すべきであろう。

(25)　使用者には、解雇を回避するために様々な措置をとることが要請される。十分な回避措置をとらなければ、解雇が無効となるのは、判例も一致して承認するところである。こうした回避措置の一つとして、労働条件を変更した上での雇用継続の提案を行う必要があるのか、ということは一つの問題である。使用者は考え得るすべての回避措置をとる必要はないし、また、とりうる回避措置はそれぞれの事案で異なるため、一般的にそのような労働条件を変更した上での雇用継続の提案が求められるとは言い難い。しかし、労働者の方から申出をしない限り、かかる回避措置が必要になることはない、とも言い難い。場合によっては、使用者からこうした提案を行うことが求められる可能性はある。その場合、使用者がそのような提案をしなければ、回避措置を尽くしていないという理由で解雇は無効と判断される。もっとも、かかる場合にも、労働者がこのような提案を受け入れるか否かは労働者の自由であり、労働者はこれを拒否することができる。したがって、労働者がこれを拒否したからといって、そのことを理由に解雇が正当化されるわけではない。しかし、解雇を回避する方法がそれしかなく、それを労働者が拒否したのであれば、その解雇はやむを得ないものであり、有効とされる可能性が高くなろう。従来の解雇権濫用法理の枠内で変更の必要性を理由に解雇が有効になる場合とは、このような場合に限られると思われる。

(26)　就業規則による変更のもつ問題性を強調しつつ、変更解約告知による変更の方が問題が少ないとする見解は多い。たとえば、毛塚勝利・前掲論文、米津・前掲判批、土田道夫「変更解約告知と労働者の自己決定」法律時報六八巻三号五五頁以下、大内伸哉「変更解約告知」日本労働法学会編『講座二一世紀の労働法第三巻　労働条件の決定と変更』（二〇〇〇年、有斐閣）七三頁以下。これらの見解は、変更解約告知による方が労働者の自己決定、あるいは私的自治原則に適うとの見方をしているが、変更解約告知が事実上変更への同意を強制する効果をもつ点を強く批判する見解もある（西谷敏「労働者保護法における自己決定とその限界」松本・西谷編『現代社会と自己決定』（一九九七年、信山社）二四〇頁）。また、就業規則による変更の可能性を前提としつつ、変更解約告知にその補完的役割ないしは就業規則による変更との棲み分けを期待する見解もある。たとえば、菅野和夫『労働法（第五版補正二版）』（二〇〇一年）四五四頁、荒木尚志・前掲書三〇三頁。

(27)　大内・前掲論文六八頁以下は、契約当事者の自治を強調しつつ、使用者に十分な説得交渉義務を課すのであれば、留保付き承諾制度なしでも変更解約告知を認めることができるとする。

(28)　留保付き承諾の可能性については、毛塚勝利・前掲論文、土田道夫「変更解約告知と労働者の自己決定」法律時報六八巻三号（一九九六年）六一頁以下、荒木尚志・前掲書三〇七頁以下参照。もっとも、毛塚教授は、変更解約告知の法的性格を、合理的な変更に応じないことを理由にした解雇とされ、労働者がその合理性を争う以上、判決などにより合理性が確定されない限り、合理的な変更に応じていないとは言えないので、変更解約告知の効力は発生しないとされる。使用者は予告期間内に回答を求める意思である場合がほとんどであることを考えると、かかる解釈の根拠はおくとしても、この見解も、留保付き承諾が抱えるのと同様の問題、すなわち不意打ちの問題を免れ得ない。

(29)　ドイツ法に関しては、根本到「ドイツにおける変更解約告知制度の構造(1)、(2)」季刊労働法一八五号（一九九八年）一二八頁、一八七号（一九九八年）八一頁、上条貞夫「変更解約告知のイデオロギー」労働法律旬報一三六五号（一九九五年）一一頁、野川忍「ドイツ変更解約告知制の構造―制度を有する国の処理―」日本労働法学会誌八八号（一九九六年）一六一頁、高島良一「契約条件の変更に関する解約(上)(下)」判例タイムス六九三号（一九八九年）四頁、六九四号七頁、後藤清「労働関係解約にかんする西ドイツの新制度（一一・完）」判時六三八号（一九七一年）一二頁などの研究がある。

(30)　同旨・毛塚・前掲論文一二頁。

(31)　留保付承諾を「労働条件変更に合理性がないこと（変更に合理性がないことが裁判所において確定されること）を遡及的解除条件とする承諾の意思表示」（土田・前掲論文法律時報六八巻三号六一頁）と解した場合、裁判所が変更の合理性を否定すると、解雇自体は遡及的に存在することになるであろうが、もちろん、そのような解雇は権利濫用で無効ということになる。これに対し、合理性が肯定されると承諾は解除されず、その結果、そもそも解雇は存在していなかったことになる。

(32)　荒木尚志・前掲書三一一頁も解雇と解している。

(33)　(b)において使用者に対する不意打ちを回避する配慮をすることとの均衡を考えても、労働者に対するかかる配慮は必要であろう。

(34)　中立的な立場の人材には、法的素養が備わっていることが望ましいが、これも必要条件とまでは言い難いであろう。なお、労働関係に精通した人材としては、社会保険労務士の存在も無視できない。ただ、社会保険労務士の場合には、資格試験において労働法の基礎的素養が要求されるわけではないし、また、業務を通じて労働関係に精通している人材が存在することは確かであるが、すべての社会保険労務士がそのように評価できるわけでもない。さらに、かりに社会保険労務士をこうしたあっせんや調停に関与させるとしても、中立的な立場の委員として関与させることは多くの場合問題があろう。社会保険労務士は使用者の労務管理を手助けする、あるいはその相談に応じる仕事をしており、労働者の立場にたって仕事をすることはほとんどなく、もっぱら使用者側の目から労使関係を見ている。したがって、使用者側の委員として関与することは考えられても、中立の委員の候補としては不適切であろう。

(35)　労働委員会の業務は自治事務であり、あっせん事業も都道府県単位で実施が決定されることになる。したがって、全国一律の業務内容ではない。

12　解雇の法的規制と救済

小宮文人

一　はじめに
二　解雇自由の原則の拘束力
三　解雇権濫用法理の妥当性
四　「解雇」の意味
五　解雇の濫用性判断の仕方
六　解雇の救済方法の問題
七　おわりに

一　はじめに

解雇とは、一般に、使用者が雇用契約を一方的に終了させる行為を意味する。こうした行為は、労働者が雇用契約を一方的に終了させる行為としての辞職と対応する行為と捉えることができるが、労働者は雇用を通じて生活し自己実現せざるを得ない存在であるがゆえに、第二次大戦後に至って西ドイツをはじめとする西欧先進国など多くの国々が解雇に対しては特別の法的規制を加えるようになってきた。特に、ＩＬＯが一九六三年に「使用者の発意による雇用の終了」に関する一一九号勧告を採択した後に顕著となり、一九七〇年代前半にはフランス、イギリス、イタリアなどに解雇を一般的に規制する法律が制定された。のみならず、随意解雇を原則としてきたアメリカ合衆国においてさえ、一九七〇年代に入ると多くの州の裁判所が一定の範囲で不法行為または債務不履行を請求原因とする違法解雇の損害賠償請求を認容するようになってきたのである。そして、一九八二年にはＩＬＯが使用者の経済、技術、組織等の理由による解雇を含めた「使用者の発意による雇用の終了」に関する条約を採択しまた一九六三年勧告を廃止し新たな勧告を採択した。さらに、欧州共同体では、一九七五年以降、整理解雇および営業譲渡に伴う解雇を規制する指令または修正指令が採択されてきている。

わが国についていえば、多くの個別法が特定の理由による解雇を禁止し、労働基準法上解雇予告の定めをおいているほかは解雇の理由を一般的に規制する法律上特別明文の規定が存在しないのであるが、判例上、解雇が「客観的に合理的な理由を欠き社会通念上相当として是認することができない場合には権利の濫用として無効」[1]になり、また「普通解雇事由がある場合においても・・・当該具体的な事情のもとにおいて解雇に処することが著しく不合理であり、社会通念上相当として是認することができないときには、当該解雇の意思表示は、解雇権の濫用として無効になる」[2]とする解雇権濫用法理による解雇規制が形成・確立されてきた。しかし、一朝にしてこうした解雇規制が定式化したわけでないことはいうまでもない。判例上、戦争直後の解雇自由説から脱して、正当事由説との激しい対峙を経て、解雇権濫用説が大勢を占めたのは昭和三〇年代に至ってであり[3]、同説が最高裁によって上記のごとく定式化されたのは昭和五〇年代に入ってからである[4]。そして、整理解雇に関しては、昭和四〇年代に多くの判例が現れ、昭和五〇年には四つの要件（または要素）をもってその有効性を判断する整理解雇の法理が解雇権濫用法理の重要な一郭として形成されたといえる[5]。

こうした判例法理の形成過程において、正当事由説を支持する学説がその論拠として主張した法的根拠のほとんどは判例上同説が放棄された後においても権利濫用説を支持する理由として主張されてきた[6]。実際のところ、前記の如く定式化された解雇権濫用法理は、実質的には、解雇には正当事由が必要であるとする正当事由説と大差がないと考えられる傾向があった。しかし、バブル崩壊以降の金融不安やグローバル経済下に進行してきた規制緩和の動きに呼応して、下級新判例の中には、解雇は原則として自由であるから解雇権濫用法理における解雇理由の証明責任は労働者が負うとする見解が現れるようになった。その一方で、学説の多くは憲法の人間の尊厳や労働者の人格的利益あるいは雇用契約の特殊性から権利濫用説の理論的な弱点を補強する傾向が強いが、特に最近では解雇権濫用法理によることに満足せず、解雇は雇用契約の類型的な解釈と信義則によって客観的に合理的な理由が存しない場合にはその権利の発生が否定されるとともにその権利発生要件を満足してもなおかつ信義則や権利濫用の一般条項により権利の行使が規制されると主張するものが出てきた。(7) また、これとは別に、学説上、地位確認請求ばかりではなく労働者の不法行為に基づく逸失利益を含めた損害賠償請求を認めるべきであるとの主張や、(8) 従来解約と同義に解されてきた「解雇」概念を労使関係の実情に合わせて拡張的に解釈すべきであるとの主張などが現れた。(9)(10) わが国の解雇規制法理は、特別の法律によるものでなく、権利の濫用という一般規定に基づき判例が形成した判例法理であることやその規制の効果（救済方法）が金銭的な補償や損害賠償ではなく解雇無効に基づく地位確認判決であるという点で、問題をより複雑にしているといってよい。本稿は、最近の判例、学説の状況を踏まえ、解雇の一般法理としての解雇権濫用法理を検討する。そして、特に、①現行の判例法理の妥当性の検討、②その規制対象の実質的な拡大の必要性、③解雇権濫用性判断基準としての「客観的に合理的理由」の存否と「社会的相当性」の判断の区別、④救済方法の選択および損害賠償額の算定について検討するものである。

二　解雇自由の原則の拘束力

わが国において「解雇」とは、使用者による一方的な雇用契約の解約を意味するものと解されてきた。これは、労働者の一方的な雇用契約の解約である辞職と形式的に対応する行為である。そして、民法六二三条は、期間の定めのない雇用契約は労働者と使用者は「何時ニテモ解約ノ申込ヲ為スコトヲ得」と定めていることから、通説は労使ともに理由なく解約することができると解釈してきた。すなわち、「何時ニテモ」というのは特別の理由を要しないという意味であるというのである。[11]しかし、最近、同条の立法過程の検討を踏まえて、この通説を否定する新しい見解が主張されている。それによれば、「何時ニテモ」とは、「文字通り解約の時期をとわない（whenever）の意であって、必ずしも理由の如何を問わない（with or without reasons）ことを意味しない」とする。[12]確かに、法典調査会議事速記録の穂積陳重の陳述からはそのように読むことも可能であろう。[13]しかし、期間の定めの有無に関係なく適用される民法六二八条の規定は、「已ムコトヲ得サル事由」があれば即時解除できるとしているのであるから、むしろ使用者は予告をすれば如何なる理由でも解雇できると解するのが妥当であると思われる。そして、穂積陳重の陳実がなされた時期（一八九四年）、すなわち、民法改正に参考にしたと思われる欧米先進国では当時すでにレッセ・フェール（自由放任）の経済思想が雇用契約にも投影されていたことから考えると、民法改正の当時は、期間の定めのない契約に関しては、労使ともに、原則として、特別の理由がなくとも予告をすれば、その意思どおり雇用契約を終了させることができるという趣旨であったと思われる。

しかし、民法六二七条の規定から、直ちに解雇が辞職と全く同様に本来自由であるべき性格を有するものだということにはならない。解雇の自由と辞職の自由との間にはその実質的な根拠には大きな違いが有るからである。すなわち、辞職の自由は、労働者の人身拘束からの自由という側面があるが、解雇の自由にはそうした側面は存しないか存するとしても労働者の辞職の場合とは質的に異なる。すなわち、労働者の場合は、人身拘束の意味はまさに強制労働そのものであるが、使用者の場合にはその意に反して労働者を使用することになるにすぎない。のみならず、使用者が自然人でない法人などの場合には、そもそも、人身拘束ということが問題とならないというべきだからである。したがって、辞職の自由の保障との取扱の公平性（または相互性）を別とすれば、解雇の自由の主な実質的根拠は契約の自由にあると考えざるをえない。しかし、解雇の自由と辞職の自由とが労使に与える実質的影響は同質とはいえないから両者の公平取扱はいわば形式的なものにすぎないし[14]、また契約の自由が存するからといって、使用者が一旦成立させた雇用という継続的な人的な関係を一方的に切断することまで全く自由であるとはいえないであろう。言い換えれば、辞職の自由は強行法規的な側面を有するが、解雇の自由は強行法規的な側面を有しない。のみならず、解雇自由の原則とは、解雇の理由を一般的に規制する実定法が存しないという消極的事情を説明する相対的な法命題にすぎず[15]、その行使が諸々の事情によって規制されることを否定する絶対的な法命題でないということができる[16]。終戦後まもなく、それまで通説だった解雇自由説が判例学説上敗退した基盤はここにあったといえよう[17]。

三　解雇権濫用法理の妥当性

1　解雇規制の法的根拠

それでは、どのような法的根拠によって解雇が規制されなければならないのであろうか。第一に、解雇の規制を考える場合、まず、最初に、雇用契約が典型的な継続的契約である点が強調されなければならないであろう。この点に関していえば、借地借家法の類推適用を求め、または信頼関係に着目する判例や学説は古くから少なからず存在したことを確認しておかなければならない[18]。なかでも、有泉教授は、早くから、雇用契約は流通の自由に奉仕するものではなく、自由よりむしろ安定の要請が強く、またそれを支える対価関係の調整システムが必要であることに着目していた[19]。しかし、最近、これをより一般的に継続的契約を律する規範として理論化するかのようにみえる有力な民法学説が現れた。この見解は、雇用契約などの継続的契約は将来生じ得る事情の変化を締結時に予測して内容を決めることは困難であるため、当事者は相互に信頼関係に基づく契約継続に対する合理的期待を尊重しつつ、契約の継続を前提に再交渉によって柔軟にその内容を状況の変化に適応させていかなければならないという特性を有している。一定の取引共同体の当事者にとっては、それが規範的な意味をもち、そのように行動すべきだと意識されている[20]というのである。この規範を内田教授は「継続性原理」および「柔軟性原理」と呼んでいるが、これはまさに有泉教授の見解と共通なものを有しているとみることができる。この関係的契約論のもとでは、内在的規範（生活世界に共有され共同体によって共感可能な規範）が重要となり、一般条項、その代表としての信義則がその吸い上げのために必須となるというのである[21]。しかし、解雇規制の規範的根拠は継続的契約関係に内在する普遍的法規範であるとするだけでは説明仕切れない面のあることも否定できない。継続的契約関係といっても、例えば、代理店契約、製品・サービスの継続的供給契約、下請契約等、実際には、多様な契約関係があるのであるが[22]、継続的契約関係の特質というだけでは、雇用関係に関しては、一般的に、解雇理由がない場合には解雇が無効となるとされるのかを説明できない。

そこで、第一の理由を補充する理由が求められる。補充理由の一つは、解雇が通常失業に直結する性格を有するということであろう。すなわち、労働者は労働を通して生活の糧を得る者であるが、労働者が用いる労働の能力・技術は必ずしも柔軟性を有するものではないから、一度、それに適合した職場を失うと類似の職場を探す必要が生じるがこれは必ずしも容易ではなく、一定期間、失業状態に置かれることは避けられない。したがって、職務上の能力の維持向上という観点からみて多大の損害を被ることは明らかである。また、解雇のされ方や理由によっては、それがしばしば労働者の能力・適格性に対する烙印となり、その後の市場価値の低下に繋がることが多い。さらに、わが国のように産業に横断的賃金水準または職種ごとの賃金が形成されていないところにおいては、解雇は、一般に、再就職後の賃金のより大幅な低下に結果する。換言すれば、解雇規制について戦後いち早く主張されてきた憲法の規定する生存権（二五条一項）および労働権（二七条一項）保障の私人間における配慮が必要であるということである。

第三の理由は、これも第一の理由を補充する理由であるが、人格権の保護の必要である。解雇が労働者に与える負の影響は物質的又は経済的の側面だけではない。それが労働者の人格や尊厳（憲法一三条、民法一条の二）を侵害する側面があることを見逃すわけにはいかない。比較的最近、労働者の人間としての尊厳を解雇規制の法的根拠として全面的に展開する学説があらわれた(23)。人は社会的な存在であって社会に自分なりに貢献していることを自覚することによって人格を発展させている(24)。したがって、雇用の喪失はこの人格的発展を阻害する。そして、解雇のされ方や理由によっては、労働者の人格ないし個人的尊厳を著しく傷つけることになる。さらに、解雇の脅威が労働条件の低下を容易にし、労働基準法二条一項の労働条件対等決定の原則を実質的に骨抜きにする可能性がある。その結果として、労働者は使用者に対する人格的従属を強め(25)、労働者の人間としての尊厳を侵害する危険を有する。

解雇規制の第四の理由は、以上に述べた三つの理由と切り離せないことであるが、雇用は事業遂行のため労働者の企業への組み入れという性格を有することである。この性格は、雇用契約の継続性からある程度説明できるが、その程度は各国の雇用実態によって異なるといえると思われる。すなわち、労働者は、通常、雇用契約の締結で生計維持と職業能力・キャリアの維持向上を当該企業に賭するのであり、雇用の継続中、その生計維持と職業能力の維持向上をはかりながら企業利益に貢献している[26]。雇用継続の前提があるからこそ、労働者は企業特有の職業的能力の向上に努力し、それに基づき将来の生活設計を行い、職場共同体との精神的絆を形成していくのであり、労働者は、また、このコミットメントのために雇用を辞しまたは雇用から放逐されないように努力するのである。使用者が労働者を期間の定めのない契約を締結してその企業組織に組み入れるのは、前述した労働者の継続雇用を前提とするコミットメントにより労働者の職業的能力およびその可能性を独占して事業を行うためである。すなわち、使用者は必要な労働者を外部市場から調達するより、その人事権や業務命令権を行使して継続雇用する労働者を事業の必要に応じて利用する方が利益にかなうからである[27]。しかも、そのためには、職種・仕事の内容・場所などを限定しない雇入れがより適していることはいうまでもあるまい。すなわち、わが国の雇用の実態は、企業への組み入れという性格をより一層強くもっているということができる。そうであるとすれば、上記のような労働者のコミットメントを前提に雇用に組み入れた使用者は、労働者の雇用継続につき特に慎重に配慮する信義則上の義務があるといわなければならない[28]。

2　解雇権濫用説と正当事由説

そうであれば、使用者の解雇の自由は雇用契約上認められるべき強度の信義則上の雇用継続義務によって制限されることになる。そこで、労使の利益調整をどのように調整するかが問題となる。この場合、注目すべきことは、使用者は事業を運営するために労働者と雇用契約を締結するということである[29]。したがって、雇用契約の目的である事業の運営に照らして何らの客観的に合理的な理由もなく解雇することは、一般的に、右の信義則に反して権利の濫用として無効になり得るというべきである[30]。そして、最高裁の前掲日本食塩製造事件判決はこのことを法理として定式化したものとみることができる。すなわち、同判決は「客観的に合理的な理由を欠き社会通念上相当として是認することができない場合には、権利の濫用として無効」としているのであるから、「客観的に合理的な理由」がなければ一般的に解雇権の行使は権利の濫用となると理解されるべきである。したがって、最高裁の定式化した解雇権濫用法理の趣旨を尊重すれば、同法理の証明責任に関しても、特別の証明責任法則が形成されたと理解することが可能であると思われる。例えば、「客観的に合理的な理由」については、裁判所が民事訴訟法一四九条の釈明権を行使して、使用者に主張と証拠提出を促し、その心証が取れない場合は、解雇権行使の濫用を認めるというような形での証明責任の実質的転換が要求されているというべきである。[31] 最高裁が解雇権濫用法理を上記のように定式化した理由には、かつて労働法分野に詳しい判事が述べたように、「・・・がなかった」という消極的事実の立証の困難さに鑑みた立証責任の公平な分担という考え方があったものと推定できる。[32] そのことは、最高裁日本食塩製造事件判決の担当調査官が同判決の解説で「説明として解雇権の濫用という形をとってはいるが、解雇には正当な事由が必要であるという説を裏返したようなものであり、実際の運用は正当事由必要説と大差はないとみられる」[33] と述べたこともあらわれている。また、最高裁の定式化した法理を上記のように捉えるべき実質的理由としては、消極的事実の立証の困難に加え、解雇権の行使は労働者の生活の現状を一方的かつ不利益に変更することであるから、解雇権行使の理由についても使用者側に証明責任を分担させてしかるべであるという点が上げられよう。[34] このため、多くの学説は解雇権濫用法理を正当事由説的に捉えてきたものと思われるが、解雇権濫用という法理構成を採る限り、理論的には、立証責任の実質的な転換という形式以上のことは困難であるように思われる。もっとも、判例は、就業規則の解雇事由規定を限定列挙と解するなどして、形式的にも立証責任を使用者に負わせるなどしてきた。既に述べたように、とりわけ、わが国では、企業への組み込みによって労働者のコミットメントを最大限に引き出そうとする要素が強いことからみて、就業規則に解雇事由規定をおく趣旨は、一方で、労働者に安心して働けるという雇用を保障し、他方で一定の理由があれば解雇できる旨を明示することにあると推定するのが合理的である。解雇事由規定は「その他各号に準ずるやむを得ない事由があるとき」といった包括条項を有するのが一般的であるが、その場合でも、限定列挙である限り立証責任を使用者が負う事に変わりはない。就業規則の解雇事由規定は、その規定の文言からみて、それを限定列挙規定とは解釈し難い特段の事情ある場合に限って例示規定とみるべきであろう(35)。そのような事情のある場合には、解雇権濫用法理のもとでは前述したような立証責任の実質的転換によって満足するしかないであろう。

こうした解雇権濫用法理の立証責任の問題などをも視野に入れて、その理論的欠陥を正面から認め、現行法理の実態を正当事由説(36)によって基礎付けようとするあらたな議論を提示する学説が現れた。本久助教授の主張される解雇権要件説がそれである。それは、使用者の労働契約締結目的および信義則上の義務を解雇権の発生要件の形式的根拠および基準とする。同説は、民法六二七条一項の規定にもかかわらず、新憲法の導入した生存権、労働権、個人の尊重の理念との調整から、少なくとも現行の法体系においては、恣意的解雇は許されないとする前提に立ち、使用者の契約締結目的は事業であるから、当該事業目的によって正当化されない場合、それは恣意的解雇とみなされ、解雇権は発生しないと解釈するのが合理的であるとする。また、使用者は、企業組織のなかに労働者を組み入れることによって、労働者の生き方そのものを基本的に決定しているので、当該事業目的に照らして解雇が正当化される場合であっても、その社会的責任に照らし、初期の目的が別の手段で実現可能なら、解雇の客観的合理的理由は認められないとする。この見解は、現在の判例法理である解雇権濫用法理に内在する論理的欠陥を補って使用者の立証責任を明確化し解雇の有効性判断における二段審理方式(「客観的に合理的な事由」と「社会正当性」)を正当化しようとする極めて意欲的なものである。

この見解の最大の難点は、雇用契約の合理的解釈および信義則上の義務からから客観的に合理的な理由がない限り解雇権が発生しないとすることは営業の自由や民法六二七条の規定に抵触するのではないかという点であろう。まず、契約締結目的は事業であるから事業目的によって正当化されない解雇は一般に恣意的解雇と認められるとはいえる。しかし、解雇が恣意にわたる場合はむしろ典型的に解雇権の濫用で処理すべきであるとの批判には答え難い。次に「類型的な締結目的」から導き出される合理的意思解釈とは意思を推定するという意味であれば、合意により民法六二七条は排除されるので同条との矛盾はない。既に述べたように、就業規則の解雇事由規定を限定列挙と解するのも類似の推定とみることができる。しかし、民法六二七条の存在にもかかわらず事業目的によって正当化されない理由では解雇できないというのが契約締結当事者の合理的意思解釈であると一般的にみなすことまでできるかという問題が生じる。次に、企業組織への労働者組み入れから使用者に生じる信義則上の義務に違反する場合は客観的合理的理由がなくなるということの意味が問題となる。民法六二七条の解除権の発生を信義則によって大幅に否定することは困難であるから[37]、論旨は事業目的によって正当化されない解雇理由の内容が信義則によってさらに限定解釈されるべきだという意味と解される。そうだとすると、それ自体は成り立ち得る主張であるといえる。したがって、問題は雇用契約の類型的な合理的意思解釈から事業目的よって正当化されない理由では解雇する権利がないとする点であり、これは民法六二七条との関係でやや無理があるように思われる[38]。

四　「解雇」の意味

「解雇」とは、狭義の意味において、使用者による雇用契約の解約、すなわち、使用者が雇用契約の効力を将来に向かって一方的に消滅させることであると解されてきた。労働基準法二〇条の解雇予告制度は、工場法施行令二七条の二の解雇予告制度を継承するもので、その趣旨が民法六二七条の「解約」の予告期間を三〇日まで延長したものと解されていることおよび同条違反には罰則の適用があることからみて、同条の「解雇」は「狭義の解雇」を意味すると解されてきたものと思われる。同条に関し、東京地裁が中川製作所事件で、使用者の行為が解雇であるためには「雇用関係を一方的かつ確定的に終了せしめる効果意思」が存在する必要があるとするのは、この「狭義の解雇」の意味である(39)。そして、判例は、いわゆる解雇権濫用法理の適用においても、この「狭義の解雇」の概念を適用してきた。しかし、それでは解雇権濫用法理の適用が回避され労働者の保護に欠ける場合が生じる。すなわち、使用者は、事実上、不当な配転、降格といった法律行為や各種の嫌がらせを容易に行い得る立場にあり、これによって労働者が辞職または合意解約に追い込まれる可能性が強い。ところが、雇用の終了が解雇ではなく、辞職（労働者による一方的な解約）または合意解約であったと判断されると、労働者が、その雇用の終了の効果を争うためには、意思表示の瑕疵または意思の欠缺を主張しなければならないが、心裡留保、錯誤、詐欺、強迫などは必ずしも容易に認められるわけではないからである。

右のような状態を打開する方策として考えられる一つの可能性は、森戸教授の主張される強迫法理の拡張である(40)。従来、雇用契約につき強迫の成立を認めた判例は少なく、その成立を認めたケースは物理的な威圧を伴う例が大半であったといえる。しかし、必ずしも物理的な威圧を伴わなくとも、使用者が労働者に退職（合意解約または辞職）の意思表示をさせることを意思で、労働者の自尊心を維持できないような仕事につけることや今後益々不当に冷遇することなどの害悪を示唆して退職を迫り、労働者がそれによる恐怖の念から退職する場合には民法九六条の強迫が成立すると考えるべきである。例えば、居心地が極度に悪い部屋に仕事も与えられず晒し者にされるとの恐れから退職を選んだといえる場合などがこれにあたるであろう。雇用契約関係においては、使用者は広い範囲の人事権や業務命令権があり、しかも、職務や業務の内容が労働者の生きがいや尊厳と結びつきやすいことに鑑みれば、このように使用者の違法な強迫行為を広く解することには合理性があると思われる。

これとは別の方策として考えられるのが、解雇権濫用法理における解雇概念の拡張である。同じ「解雇」という文言が使用されても、個々の法律、労働契約、就業規則または労働協約等において、それが前記の狭義の意味で用いられているとは限らない。その意味は、その規定の趣旨に基づいて解釈しされなければならないからである。そうであるとすれば、今まで狭義の意味で捉えられてきた判例法上の解雇権濫用法理における解雇の概念についても、それを実質的にとらえなおす必要があると考えることも強ち不当ではないと考えられる。解雇概念を拡張的に解釈する必要を最初に主張したのは小西教授であった。それによると、労使間に合意解約があったとしても、それを「構成する労働者側における申込みない承諾の意思表示が、労働契約関係を終了せしめんとする使用者の終了意思の具体化された各種の所為の支配的な影響のもとになされた場合」には解雇として扱うべきであるとされる。この見解は擬制解雇説と呼ばれる。筆者も、この見解を支持して後述の準解雇法理を雇用終了の法的効力と結び付ける法律構成を試みた[41]。しかし、①擬制解雇または準解雇に基づく解雇権濫用の結果が解雇の無効に直結するという前提をとると、その射程範囲が限定されてしまう可能性が強いと考えられる。②使用者から各種の違法な仕打ちを受けて合意解約や辞職を迫られて止む雇用を終了させた者が雇用に戻っても現実的に得るものは少ないと思われる。③もし復職を希望する労働者がいたとしてもその多くが組合員資格や性別などと関連した合意解約の場合である可能性が高く、そうであれば、公序に反する動機・目的をもってなされたものとして、当該合意解約を無効にすることも可能である[42]。④今日では、解雇事件でさえ、労働者は解雇無効・地位確認ではなく損害賠償を求める傾向がある。等の事情を考慮すると、その効力との関係で解雇概念の特別な拡張を図る必要性はそれほど大きくないかも知れない。

準解雇法理は「使用者の追い出し意図に基づく行為によって労働者の退職がもたらされたといえる場合、その退職が労使の合意解約によるか労働者の解約告知によるかを問わず、当該使用者の行為と雇用の終了を一体として準解雇を構成する」というものである。それは、①使用者の追い出し意図の具現化された行為があったこと、②合意解約または労働者の辞職により雇用契約が終了したこと、および③その使用者の行為と労働者の解約または退職との間に相当因果関係があることの三つをその成立要件とする。これは、準解雇概念を介在させることにより、「客観的に合理的な理由」のない使用者の労働者追い出し行為に関して、不法行為にもとづき定型的なかたちで、労働者の退職に伴う逸失利益を含めた損害賠償が請求できるようにすることを主眼とするものである。使用者が解雇権濫用法理における違法解雇の責任を回避するという違法な目的をもって、労働者の人格的尊厳を侵害する等、労働者を退職に追い込む実質的効果を有する違法な態様の行為によって、その目的を達成した場合には、その使用者の行為を不法行為に基づく損害賠償との関係では、解雇と同様に扱うべきであると考える。もっとも、最近の判例の動きを無視してこうした法理の主張に固執するものではない。一つは、前記の「狭義の解雇」概念を用いても、解雇権濫用を理由とする損害賠償請求との関係では、「雇用関係を一方的かつ確定的に終了せしめる効果意思」の黙示的な告知を使用者の言動から比較的広く認める余地があることを示す判例が出てきたことである[43]。ただ、こうした手法には限界があり、上記のような一連の使用者の退職追い込み行為を黙示的解雇に押し込むことは不可能である。最近の判例のもう一つの注目すべき動きは、雇用契約上の「労働者がその意に反して退職することがないように職場環境を整備する」ことを内容とする配慮義務が存するとする下級新判例が出現するに至ったことである。この法理は必ずしも確立したものとはいえない状態にあるが、もしこれが確立されれば、準解雇の法理を維持する必要はないと考える[44]。なぜなら、右の職場環境整備義務違反を理由とする法理に基づけば、使用者の追い出し意図の有無さえ問題にしないで損害賠償請求をなすことができるからである。筆者はかつて準解雇概念を提唱した際、労働者の雇用契約の維持継続を困難にするような行為をしてはならないという配慮義務が肯定されるべきであり、この配慮義務に基づいて逸失利益の賠償請求も可能であることを示唆した[45]。そして、雇用契約の特質からいえば、使用者が不当な仕方で信頼関係を破壊して雇用継続を実質的に不可能にしないようにする信義則上の配慮義務を負っていることは明らかであり、労働者において責任のない整理解雇において使用者に雇用維持の配慮義務があるように、労働者に責任のない雇用継続の障害を自己の支配下で作出しないようにする配慮義務があるというべきであると考える。ただ、付言するに、使用者の追い出し意図が使用者の一連の行為から認められるような場合、むしろ、これを準解雇と処理方が実態にあった処理であると思われる。

五　解雇の濫用性判断の仕方

最高裁の日本食塩製造事件と高知放送事件判決の判断枠組みからみて、解雇権行使の濫用性判断は、「客観的に合理的な理由」の存否の判断と解雇の「社会的相当性」の判断という二段階で行なわれるものと考えられている[46]。「客観的に合理的な理由」がなければ、それだけで解雇権の行使が権利濫用として違法・無効となるのであるが、それが存したとしても他の諸般の事情から「社会的相当性」を欠く場合には違法・無効になるとするものと解される。そして、両者の判断には立証責任の点において差があると考えられている。「客観的に合理的な理由」の立証責任は正当事由説をとる学説（例えば、前述の本久説）では使用者が負い、また、解雇権濫用法理でも実質的に使用者に転化されると考えられる。これに対し、「社会的相当性」判断は、いずれにしても、労働者がその立証責任を負うことには争いがないと思われる。実際、最高裁高知放送事件判決は「当該具体的な事情のもとにおいて、解雇に処することが著しく不合理であり、社会通念上相当なものとして是認することができないときは」解雇権濫用となるとしているのであるから、「著しく不合理」であることの立証は労働者に負わされるというほかはない。したがって、「客観的に合理的な理由」のなかに多くの要件を押し込めることが労働者の保護のために重要となるということができる。

ところで、既に述べたように、雇用契約の目的である事業の運営に照らして何らの客観的に合理的な理由もなく解雇することは権利の濫用となるというべきである。その場合、右のような理由があるか否かは、労働者の雇用に予定されていた業務に関して判断するしかないであろう。しかも、企業への組み入れに伴い使用者が雇用契約締結によって負う信義則上の義務に照らして考えると、職種を限定されずに雇われた労働者に関しては、事業の効率的運営を明確に阻害しないで他の代替的な仕事に就けることができるなら、結局、事業の運営と関係のある理由がないことになる。また、合理的な理由のない解雇は権利濫用になるのであるから、その理由は解雇のときに存していたものに限られる。しかも、前述した信義則上の義務に照らせば、使用者は解雇に際し労働者の解雇事由の存否については慎重でなければならない。したがって、解雇事由は解雇時に存在しただけではなく使用者が認識していたものでなければならないというべきである。そして、使用者が解雇時に示した解雇事由と異なる理由を訴訟上追加提示する場合には、使用者はその追加理由を解雇時に認識していなかったとの推定を受けると思われる[47]。

さて、以上のことを前提として、普通解雇の三類型、すなわち、非違行為、能力・適格性欠如（労働不能を除く）および整理解雇について、以下に若干の検討をしてみたい。なお、就業規則の解雇事由規定は、一般的に、詳細なものはほとんどないため、解雇事由の立証責任の問題を別にすれば、その規定の有無は「客観的に合理的な理由」存否の判断にそれほど大きな影響を与えることはないといってよい。

1　非違行為

非違行為に関しては、判例上、懲戒解雇の効力が争われることが多く、普通解雇が争われる事案は比較的少ない。就業規則の非違行為に関する普通解雇事由には「業務遂行もしくは職場秩序の維持に著しく支障をきたす場合」、「「職務を怠った場合」などと定めに加えて各解雇事由に共通する「その他各号に準ずるやむを得ない事由があるとき」などの包括条項が加えられている場合が多い。前掲最高裁高知放送事件判決では、普通解雇事由規定の包括条項が適用されたが、労働者の重大な非違行為の客観的事実のみで当該解雇事由該当性を肯定しており、その他の事情はすべて「社会相当性」の判断に当てられている。その内容としては、行為の悪質性の欠如、他の労働者との処分の公平、会社の防止措置の欠如、労働者の事情などが上げられる。多くの判例も、非違行為を理由とする解雇の濫用性判断において、当該行為の重大性のほかは、会社側が是正警告をしなかったことや他の労働者と不均衡な取扱をしたことなどを考慮している。非違行為の場合には、職場秩序を乱しあるいは会社の信用を失墜させるような行為があったか否かのみが「客観的に合理的な理由」の存否にかかる問題である。そして、それは、その行為の性格、会社の業種、労働者の職種・地位などから判断するしかないであろう。その他の判断要素はすべて「社会的相当性」の判断の対象とされることになる。それには、上記のもののほか、業務命令権の濫用、警告や弁明の機会付与などの解雇手続なども含まれる[48]。

2　能力・適格性欠如

能力・適格性を理由とする解雇については、就業規則の普通解雇事由規定は、「成績不良の場合」、「勤務成績が著しく劣悪の場合」、「作業に誠意なく技量、能率不良の場合」に加えて各解雇事由に共通する包括条項を付している場合が多い。ところで、能力・適格性欠如を理由とした判例には次のような一般的な傾向がある。①就業規則に「労働能力が劣り向上の見込みがないとき」というような規定がない場合でも、改善の見込みのないことを解雇の有効性の基準としている判例が多いこと。②地位や職種が特定されていない労働者の場合は、能力向上のための十分な指導のみならず、能力に見合った職場への配転などが十分に行なわれていない場合解雇の有効性を認めない事例が多いこと、③地位や職種が限定されていても、具体的に上げた成果が極めて低いといった極端な事例が多いこと(49)。

さて、能力・適格性欠如の程度が問題となるが、能力・適格性というのは非違行為のような突発的な性格のものではなく一定の継続性を有するものであるから、通常、採用試験および試用期間でスクリーニングできるはずであり、問題となるのはそれが著しく低下したといえる場合である。しかも、能力・適格性の維持向上は労働者の努力だけではなく使用者の教育・指導にもかかっているものといえる。したがって、能力・適格性をもって客観的に合理的な理由とするには、その能力・適格性の低下が指導教育によって近い将来改善の見込みがない場合に限定されなければならないであろう。その意味で、私立高校教員に関する松蔭学園（森）事件において東京高裁が「職務に適格性を欠くとき」という就業規則の解雇事由を「当該職員の容易に矯正しがたい持続性を有する能力、素質、性格などに起因してその職務の遂行に障害があり、または障害を生じるおそれの大きい場合」をいうものと解したのは妥当である(50)。しかも、高校の教員のように特定の高校でしかも担当教科が決まって採用されている場合とは異なり、期間の定めのない労働者は職種も勤務地も特定していないのが一般である。であれば、使用者は、その労働者をその能力に合せて配転することが可能であり、雇用契約上、そのことが予定されているものと考えられている。したがって、たまたま就いている仕事ができないからというだけではなく、他に配転の可能性もないことがいえてはじめて「客観的に合理的な理由」があるといえることになるであろう。教育、指導および配転などの努力を尽くさなければ、結局、解雇の「客観的に合理的な理由」がなかったことになるというべきであろう。その意味で、前記判例の一般的な傾向は妥当である。なお、能力・適格性の欠如については、裁判所が「客観的に合理的理由」の存否をどこまで判断できるかという困難な問題があるが、管理職や専門職種に職種限定されている労働者の場合には使用者の裁量の幅をある程度広く認めるべきである。

3　整理解雇

整理解雇については、就業規則の解雇事由規定は、「会社のやむを得ない事由がある場合」、「事業の縮小その他やむを得ない業務の都合による場合」に加えて包括条項を付している場合が多い。さて、整理解雇の場合は、経済的理由によって従来の陣容での事業経営が困難になったということから、場所や仕事の種類の限定されていない労働者に関して、当然に、解雇の必要があるか、何人の労働者の解雇が必要か、誰を対象とするかという問題の結論はでてこない。すなわち、整理解雇の場合は、「客観的に合理的な理由」の存否は、①人員整理の必要性のみならず、②解雇回避の努力および③解雇選抜基準の妥当性を検討しなければ決せられないと思われる。このうち、②について補足すると、企業への組み入れに伴い使用者が雇用契約締結によって負う信義則上の義務に照らして考えると、職種を限定されずに雇われた労働者に関しては、事業の効率的運営を明確に阻害しないで他の代替的な仕事に就けることができる場合は、事業の運営と関係のある理由がないことを意味すると考える。したがって、これらの要件（要素）は解雇の「社会的相当性」の判断に関わる問題ではなく、「客観的に合理的な理由」の存否の問題であると考えるのが妥当と思われる。これに対し、解雇が解雇対象労働者や所属組合との協議やそれらに対する説明を欠くことは、「社会相当性」の判断に関わることになると思われる。[51]なお、リストラについては、企業戦略の問題であっても、使用者の事業運営に関係して剰員が生じる場合であることから考えて、リストラを解雇の理由とすることは認められるべきであろう。したがって、リストラの場合も、その経営上の必要があり限り、通常の整理解雇と同様なかたちで「客観的に合理的理由」の存否を決するしかないと思われる。ただ、解雇の不可避性は企業の自由な戦略判断によるのであるから、解雇の「社会相当性」の判断においては、訓練期間を付して従来と同等の処遇による別の職務を提供したか、再就職の斡旋または適切な期間の雇用喪失を補うだけの補償金の支払いまたはそれらを組み合わせた解雇緩和措置を講じたか、といった事情をも解雇の社会相当性の重要な判断要素のひとつとすべきではなかろうか(52)。

4　ところで、最近、労働経済学者の中から、わが国の解雇権濫用法理においては、その濫用性基準が厳しすぎて企業の経済環境の変化に対応できず意欲の低い従業員の解雇が規制され、結果として雇用量を減少させ、雇用喪失を抑制せしめている、等の主張がなされている(53)。司法改革が進み、労働裁判が容易、低廉かつ迅速になった場合を考えると、これはきわめて重要な論点であると考える。ただ、その主張は、必ずしも、実質的な根拠によって裏付けられているとはいえず(54)、また、それが主にアメリカの解雇制度との比較に基づいて行われていて、雇用法制全体を貫く日米の雇用システムの違い(55)を十分に考慮した議論とはいえないようにみえる。すでに述べたように、わが国における解雇権濫用法理の合理性は、会社の採用や労務管理の仕方と密接に結びついている。したがって、例えば、仕事や地位を特定した採用を行う場合には、期間の定めがない雇用契約により雇われた場合さえも配転や降格を前提としないで解雇することが解雇権の濫用に当たらないとされる可能性がある(56)。そして、客観的、合理的で透明度の高い能力評価システムが確立してくれば、それに基づく解雇の合理性をすることは困難ではないと思われる。問題は、濫用性基準の厳格さの方ではなく、むしろ、採用や労務管理システムの方に多く存するのではなかろうか(57)。

六　解雇の救済方法の問題

1　救済としての損害賠償の選択

従来、解雇の典型的救済方法として求められてきたのは、解雇無効を前提とする地位確認・未払賃金支払判決であった。しかし、最近、そうではなく、解雇の違法性を理由に得べかりし賃金などの逸失利益を含めた損害賠償請求を求める労働者が顕著に増加しつつある。ところが、労働者が損害賠償を請求した事件で、裁判所が逸失利益の賠償請求を認容した例は少ない(58)。実際、吉村事件(59)およびわいわいランド事件(60)では逸失利益の賠償請求が退けられている。まず、吉村事件では、裁判所は「解雇が違法なものであって、また無効と解される場合には、当該労働者は、解雇無効を前提としてなお労務の提供を継続する限り、賃金債権を失うことはない」から特段の事由がない限り、賃金請求権の喪失をもって損害とする余地がない。また、労働者が他に就職するなどして当該使用者に対し労務を提供しえなくなった場合には、賃金不支給と違法解雇の間には相当因果関係がないから、賃金相当額をもって、直ちに得べかりし利益としてその賠償を求めることはできない、と判示している。わいわいランド事件では、解雇権の行使が濫用であるのに労働者がその無効を主張しない場合には、その解雇は有効なものと取り扱われることになるから、結局、労働者が自ら退職する場合と同じことになると判示された。

このように違法かつ無効な解雇に対する逸失利益を含む不法行為に基づく損害賠償請求を否定することは妥当ではない。まず、吉村事件判決は解雇を継続的な使用者の労務受領拒否の態度とみている。しかし、使用者は解雇という契約関係を確定的に終了せる行為によって違法に労働者の労務提供の意思を喪失させたのであるから、その時点以降も労務提供をすれば賃金の喪失はなかったとするのは公正ではない(61)。判決は、客観的に合理的な理由のない解雇が信頼関係の存在を前提としてのみ継続し得るという特質を有する労働契約関係を破壊する背信的行為であることを見逃しているというほかない。また、労働者が解雇無効による地位確認を求めるのではなく、不法行為に基づいて逸失利益を含む損害賠償請求をしているのに対して、解雇は無効だからそのような損害はないというのも妥当でない。解雇無効法理は、それ自体合理的な理由のない解雇はその効力が否定されるほど強度の違法性を有することの表明ではあるが、一般に労働者の保護に適するものとして裁判所によって形成されてきたものであるといえる(62)。換言すれば、解雇無効は権利濫用の理論的必然的帰結というより法政策的見地からのもとらされたものといえる(63)。したがって、労働者が救済方法として損害賠償請求を選択している以上、これを否定する理由はないといわなければならない(64)。また、わいわいランド事件判決は、労働者が無効を主張しない場合は、辞職と同じであるとも述べるが、客観的に合理的な理由のない解雇は前述の通り違法であるといわざるを得ず、労働者の不法行為に基づく損害賠償請求を否定することはできない。判決は労働者の復職が人間関係などにより客観的に不可能である場合には格別とするが、合理的理由のない解雇は信頼関係を破壊する違法性の強い行為であるから、使用者に故意過失がない場合や過失があっても誠実かつ迅速に解雇を撤回する場合など特段の事情のない限り、逸失利益を含む損害賠償請求を認めるべきである。もっとも、合理的理由のない解雇が無過失であるというようなことは余り想定できない(65)。なお、前述のとおり、準解雇または使用者の職場環境整備義務違反による労働者の意に反する退職の場合についても、解雇と同様に逸失利益を含む損害賠償が認められるべきことは前述の通りである。

ところで、解雇救済に損害賠償を活用することのミリットは、従来の雇用に復職するより心機一転、再就職してやり直したい労働者の希望を実現しやすいというだけではない。例えば、就業規則に定めた懲戒解雇手続の履践に瑕疵があるが、そのことによって異なった結果をもたらさないことは明らかであると思われる軽微な瑕疵である場合、その手続のやり直しに要する期間の逸失利益を算定することで事件を処理することも考えられる。これによれば、従来、オール・オア・ナッシングで処理されてきた問題について労使の利益に資する処理が可能になると思われる。また、有期契約の雇止めについても考えると、解雇権濫用法理の類推適用を行なう場合、特に雇用調整を理由とする雇止めの場合には、雇止めの効力に結びつけると、諸般の事情のバランス的考慮（採用基準、仕事の性格、勤続期間など）から有効とする方向に傾きやすいが、損害賠償の問題とすれば労働者がどの程度の期間雇用継続を期待しえたかという合理的期間の逸失利益を算定することで労使の利益調整がしやすくなるものと思われる。さらに、例えば、専属下請会社に労働者の組合結成を理由に元請会社が当該下請会社との請負契約を解約した場合に、当該労働者が元請会社に対して得べかりし賃金等の賠償を求める途を開く可能性もあるといえる(66)。また、過失相殺を認めることにより、労働者の非違行為が相当重大で従来なら懲戒解雇有効とされるような場合でも、損害賠償を認めることによりきめの細かい労使の利益調整が可能になると思われる(67)。

2　逸失利益の算定

問題はその賠償額をどう算定するかである。前述の東京セクハラ（M商事）事件判決は、六ヶ月分の給与及び給与額三ヶ月分の賞与に相当する金額を得べかりし賃金の賠償額と認めた。また、使用者の追い込み行為を雇用環境配慮義務違反とした京都セクハラ（呉服販売会社）事件(68)およびエフピコ事件(69)では、いずれの場合も、同様に六ヶ月分の賃金相当額が逸失利益であるとされている。しかし、得べかりし賃金額が六ヶ月分に限定されなければならない理由はない。この点、アメリカ合衆国では、諸般の事情から解雇に正当事由を必要とする黙示の合意があるなどにより当該雇用契約の随意性（at－will）が否定された場合、多くの裁判所は解雇がなければ合理的にみて雇用され続けたであろうと見られる期間を前提に、その期間中の賃金と他の雇用から得られたであろう賃金の差額を算出している[(70)]。確かに、雇用継続期間の推認による逸失利益の算定は不確定な要素を伴うことは否定できないが、その不確定さからくる不利益は違反を犯した使用者の負担とされるべきである。したがって、我国においても、同様に、諸般の事情を考慮してより積極的に雇用継続期間を推認するのが民事訴訟法二四八条の趣旨に沿うものと考える[(71)]。逸失利益の算定は、まず、予定された退職までの期間、当該企業の同種労働者の平均的雇用継続期間、当該労働者の勤続年数、年齢、勤務態度・成績・過去の職歴、当該企業の業種・規模、経済的環境等諸般の事情を基礎として合理的雇用継続期間を推定し、次に、再就職の有無およびその可能性、再就職までの期間、再就職先の賃金レベル、再就職先での雇用継続可能性など口頭弁論終結時までの事実を考慮に入れてできるだけ労働者の有利に認定することが地位確認判決の代替的救済としての損害賠償給付判決の趣旨に沿うものと考える。

右の三つの判例をみると、裁判所は、雇用保険基礎手当給付期間の賃金分を逸失利益と解しているようにみえるが[(72)]、これは合理的な雇用継続期間の推定という手法を放棄して、当該労働者が再就職するまでの合理的な期間の推定という手法に替えようとするものである。しかし、手当給付期間は、雇用保険財源の状況や被保険期間の長短と給付のバランスを考慮して技術的に決定されているということから考えて、その妥当性は疑問といわざるを得ない。しかも、この手法では、通常生じるであろう再就職先の賃金低下が全く考慮されない。もっとも、三つの事件がたまたま中途採用の従業員であったり（エフピコおよび東京セクハラ事件）、女性従業員であったり（京都セクハラおよび東京セクハラ事件）したため、長期の雇用を前提とした逸失利益の算定をすることを躊躇し、最低限の逸失利益を算定すべきだと考えられたのかもしれない。しかし、逸失利益の算定の理屈から言えば、やはり、一律に雇用保険基礎手当給付期間の賃金分を逸失利益とするのは妥当ではない。

この点で参考になると思われるのがかなざわ総本舗控訴事件判決である[73]。この事件では、Y社に経営全般の助言をしていたZ社の取締役・総務部長XがY社から幹部社員として確実に採用されるとの期待を抱かされZ社に辞表を提出したが、結局、Y社に採用されなかったことを理由に、Y社に対して損害賠償請求をした。判旨は、Y社がXの誤解を是正し、損害の発生を防止することに協力すべき信義則上の義務違反を認めたのであるが、Z社はでは満五八歳が定年年齢であるが、Xは取締役であったので満六〇歳を過ぎても勤務を続けられるとした上、Y社の損害賠償義務は信義則に違反する不作為に基づくものであり、XがZ社を退職することが契約準備段階の行為として必ずしも必要であったとはいえないとして、XがZ社を退職したことによって失った逸失利益のうち二年分の所得に限るのが相当であるとした。また、Xが退職後、他社で働いていた給与額を差し引いた他、別途、慰謝料も算定した。これは、いわゆる契約締結上の過失の事案であるが、この逸失利益の算定方法は違法な解雇または追い出し行為にも適用可能であるということができる。であるとすれば、解雇等の事案においても、もっと積極的に諸搬の事情に見合った合理的な雇用継続期間を推定すべきである。

なお、筆者は、例えば、大企業の長期勤続者に関して言えば、通常、少なくとも二年程度の雇用継続期間を推定すべきであると考える。でなければ、再就職先で通常生じる賃金の低下が無視されてしまうからである[74]。

ところで、労働者が解雇され、その意に反して退職させられた後、失業給付を受給した場合、その額が損害賠償額から控除されるべきか否かが問題となる。これは、いわゆる損益相殺の問題である。この点につき、わいわいランド控訴審判決は、一名の原告労働者が失業中に受給した雇用保険金を損害の補填額として損害賠償額から控除したことが注目される（なお、他の一名の労働者は雇用保険金の給付を受けていなかったので控除は問題とされなかった）。確かに、失業給付の給付原因は、解雇または退職の事実と相当因果関係があることは否定できないであろう。しかし、失業給付は、失業給付の給付原因は、解雇または退職の事実と相当因果関係があることは否定できないであろう。また、保険料の二分の一を被保険者たる労働者自身が負担しているのであるが、その保険料負担と給付の対価関係が直結しているわけではない。しかし、失業給付は、失業した被保険者の生活の安定を図る社会保障制度としての性格が強く、その日額も、具体的な損害の有無、程度の如何を問わず一律に決められている。(75)また、雇用保険法の場合、労災保険法一二条の四や他の社会保険法の場合と異なり、雇用保険法には第三者の不法行為に対する求償規定はない。したがって、労働者の二重利得の防止という視点を重視するあまり、失業給付の控除を認めることは使用者を余りにも利する結果になってだとうではないと思われる。なお、口頭弁論終結日までに労働者が他に再就職した場合、そこから得た賃金が損益相殺の対象になることは明らかである。しかも、その場合解雇無効の場合とは異なり、労基法二六条の適用もないので、通常は、その収入の全額が控除の対象となるといわなければならない。

また、人格的利益や肉体的精神的なものを含めた非財産的損害については、慰謝料が認められるべきことはいうまでもないが、解雇や追い込み行為の動機・目的が公序に違反する場合や使用者に害意があった場合など強度の違法性が認められる場合には、慰謝料の制裁的性格を反映した額の算定がなされるべきである。(76)たとえそうはいえないとしても、その行為が執拗かつ継続的なものである場合は、労働者の精神的ダメージが大きくなることは明らかである。したがって、労働者が意に反して退職させられた場合の方が通常の解雇の場合より高額の慰謝料を請求できる可能性が高いとみることができる。

七　おわりに

以上のとおり、本稿では、わが国の解雇の一般的な法規制につき、現在の判例法理の妥当性およびその拡大の可能性などについて若干の検討をくわえた。この検討を通じて、民法六二七条の存在を前提としながら権利濫用という一般法理によって、解雇の一般的法規制を行なっていることが、現在の解雇法理を複雑かつ不安定な状態置いていることが改めて確認された。しかし、現行の法理は、膨大な判例によって形成され、有期契約の雇止め、休職期間の満了による自動退職、そしてさらには営業譲渡おける労働者の承継拒否等の問題を処理する際にも類推適用ないし考慮されるようになっている。こうした、状況を踏まると、解雇権濫用法理によって形成された「客観的に合理的な理由」の内容を尊重しながら、解雇に正当理由を必要とすることを正面から認め、労働者に救済手段として地位確認と損害賠償の選択権を与え、勤務年数にあわせた解雇予告期間を定める解雇規制立法を制定する必要があると思われる。(77) また、勤務年数や年齢にあわせた最低逸失利益算定対象期間の法定をも検討すべきかもしれない。

（1）日本食塩製造事件・最二小判昭和五〇・四・二五民集二九巻四号四五六頁。
（2）高知放送事件・最二小判昭和五二・一・三一労判二八六号一七頁。
（3）劉志鵬『日本労働法における解雇権濫用法理の形成』JILL Forum Special Series No.5（一九九九年）。
（4）日本食塩製造事件・最二小判昭和五〇・四・二五民集二九巻四号四五六頁および高知放送事件・最二小判昭和五二・一・三一労判二六八号一七頁。
（5）盛誠吾「企業リストラと労働判例の動向（上）」季労一七三号一二五頁（一九九五年）。
（6）米津孝司「解雇権論」籾井常喜編『戦後労働法学説史』（一九九六年）六五七頁。
（7）本久洋一「解雇制限の規範的根拠」日本労働法学会誌九九号一二頁（二〇〇二年）。本稿の論考は同論文に負うところが多い。
（8）小宮文人「損害賠償で解雇救済」法学セミナー四九〇号九九頁以下（一九九五年）、本久洋一「違法解雇の効果」日本労働法学会編『講座二一世紀の労働法』（有斐閣、二〇〇〇年一九六頁以下。
（9）小西國友「労働契約の合意解除」『労働法の解釈理論』（有斐閣、年）、小宮文人『英米解雇法制の研究』（信山

社、一九九二年）八一頁、小宮文人「嫌がらせをしないで」法学セミナー四九三号九四頁以下（一九九六年）。野田進「解雇の概念について」法政研究六八巻一号一二七頁以下（二〇〇一年）も参照。
(10) 土田道夫・和田肇「雇用の変化と労働法⑵」法学教室二四二号一三七頁以下（二〇〇〇年）。
(11) 我妻栄『債権各論（民法講義）（中二）』（岩波書店、一九六二年）五九〇頁。
(12) 青木宗也＝片岡　編『労働基準法Ⅰ』（青林書院、一九九四年）二五〇頁（渡辺章執筆部分）。
(13) 民法調査会『民法議事速記録第三四巻』（一九九四年）五六から六〇頁参照
(14) 下井隆史「労働契約法における基礎理論的問題をめぐって」労働法学会誌四二号三一頁以下、四八‐四九頁（一九七三年）。
(15) 前掲『労働基準法Ⅰ』（青林書房、一九九四年）二五一頁。
(16) 野田進「解雇」現代労働法講座一〇巻（一九六二年）二〇二頁以下、二一一頁。
(17) 因みに、以前は年間雇用の推定や合理的予告期間などにより制限されていた母国イギリスのコモン・ローを継受しながら、一九世紀後半の経済活動の飛躍的拡大を契機に随意契約の法理を約因論と結びつけて判例上強固な原則として確立したアメリカ合衆国でさえも、今日、多くの州において、継続雇用の約束に特別な約因がない場合でさえ、使用者の労務管理上の方針や実践、労働者の長期の勤続、継続雇用を示唆する言動や職業慣行などによって継続雇用が事実上推定され、解雇には正当事由が必要になるとされているのである。
(18) 横須賀米海軍基地保安解雇事件・東京地決昭和三〇・四・一三労民集六巻三号三五二頁。
(19) 有泉・前掲論文二七‐三〇頁。
(20) 内田貴『契約の時代』（岩波書店、二〇〇〇年）二四一‐二四四頁。
(21) 内田貴『契約の再生』（弘文堂、一九九〇年）一二九‐一三〇頁。
(22) 升田淳「現代取引をめぐる裁判例（20）～（28）」判時一六八三号から一六九八号（一九九九年）、中田裕康『継続的売買の解消』（有斐閣、一九九四年）。

(23)　村中孝史「日本的雇用慣行の変容と解雇制限法理」民商一一九巻四・五号五八二頁以下、一〇七頁から六一〇頁（一九九九年）、土田道夫「解雇権濫用法理の法的正当性」日労研雑誌四九一号四頁以下、一二頁（二〇〇一年）。
(24)　下井・前掲論文五〇頁
(25)　本多淳亮「解雇自由の法理」民商三五巻五号二八頁以下、三二頁（一九五七年）。
(26)　野川忍「解雇の自由とその制限」日本労働法学会編『講座二一世紀の労働法』（有斐閣、二〇〇〇年）一五四頁以下、一七三頁。
(27)　本久・前掲学会誌論文二一頁。
(28)　判例が解雇権の濫用性判断において「終身雇用」に言及するのもこれと深い関係があると考える。東京地裁の昭和三一年の前掲横須賀米軍基地安保解雇事件仮処分決定は信義則違反の解雇か否かの判断要素として当事者の「相当長期間雇傭契約を存続させる意図」を重視した判例である。その後、昭和四〇年代以降に採用拒否、就業規則、配転等の事件で「終身雇用」（なお、この用語は J. G. Abegglen, Japanese Factory で用いられた a life commitment の訳語であるといわれる）を重要な考慮要素にするようになり（例えば、秋北バス事件・最大判昭和四三・一二・二五民集二二巻一三号三四五九頁）、五〇年代以降にはとりわけ人員整理の事件において「終身雇用」を使用者が雇用維持を図る信義則上の必要性と結びつけるようになってきたものと思われる（初期の判例として、天馬製紙事件・静岡地富士支判昭和五〇・八・一九労経速八九三号七頁）。
(29)　本久・前掲論文二〇頁および安屋和人「解雇法の構造について」法と政治八巻一号三五―三六頁および五一頁（一九五七年）。
(30)　信義則と権利濫用の関係については多くの議論があるがここでは立ち入らない。この点に関しては、菅野耕毅『信義則および権利濫用の研究』（信山社、一九九四年）一七二―一七四頁参照。
(31)　古川景一「解雇制限と証明責任・証拠提出責任」季刊労働者の権利二三八号七〇頁以下、七二頁（二〇〇一年）。もっとも、この労働者の証明責任をどのように転換すべきかについては、未だ学説上の十分なコンセンサスがあるとまではいえない。例えば、山川教授は「原告である労働者の平素の勤務状況が労働者として通常のものであったこと、ないし特に問題がなかったことが、当該労働者が容易に入手ないし提出できる証拠によって主張立証されていれば足りる」とする（山川隆一「労働法における要件事実」筑波大学大学院企業法専攻十周年記念論集『現代企業法学の研究』（信山社、二〇〇一年）六一三頁以下、六二二頁、同「解雇書証における主張立証責任」季刊労働法一九六号四四頁以下、五〇頁。なお、例えば、原告に対し「解雇に値するような行為や落ち度は何もないこと」、「被告らの経済的事情に照らしても原告を解雇する必要性がなかったこと」の主張立証を求める最近の東京地裁の判例（東京魚商業協同組合葛西支部・淀橋支部事件・東京地判平成一二・一・三一労経速一七五〇号三頁）は最高裁の解雇権濫用法理に反するとする点では学説に争いはない。

(32)　千種達夫「解雇をめぐる法律問題」労働法懇談会『専門講座労働法』（如水書房、一九五三年）。この考え方は、ヨーロッパ法の発展の歴史からも無理な論法ではないとしてこれを支持する有力な学説もある（有泉亨「解雇権の構造について」前掲論文一八九頁）。

(33)　『最高裁判所判例解説・民事篇・昭和五十年度』（法曹会、一九七九年）一七五頁。

(34)　西谷敏「整理解雇法理の再構築」季刊労働者の権利二三八号五九頁以下六七頁）。

(35)　例えば、ナショナルウエストミンスター事件・東京地決平成一二・一・二一労判七八二号二三頁。

(36)　従来の正当事由説は、もっぱら労働契約の性質、は経営組織体規範、公序良俗違反などによる法的理由づけに腐心してきたのであり、立証責任について議論をしたわけではない。

(37)　最高裁は、不動産賃貸借契約に関しては、賃貸人に対する背信的行為と認めるに足らないと特段の事情がある場合には民法六一二条二項による賃貸借の解除権は発生しないと判示して（最高裁昭和二八・九・二五民集七巻九号九七九号など）、信義則から解除権の発生自体を否定していることを指摘することができる。

(38)　本久論文の真意は立法論の根拠を与えることにあったとみることができる。

(39)　中川製作所事件・東京地判平成四・八・一〇労判六一六号九六頁。

(40)　森戸英幸「辞職と合意解約」講座二一世紀の労働法四巻（有斐閣、二〇〇〇年）二一三頁以下。
(41)　小宮文人「雇用終了における労働者保護の再検討」日本労働法学会誌九九号——頁（二〇〇二年）。
(42)　小宮・前掲論文三四頁。
(43)　東京地判平成一一・三・一二労判七六〇号二三頁。
(44)　野田進「解雇の概念について」法政研究六八巻一号一二七頁以下、一三八頁（二〇〇一年）。
(45)　小宮文人「雇用の終了を考える　第六回」法学セミナー四九三号九四頁以下九八頁（一九九六年）。
(46)　この点に関しては、根本到「解雇事由の類型化と解雇権濫用の判断基準」日本労働法学会誌九九号五二頁（二〇〇二年）および本久・前掲学会誌論文二二—二七頁参照。
(47)　浦安農業協同組合事件・広島地呉支判昭和五九・一〇・二六判タ五四九号二九一頁。
(48)　なお、根本・前掲論文六四頁は、是正警告の有無も「客観的で合理的な理由」の存否に含める。
(49)　小宮文人「解雇に関する判例の動向とその評価」法時七三巻九号三一頁（二〇〇一年）参照。
(50)　松蔭学園（森）事件・東京高判平成七・六・二二労判六八五号六六頁。
(51)　東洋酸素事件・東京高判昭和五四・一〇・二九労働判例三三〇号七一頁。小宮・前掲法時掲載論文三四–三五頁および山川・前掲季労掲載論文五一–五四頁参照。
(52)　小宮・前掲法時掲載論文三五—三六頁。
(53)　八代尚宏『雇用改革の時代』（中央公論社、一九九九年）五五、五六、八八、八九頁および大竹文雄「経済学からみた雇用保障」（二〇〇一年三月一六日、JILフォーラム報告）三頁。
(54)　小宮文人「解雇規制の立法化と見直し」労旬一四八一号四頁（二〇〇〇年）。
(55)　荒木尚志『雇用システムと労働条件変更法理』（有斐閣、二〇〇一年）参照。
(56)　典型的な例として、フォード自動車（日本）事件・東京高判昭和五九・三・三〇労判四三七号四一頁、チェース・マンハッタン・バンク事件・東京地判平成四・三・二七判時六〇九号六三頁。詳しくは、道幸哲也・島田洋一・小宮文人『リストラ時代――雇用をめぐる法律問題』（旬報社、一九九八年）一五六頁以下（島田執筆部分）参照。

(57) 小宮・前掲法時掲載論文三四頁。
(58) 東京セクハラ（M商事）事件・東京地判平成四・八・一〇労判六一六号九六頁のみである。
(59) 吉村事件・東京地判平成四・九・二八労判六一七号三一頁。
(60) 大阪地判平成一二・六・三〇労判七九三号四九頁。
(61) 本久洋一「違法解雇の効果」講座二一世紀の労働法第四巻（有斐閣、二〇〇〇年）一九七頁。
(62) 野田進「解雇法理における『企業』」日本労働法学会誌九七号一五七頁（二〇〇〇年）。
(63) 野田進「解雇」現代労働法講座一〇巻（一九八二年）二〇二頁以下、二一六頁。
(64) ちなみに、労基法二〇条所定の解雇自由のない即時解雇については、解雇無効の主張と有効を前提とする予告手当の請求のいずれかを選択できるとする選択権説が有力に主張されている（山口俊夫・新版労働百選四九頁、セキレイ事件・東京地判平成四・一・二一労判六〇五号九一頁）。
(65) 懲戒解雇は違法無効だが、使用者に過失はなかったとして慰謝料請求を棄却した事例として、姫路赤十字病院事件・昭和五五・五・一九労判三四九号三〇頁。
(66) 大阪空港事業〔関西航業〕事件・大阪地判平成一二・九・二〇労判七九二号二六頁。
(67) 道幸・島田・小宮前掲書一二九–一三二頁（小宮執筆部分）。
(68) 前掲京都セクハラ（呉服販売会社）事件。
(69) 水戸地下妻支判平一一・六・一五労判七六三号七頁。
(70) 小宮文人『英米解雇法制の研究』（信山社、一九九二年）一五五頁以下、Larson, Unjust Dismissal, Vol.1, §9A.02[5] (Matthew Bender, up-dated in December 2000), W.J. Holloway and M. J. Leech, Employment Termination (2nd ed.), (BNA, 1993), pp. 692-697

(71)　小宮文人「雇用終了をめぐる最近の判例」北海学園大学法学研究三五巻三号四一二頁（二〇〇〇年）。
(72)　労働者が雇用を信じて前職を辞めた場合の得べかりし利益につき、同様に、雇用保険法における基本手当の最低被保険者期間を最低限度の就職期間と評価することができるとした例がある（本文中のわいわいランド事件の控訴審・大阪高判平一三・三・六労判八一八号七三頁。
(73)　かなざわ総本舗事件・東京高判昭六一・一〇・一四金商判七六七号二一頁。
(74)　詳細は、小宮・前掲学会誌論文四六―四七頁を参照されたい。
(75)　大東プレス工業事件・東京地判昭四七・八・二八判時六九〇号六七頁、合松浦以津子「損益相殺」星野英一編・民法講座６（有斐閣、一九八五年）六八一頁以下、六九九頁。
(76)　この点については、道幸・小宮・島田・前掲書一三九頁（小宮執筆部分）参照。
(77)　立法論については、具体的かつ詳細に立法論を論じる論文として、島田陽一「解雇規制をめぐる立法論の課題」日本労働法学会誌九九号七四頁以下（二〇〇二年）。なお、小宮文人「解雇規制の立法化と見直し」労旬一四八一号四頁以下（二〇〇〇年）、同「解雇規制見直しの論点」労旬一四九五号三二頁以下（二〇〇一年）なども参照。

13 整理解雇の諸類型と要件

野田　進

一　問題の提起――整理解雇をめぐる議論の混乱
二　会社の組織再編と雇用および労働条件
三　「雇用リストラ」の諸類型と要件
四　総括――整理解雇法理の再構成の方向

一　問題の提起――整理解雇をめぐる議論の混乱

1　整理解雇法理の理論状況

整理解雇をめぐる議論は、経済の不況期で問題が深刻化するときに活性化してきた。今日の整理解雇に関する活発な議論状況もまた、そうした状況下にあるが、従来とはいささか異なる局面も見受けられる。現在の議論の特色は、整理解雇法理を出発点としつつも、第一に、解雇法理（解雇権濫用法理）一般にさかのぼる議論に発展し[1]、第二に、労働経済学による発言を巻き込む議論となり[2]、第三に、判例法理や個別事例の解釈法理だけでなく立法論または政策論に踏み込んだ議論に発展している[3]。

こうして、整理解雇をめぐる議論の広がりは、有益な議論の進化を生み出したが、その反面で無用の混乱が生じていることも否定できない。そうした混乱は、判例法理に影響を及ぼし、個々の裁判例が、統一のとれない不調和な判断を示すことにより、整理解雇の法理が安定性を欠いた予測困難なものになりかねない状況にある。[4] その問題状況を、ここではさしあたり整理解雇の概念と正当要件に照らして確認しておこう。

近時の判例・学説の理解において、整理解雇の法理が労働契約の多様な変動をめぐる紛争に対して適用されるようになったこと、そのために整理解雇の概念が多様化したかにみえることについては、筆者はこれまで何度か指摘したことがある。すなわち、裁判例において、整理解雇法理は、第一に、経営危機による場合だけでなく経営戦略的な組織再編による解雇などにも適用されており、第二に、相当人数の人員削減だけでなくポストの廃止や雇用形態の変更拒否にともなう一名ないし数名の労働者に対する解雇にも適用され、第三に、解雇とはいいがたい、採用内定における本採用拒否、採用拒否、休職処分、転籍などについて整理解雇法理を適用する裁判例もみられる。[5] さらには、最近の裁判例[6]には、そもそも「整理解雇にあたるか否かという議論は無意味である」と論じて、概念の定立に疑問を投げかけるものさえみられる。学説においても、従来の整理解雇の適用範囲についての定義を不十分なものと解して、「整理解雇法理は経営上の理由に起因したすべての解雇に適用される」とする見解[7]、予防的・戦略的解雇にも整理解雇法理を適用すべきであるとする見解[8]など、力点の置き方は異なるにせよ、整理解雇法理の適用範囲を広く認めていこうとする理論動向が見られる。

他方、整理解雇の法理が定立する、解雇の正当性基準についても、多様な形で緩和の動きが見られる。すでに多くの指摘があるように、平成一一年から一二年にかけて東京地裁の一連の決定例で示された判断、たとえば整理解雇の四要件を各個の有効要件とは見ないで総合的評価のための四要素ととらえる判断、人員削減の必要性について合理的な経営判断を推定して司法判断を回避する立場、解雇の不当性についての主張立証責任を原告労働者側に負担させる判断、その他これまでの整理解雇法理における正当性の要件を緩和して適用とする傾向である。[9]

2　企業の再構築と雇用の帰趨

解雇に関する立法の存在しない日本の現状において、整理解雇の判例法理は、労使における法律に代わる行為規範として、理論上も実務上も意識されてきた。ところが、以上のように整理解雇の概念そのものが多様となり、なおかつ整理解雇の正当性基準が多様に理解されることは、行為規範として尊重されるべき判例法理の役割を大きく減殺する。雇用情勢が逼迫し、今後ともこうした状況が持続すると考えられている現状にあっては、整理解雇に関する安定した法理を再構築することが求められている。しかし、こうした判例理論の下では、労使関係の当事者は、いかなる経営状態のもとで、どのような点に留意すれば整理解雇をなしうるかについて、確実な情報を与えられないことになろう。

筆者は、整理解雇の法理におけるこれらの不安定は、同法理が、現在の解雇の実態や動向を正確に反映しないことによるのではないか、との疑念をもっている。ひと口に整理解雇といっても、そこに至った背景には、企業の運営や組織再編にかかるさまざまな政策判断が介在する[10]。また、企業の組織再編もまた、一会社の内部で生じるのではなく、会社間を超えて行われるのが常態である。そうした多様で複合的な企業再編の結果として雇用レベルので再編がなされ、結果として整理解雇となるのである。それゆえ、整理解雇の当否を考えるときにも、背後にある企業内外の構造再編（リストラ）と実質的に関連させた議論をなさないと、結局、問題の全貌を捉えないで、解雇という結果だけの当否を判断していることになりはしないだろうか。そこで本稿の目的は、企業の再構築と雇用再編との関連を考察した上で、企業の構造再編との実質的な関連のもとで解雇法理の再構築を試みることにある[11]。

二　会社の組織再編と雇用および労働条件

1　組織再編の態様の客観的分類

本章では、会社の側に着目して、いわゆる「企業リストラ」がどのような経緯でいかなる「雇用リストラ」をもたらすか、すなわち、企業の組織再編の動態について類型を試みたい。

ところで、会社の組織再編を整理解雇との関連を考えるにあたって、使用者の有する整理解雇の意図を中心に分類しようとする試みがある。すなわち、整理解雇を、「緊急避難型、企業防衛型、予防型、戦略型」という四分類で整理しようとするものである。しかし、この分類は、整理解雇における諸要件を考える場合には好都合であるが、結論を先取りして分類の概観を調えたにすぎない観があり、分析道具としては成功していないように思われる。法的評価において重視すべきなのは、そうした使用者の主観的な意図よりも、会社の組織再編の客観的な形態である。

最近の組織再編の傾向として重要なのは、それが一会社の内部で完結的に実施されることはむしろ例外的であり、複数会社間の様々な連携・関連の中で生み出されている点である。このことに注目するならば、一の会社内部の組織再編だけでなく、それと原因・結果の関係にある会社間の再編統合を分類の基準とすることが重要である。

すなわち、今日の企業は、経済環境の激しい変化の中で、常に既存事業を拡大させたり、新規事業に進出したり、不採算部門を整理しながら、事業を再構築（リストラクチュアリング）していかなければ存続・発展はあり得ない。そのような再構築を行うにあたっては、自ら資金調達して規模を拡大するよりも、出来合いの会社や営業を自分のものにしていく方が効率的であることが多い。逆に、不採算部門を抱える会社は、それを単純に廃止・縮小するよりも、他の企業に譲渡して資金調達をしたり、別会社を設立して危険を分散する方が合理的である。

その結果必要となる会社間の事業再構築の方式として、商法は、①他の会社の株式を譲り受けることにより支配する企業買収、②他の会社の組織的財産（営業）を取得する営業譲渡、③他の会社と合体して一つになる合併、④一つの会社を二つ以上に分ける会社分割の方式などを予定している（これらを総合してM&Aと呼ばれることがある）[12]。これらの方式は、会社の規模を問わず、またあらゆる業種において、頻繁に実施されていること、周知の通りである。以下では、これら会社間の組織再編の方式に注目して、それらと雇用における組織変動の関連を分類・整理することにし、それぞれの実態的な特色や傾向を描いておこう。

2　会社間組織再編と会社内組織再編

(イ)　単純な規模縮小　　最初に一つの分類として、会社を超えての組織変動とは無関係に行われうる、一企業完結的な組織変動に目を向けておこう。余剰人員が生じた場合に、他会社との間での組織変動などを考えず、端的に当該会社レベルでの人件費削減を目的に人員削減が行われる場合である。特殊な条件[13]のもとでは別会社との組織再編が困難な場合があり、また営利目的でない法人では、合併等の企業を超えた組織改編を容易に想定できないことが多い[14]。こうしたケースでは、単純な人件費削減こそが課題であり、そのためには、賃金等の労働条件を切り下げるか人員削減を実施するしかない。また、人員削減を行う場合にも、後述のように解雇以外の方式をとりうる可能性は限られている。

(ロ)　合　併　　合併には多様な形態があるが、実際に多いのは、業績の悪化した会社が、事業内容の等しいまたは関連する別会社に吸収合併されて活動の維持を図るという方式である。もっとも、実質的には対等合併の場合でも、新設合併に伴う手続上の煩雑や困難を避けるために、あえて吸収合併の方式がとられる場合も多いといわれている。いずれにせよ、合併の本質は、会社の人格が合一化する組織法的契約にあるのであり（人格合一説）、合併後に存続する会社および合併後により設立された会社は、消滅した会社の財産や債権債務関係を、組織的かつ包括的に承継する（商法一〇三条）。

合併は商法の定める手続にしたがってなされ（四〇八条以下）、①合併契約の締結に始まり、②合併貸借対照表の備え置き、株主総会による承認の決議、反対株主の買い取り請求権などの承認手続、③債権者保護手続、④合併登記、⑤合併報告総会・創立総会などの流れとなる。しかし、労働関係の側面では、これらの商法上の手続進行とは別に、労働契約の承継に先だって、何らかの合意がなされるのが一般である。すなわち、合併の場合は、労働契約は前述のとおり包括承継されるから、合併を契機に吸収・新設会社が労働者の承継を拒否したり解雇することはできない。そこで、吸収会社は不採算部門の労働者を大量に抱え込むことを避けようとして、合併に先だって厳しい人員削減（特に総数削減）を要求し、消滅会社はこれに応じて人員整理などを行う切迫した事態となる。

(ハ)　資本提携　　経営困難となった会社が他社に支配株式を譲渡することにより、経営活動を維持する場合がある。逆に、他社が株式を買い集めたり公開買付け等の手法で株式を取得して、会社支配を行うことも多い。これら株式取得による会社支配につき、商法上には制限がなく、証券取引法に株式の大量保有についての開示および公開買付けの開示に関する規制が設けられているにすぎない（証券取引法二七条の二以下）。

新たに親会社または支配株主となった別会社は、当該会社の経営実権を握り、企業の再構築に着手することになる。すなわち、新たに選任された取締役その他の経営陣は、支配株主の意向を受けて、経営改善を目的として積極的に不採算部門の合理化や縮小・廃止を行い、あるいは労働条件の切り下げ策を講じるのが一般である。その結果として、やはり人員削減の問題が生じることになる。なお、資本提携は、次にみる営業譲渡（分社化）を契機としても生じる。

(ニ)　営業譲渡　「一定の営業目的のために組織化され、有機的一体として機能する財産」として成り立つ「営業」を譲渡し、それにより譲受人が営業活動を承継することを営業譲渡という。[15]実際の態様は様々であり、一部承継だけではなく、譲受会社に譲渡会社の営業の全部を承継させる全部承継の方式、あるいは別会社を設立してその会社に営業譲渡をさせる分社化の方式もみられる。営業の全部または重要な一部の譲渡は、株主総会の特別決議が必要であり（商法二四五条）、また反対株主の株式買い取り請求権が認められている（同二四五条の二以下）。

労働関係に関していえば、営業譲渡は、合併の場合と異なり、労働契約は当然には別会社に承継されないと解されている。[16]したがって、営業譲渡にともない労働者を譲渡先に移動させるときには、出向または転籍の方式によることになり、それについて労働者の同意を個別に取り付けることが必要になる。営業譲渡がなされた場合に、譲渡会社と譲り受け会社はそのまま併存することがあり、設立会社を子会社とする資本提携の関係が開始する。また、営業譲渡の場合も、関連会社間で持株会社を設立し、その支配統合のもとで経営を維持する方策が採られることがある。次にみる会社分割の制度が導入される以前は、この方式による持株会社化が図られていた。[17]この場合には、転籍の方法で会社間移動がなされるのが一般であり、また持株会社設立以後には、同会社の支配のもとで厳しい人員削減が行われているのが実情である。[18]

(ホ)　会社分割と持株会社設立　平成一二年の商法改正により、企業組織再編の新たな方法として会社分割の方式が整備されたのに伴い（商法三七三条以下、施行は平成一三年四月）、会社分割方式を利用した持株会社の設立が次第に普及し始めている。この方式は、ひとつの会社が一部門を別会社に譲渡するという単純な方式ではなく、とくに金融再編成の要請の中で、より複雑な方式の場合に用いられる。たとえばA、B、C三銀行が、共同して株式移転を行い、共通の持株会社であるD社を設立する。それにより当初の期間、A、B、C三銀行は純粋持株会社の子会社としてD社のもとにぶら下がり、各社は連携関係のもとで各業務を実施する。その後に、会社分割の方法を利用することによって、A銀行のもとに法人部門を、B銀行のもとに個人部門、C銀行に投資部門を交換分合させ、それにより、法人専門のE銀行、個人部門専門のF銀行、投資専門のG銀行ができあがる。こうした大がかりで複雑な企業の目的的再編成は、会社分割の方式以外には考えられないのであり、近年では、大企業を中心に、この手法による企業再編を試みるものが多い。

こうした会社分割による持株会社設立の場合の特色は、持株会社の強い支配権限という点にある。すなわち、持株会社は、独禁法の旧規定においては、「株式を所有することにより、国内の会社の事業活動を支配することを主たる事業とする会社」（独禁法旧九条三項）と定義されていた。一九九七年の独禁法改正により純粋持株会社が解禁されたのを契機に、現行の定義規定に改められたが[19]、法律上の定義の変更により持株会社の実態が変わるわけではない。持株会社は、現行法のもとでも株式の所有を通じて他の会社を支配・管理する会社であることは変わりなく、そのうち「もっぱら他の会社の支配・管理のみを行うもの」が純粋持株会社であり、別の事業をあわせて行う事業持株会社と区別される。たしかに、純粋持株会社は、事業持株会社のような日常的経営判断・事業活動を中心にした現実的支配を行うものではないが、株式所有を通じてグループ全体の経営方針決定を通じて子会社を支配し従属させるものである。したがって、そこでの支配関係は、事業持株会社のような日常業務中心の事実的支配関係ではなく、株式所有にもとづく経営方針決定による法的支配関係という側面が重要である。かかる支配力は、グループ全体の利益という広い視野に立って、しかも中長期的な展望で計画的遂行を予定しているものであり、各事業会社は、まさしくそのような支配力に服することを目的として、持

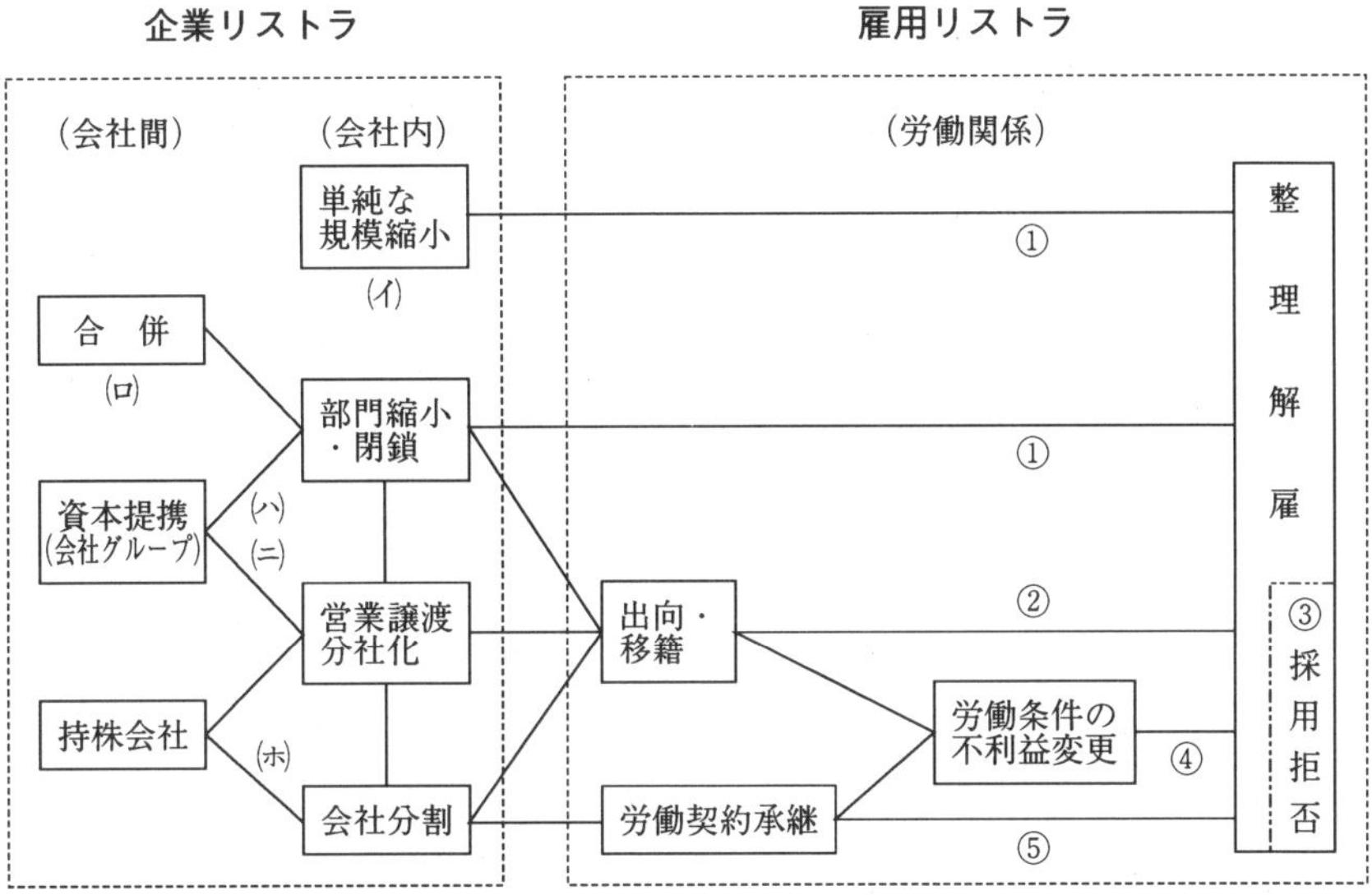

株会社を設立し、その支配にもとで会社分割を挙行するのである。(20)

したがって、持株会社の政策決定が子会社の個別労働者の雇用や労働条件に影響を及ぼすものであるとしても、子会社の労使関係のレベルでそれに抗したり代替案を検討する余地は限定される。子会社である事業会社は、グループ内や自社の人員削減の方針や実施計画についてさえも、主体的に関与することはできないことになろう。

三　「雇用リストラ」の諸類型と要件

1　企業リストラと「雇用リストラ」の諸類型

以上の会社間および会社内部での組織再編——これを「企業リストラ」と呼ぶ——は、必然的に労働者の雇用や処遇について、構造的な変革を導く。すなわち、企業リストラは「雇用リストラ」を引き起こし、それにより量的または質的な「余剰」人員を生み出して、人員整理または整理解雇につながっていくことになる。しかし、それらの現れ方は、以上みてきたように、企業リストラと雇用リストラの相関関係によって決定される多様なものであり、その類型的把握が必要である（図を参照）。

すなわち、第一に、単純な規模縮小や部門縮小のケースの多くは、ストレートに人員削減を目的とする整理解雇につながる。これを〈規模縮小型〉人員整理と捉えておく。第二に、とくに営業譲渡・分社化においては（一部には、部門縮小や会社分割の場合でも）、当該営業に携わる労働者の出向・転籍が不可欠であるが、その出向・転籍を拒否したことにともなう解雇が〈出向・転籍拒否型〉整理解雇として処理される。第三に、営業譲渡においては、最近の裁判事例では、営業の譲受会社が労働者の採用を拒否する紛争が増えてきており、この採用拒否を実質的には整理解雇と位置づける裁判例もみられるので、これを〈採用拒否型〉として検討対象に加えておく。第四に、合併、別会社への資本参加、営業譲渡、営業譲渡にともなう出向・転籍、さらには会社分割のいずれにおいても、多くの場合に賃金その他の労働条件について引き下げの問題が生じ、これを原因とする解雇が整理解雇（または変更解約告知）として処理される。これを〈労働条件切り下げ拒否型〉の整理解雇と称しておく。そして第五に、まだ裁判紛争となった事例は存在しないが、会社分割において分割される営業に主として従事していた労働者が、労働契約の承継を拒否した場合にも、〈労働契約承継拒否型〉整理解雇の問題が生じるであろう。

以下では、これらの諸類型について、人員整理の方式と整理解雇法理の適用において必然的に生じる特色を分科することとする。

2　規模縮小型

(イ)　人員整理の方式　　単純な規模縮小あるいは部門廃止の結果としての人員整理、および会社の不採算部門の廃止や外注化にともなう部門縮小・廃止による人員整理がこの類型であり、これらは、合併等の経営統合を前提としてなされる場合もある。

このような人員整理においては、企業全体または特定部門の総数削減による、人件費の削減こそが課題であり、それにより短期的または中期的な企業財政の好転をもたらそうとするものである。したがって、人件費の削減に直接かつ即時に結びつかない人員整理の方法は、この種の人員整理では採用しがたい。また、それは個別会社の範囲で、または合併等を前提としてなされる人員整理であるので、関連会社への出向・転籍による雇用調整もまた、期待しがたい。とすれば、解雇回避措置として考え得る選択肢は限定され、せいぜい希望退職を期待しうるにとどまるであろう。

なお、人件費削減の手法としては、人員整理を行うのではなく、賃金の減額という手法がとられる場合もありえよう。しかし、賃金減額は、それが一定の引き下げ限度を超える大幅なものであるときには、それを実施する必要性と合理性が認められ、かつ個別労働者の同意が要件となるという裁判例がみられる。(21) 実際にも、賃金の大幅な一括減額は、労働者のモラールの低下を招くとともに、その抵抗が多大であり、(22) 一般的には合理的な方法とはいいがたいであろう。

(ロ)　整理解雇の要件の特色　　こうした人員整理方式としてなされる〈規模縮小型〉整理解雇は、実は従来からわが労働法が念頭に置いていた整理解雇のプロトタイプといいうるものである。たとえば、下井教授が一九七九年の日本労働法学会に報告された整理解雇の定義、すなわち「使用者が経営不振などのために従業員数を縮減する必要に迫られたという理由により一定数の労働者を余剰人員として解雇する場合」(23) という理解は、まさしくこの類型に該当する。それは、経営不振が動機となって、規模縮小（人員削減）が必要となり、これを目的として集団的解雇を実施するという流れの帰結としての整理解雇である。

判例で形成されたいわゆる整理解雇四要件の法理は、かかる整理解雇のプロトタイプに即して形成されたものであるから、それぞれの要件についての判断は、ほぼ無理なく適用可能である。各要件における判断のあり方や特色を確認しておこう。

まず、第一要件（人員整理の必要性）は、会社の主張する経営不振や財政状況の悪化が、人員削減を必要あらしめる程度のものであるかの判断であるが、たとえば、人員削減の必要性に説得力がなく、また新規採用を予定している場合（トップ工業事件・新潟地三条支決平成二・六・一五労判五六〇号六三頁）や、単年度では消費支出超過であるが比較的優良な資産の一部を取り崩せば柔軟かつ弾力的に対処しうる場合（三田尻女子高校事件・山口地判平成一二・一二・二八労判八〇七号七九頁）などでは、人員削減を行う必要性がないと判断される。これに対して、将来の経営危機を見越して合理化を図ることも是認され、そのための人員削減も合理的な必然性があれば許されるとの判断もみられる（正和機器産業事件・宇都宮地決平成五・七・二〇労判六四二号五二頁）。

次に、第二要件（解雇を行う必要性の存在、あるいは使用者の解雇回避の努力の実施）については、上記のように希望退職の実施が中心争点とならざるをえない。解雇に至るまでに希望退職を募集したり、従業員から意見聴取などをしなかった場合（高松重機事件・高松地決平成九・一二・二五労働判例七二六号一三六頁）、あるいは希望退職募集を行ったとしても、状況に即したものではなかった場合（前掲・正和機器産業事件）などには、解雇回避手段を尽くしていないと判断される。また、アルバイトの方が賃金水準が低いから、人件費削減効果があるからといって、アルバイトより先に正社員の整理解雇を行うのは、解雇会費努力を怠ったことになる（前掲・塚本庄太郎商店事件）。

第三要件（人選基準の合理性）も重要な規制となっており、たとえば宣伝部門の廃止に際して、同部門の従業員だけでなく過去に同部門に携わったものも人選に加えるなど恣意的な基準であった場合（ゾンネボード製薬事件・東京地八王子支決平成五・二・一八労判六二七号一〇頁）は、合理性が否定される。具体的な基準の合理性判断の状況について、本稿では詳細に立ち入ることはできないが[24]、年齢および勤務実績が重要な判断要素となっており、労働者の生活上の配慮について判断を加えるものもみられる。

もっとも、会社の業務の全部を閉鎖して、その労働者全員を解雇する事案では、人選基準は自明であるので、第三要件は要件として妥当しない。この種の事案は、多くは当該事業（またはその大部分）を不採算部門として外部委託するケースにみられる（福岡県労働福祉会館事件・福岡地判平成六・二・九労判六四九号一八頁、長門市社会福祉協議会事件・山口地決平成一一・四・七労経速一七一八号三頁）。これに対して、会社の不採算部門だけ廃止して、同部門に属する労働者全員を解雇する場合には、会社の従業員全員の中から被解雇者を選定しない点で不合理のように思われる。しかし、従業員全体との関わりは、当該労働者を他部門に配転させたり、全従業員を対象にして希望退職を募るなど、第二要件（解雇回避の努力）のレベルで完遂されるべきである。人選基準を当該部門以外にも及ぼすことは、かえって基準の合理性に疑いをもたらすことになろう。したがって、このように会社の全部閉鎖または部門閉鎖により人員削減するケースでは、人員削減型の整理解雇であっても整理解雇四要件の一角が崩れて妥当しないことを認めざるを得ない。

〈規模縮小型〉整理解雇においても、第四要件（従業員に対する説明・協議の手続）が要件となるのは当然である。ただし、以下にみる他の類型と比較するならば、この類型では第一要件から第三要件で判断の決着がつくために、第四要件はやや補足的な扱いで判断されることが多い。

3　出向・転籍拒否型

(イ)　整理解雇法理の適用　出向・転籍命令を拒否したことを理由とする解雇は、業務命令違反としての解雇という側面を否定できない。しかし、転籍はもちろんのこと、出向においても労働者の個別同意を要件とするのが「原則」であり、その拒否を単純に業務命令違反と構成しうるものではない。ましてや、それが人員整理を背景としている場合には、出向・転籍命令を理由とする解雇は、判例において整理解雇としての位置づけがなされることが多い。このことを明示する裁判例として、出向に関しては、雇用調整のための出向については「出向命令拒否を業務命令違反とみて……検討するという方法よりも、整理解雇の法理に照らして、解雇の有効性を検討することが事案の本質に沿った適切な判断方法」とする例がある（大阪造船所事件・大阪地決平成元・六・二七労判五四五号一五頁）。また、転籍については、移籍拒否を理由に指名解雇の対象とした場合に、整理解雇の法理で解決する例（日新工機事件・神戸地姫路支判平成二・六・二五判タ七四六号一五二頁）、会社の営業部門を分離・独立させ、別会社を設立して従業員を転籍させた場合に、これを拒否したことを理由とする解雇については、「整理解雇の法理に照らしてやむを得ないものであると認められることを要する」と判断する例（三和機材事件・東京地判平成七・一二・二五労判六八九号三一頁）などがある。

(ロ)　整理解雇要件の特色　〈出向・転籍拒否型〉解雇については、これを整理解雇として同法理に照らして判断するとしても、その適用にあたっては基本的な前提問題がある。整理解雇と同視されるのは出向・転籍命令であろうか、それともこれら命令拒否の結果なされた解雇そのものであろうか。この点、上記裁判例の立場は、一貫していない。

すなわち、第一要件（人員整理の必要性）については、いずれの裁判例も、出向・転籍そのものの必要性に注目しており、経営状況に照らしてこれを承認するもの（前掲・大阪造船所事件、前掲・三和機材事件）と、「従業員の三分の一に及ぶ大規模な人員整理」の必要性を疑問とするもの（前掲・日新工機事件）がある。

ところが、第二要件（解雇回避の努力）については、人員整理としての移籍を回避する措置が徹底されていないことを問題にするもの（前掲・日新工機事件）と、出向・転籍命令を拒否の結果としての解雇に着目して、出向拒否を理由とする申請人の解雇を回避するために一名の希望退職措置も講じていないこと（前掲・大阪造船所事件）、また「転籍出向命令に同意しない原告の解雇を回避するために被告のとった措置の有無・内容」を検討している（前掲・三和機材事件）。

さらに、第三要件（被解雇者の人選基準の合理性）は、拒否した労働者を解雇するのであるから「人選」ということが問題になり得ないはずであるが（前掲・日新工機事件および前掲・三和機材事件は、要件として掲げていない）、それでも出向拒否者を一名についての「被解雇者の選定基準を設定したことは認められない」から要件を充足していないと判断する例（前掲・大阪造船所事件）もある。

思うに、出向・転籍命令を拒否したことが直接の解雇原因であるとしても、それを整理解雇と解するゆえんは、その原因が経営上の理由にあることによるものである。したがって、解雇理由に関する第一および第二要件は、出向・転籍命令について判断すべきである。これに対して、解雇の人選基準は、経営上の理由にかかわるものでないから当該拒否を理由とする解雇について判断すべきであり、実際には要件として意味をなさないことになる。

以上に対して、第四要件（従業員に対する説明・協議の手続）は、出向・転籍命令からその拒否を理由とする解雇に至るまでの全過程で求められる。したがって、この要件は、〈出向・転籍拒否型〉整理解雇では特に重要であり、「被告は、組合および原告との間で、……十分な協議を尽くしたとはいいがたい経過をたどって本件解雇に至った」ことを解雇無効の決定的な根拠とするものもある（前掲・三和機材事件）。

(ハ)　採用拒否と整理解雇　　営業譲渡に際しては、譲受会社の採用拒否に関する紛争が、整理解雇事例としてしばしば問題となる。出向・転籍とは無関係であるが、関連してここで検討しておく。二つの会社間で営業譲渡に関する合意がなされ、譲渡会社は、営業財産のすべてを譲受会社に譲渡するとともに、その従業員との労働契約を解約（解雇または合意解約）し、Bがその従業員らを採用（再雇用）する合意を結んだところ、Bが一部の従業員につき、採用を拒否するという事案である。

この場合に、A会社とこれを承継したB会社との間に、「高度の実質的同一性」が認められることを前提に、A社の従業員は労働契約がB社に承継されることを期待することに合理的な理由があり、不採用は実質的に部門縮小に伴う整理解雇に相当すると判断する裁判例がある（新関西通信システム事件・大阪地決平成六・八・五労判六六八号四八頁）。かかる構成では、整理解雇法理を適用する場合に、いずれの使用者が解雇回避の努力義務（第二要件）を負担し、いずれの使用者がいかなる人選基準を設定したか（第三要件）が疑問となる。これについて同決定は、A会社の解雇からB会社の採用に至るまでの「一連の流れ」に注目しており、第二要件については譲渡会社が希望退職をしていないことを、第三要件については譲受会社における採用の人選基準が抽象的であることを問題にして、解雇（採用拒否）の効力を否定している[25]。いわば〈実質的同一性論プラス整理解雇法理〉の組み合わせで解決をもたらした、柔軟な解釈手法である。

なお、一部労働者のみがA会社によって解雇され、残りの大部分の労働者の労働契約がB会社に承継されたという事案では、まずA会社のなした解雇を整理解雇とみなして、これを四要件に照らして無効と判断し、ついで当該労働者以外の労働者全員が承継されている以上、営業譲渡の対象は全従業員を含む合意であったと判断してB会社との雇用関係を認める裁判例がある（タジマヤ事件・大阪地判平成一一・一二・八労判七七七号二五頁）。〈整理解雇法理プラス意思解釈法理〉の組み合わせで工夫された解釈手法である。

4　労働条件切り下げ拒否型

(イ)　組織再編に伴う労働条件の変更　　営業譲渡にともなう出向・転籍、労働契約承継[26]などを通じて、賃金その他の労働条件が不利益に変更されることがあり、これを労働者が承認しないときになされる整理解雇の類型である。すなわち、経営上の理由から会社の組織再編を行い、これにより生じた剰員労働者につき、解雇を避けて別会社に転籍させることとしたが、賃金面が大幅な減額となり、これを承諾しない労働者を解雇するといったケースである。会社間移動に関連してなされた、一種の変更解約告知の問題と解することができよう。

この種の解雇に整理解雇の法理を適用するにあたって、留意すべき点は、使用者の提示する労働条件の不利益変更それ自体が、解雇回避措置としてなされていることである。すなわち、営業譲渡による出向・転籍や会社分割に伴う労働契約承継は、それ自体が会社の経営困難の状況のもとで、しかし解雇を回避すべくなされた措置の一つと考えられるものである。それゆえ、これらに伴う労働条件の不利益変更について、整理解雇と同じレベルで第二要件（解雇回避の努力）、すなわちここでは不利益変更回避の努力を求めるのは、いわば永久連鎖のような論理であって妥当でない。第二要件については、通常の整理解雇とは異なる視点での基準、あるいは緩和された基準が用いられるべきである。たとえば、出向・転籍拒否を理由とする労働者を解雇するに先立ち、希望退職者の募集をしていなければならないかは、その目的の違いからして、疑問というべきであろう。

(ロ)　解雇の要件　　それでは、いかなる基準が考えられるか。ここでは、二つの方向を確認しておく。

第一に、裁判例では、変更解約告知の一般的な判断基準として、周知のように、「労働者の職務、勤務場所、賃金及び労働時間等の労働条件の変更が会社業務の運営にとって必要不可欠であり、その必要性が労働条件の変更によって労働者が受ける不利益を上回っていて、労働条件の変更をともなう新契約締結の申込みがそれに応じない場合の解雇を正当化するに足りるやむを得ないものと認められ、かつ、解雇を回避するための努力が十分に尽くされているとき」という基準を掲げるものがある（スカンジナビア航空事件・東京地決平成七・四・一三労判六七五号一三頁）。これは、解雇の適法性について、通常の整理解雇のように一定の要件に達することを要求するのではなく、変更の不可欠性と労働者の不利益性を相対的に考慮する比較衡量の手法を認めるものである。

第二に、解雇を正当とする考慮要素として、通常の整理解雇四要件のほかに、解雇の影響緩和措置の実施に注目するものである。使用者が「労働者の当面の生活維持および再就職の便宜のために、相応の配慮を行」ったこと、具体的には、特別退職金の支払いや就職斡旋会社のサービスを受ける金銭的援助を評価するのが、その典型例である（ナショナル・ウエストミンスター銀行（三次仮処分）事件・労判七八二号二三頁）。

第三要件（人選基準の合理性）は、切り下げ拒否型の解雇においては、問題にならない。被解雇者として選定されるのは、変更を拒否した労働者当人であるからである。

最後に、ここでも第四要件の重要性を強調しておきたい。一般に、変更解約告知に相当する事案が整理解雇の法理に照らして解決される場合、説明・協議の手続の履践がとくに重視されることは、すでに指摘したことがある。(27)「企業リストラ」で現実に剰員となった労働者について、労働条件の不利益変更という措置の合理性をを否定する論拠は、上記のように困難である。そこで、手続的な納得性という観点から、使用者の恣意的な運用をチェックする手法が重要性を帯びてくるのである。

5　労働契約承継拒否型

(イ)　拒否の意義　　労働契約承継法によれば、承継が予定されている営業に主として従事しており、分割計画書等に労働契約が承継される旨記載されている労働者が、その労働契約は当然に承継される（法三条）。しかし、このように当然承継されたのに、承継先会社への現実の移動を拒否した場合には、整理解雇の問題が生じることになろう。(28)

なお、こうした労働者の移動拒否の結果としての労働契約の終了については、これを辞職とみるかそれとも解雇にあたるとみるかについて、議論の余地があるであろう。ここでは一般論による判断を提示するだけにとどめておく[29]。すなわち、事実上労働者が移動しない状況が生じた後に、労使のいずれによる労働契約の終了についての確定的なイニシアティブ（発意）があったかで、辞職か解雇かを判断すべきことになろう。

(ロ) 解雇の正当性　かかる解雇についても、経営上の理由による解雇であることには変わりないから、整理解雇の要件に照らしてその正当性を判断すべきである[30]。たしかに、法律に基づく労働契約承継であるから、転籍と異なり、労働者の承諾は要件とはならない。労働契約は当然に承継先に移転するからである。しかし、それを拒否することを理由とする解雇を、なお解雇権濫用とみるべき余地がないかは別問題である。

この場合の解雇の当否は、やはり第二要件（解雇回避の努力）がポイントになる。当該労働者が、承継が予定される営業に「主として」従事していたと判定したのが妥当か。かりに妥当だとしても、この労働者の解雇を回避すべく、承継が予定されない他の営業（部署）に転勤させることはできないか。あるいは、承継が予定されない他の営業において希望退職者募集の可能性はなかったか。「主として」従事しているが分割計画書等に記載されず、そのため異議を申し出ている別の労働者が存在する場合はどうか。これらの問題が、判断要素として浮かび上がってくる。

第四要件（説明・協議の義務）も重要であるが、会社分割に伴う労働契約承継においては、説明・協議の手続が法定手続として準備されている。すなわち、第一に、商法附則五条一項にもとづき、分割をする会社が、労働契約の承継に関して、分割計画書等を本店に備え付けおく日までに、労働者と行うべき協議である。これは、分割の対象となる営業に主としてあるいは従として属するすべての労働者に対して行われる協議であり、労働省告示による「指針」には協議事項が具体的に定められている[31]。第二に、労働契約承継法七条にもとづき、分割会社が雇用する労働者の「理解と協力」を得るために行う協議説明である。上記「指針」によれば、その対象は過半数組合があるときにはその組合、ないときには過半数代表者である。商法および労働契約承継法は、会社分割に伴う労働契約承継において、説明協議等による話し合いの手続が重要であるとの認識により、これらを法定手続として定めたものである。

それゆえ、労働者がこれを拒否したために使用者が解雇されたときの要件としての説明・協議手続も、これら法定の手続と重なるところが多い。これらの手続の実質的な履行に加えて、上記の解雇回避措置に関する協議の場をもつことが要請されることになろう。

四　総括――整理解雇法理の再構成の方向

以上のとおり、本稿では、整理解雇について、それをもたらした会社間および会社内の組織再編との関わりで分類を試み、各類型については、その特色とそれに適用される整理解雇要件について検討してきた。等しく整理解雇法理の適用される場合であっても、各類型によって援用されるべき要件のあり方には大きな差異のあることを明らかにすることができたと思われる。そこで、総括として、逆に整理解雇法理における要件論の側から、整理解雇の各類型における適用のあり方をに分析を加え、同法理の再構成の方向を見きわめたいと思う。

1　整理解雇の四「要件」

これまで、通常の用語法に従い、整理解雇の四要件という表現を用いてきた。しかしながら、周知のように、整理解雇の四要件については見解が分かれており、これをひとつでも欠けることのできない個別要件とみる裁判例（たとえば、前掲・三田尻女子高校事件など）と、各要件を総合考慮すべきであって一部が不十分でも全体として満たされていればよいとみる裁判例（たとえば、日証事件・大阪地判平成一一・三・三一労判七六五号五七頁など）がある。また、整理解雇法理四要件を、実は要件ではなく考慮要素とみるべきであるとする裁判例（前掲・ナショナル・ウェストミンスターバンク（三次仮処分）事件）もみられる。

しかしながら、これら各裁判例の見解は、それぞれの当該裁判事案に適合する見解として言明されたみるべきものである。すなわち、人件費軽減・人員削減を目的とする整理解雇のプロトタイプである〈規模縮小型〉では、四要件を文字どおり個別要件として捉えることにさほどの無理はない（前掲・三田尻女子高校事件はその典型例）。ただし、〈規模縮小型〉であっても、部門廃止や会社倒産などを契機としてなされたときには、各要件は総合考慮すればよいとの立場にならざるを得ない（前掲・日証事件は、和議申立を契機とする解雇）。そして、〈労働条件切り下げ拒否型〉の解雇では、基準の緩和や別基準の考慮も視野に入れるべきであるから、要件と理解する必要はない（前掲・ナショナル・ウェストミンスターバンク（三次仮処分）事件）。

整理解雇法理の適用対象は、これまで念頭に置かれていたプロトタイプとしての〈規模縮小型〉だけでなく、多様な類型に及ぶようになった。したがって、要件のあり方も多様にならざるを得ず、四要件を基準としつつも、必然的にこれを変形させた多様なヴァリアントを考案されるようになったのである。したがって、整理解雇の四要件は、事案に応じて個別要件として、または総合考慮により正当性の判断基準とされるべきであり、状況によっては限定的なものではなく他の基準が援用されることも当然にあり得よう。

2　整理解雇の各要件の妥当性

三で行った検討は、これを整理解雇要件ごとに再整理すると、次のように総括することができる。

(イ)　人員整理の必要性　第一に、第一要件（人員整理の必要性）は、その必要性の決定者と解雇権の行使者たる使用者とが一致しなければ、解雇の正当性審査基準としての意味が失われる。すなわち、たとえば持株会社が子会社の再編を実施し、それにより子会社の労働者の出向・転籍や労働条件切り下げを実施するとき、当該子会社の行った整理解雇について人員整理の必要性を審査しても、真の意味の審査にはならない。子会社の基本的な経営戦略や方針決定を行うのは持株会社であり、子会社は、持株会社の支配のもとに、その決定に従うしかないからである。こうした問題は、持株会社の場合だけでなく、資本提携により会社グループが形成され、親会社または支配的な別会社が子会社の整理統合を決定するような場合にも生じうる。

かかる整理解雇に、なお第一要件を満たすことを求めるとするならば、その審査の対象は持株会社や親会社等における経営判断に及ばざるを得ない。しかし、そのような審査が可能であろうか[32]。持株会社や親会社を解雇訴訟に巻き込むのは、現状の判例法では困難であり、それを可能にするためには会社グループそのものを被告となし得るような立法的な手当が必要である。

第二に、〈出向・転籍拒否型〉の整理解雇については、解雇そのものについて人員整理の必要性があったかを検討するのではなく、その解雇の原因になった出向・転籍について、その必要性があったかについて検討される。解雇の原因・背景となった経営上の事由は、出向・転籍の原因に求められるべきだからである。ただし、出向や転籍を必要ならしめた営業譲渡や分社化が、それなりの経営方針と戦略で実施されている場合、出向・転籍の必要性を否定することは困難である。第一要件は、実際には、〈出向・転籍拒否型〉では活用しがたいのである。

(ロ)　解雇回避の努力義務　〈出向・転籍拒否型〉や〈労働条件切り下げ拒否型〉の整理解雇に、第二要件〈解雇回避の努力〉を適用する場合、同要件は特別の意味合いを帯びてくる。すなわち、使用者が行った出向・転籍命令や労働条件の引き下げ自体が、解雇回避の措置であるからである。したがって、出向・転籍や不利益

13　整理解雇の諸類型と要件〔野田　進〕

	人員整理の必要性	解雇回避	人選基準	説明・協議
規模縮小型	○	○	○（△）	○
出向・転籍拒否型	×	△	×	○
労働条件切り下げ拒否型	×	△	×	○
労働契約承継拒否型	×	○	△	○

変更について、解雇と同レベルでその回避を求めるのは、理論的な整合性を失うし、使用者に過度な要件を課していることになろう。したがって、回避努力はある程度の緩和が認められるべきであり、たとえば希望退職者の募集をしていなければ、この種の解雇をできないかは疑問であろう。

(ハ)　人選基準の合理性　〈規模縮小型〉の場合には、第三要件（人選基準の合理性）は重要な要件であるが、これ以外の整理解雇の対応では、この要件の発揮される可能性は低い。なぜなら、〈規模縮小型〉以外の解雇は、一定の母集団の中から特定数の労働者を選び出す解雇ではなく、その対象者はおのずからその解雇理由により特定されるからである。したがって、人選基準の設定は意味を持たず、またその合理性を要求することも無意味である。

なお、〈規模縮小型〉にあっても、会社の特定部門の完全廃止によりそれに属する全員の整理解雇を実施する場合には、やはり第三要件は無力である。〈労働契約承継拒否型〉の場合も同様であるが、ここでは分割計画書等に名前記載された「人選」の合理性が問われることになる。

(ニ)　説明・協議手続の重要性　これまでみた整理解雇の第一～第三要件は、〈規模縮小型〉以外の整理解雇の類型に対しては、適用できないか、または緩和した形で適用せざるを得ない。これに対して、第四要件（使用者の説明・協議）は、いずれの類型においても重要な役割を果たしていることに注目すべきである。すなわち、〈出向・転籍拒否型〉でも〈労働条件切り下げ型〉でも、現実には解雇理由（実体的要件）のレベルで歯止めをかけることは困難であり、手続的な適正によって解雇の適正を担保することが重視される。また、安定的な労使関係のもとで、労働組合との団体交渉を通じた〈規模縮小型〉整理解雇であるならば、おのずから集団的な適正規制が期待されるが、一名あるいは少数の労働者に対する個別紛争としての整理解雇の場合には、労働組合を通じた手続的規制も期待しがたい。いきおい、整理解雇の一般的要件としての説明・協議が重視されることになる。なお、〈労働契約承継拒否型〉の場合には、労働者に対して会社分割その他の説明・協議を実施する手続が、法定の手続として要件化されているとみることができる。

ここにいう解雇の説明・協議の手続的義務は、いわゆる手段債務として理解されるものであって、労働者の同意や承諾という結果の発生を要求するものではない。しかし、そこには整理解雇のプロセスとして、解雇理由とは独立した価値が見いだされる。そのような手続の実施により、かりに解雇がやむをえない場合でも、労働者の納得感を高めるとともに将来への不安を軽減し、ひいては紛争防止のための重要なプロセスとしての意義を有するのである。

（1）たとえば、季刊労働法一九六号・特集「整理解雇法理の再検討」（二〇〇一）、日本労働研究機構雑誌四九一号・特集「解雇法制」（二〇〇一）所収の各論考を参照。

（2）たとえば、日本労働研究機構「雇用をめぐる法と経済」研究報告書（二〇〇一）、日本労働研究機構雑誌上記特集。

（3）たとえば、日本労働組合総連合会「新しいワークルールの実現をめざして」（二〇〇一）。

（4）たしかに、整理解雇の事案に共通のものはないから、判例理論の完全な調和を期待することはできない。しかし、近似の裁判例の不調和ぶりは、何が正しい解雇であるかの規範をあいまいにし、予測にもとづく行動や決定を困難にしているとさえいいうる。北海道大学労働判例研究会「最近の整理解雇判例法理の総合的検討（上）」

労働法律旬報一五〇一号（二〇〇一）四頁を参照。
（5）　裁判例のかかる傾向については、野田進「変更解約告知と整理解雇法理」法政研究六六巻二号二七頁（二〇〇〇）を参照。
（6）　ワキタ事件・大阪地判平成一二・一二・一労判八〇八号七七頁は、このように述べて、期間の定めのないパートタイム労働者であった原告の解雇につき、「余剰人員になった」ことを理由とする解雇が、「社会通念に沿う合理的なものであるかどうか」を判断すべきであるとする。
（7）　和田肇「整理解雇法理の見直しは必要か」季労一九六号一二頁（二〇〇一）。なお、野川忍「解雇の自由とその制限」講座二一世紀の労働法第四巻『労働契約』（二〇〇〇年、有斐閣）一七四頁は、「経営戦略の一環としての剰員の解雇などの場合については、経営上の理由による解雇の概念を新たに定立」すべきであるとして、整理解雇法理とは相対的に独立した概念として「経営上の理由による解雇」なる概念を提唱している。これは、用語上の問題を別にすれば、要件を緩和したうえで経営戦略型の解雇を含む拡大した整理解雇の概念を定立するのと同じ意味になる。
（8）　奥田香子・前掲論文。
（9）　これらの判例動向については、鵜飼良昭「整理解雇法理の現状と実務上の課題」季労一九六号六〇頁（二〇〇一）、北海道大学労働判例研究会・前掲論文。
（10）　整理解雇を「総数削減型」と「ポスト廃止型」に区別する枠組みを提示するものとして、村中孝史「人事制度の多様化と解雇の必要性判断」季労一九六号二七頁（二〇〇一）がある。また、整理解雇法理（四要件）の妥当性という基準から、「基本型」、「部門閉鎖型」、「ポスト閉鎖型」という分類を試みるものとして、大石玄「類型別にみる整理解雇」労働法律旬報一五〇二号一四頁（二〇〇一）がある。
（11）　企業の組織変動を類型化し、それに伴う「労働問題」の検討を試みるものに、和田肇「企業の組織変動と労働関係」ジュリスト一一〇四号一一二頁がある。ここでは整理解雇に収斂する議論はなされていないが、発想の出発点は類似している。

(12) たとえば、神田秀樹『会社法（第二版）』（二〇〇二年、弘文堂）二四七頁。

(13) 外国会社の日本支社の部門縮小の場合などでは、国内の他会社との資本提携や合併・営業譲渡は考えにくい。シンガポール・デベロップメント銀行・大阪地判平成一二・六・二三労判七八六号一六頁など参照。また、営業の目的や場所が極度に限定された会社でも、人件費削減の方法としてただちに人員削減に結びつきである。塚本庄太郎商店事件・大阪地判平成一四・三・二〇労判八二九号八九頁など参照。

(14) 私立学校（学校法人）の経営困難のケースでは、一般的には資本参加や他の学校との間での再編統合は困難であり、端的に人件費削減のみを目的とした人員削減が行われやすい。社会福祉法人の不採算部門の外注化にともなう人員削減も同様である。

(15) 株主総会の特別決議を要する営業譲渡（商法二四五条一項一号）と、商法二四条以下の営業譲渡の概念の異同については、判例および学説において争いがみられる。山下眞弘『営業譲渡・譲受の理論と実際（新版）』（二〇〇一）一頁以下、神田・前掲書二五〇頁などを参照。

(16) 従来の労働法・商法学説については、野田進「合併・営業譲渡と解雇」季刊労働法一六五号一七頁（一九九二）を参照。最近の判例の動向については、武井寛「営業譲渡と労働関係」学会誌労働法九四号一一一頁（一九九九）を参照。

(17) 最初に分社化と営業譲渡により業務の主要部分を別会社に移行し、そのうえで持株会社を設立した、大和証券グループの「抜け殻方式」がその典型例である。

(18) その実態については、野田進「持株会社のもとでの労働契約承継」季刊労働法一九七号三三頁（二〇〇一）を参照。

(19) 現行の独禁法九条三項は、持株会社を、総資産中の子会社株式価額の比率が五〇％を超える会社という、ニュートラルな定義により定めている。

(20) 野田進「持株会社のもとでの労働契約承継」季刊労働法一九七号三三頁（二〇〇一）。

(21) 五三歳以上の従業員に対する基本給の大幅減額措置につき組合と労働協約を締結し、さらに組合との合意なしに全従業員を対象とする給与減額を実施した事案において、中根製作所事件・東京高判平成一二・七・二六労判七八九号六頁は、そのような判断を示した。

(22) 労働者が、賃金の大幅引き下げに嫌気がさして会社を辞職した場合でも、変更解約告知の法理を積極的に承認する立場は、この引き下げが変更解約告知として正当か否かを判断することができる。

(23) 下井隆史「整理解雇の法律問題」日本労働法学会誌（一九八〇）五五号二一頁。

(24) この問題については、國武英生「人選基準論」労働法律旬報一五〇二号（二〇〇一）四一頁が、詳細な分析を展開している。

(25) 同様の場合に、「実質的には……雇用関係も承継したに等しい」と評価することができ、組合員である一部労働者の不採用は「組合活動を嫌悪して解雇したに等しい」として、採用拒否が不当労働行為にあたるとして譲渡先への原職復帰命令を支持する裁判例がある（中労委（青山会）事件・東京高判平成一四・二・二七労判八二四号一七頁）。

(26) 労働省の定める「指針」においては、会社分割にともなう労働契約承継に際して、「会社は会社の分割を理由とする一方的な労働条件の不利益変更を行ってはならず、また、会社の分割の前後において労働条件の変更を行う場合には、法令および判例に従い、労使間の合意が基本となるものであること」と定められている（平成一二年一二月二七日労告第一二七号）。この「労働条件維持原則」についてより詳細には、奥田香子「労働契約承継法」にかかわる労働条件変更問題」季刊労働法一九七号五五頁（二〇〇一）を参照。
　もっとも、こうした指針の記載自体が、一般的に会社分割を契機に労働条件の不利益変更がなされる実態を、端なくも示すものであろう。この実情については、野田・前掲「持株会社のもとでの労働契約承継」を参照。

(27) 野田進「変更解約告知と整理解雇法理」法政研究六六巻二号二七頁（一九九九）。

(28)　前掲・労働省告示による「指針」では、「会社の分割のみを理由とする解雇」は禁止されているが、ここでの解雇禁止は、当然承継とされる労働者がこれを拒否したときの解雇まで及ぶものではないであろう。
(29)　労働者から解約の意思表示があったとしても、「みなし解雇」の問題は残るであろう。これについては、小宮文人「雇用終了における労働者保護の再検討」学会誌労働法九九号三二頁（二〇〇二）。
(30)　同旨。奥田香子・前掲「労働契約承継法にかかわる労働条件変更問題」。
(31)　前掲・労働省告示による「指針」は、この「協議を全く行わなかった場合又は実質的にこれと同視しうる場合における会社の分割においては分割無効の原因となり得る」として、分割無効という大きな違反の効果をもって履行を促している。
(32)　前掲ナショナル・ウエストミンスター銀行事件（三次仮処分）決定は、「事業戦略にかかわる経営判断は、それ自体高度に専門的なものであるから、……企業の意思決定機関における決定を尊重すべきものである」と判示しており、かかる判示がなされたのも、その決定が、イギリスを中心に世界三五カ国に拠点を置く国際的な金融グループであったことによるものでもあろう。

14　労働者の私傷病による労働契約の終了

西村健一郎

はじめに
一　労働関係における「疾病」の意味
二　労働契約の終了事由としての解雇
三　傷病休職制度とその運用
四　私傷病を理由とする解雇
五　結　び

はじめに

労働契約は、一方が労務を提供し、他方が報酬を支払うことを約束することによって成立する契約である。労働者が健康で日々の労務をつつがなく提供し、それに対して約束された報酬（賃金）が遅滞なく支払われる場合には、労働関係は、他に特段のことがない限りスムーズに展開する。しかし、労働者も当然のことながら生身の人間であり、自ら病気に罹ることもあり、事故（災害）に遭遇することがある。労働基準法（労基法）一九条は、使用者は、労働者が業務上の傷病により療養のために休業する期間およびその後の三〇日間は解雇してはならない旨定めるが、業務外の私傷病については、このような法律上の解雇制限規定はない。労働者はそうした私傷病によって労務提供という労働契約上の基本的債務を履行できない状態に陥ることになる。問題は、それが使用者の業務に支障を与えることによって使用者の解雇権行使の理由とされることである。もっとも、労働者が私傷病に罹患したというだけで解雇が可能となるというわけではなく、いかなる場合に私傷病による労務不能が解雇を正当化するかが問われなければならない。本稿は、この点を中心に、労働者の私傷病による労働契約の終了の問題を論じるものである。

一　労働関係における「疾病」の意味

1　医療との関わり

労働者が病気になったような場合に生じる問題の一つは、言うまでもなく、疾病の治療に要する医療費に関するものである。疾病の治療には通常、相当な費用（医療費）がかかるのであり、それに要する費用をどのように調達するかが問題となる。この点、わが国では、すべての国民を何らかの医療保険制度の下におく、いわゆる国民皆（医療）保険体制が採用されており、民間部門の労働者については健康保険制度が、業務外の病気、けが（私傷病）を対象に療養の給付を行うことになっている。健康保険法では、①同法三条三項一号に規定された一定種類の事業の事業所で、常時五人以上の従業員を使用する事業所、および②国または法人の事業所で常時、従業員を一人でも使用する事業所を（強制）適用事業所として、そこに使用される者を強制被保険者としている。第一次産業の事業（農林・畜産・水産事業等）、サービス業（飲食店、美容院、旅館業、クリーニング業等）および自由業（弁護士、税理士、社会保険労務士等の事務所）などは、それが法人でない限りは健康保険法が適用されないので、これら健康保険法が適用されない事業で使用される労働者、あるいは健康保険法が適用される事業であっても五人未満の個人経営の事業で使用される労働者については、国民健康保険法が適用されることになる。

業務災害（業務上の事由による災害）については、労災保険が、療養補償給付を行う。通勤災害（労災法七条一項二号）は、業務上の事由による災害ではないが、これについても労災保険が、療養給付を行うことになっており、その限りで、健康保険による給付は行われない（健保法五五条一項）。

2　賃金請求権

賃金請求権の発生根拠については学説上の対立があるが、通説は、基本債権たる賃金請求権は労働契約に基づいて発生するものの、具体的な賃金請求権（支分権たる賃金請求権）は、報酬請求権と労務給付との存続上の牽連性から、特約なき限り、労務給付を停止条件として発生するとする。(1) これに対して、賃金を「労働関係の対償」であるとする説は、「賃金又は賃金支払義務が対立するのは、……現実の労働や労働義務ではなく、むしろ専らその基底に存する労働関係とである。労働者を自己の事業、経済または家政に拘束しておくが故に、使用者はこの事実に対して彼に代償を支払わなければならないのである」として、労働しないことにつき労働者側に故意または重大な過失が存する場合を除き、「労働関係が存する間は、現実に労働すると否とにかかわらず、また労働せざることの理由如何を問わず、賃金を支給すべし」と結論づける。(2) そして、労基法にいう公民権保障（七条）、産前産後の休暇（六五条一項・二項）、生理日の休暇（旧生理休暇、六八条）などの場合も、不払いの特約がない限り、労働者側は、賃金請求権を失わないとされる。しかし、労働関係の存続が労使双方にとって重要な意味を持つとしても、それ自体は労働契約の目的ではないのであり、そこから賃金請求権を演繹することは妥当ではないと思われる。労働が現実になされない場合といっても種々のケースがあり、その場合の賃金請求権の存否については、危険負担の法理によるのが簡明でありまた、現実的であろう。

賃金請求権の発生について通説的立場に立てば、労働者の賃金請求権は、特約のない限り、現実の労務給付を停止条件として発生する。しかし、このことは、言うまでもなく、現実に労働がなされない場合に一切賃金請求権が発生しないことを意味しない。たとえば、使用者の出した給食に中毒して労働ができなくなった場合のように、履行不能が使用者の責めに帰すことができる場合には、民法五三六条二項により労働者は反対給付（賃金）請求権を失わない。これに対して、労働者が自らの病気あるいは近親者の病気など一身上の理由で労務に服することができない場合、特約のない限り、労使当事者双方に帰すべからざる履行不能として、労働者は、賃金請求権を失うことになる。この点、ドイツでは、労務義務者が比較的長くない期間、自己の一身上の理由で過失なく労務給付を妨げられたときでも、これによって報酬請求権を失わない旨規定している（ドイツ民法六一六条一項、賃金継続支払法では六週間）[3]。右で見たように、こうした規定のないわが国においても法解釈で同様の結論を導きだすことができるとする見解も存在するが、これらの場合につき賃金請求権を認めるかどうかは、当事者間の約定に委ねるべきであろう[4]。

わが国では、私傷病で休業する労働者の所得保障は、社会保険（健康保険）の傷病手当金制度によって行われてきた。傷病手当金は、被保険者（労働者）が療養のために、労務に服することができないときに、労務不能の日から起算して第四日目から支給され（当初の三日間は、いわゆる待期期間である）、最長で支給を始めた日から一年六ヵ月間支給される（健保法九九条）。傷病手当金として支給されるのは、一日につき標準報酬日額の一〇〇分の六〇である。なお、傷病手当金を上回る報酬が使用者から支給される場合、傷病手当金は、支給されない（健保法一〇八条一項）。また、報酬が傷病手当金を下回る場合は、その差額が支給される。なお、国民健康保険法では傷病手当金は任意給付となっており、実際にその制度を有する市町村はほとんどない。その結果、国民健康保険法が適用される労働者（実際上、ほとんどが零細企業の従業員である）については、疾病時の所得保障が欠けることが大きな問題である。

なお、わが国では、労働者が風邪とか腹痛等でごく短い期間欠勤するような場合、年次有給休暇（年休）を利用することが少なくない。事後に年休に振り替える方法を就業規則等で認めているケースもある。もっとも、一般論としては、労働者による年休の時季指定が「事業の正常な運営を妨げる場合」、使用者には時季変更権が認められており、「事業の正常な運営を妨げる場合」に当たるか否かについての判断には一定の時間が必要であることからすれば、労働者の時季指定は、事前に相当な時間的余裕をもって行われなければならないから、年休の事後請求が一般的に認められるわけではない（東京貯金事務センター事件・東京地判平五・三・四労判六二六号五六頁）[5]。また、病院に診察・治療に通うだけの場合であれば、半日年休の取得も現在では、可能である（学校法人高宮学園事件・東京地判平七・六・一九労判六七八号一八頁、平七・七・二五基監発三三号）。欠勤がボーナスの考課、さらには昇進・昇格の人事考課等でマイナスに査定され、労働者が少なくない不利益を受けること、傷病手当金が就労不能の第四日目からしか支給されないこと、標準報酬日額の六〇パーセントにすぎないことなどを考えると、こうした年休の利用は、労働者にとってメリットのある対応であるといえる。

しかし、言うまでもなく、最も大きな問題は、疾病と解雇との関わりである。多くの企業の就業規則も、「精神又は身体の障害により業務に耐えられない（堪えられない）場合」とか「虚弱、老衰、疾病等のために業務に耐えられない（堪えられない）場合」を解雇事由の一つとして挙げるのが通例である。次に、この点を検討してみよう。

二　労働契約の終了事由としての解雇

1　労働契約の終了事由と解雇

労働契約は、使用者による解雇のほか、契約期間の満了、労働者の側での任意退職（辞職）、労使間での合意による解約（合意解約）、労働者の死亡、さらには仕事の完了、定年到達、休職期間の満了、採用内定・試用期間における約定の留保解約権の行使などにより終了する。永続的で重大な身体障害あるいは傷病による労働不能も自動的に労働契約を終了させるわけではなく、使用者による解雇事由となるにすぎない(6)。

解雇とは、使用者が労働契約の効力を将来に向かって一方的に終了せしめる法律行為をいう。民法によれば当事者が雇傭契約の期間を定めなかったときは、各当事者はいつでも解約の申し入れをなすことができ、この場合において契約は解約申し入れ後二週間を経過することによって終了する（民六二七条一項）。このように民法が、雇傭契約の各当事者に対して平等にその一方的な意思により雇傭契約から離脱する自由（退職ないし解雇の自由）を保障したのは、雇傭が当事者に継続的に権利義務の関係を生ぜしめるため、場合により当事者を不当に拘束する結果を招くことがあることを配慮したためである。しかし使用者による解雇権の行使は、労働者の生活に重大な脅威を与えることになる。失業した労働者の再就職は必ずしも容易ではなく、たとえ再就職できたとしても、労働者のこうむる不利益は決して小さいものではない。そのため、使用者の解雇権の行使に対しては、法律、労働協約、就業規則などにより種々の制約が課されるのである(7)。

2　法律による解雇制限―とくに労基法一九条の解雇制限

(1)　労基法一九条による解雇制限の意義

疾病との関係で重要なのは、労基法一九条による解雇制限である。

労基法一九条は、①労働者が業務上の負傷・疾病による療養のため休業する期間およびその後の三〇日間と、②女性労働者が産前産後の休暇（六五条一項・二項）によって休業する期間およびその後の三〇日間について使用者の解雇を禁止している。その趣旨は、右のような労働者が就職ないし求職活動が困難な事情にある時期に解雇されることを禁止することによって労働者を失職による脅威から保護することにある。(8) 人道主義的な要請に基づくものと解する説、(9) また労働者に職を失うことによる精神的ショックを与えないように配慮したものと解する説(10)があるが、労基法一九条がこうした要素を含んでいることは否定しえない。

ここで問題になるのは、解雇制限の対象となる業務上の疾病である。すなわち、解雇制限を享受しうる傷病は、「業務上」のものでなければならず、業務外の、いわゆる私傷病については解雇は制限されない。したがって通勤災害（労災七条一項二号）は、労基法にいう業務上の災害とはみなされていないため、その被害者には労基法一九条の解雇保護はない。また業務上の疾病により治療中であってもそのために休業せずに出勤している場合は解雇制限を受けない。しかし労働者が業務上の疾病により一部休業して通院治療を続けているような場合も、本条にいう「休業」と解すべきであろう。なお、解釈例規は、業務上の骨折につき治癒したとして障害補償を受け、外科後処置として保険施設において理学的治療を受けている者について、「療養のための休業期間」ではないとしている（昭二五・四・二一基収一一三三号）。また、業務上の疾病と業務外の疾病とが併存する場合について、業務上の負傷のみによる疼痛が通常医学的に見て治癒するのに相当の期間を経過したときは、当該業務上の負傷についてはその時点で治癒したものと認めるのが相当であるとする裁判例がある（日立製作所事件・水戸地判昭二八・一一・一一労民集四巻六号五八九頁）。業務上の疾病が一旦治癒の状態になったが、その後再発したような場合、当初の疾病と再発後の疾病との間に相当因果関係が認められれば、その療養のための休業期間およびその後の三〇日間は、やはり解雇制限の対象となる。

⑵　禁止の対象となる解雇と解雇予告

右で述べた解雇制限期間中は、除外事由（労基一九条一項但書）が存在しない限り、解雇はなし得ない。労基法一九条が、労基法二〇条と異なり「労働者の責に帰すべき事由に基づいて解雇する場合」を除外していないことからすれば、普通解雇だけではなく労働者の責めに帰すべき事由に基づく懲戒解雇もなし得ないと解される。問題は、解雇制限期間内において解雇の予告をなすことが許されるかどうかである。学説では、一九条は解雇を制限しているだけであって解雇予告を制限しているわけではないから禁止期間後に満了すべき解雇予告を禁止期間内においてなすことは法律上差し支えないとする説が有力である(11)。

なお、期間の定めのある労働契約は、期間満了により終了するのであり、解雇予告は必要がない。解釈例規も、「一定の期間を定めた労働契約であれば、その期間満了とともに労働契約は終了するものであって、第一九条第一項の適用はない」としている（昭二三・一・一六基発五六号）。もっとも、有期契約が繰り返し更新され、期間の定めが実質的意味を失っているような場合には、労基法一九条の適用を肯定すべきである。

⑶　労基法一九条の適用除外

労基法一九条にいう解雇制限期間中であっても、次の場合には労働者を解雇することができる。第一は、使用者が労基法八一条の打切補償を支払った場合である。業務上負傷し疾病に罹った労働者が当該疾病にかかる療養開始後三年を経過した日において労災保険法上の傷病補償年金（労災法一二条の八第三項）を受けている場合、または同日後において傷病補償年金を受けるにいたった場合、使用者は、それぞれ当該三年を経過した日または傷病補償年金を受けるにいたった日に労基法の打切補償を支払ったものとみなされ、労基法一九条の解雇制限を解除される（労災法一九条）。もちろんその場合も労基法一九条の適用が排除されるにすぎないから、解雇をなし得るにすぎず、当然に解雇となるという意味ではないから、労基法二〇条の解雇予告の適用があるのは言うまでもなく、また、後述するような解雇の相当性が検討されなければならない。なお、療養の開始後三年を経過した時点でなお傷病補償年金を受けていない場合に、使用者が自ら労基法の打切補償を支払って当該労働者を解雇できるかどうかが問題となるが[12]、この点も、労基法一九条の解雇制限が解除されたからといって、当然に解雇が正当化されるわけではないこと、とくに解雇の対象となっている者が傷病補償年金の支給対象にならない、それゆえそれほど重篤ではない傷病者であることに留意する必要があろう。

第二は、天災事変その他やむを得ない事由のために事業の継続が不可能となった場合である。ここで天災事変とは、火災、洪水、地震などにより生ずる災厄また戦争、内乱、暴動など不可抗力に属する災厄をいい、その他やむを得ない事由とは天災事変に準ずる程度の不可抗力的事由をいう。したがって一般に事業経営上の見通しの誤り・齟齬の如き事業主の危険負担に属すべき事由に起因するものは含まれない（昭二二・一二・二六基発五四九号）。また、「事業の継続が不可能になった場合」とは事業の全部または大部分が不可能となった場合をいう、とされる（昭二二・九・一三基発一七号）。なおここで事業とは、労基法八条の適用単位となっている事業をいい、企業全体を意味しない。したがって一つの企業が数カ所に事業場を有する場合において、そのうちの一つの事業場が天災などにより経営不能に陥ったときも、この例外に該当することになる[13]。この例外の第二の事由が存在するか否かについて、使用者は自ら一方的に判断しえず、行政官庁（所轄労働基準監督署長）の認定（解雇制限除外認定）を受けなければならないことになっている（労基一九条二項）。しかし右除外認定を受けない解雇も、認定事由に該当する事実が客観的に存在するかぎり有効と解される（昭六三・三・一四基発一五〇号）。ただし認定を受けなかったことについての刑事上の責任が生じることは言うまでもない。

3　労働協約による制限

労働者を解雇する際、労働組合と協議したうえで行うこと、あるいはその同意を得ることを義務づける解雇協議約款あるいは解雇同意約款は、使用者の解雇権を制約するうえで重要な役割を果たしている。これらの約款が規範的効力（労組一六条）をもつかどうかについては争いがあるが、ほとんどの判例は、解雇協議（同意）約款に違反する解雇を無効とする点で一致している。(14)

労働協約で労働者の解雇の基準を定めた場合、それは「労働者の待遇に関する基準」（労組一六条）として規範的効力を持つ。したがって列挙されている事由以外の事由に基づいてなされた解雇、あるいは列挙されている基準に該当しないにもかかわらずなされた解雇は無効となる。協約中に「左の場合以外は解雇しない」、「左の場合にかぎり解雇することができる」旨の規定がない場合においても、特段の理由がないかぎり同様に解すべきである。裁判例では、「会社は左に該当する組合員は解雇する」として五項目を揚げる協約につき限定列挙と解し、それ以外の事由では解雇されることがないことを保障したものであるとするものがある（弘南バス事件・青森地弘前支判昭三〇・四・一二労民集六巻四号三九六頁）。

4　就業規則による解雇制限

労基八九条三号は、「退職に関する事項」を就業規則の絶対的必要記載事項としている。「退職に関する事項」の中で最も重要な事項が解雇事由であり、その意味で解雇事由は、就業規則の絶対的必要記載事項となっているのである。問題は、こうした解雇事由の列挙にどのような法的意味を見いだすかである。この点、多くの学説は、使用者は、就業規則に規定する解雇事由に該当する事実がある場合にのみ解雇をなしうるという形で自己の解雇権を抑制したものであるとの見解をとっている。(15)

裁判例も、この点について、就業規則の解雇基準が規範的効力を持つこと（安永鉱業事件・福岡地飯塚支判昭三一・七・二二労民集七巻六号六四一頁）、あるいは使用者による解雇権の自己制限（川崎重工業事件・神戸地判昭三二・九・二〇労民集八巻五号五七八頁）を理由に、就業規則所定の解雇事由に該当しない解雇を無効とする。[16] もっとも就業規則における解雇事由の列挙を制限列挙と解しない場合でも、解雇は通常就業規則の適用という形で行われるのであり、適用された条項に該当する事実が存在しないときは、解雇は就業規則の適用を誤ったものとして無効となると解されるとともに、多くの就業規則では、「その他雇用を継続しがたい重大な事由があるとき」など包括的条項を有しているということもあり、この点は、実際上それほど大きい違いをもたらさないであろう。

5　使用者の解雇権とその制限

民法上、雇傭契約の当事者は、継続的な拘束的関係を生ぜしめる雇傭契約からその一方的な意思により任意に離脱する自由を保障されている。すなわち使用者は、労働者が「何時ニテモ」退職しうるのと同様に、一定の告知期間を守りさえすれば「何時ニテモ」期間の定めのない雇傭契約につきその解約を労働者に申し入れることができるのである（民六二七条一項）。この使用者の解雇権については、すでに述べたような各種の制約が課されているが、問題は、こうした法律、労働協約等による制限に違反しない限り、使用者は労働者をなお自由に解雇しうるかどうかである。この点をめぐって学説上、解雇自由説、解雇不自由説（正当事由説）、解雇権濫用説の対立があることは周知のとおりである。

解雇自由説は、期間の定めのない雇用につき解雇通告がなされた場合、遅くとも民法六二七条の期間を経過した後には理由のいかんを問わず、また懲戒解雇かどうか、使用者が事前にした特約に違反するかどうかを問わず雇用は終了する、との立場をとる。[17] この説は解雇の自由を取引の自由の一側面である解約申入れの自由として捉え、それを基本的法理論として承認することが労働法、労働運動の出発点であり、不当な解雇は裁判によってではなく、労働者の団結の力、ストライキによって撤回させるべきものとする。また労働法上存在する不当労働行為制度や労基法の解雇制限規定は民法と同じ平面に並ぶものでなく、取引の自由を部分的に目的や範囲を限って制限する国家の権力的介入の所産にすぎず、民法とはいわば妥当する領域を異にするものであり、両者の原理の混交を持ち込まず両者の分業を確立することが必要である、とされる。さらに権利の濫用（民一条三項）については、使用者のなす解雇通告は、更新拒絶と同様取引の拒否にほかならず、これを権利濫用として禁止することは取引を強制することになり、民法の基本原理に反するため、権利濫用の法理を解雇にまで拡大することは妥当でないとする。

この説は、解雇の自由を取引の自由という民法の基本原則に属する問題としてとらえ、それが労働法によって修正されないとの立場を堅持する点に特徴をもつといえる。

これに対して、解雇には正当事由を必要とするという正当事由説は、解雇の自由という市民法原理が生存権を法原理とする労働法によって修正されたという点を共通の前提にしている。[18] 正当事由としては、労働者の能力・行動上の理由、企業経営の緊急の必要があげられている。[19] しかしその論拠は、論者によって必ずしも同じではない。最も多いのは、憲法により生存権（憲二五条）・労働権（憲二七条一項）が保障されている以上、労働者の生存権・労働権に最も重大な脅威となる正当事由のない解雇が禁止されるのは当然であるとするものである。他に、（旧）借地法四条、借家法一条の二における解約申入れに正当事由を要するとの規定を使用者の解雇について援用することが可能とするもの、企業の公共性ないし社会的責任が使用者の人事権を制約し解雇には正当事由が必要とされるとするものなどがある。

しかしこれらの論拠については種々の反論がなされている。まず憲法による生存権・労働権の保障を根拠として挙げる説については、それは、基本的に国と国民の関係を律するものであり、そこから解雇に正当事由を必要とするなど私人間に妥当する具体的な規範を引き出すことは困難であるとされる[20]。また、借地法・借家法の解約申入れ自由の制限規定の類推適用を主張する見解に対しては、次の批判がなされている。すなわち、借地・借家の解約に「正当事由」を要するとの基礎には、賃料請求権化した所有権よりも利用権を保護しようとの不動産法特有の政策的考慮が働いており、貸主に適正な賃料の支払いが確保されれば所有権の社会的機能は否定されず解約を厳格に制限しても問題はないが、労働契約関係において使用者に適正利潤を保障する方法は欠如しており、借地法・借家法に妥当する法理を労働契約一般に当てはめることは困難である、と[21]。なお企業の公共性ないし社会的責任の強調から、ただちに解雇に正当事由を要するとの規範を引き出すことはあまり説得的ではないであろう。

解雇権濫用説は、解雇の自由を原則として認めたうえで、私権の行使一般に通じる原理たる権利濫用の法理を適用して解雇の自由を縮減していこうとする立場に立つ。ただ権利濫用説も、解雇の自由を重視して例外的にのみ濫用法理を適用すべしとする見解[22]から、直接労働者の生存を脅かす解雇は生存権の理念によって照射された信義則にもとづいて大幅に抑制されるべきでありこれに反する解雇は権利濫用として無効となるとして解雇権濫用を大幅に容認する見解[23]まで立論にかなり差がある。前者の場合、解雇自由説に近く、後者の場合、正当事由説に接近することになるが、学説の一般的見解としては、後者の立場が支配的であるといえる[24]。

ところでこの後者の立場に立つ場合、いかなる基準によって解雇権濫用の標識・メルクマールとするかが問題となる。この点一般的には、解雇が信義則あるいは公序良俗に違反しないかどうか、法益の権衡を失するものでないかどうかによって判断されることになるが、より具体的には、①当該解雇が企業の合理的維持運営を目的としたものかどうか、②被解雇者の人選その他解雇実施の手続きにおいて適正を欠いていないかどうか、③解雇理由が被解雇者に示されたかどうか、④場合によっては、解雇が害意ないし不当な目的をもってなされるなど、いわゆるシカーネの禁止に該当するかどうかが権利濫用の基準として用いられることになる。

私企業が私的所有を基礎に利潤追求を目的として営まれ、憲法がそれを財産権行使の一形態として保障している（憲二九条一項）以上、所有権（財産権）の社会的機能の具体化に必要な手段として使用者の解雇権を認めなければならない。しかし、それは解雇自由説の主張するように解雇の絶対的自由を認めるものではない。つぎに述べるように、解雇権の行使に当たって使用者は、労働契約の相手方たる労働者の立場を無視することが許されないからである。労働者は、労働関係に入ることによって生活維持を図っており、解雇は労働者の生活の基礎をくつがえし生活維持を困難にするだけでなく、使用者による自由な解雇権が認められれば、労働者の使用者に対する交渉力が一挙に失われることになる。[25] 労働者は、従業員としての地位の保持に重大な利益を有し、解雇権の行使はこの点で労働者の利益を著しく侵害せずにはおかないのである。今日、一般に権利の行使が公共の福祉に従うことを要請され（民一条一項）、特に財産権・所有権についてその要請が強く妥当すること（憲二九条二項）を考えると、財産権（所有権）の社会的機能の実現の一手段として認められている解雇権も、その行使にあたって契約の相手方たる労働者の利益を合理的な理由なく侵害しないことを要請されるのであって、この点から社会的に是認しえない解雇は権利の濫用として無効となるとの原則が導き出されるといえる。

裁判例では、権利濫用説の立場に立つものが圧倒的に多く、最高裁も、「普通解雇事由がある場合においても、使用者は常に労働者を解雇しうるものではなく、当該具体的な事情のもとにおいて、解雇に処することが著しく不合理であり、社会通念上相当なものとして是認することができないときには、当該解雇の意思表示は、解雇権の濫用として無効になる」と判示し、権利濫用説の立場に立つことを明らかにしている（高知放送事件・最二小判昭五二・一・三一労判二六八号一七頁、ほかにユニオン・ショップ協定にもとづく解雇の効力が争われた日本食塩事件・最二小判昭五〇・四・二五民集二九巻四号四五六頁も同旨)。

わが国には社会的に正当でない解雇を無効とするドイツの解雇保護法のような法律はないが、客観的にみて合理的でなく社会通念上相当として是認しえない解雇が権利の濫用として無効になるという原則が判例上確立しているということができる。もっとも、何が「客観的にみて合理的で、社会通念上相当な」解雇事由となるかについては、解雇の事由ごとに類型化して、その判断の妥当性を担保していく必要がある。

6 ドイツの解雇制限法

ドイツの解雇制限法(Kündigungsschutzgesetz、文字通りに翻訳すると「解雇保護法」)は、社会的に正当化されない解雇の無効を訴訟(裁判)で確認させる利益を労働者に与えることによって、労働関係の存続保護を実現するところにその最大の意義がある。(26) 同法一条一項によれば、労働者に対する労働関係の解約告知(解雇)は、その労働関係が同一の事業所または企業において六ヵ月以上中断なしに継続していることを前提に、社会的に正当化されない(sozial ungerechtfertig)ときには、無効となる(rechtsunwirksam)。そして、同二項によれば、使用者による解約告知(解雇)は、労働者の一身上(Person)もしくは行為・行動(Verhalten)に解雇理由が存しないか、または解雇が急迫な経営上の必要に基づかない場合には、社会的に不当とされる。急迫な経営上の必要に基づく解雇は、企業による整理解雇を念頭においたものであり、また、労働者の行為・行動に基づく解雇は、民法(BGB)六二六条の即時解雇を正当化するほどのものではないが、使用者に労働関係を解消して契約違反に基づく危険を回避させる必要があると考えられる程度の重い帰責事由が労働者の行動・行為に存する場合を言うものとされ、わが国で言う懲戒解雇に当たる解雇だけが念頭におかれているわけではない。これに対して、労働者の一身上に解雇理由がある場合とは、労働契約において求められる労務給付を履行する能力が労働者に欠ける場合、肉体的または心理的な適性の欠如（体力、技術、視力・聴力、集中力、記憶力等の衰え）、外国人に必要とされる労働許可がない場合などを言うが、疾病に基づく労働不能もその重要な適用例とされる。それが、解雇を正当化するのは、これらの事由によって、労働者が、自らの債務たる労働給付を継続して履行できる状態になく、したがって、「労働関係の交換的性格が損われる」からである。(27)もっとも、労働者の私傷病が解雇を正当化するといっても、それによって「生じた給付障害の程度、期間、影響が大きく、そのために職場の自由な処分権を回復するという使用者側の利益が優越する場合に限られる」(28)。病気が遠くない予測可能な時期に治癒・回復する見込みがあれば、解雇は論外であり、期間としては六ヵ月を超えてもなお治癒の見込みがつかない場合等、相当長期間が考えられている。なお、疾病の場合における報酬の継続支払義務を規定したBGB民法六一六条一項に続いて、同二項四文では、疾病を理由に使用者が労働者を解雇する場合には、労働者［ホワイトカラー労働者］は報酬請求権を有する旨規定しており、疾病が解雇の理由になること自体は容認されていると解されている。(29)

わが国の場合、すでに見たように、労働基準法一九条は、使用者は、労働者が業務上の傷病により療養のために休業する期間およびその後の三〇日間は解雇してはならない旨定めるが、業務外の私傷病については、このような法律上の解雇制限規定はない。労働者は私傷病によって労務提供という労働契約上の債務を履行できない状態に陥いることになるが、問題は、いかなる場合に私傷病による労務不能が「客観的にみて合理的で、社会通念上相当な」ものとして解雇を正当化するかである。

三　傷病休職制度とその運用

1　意　義

わが国では、私傷病に罹った労働者について休職させて、その間、解雇を猶予する制度が設けられていることが少なくない（病気休職制度）。したがって、ここではまず最初にこの制度の適用に関わる問題を取り上げたい。

休職とは、労働者による労務の提供が不可能または不適当な事由が生じたときに労働契約を存続させたままで、一定期間その労働者を就労させないでおく使用者の措置をいう（平仙レース事件・浦和地判昭四〇・一二・一六労民集一六巻六号一一一三頁参照[30]）。まず問題となるのは、病気休職制度がある場合に休職を発令せずに解雇することの当否である。裁判例では、会社が見習社員の結核性疾患の存在を理由にその者を「やむを得ない会社の都合によるとき」という解雇条項に当てはめて解雇したケース（読売新聞社事件・東京地決昭三一・九・一四労民集七巻五号八五一頁）で、裁判所は、当該会社の就業規則に疾病者あるいは身体虚弱者の身分の取扱いにつき配置転換、休職等を命じ得る旨の定めがあり、他方、従業員の解雇事由については詳細な規定を設けながら、疾病を理由として解雇し得る旨の規定を欠いている場合には、「就業規則は、疾病に罹りまたは罹る虞のある従業員に対し、前記のような配置転換、就業禁止、休職等の措置をとることができるが、これらの措置を講じないで、これを理由に直ちに解雇することを許さない趣旨である」として、結核性疾患で欠勤する者に休職を認めないで直ちに解雇することを違法としている。この点、学説では、病気休職の期間が三年以内と定められていても、病気回復の可能性が全くない場合、すなわち職場復帰の可能性がまったく存在しない場合には、休職の扱いをせずに、また、休職期間中であっても解雇することができるとし、さらに、病気休職の期間が三年以内と定められているとき、とりあえず休職一年として治療に当たらせるが、回復の見込みのないことが医学上明瞭になった場合には、当初の一年の休職期間満了により（休職期間の延長をせずに）、労働者を退職扱いとすることができるとするものがある[31]。休職規定にその旨の規定があれば問題はないが、規定がない場合でも回復の見込みについての判断が客観的かつ厳格に行われる限り、そのような取扱いを例外的に是認すべきことになるが、一般的には右休職期間は労働者に認められた解雇猶予期間と解すべきである。

2　休職の成立

休職は、休職事由が生じたことによって自動的に成立するわけではなく、使用者のその旨の発令ないし労働者の休職したい旨の申請に対する承認によって成立する。自己都合による休職の場合、会社が休職承認基準を定めていたとしても、それを承認するか否かは会社の合理的な裁量に属する（日本アジア航空事件・東京地決昭五三・七・二一労民集二九巻四号五五一頁）。しかし、病気休職のような場合、所定の期間、従業員は解雇を猶予されるという利益を有するのであり、すでに述べたようにそれを回復の見込みがまったく存在しないなど合理的理由なしにそれを奪うことは許されない。当該休職事由が生じれば休職を定める就業規則に従って使用者に休職の承認義務が生じると解すべきであり、休職とせずに直ちになされた解雇は無効である（前掲読売新聞社事件参照）。

休職中といえども労働者は、従業員としての地位を保有する。したがって、社宅や福利厚生施設の利用等については従前とは変わらない。休職中の賃金については、就業規則等で定められることになるが、労働者の私傷病による休職の場合は不就労を使用者の責に帰すべき事由によるものとはいえず、賃金請求権を肯定することは難しいであろう。病気休職の場合は、六〇パーセント程度の賃金を支給する例が多い。勤続年数への加算についても、就業規則、労働協約等で自由に定めることができる[32]。

3　休職事由の終了および休職期間の満了

(1)　休職期間中に休職事由が消滅した場合、復職が認められる。問題になるのは、復職が当然に（自動的に）行われるのか、それとも使用者の発令をまって行われるのかである。休職が労働者に一面で権利を与えながらも不利益をもたらするものであることは否定できないところであり、休職期間中に休職事由が消滅した場合には、当然に（自動的に）復職が認められるべきである。この点、裁判例では、傷病休職に関して、休職制度は所定の事由が発生した場合に、労働者を労働者としての身分を保持したまま右事由の存続する間、労務の提供をする権利義務を有しない状態に置くものであるから、特段の定めのないかぎり、右休職事由が消滅すれば休職の効果も当然に消滅するとする（振興相互銀行事件・仙台地判昭四六・六・一六労判一三〇号三九頁）。就業規則で「休職事由が消滅した場合、復職を命じることがある」旨定めていたとしても、それは休職事由が消滅したときは原則として復職させることを注意的に規定したにすぎず、右復職命令がないからといって起訴休職事由が消滅した職員の復職を拒否することができず、右従業員は復職命令の有無にかかわらず復職したものとして取り扱われる（日本放送名古屋中央放送局事件・名古屋地判昭四八・七・一一労判一八三号三五頁）。なお、病気休職の期間が満了する寸前になって労働者が病気の治癒を理由に復職しながら、その後しばらくしてまた同一の疾病により再び欠勤するような場合、それをどのように扱うかも問題となる。相当の期間を措かずに従前と同一の傷病により欠勤する場合、その両者を通算する旨の就業規則の規定があれば。それに従うことになるが、そのような規定がない場合、当該疾病が実質的に治癒していなかったと判断されるような場合には、復職した後の欠勤をそれ以前の欠勤と通算して所定の期間経過後について、休職期間の満了の判断を行うこともできるであろう。

(2)　休職期間が満了しても、休職事由が消滅しない場合、解雇する旨の規定が置かれている場合と、退職する旨の規定が置かれている場合とがある。後者の、「休職期間満了の際に休職事由が消滅しないときは退職とする」旨の就業規則についてであるが、裁判例は、休職期間の満了による当然退職の定めを有効としている（日本赤十字社事件、神戸地姫路支判昭五七・二・一五労判三九二号五八頁等）。また、この趣旨の就業規則規定の解釈をめぐっては、裁判例では、同規定は定年制を設けて所定の年齢に達したときに当然退職する旨の定めをした場合と同様であるとして、退職の効果の発生には別段の事由がない限り、解雇の意思表示は必要としないものが少なくない（電機学園事件・東京地決昭三〇・九・二二労民集六巻五号五八八頁、同旨、三和交通事件・札幌地決昭五七・一・一八労民集三三巻一号三一頁）。これらの制度において、休職制度は解雇ないし退職扱いの猶予措置であることからして、ごく近いうちに病気が完全に回復するとの客観的な見込みがある等の場合を除いて、解雇ないし退職扱いに合理的事由ありとされることになるかどうか、病気休職中の労働者の病状が、どの程度まで回復したときに復職を認めることになるのかが問題となる。換言すれば、元の職場への復帰が可能となる程度に回復していなければならないのか、あるいは（使用者の配置転換の措置を前提として）別の職務であれば復帰可能な程度にまで回復していればよいのか、である。この点、裁判例では、対立がある。

ある裁判例では、休職期間満了時に軽作業しかできないという状況にある従業員に対して休職期間満了とともに解雇する旨の予告とともに行われた解雇について、企業が人的機構および管理の経済性に背いて軽作業のポストを用意しても同人の疾病の再発が必至であり、企業が右従業員の定年までの健康管理上の責任を負うことは業務の正常な運営を阻害するおそれがあるといった事情の下では、解雇権の濫用には当たらないとされている（東京印刷紙器事件・東京地判昭四九・五・二七労判二〇二号四四頁、なお、結論的には疾病に名を借りて同人を企業外に排除しようとしたもので不当労働行為により無効とされている）。

また、大型トラック運転手が、勤務終了後飲酒をしてバイクで帰宅途中に運転を誤って排水溝に突っ込み、頚髄損傷等の傷害を負い、欠勤五ヵ月後に休職処分とされ、一年の経過後、休職期間満了後も右職務（大型トラック運転手としての職務）に復帰することが不可能であるとして行われた解雇の効力が争われたケースで、裁判所は、休職期間満了時において、事務職や単純労務であれば就労可能な状態になっていたが、大型トラック運転手としての原職務については他の長距離運転手と同程度に完全な労務を提供してその職務を行うことは困難であったのであり、「債権者（労働者）は、休職期間満了時点において原職務に就労可能な状態に未だ回復していなかったもの」であり、また、休職期間満了から四ヵ月あまり経った時期においても後遺症が残存し、一定の合理的ならし期間が与えられたならば、原職務に就労することが可能になったはずともいえない、「使用者には、原職務に就労できない休職者のため、その健康状態に見合った代替業務に就かせる」義務があるともいえないし、そのような慣行があったとも認めることはできないとして、解雇を相当としている（ニュートランスポート事件・静岡地富士支決昭六二・一二・九労判五一一号六五頁）。

また、病気休職者が復職するための休職事由の消滅としては、原則として従前の職務を通常の程度に行える健康状態にまで服したことをいうとの前提の下で、従前の職務への復帰の可能性がない者につき、会社に残存機能を生かした職種の業務を見つけなければならない法律上の義務はないとして、休職期間満了による自然退職扱いを認めたものもある（昭和電工事件・千葉地判昭六〇・五・三一判タ五六六号二四八頁）。

これに対して、判例の中には、休職期間経過により「退職とみなされる」旨の休職規定を置く場合に、復職を否定して自然退職扱いとする場合にあっては、「使用者が当該従業員が復職することを容認しえない事由を主張立証してはじめてその復職を拒否して自然退職の効果の発生を主張しうるもの」であり、「傷病が治癒していないことをもって復職を容認しえない旨を主張する場合にあっては、単に傷病が完治していないこと、あるいは従前の職務を十全どおり行えないことを立証すれば足りるのではなく、治癒の程度が不完全であり、かつ、その程度が、今後の完治の見込みや、復職が予定される職場の諸般の事情等を考慮して、解雇を正当視しうるほどのものであることまでをも主張立証することを要するもの」であるとの立場に立って、使用者が、当該労働者の所属する職場の中で適合する職務に従事させ、徐々に通常勤務に服させていくことも十分に考慮すべきであり、後遺症の回復の見込みについての調査をすることもなく行った長期病気休職者の期間満了に際して、復職不可能としてなした退職扱いを無効としている（エール・フランス事件・東京地判昭五九・一・二七労判四二三号二三頁）。また、旅客機の客室乗務員として勤務していた者が会社手配のタクシーに乗務中にトラックによる追突事故で鞭打ち症（労災）になり、約四年間休職した後、復職した労働者に対して就業規則の解雇事由である「労働能力の著しく低下したとき」に当たるとして解雇されたレースで、労働者が「直ちに従前業務に復帰ができない場合でも、比較的短期間で復帰することが可能である場合には、休業又は休職に至る事情、使用者の規模、業種、労働者の配置等の実情から見て、短期間の復帰準備時間を提供したり、教育的措置をとるなどが信義則上求められるというべきで、このような信義則上の手段をとらずに、解雇することはできない」とする（全日本空輸事件・大阪地判平一一・一〇・一八労判七七二号九頁）。

さらに、労働者が、六ヵ月の休職期間満了の時点で、左手にわずかな震えがあり、右足にしびれが残り、軽度の複視の症状があり、月に一、二回の通院が必要な状態であったが、日常の生活には問題がなく、事務能力、計算能力も回復し、車の運転もできるようになっていた場合、少なくとも直ちに一〇〇パーセントの稼働ができなくても、職務に従事しながら、二、三ヵ月程度の期間をみることで完全に復職が可能であったような場合には、休職期間満了としてなされた退職扱いを無効とする（北産機工事件・札幌地判平一一・九・二一労判七六九号二〇頁）。このケースでも、月に一、二回の通院を認めることで業務遂行に支障が生じるとは認められないとして、信義則上、休職期間満了後は一切の通院は認められないとすることはできないとする。

休職期間満了時に休職事由が消滅しているかどうかが判断されるが、その際、休職者が直ちに従前通りの職務（勤務・労働）に従事できない場合であっても、その後それほど長くない期間に従前通りの職務につくことができる状態にまで回復する見込みがある場合には、使用者は、「休業又は休職に至る事情、使用者の規模、業種、労働者の配置等の実情から見て、短期間の復帰準備時間を提供したり、教育的措置をとるなどが信義則上求められる」（前掲全日本空輸事件・大阪地判平一一・一〇・一八）のであり、そのような信義則上求められる手段をとらずに解雇あるいは退職扱いとすることはできないというべきであろう。

四　私傷病を理由とする解雇

1　裁判例からみた私傷病による解雇

私傷病に罹った労働者の解雇については、当該疾病の治癒の可能性（蓋然性）が問題となるが、治癒が見込まれない場合や、治癒までに相当な期間が予想されるような場合には、解雇は相当と判断されることになる。他課への応援拒否を理由とする準社員の契約更新拒否が争われていた事例（日野自動車事件・東京高判昭五二・一一・二二労判二九〇号四七頁）で、その裁判期間中に、業務外の事由により脊髄損傷等の傷害を負い、会社が当該労働者を雇用した目的である自動車車体組立工としての作業を継続遂行することが無理であるとして解雇された労働者について、「解雇の時点において、身体に障害があり、就労にたえなかったのみならず、近い将来における回復の見込みもなかった」として解雇を適法としている。また、慢性腎炎に罹った労働者が復職後に解雇された事例（住友重機械工業事件・横浜地横須賀支決昭五五・六・一八労経速報一〇五五号三頁）では、「債権者の病気の特質、罹患後の経過、罹病期間の長さ、復職後の就労状況（復職後の一年四ヵ月の間に出勤した期間は一三〇日程度で、この間数回にわたり一ヵ月ないし三ヵ月、病気を理由の欠勤を行っていた）等を総合すれば、債権者は、本件解雇当時、将来にわたって、安定した労務を提供しうるとはいえない状況にあり、かつ、提供できる労務の内容も、本来の業務である取付職の業務より軽い作業に限定され、かつ、提供しうる労務の量も通常人に比して少なかった」として、「精神又は身体に故障があるか、又は虚弱、疾病等のため業務に耐えないと認めたとき」に解雇できる旨の就業規則に該当するとして行われた解雇を有効としている。

脳出血で倒れ右半身不随となり、二年あまり後に病状が回復して就業できる状態になったとして復職を申し出た保健体育の高校教諭に対して、「身体の障害により勤務に堪えられないと認められたとき」との就業規則の解雇事由に該当するとしてなされた解雇が争われた事例（北海道龍谷学園事件・札幌高判平一一・七・九労判七六四号一七頁）では、控訴人高校における体育教諭として要請される保健体育の授業での各種運動競技の実技指導を行うことがほとんど無理であった、教室内での普通授業においても、発語・書字力の速度・程度ともに実用の程度に達していなかった、学園祭の行事、修学旅行の付き添い等も困難であったとの認定の下に、「被控訴人の身体能力等は、体育の実技の指導・緊急時の対処能力及び口頭による教育・指導の場面において控訴人の教員としての身体的素質・能力水準に達していなかったものであるから、控訴人高校での保健体育教員としての業務に堪えられないもの」であったとして、解雇を有効としている。

2　労働者の配転可能性の考慮と解雇の相当性判断

問題になるのは、労働者が、現在命じられている職務や休職前に就いていた職務に就くことが困難であるとしても、使用者に他に当該労働者が行うことが可能な職務（仕事・労務）がある場合に、そうした職務への配転可能性を考慮する必要がないかどうかである。裁判例では、就業規則にその旨の規定があり、その措置をとらずに行われた解雇を無効とするものがある（前掲読売新聞社事件）とともに、配転可能性がある場合に、労働契約上の労働義務を履行できない状態にあるとはいえないとして、そのような労働者にたいしてなされた解雇を無効とするものがある（宮崎鉄工事件・大阪地岸和田支決昭和六二・一二・一〇労経速報一三三三号三頁）。これまで挙げたいくつかの裁判例においても、こうした論点について触れられているが、その措置をとることまで求めるものは必ずしも多くない。前掲日野自動車事件では、「控訴人のようないわゆる大企業といわれる規模の会社において、職場外の事故によって労働能力を一部喪失した従業員に対し、解雇でなく、配置転換をもって臨むことは決して不可能ではなく、またこれを求めてもあながち難きを強いるものとはいえず、むしろ望ましいといえないこともないが、しかし、特段の事情のないかぎり、これを控訴人［使用者］の義務として要求し、かかる措置をとらなかったことをもって社会観念上重大な非難に値する行為で、公序良俗に違反するものとすることはできない」としている。また、前掲住友重機械工業事件では、使用者に適正労働配置義務があることを当然とした上で、私病に罹った従業員を復職させるに当たり、その従業員が特別の労務や特別の労働時間を比較的長期にわたって必要とし、使用者においてその経営状態等から右労務や労働時間を受け入れることができない場合には、その従業員に休職あるいは休職期間満了後は自宅療養（私病欠勤）を命じることができるとし、軽作業であっても、安定した労務を提供できると判断された者についてその職に就けられており、債権者のように将来にわたって安定した労務の提供が期待できない状況にあった者につき軽作業に就けなかったことで、適正労働配置義務違反とすることはできないとしている。さらに、前掲北海道龍谷学園事件では、当該教諭が保健体育の教諭資格者として控訴人高校に雇用されたのであるから、雇傭契約上保健体育の教諭としての労務に従事する債務を負担したものであり、就業規則適用上の被控訴人の業務は、保健体育の教諭としての労務をいうものであり、被控訴人が教諭資格を保持している公民、地理歴史の教諭としての業務の可否を論ずる余地はないとしている（もっとも、被控訴人が、社会科教諭として補助・事務の軽減等のない通常の業務の形で公民、地理歴史を教えることの可能性を検討し、それを行うことは難しかったと判断している）。

周知のように、最高裁は、バセドー氏病に罹っている労働者を現場監督業務から外し自宅療養を命じた命令の効力および自宅療養期間中の賃金請求権の存否が争われた事件で、「労働者が職種や業務内容を特定せずに労働契約を締結した場合においては、現に就業を命じられてた特定の業務についての労務の提供が十全にはできないとしても、その能力、経験、地位、当該企業の規模、業種、当該企業における労働者の配置・異動の実情及び難易等に照らして当該労働者が配置される現実的可能性があると認められる他の業務について労務の提供をすることができ、かつ、その提供を申し出ているならば、なお債務の本旨に従った履行の提供があると解するのが相当である」としている（片山組事件・最一小判平一〇・四・九労判七三六号一五頁）。こうした法理を前提とすれば、使用者は、勤務内容を限定していない労働者に対しては、広範な配転命令権を持つとともに、その反面、配置転換の可能性をも含めて当該労働者の労務提供義務の内容を判断することになる。問題は、私傷病に罹った労働者の解雇の相当性の判断に当たってもこうした配慮義務が及ぶか否かである。配転は、使用者の業務上の必要性に基づいて行われるものであり、私傷病に罹った労働者について業務上の必要性とまったく無関係に、使用者に適当な職務を探すべき義務まで一般的に課すことは難しいと思われるが、「その能力、経験、地位、当該企業の規模、業種、当該企業における労働者の配置・異動の実情及び難易等に照らして」比較的容易に行える範囲で、配転の可能性を考慮することは、使用者の信義則上の義務に属すると考えられ、こうした考慮をせずに行われた解雇は、正当性を欠くことになると思われる。

なお、労務提供に影響を及ぼさない疾病は、言うまでもなく解雇の理由とはならない。ＨＩＶに感染している労働者が解雇されたことを違法として雇傭関係存在確認、損害賠償を求めた事件で、原告側のＨＩＶは、通常の接触では感染せず、エイズを発症するか、免疫力が低下し体力が著しく消耗するような状態にならない限り普通に就労することが可能であるとの原告側の主張に対して、その主張を容れて、ＨＩＶに感染していることを理由とする解雇は、社会的相当性の範囲を逸脱した違法な行為として、不法行為となるとしている（ＨＩＶ感染者解雇事件・東京地判平七・三・三〇労判六六七号一四頁）。また、ペースメーカーを装着した、心臓疾患を有するタクシー運転手の解雇についても、原告の機能障害は、刺激伝導路に限られた機能障害であり、本件ペースメーカーの装着により右機能障害による心臓機能の欠陥は健常者とほぼ異ならない程度に補われたものとして、ペースメーカーを装着した原告が業務に耐え得ないとは言えないとして解雇を無効としている（まこと交通事件・札幌地判昭六一・五・二三労判四七六号一八頁）。なお同事件の地位保全仮処分事件では、ペースメーカー自体が確率は低いものの故障がないわけではないこと、タクシーの公共輸送機関としての性格、タクシー経営者が事故の発生を未然に防止する基本的責務を負っていること等を考慮して、「タクシー輸送の安全が損われる危険が相当程度存在するといわざるを得ず、債権者は身体的にタクシー運転の業務に適しない」として解雇を有効としていた（札幌地決昭五八・一二・一五労判カード四二九号）。タクシー運転の業務が他人の生命身体の安全に関与する業務であることを考えると、解雇の措置も無理からぬようにも思われるが、労働者が顧客に危険を及ぼすのではないかとの使用者の不安ないし危惧だけでは解雇が客観的に相当であるとは言えないということである。(33)

病気を詐る、いわゆる詐病は、懲戒処分ないし懲戒解雇の事由となる。

五　結　び

以上、私傷病に労務不能を理由とする解雇の問題を見てきたが、当該解雇が正当と言えるためには、次のようなハードルをクリアできるかどうかが重要になる。まず第一に、当該解雇について就業規則の解雇事由に該当するかどうかである。解雇事由の該当性は、最高裁の判例にあるように、「当該具体的な事情のもとにおいて、解雇に処することが著しく不合理であり、社会通念上相当なものとして是認できないときには、当該解雇の意思表示は、解雇権の濫用として無効になる」（前掲高知放送事件・最二小判昭五〇・一・三一）ものであるから、単に形式的にそれに該当するだけでは足らず、実質的にそれに該当することが必要である。第二は、病気休職制度があれば、回復の見込みが医学的に全くないことが明瞭であるなど特段の事由がない限り、その制度を適用することが必要になる。病気休職制度は、その期間中解雇ないし退職が猶予される制度としての機能を果たしているからである。第三に、休職期間満了時に休職事由が消滅しているかどうかが判断されるが、その際、休職者が直ちに従前通りの職務（勤務・労働）に従事できない場合であっても、その後比較的短期間に従前通りの職務につくことができる状態にまで回復する見込みがあるような場合には、使用者は、「休業又は休職に至る事情、使用者の規模、業種、労働者の配置等の実情から見て、短期間の復帰準備時間を提供したり、教育的措置をとるなどが信義則上求められる」（前掲全日本空輸事件・大阪地判平一一・一〇・一八）のであり、そのような信義則上求められる手段をとらずに解雇あるいは退職扱いとすることはできないということになる。第四に、労働者が職種や業務内容を特定せずに労働契約を締結した場合であれば、休職期間満了時に、従前通りの職務（勤務・労働）に従事できない場合であっても、使用者には、労働者の「能力、経験、地位、当該企業の規模、業種、当該企業における労働者の配置・異動の実情及び難易等に照らして当該労働者が配置される現実的可能性があると認められる他の業務について労務の提供をすることができ」るならば（前掲片山組事件・最一小判平一〇・四・九）、そうした職務への配置転換の可能性を検討したかどうかも、解雇権濫用の有無（ないし正当事由の存否）の判断に影響を与えることになろう。

（1）　幾代通編『注釈民法（16）』（有斐閣、一九六三年）三一一頁。裁判例では、明星電気事件・前橋地判昭三八・一一・一四判時三五五号七一頁参照。

(2)　水島密之亮「賃金の法律上の意義」経済学雑誌一八巻四号四七頁―四八頁。

(3)　ドイツの賃金継続支払法については、水島郁子「ドイツにおける疾病時の賃金継続支払」季刊労働法一七二号（一九九四年）一五〇頁以下、同「ドイツ賃金継続支払法の変更」姫路独協法学二三・二四号（一九九八年）三九九頁以下参照。

(4)　病気休暇制度についてのわが国の取扱いおよび比較法的な研究については、日本労働研究機構『病気休暇制度に関する調査研究』（一九九八年）三頁以下参照。

(5)　下井隆史『労働基準法（第三版）』（有斐閣、二〇〇一年）二七〇頁。

(6)　労働者の死亡は、労働契約関係を終了させるが、使用者が死亡しても、企業が相続人に相続されて継続する限りは労働契約は終了しない。法人企業の場合、労働契約は法人格の消滅する清算の終了時には終了するが、それまでの時点では解雇により終了することになる（菅野和夫『労働法（第五版補正二版）』（弘文堂、二〇〇一年）四三三頁。

(7)　労基法は、本文で述べたように、解雇の時期についての制限（一九条）、解雇の手続きについての制限（二〇条・二一条）を規定するが、それ以外にも、国籍、信条、社会的身分を理由とする労働条件の差別を禁止する労基法三条（均等待遇）が使用者の解雇権を制約する上で重要な意味をもっている。また、労基法一〇四条二項は、使用者は労働者が監督機関に対して労基法違反の事実を申告したことを理由として解雇その他の不利益な取扱いをしてはならないとして、使用者の解雇権を制約している。労基法以外では、均等法が、解雇・定年について女性であることを理由として男性との差別的取扱いを禁止する（八条一項）ほか、労組法七条が解雇を含む不利益取扱いとしての不当労働行為を禁止している。

(8)　労働基準局編著『改訂新版・労働基準法』上（労務行政研究所、二〇〇〇年）二三五頁。

(9)　沼田稲次郎『労働法論上』（法律文化社、一九六〇年）二八三頁。

(10)　吾妻光俊『註解労働基準法』(青林書院、一九六〇年)一八二頁。
(11)　有泉亨『労働基準法』(有斐閣、一九六三年)一四九頁、野田進「解雇」『現代労働法講座10巻・労働契約・就業規則』(総合労働研究所、一九八二年)二一三頁等。
(12)　増田雅一『新労災保険論』(労務行政研究所、一九七九年)四三頁は、労基法による解雇制限および打切補償の支払による解雇制限の解除の趣旨を、「将来にわたり職場復帰を妨げるような重篤かつ永続的な傷病にかかった者について雇傭関係の継続を行なわなくてもよいとすることにある」と捉えて、重篤ではないが永続的な傷病についてどのように考えるべきかの問題提起を行っている。
(13)　労働基準局編著・前掲改訂新版・労働基準法・上二五二頁
(14)　裁判例では、解雇協議約款を規範的部分に属するとしそれに違反する解雇を無効とするものとして、徳島ゴール工業事件・徳島地決昭五〇・七・二六(労判二三三号一九頁)、日電工業事件・横浜地決昭五一・三・二六(労判二五四号五二頁)等がある。とくに理由を示さずに解雇協議約款に違反する整理解雇を無効とするものとして、奥村内燃機事件・大阪地決昭四八・六・二〇(労判一八〇号三八頁)がある。解雇協議約款の意義および効力については、山口浩一郎『労働組合法(第二版)』(有斐閣、一九九六年)一八一頁、菅野和夫・前掲書五五三頁参照。
(15)　萩沢清彦「解雇」『経営法学全集15・人事』(ダイヤモンド社、一九六六年)一四五頁以下。
(16)　最近の裁判例には、単なる例示として捉えているものもある(ナショナル・ウエストミンスター銀行(第二次仮処分)事件・東京地決平一一・一・二九労判七八二号三五頁等)。
(17)　三宅正男「解雇」石井照久・有泉亨編『労働法演習』(有斐閣、一九六一年)一九一頁。
(18)　野村平爾『日本労働法の形成過程と理論』(岩波書店、一九五七年)一〇頁、片岡昇『労働法⑵第四版』(有斐閣、一九九九年)一六三頁、同『労働法の基礎理論』(日本評論社、一九七四年)一一七頁など。
(19)　片岡昇・前掲書一六三頁。
(20)　木村五郎「労働者の解雇」『契約法大系Ⅳ』(有斐閣、一九六三年)一一七―一一八頁。

(21) 有泉亨・前掲書一四六頁。
(22) 吾妻光俊『解雇』(勁草書房、一九五六年)七四―七五頁。
(23) 木村五郎・前掲論文三〇―三二頁。
(24) 下井隆史・前掲書一三四頁以下参照。なお現在、解雇について「解雇権濫用理論」を明文化する方向で新たな立法化の動きがみられるが、それが行われた場合には、従来解雇権の濫用として無効とされたケースが「正当事由なし」として無効とされることになる。
(25) 荒木尚志「外部労働市場と労働法の課題」学会誌労働法九七号(二〇〇一年)七五頁。
(26) ドイツの解雇制限法については、マンフレート・レーヴィッシュ著・西谷敏他訳『現代ドイツ労働法』(法律文化社、一九九五年)四二八頁以下(村中孝史担当部分)を参照した。同法の歴史・発展については、村中孝史「西ドイツにおける解雇制限規制の史的展開」(一)(二)法学論叢一一四巻六号(一九八四年)五五頁以下、一一五巻二号(一九八四年)八〇頁以下、同「西ドイツにおける解雇制限規制の現代的展開」(上)(下)季刊労働法一三五号(一九八五年)一四五頁以下、一三六号(一九八五年)一八一頁以下参照。
(27) 同右書四三七頁(一三二五)。
(28) 同右書四三八―四三九頁(一三三〇)。
(29) 同右書四三八頁(一三三〇)。
(30) 休職に関わる制度には、ここで主として取り上げる私傷病を理由とする病気休職の他にも、傷病以外の労働者の個人的事情による事故休職、組合の在籍専従となった場合の専従休職、公務就任(労基法七条参照)を理由とする公務休職、刑事事件で起訴されたことによる刑事起訴休職、さらに 他企業への派遣・出向を理由とする派遣・出向休職などがある。ただ民間の休職制度は、公務員の場合(国公法七五条・七九条・八〇条、地公法二七条二項・二八条二項)とは異なり、法律に根拠がないため、休職事由、休職期間の長さ、休職中の待遇および休職期間満了に伴う取扱いなどは、当該休職制度を定める就業規則、労働協約によるところが大きい。休職は、従業員としての地位を維持させたまま就労を禁止ないし猶予する点で懲戒処分としての出勤停止や停職と同じであるが、従業員の職務上の義務違反あるいは規律違反に対する制裁（懲戒処分）として行われるものではない点で懲戒処分としての出勤停止や停職と異なっている。病気休職の場合は、解雇猶予の機能があり、専従休職、公務休職、派遣・出向休職などでは、他の制度との関係を調整する機能があるとされる。刑事起訴休職の場合は企業の信用保持、職場規律の維持さらには処分の留保・猶予の機能が混在している（山口浩一郎『労働契約』（日本労働研究機構、二〇〇一年）一一三頁以下参照）。

(31)　塚本重頼・萩沢清彦『労働法実務全書1・労働契約の成立・終了』（ダイヤモンド社・一九七一年）一九五頁。

(32)　前注（4）参照。

(33)　水島郁子「疾病労働者の処遇」『講座21世紀の労働法7巻・健康安全と家庭生活』（有斐閣、二〇〇〇年）一四二頁。

V　労働契約と社会保障法

15　強制加入の手続と法的構造

加藤智章

はじめに
一　職域保険における強制加入システム
二　国民健康保険および国民年金における被保険者
三　強制加入の法的構造
むすびにかえて

はじめに

社会保険の特徴のひとつは、強制加入に求められる。

社会保険は、法律で定められた範囲の人々を対象に、一定の保険事故に対して保険給付を支給する。ここで強制加入とは、人的適用範囲に関して、個人の意思に関わらず当該制度への加入を強制し、同時に保険料の負担義務を課すことをいう。法文に忠実に表現するならば強制適用ということになるが、被保険者資格の付与という側面に着目した場合、強制加入ということができる。

しかしここで留意すべきは、強制加入という用語には二つの含意があることである。ひとつは、個別制度における被保険者に該当する者の加入を強制するという側面である。理念的には、被保険者資格の取得と同時に保険給付を受ける権利を取得するとともに保険料の負担義務が発生することといいかえることもできる。いまひとつは、特定の個別制度に加入する資格がなくとも、他の制度への加入を強制されるという皆年金皆保険の法理ともいうべき側面である。本稿では、前者の意味において強制加入を用い、被保険者に該当する者が個別制度に加入する場合の手続とその法的構造を検討対象とする。

このような社会保険の特徴といわれる強制加入が、現実の制度運用においてどのような手続のもとに実現されているか、それに関連して事業主の被保険者資格に関する届出義務の性格を検討するのが本稿の目的である。

強制加入の問題を検討するのは、以下の三つの理由による。第一に、高齢社会への移行に伴い社会保障制度の構造改革が求められるなか、財源に関する保険料と租税あるいは社会保険方式と税方式をめぐる議論に代表されるように、社会保険制度に対する否定的見解が散見されるからである。第二に、社会保険制度への不信から、いわゆる国民年金の空洞化という事態が進行しているといわれる。また、デフレ・スパイラルに象徴される経済状況の低迷は、高い失業率を引き起こすばかりでなく、保険料負担への忌避感を増長させているようにも思われる。これと密接に関連して第三に、健康保険および厚生年金保険の強制適用事業であるにもかかわらず、国民健康保険および国民年金へ移行する事例も顕在化している。偽装脱退ともいわれる事態であり、制度的には適用事業所全喪届を悪用した虚偽の資格喪失行為が行われている。(1) あるいは限界事例との評価も可能であるが、被保険者、事業主および保険者という相互監視の三者構造を有する職域保険においても、制度への不信が表面化している事態は見逃すことができないと思われる。

このような状況において、社会保険制度の核心ともいうべき強制加入の法的意義に関する議論はそれほど活発ではなかったといえる。強制加入の問題は大きな広がりを抱える領域であるが、財源をめぐる保険料と租税との議論をより建設的なものとするためにも、基本に立ち返って、社会保険の構造を検討することは意義があると考える。このため、本稿ではまず、健康保険、厚生年金保険（以下では、単に健保、厚年と略す）および雇用保険を主たる対象に、これら職域保険における強制加入手続が現実にどのように運用されているかを概観する。次に、地域保険たる国民健康保険と国民年金との検討を行う。職域保険の特質を考えるうえで有益と考えるからである。そして最後に、強制加入の私法的効力、特に事業主と被保険者との関係を、被保険者資格に関する取得手続の懈怠を理由とする裁判例を中心に考察してゆきたい。

一　職域保険における強制加入システム

職域保険において、労働者が被保険者資格を取得するためには、基本的には適用事業に使用されることが求められる。ここには二つの要件が存在する。適用事業該当性と被保険者該当性である。適用事業該当性とは、就労先の企業等が法所定の強制適用事業に該当することであり、労働者と事業主との間に、被保険者たりうる一定の使用関係があることを被保険者該当性という。第二の被保険者該当性という要件については、従来、使用関係の有無と被保険者資格という論点で議論されてきた(2)。

ここではまず、適用事業該当性につき、その概要と届出手続について検討した後、被保険者該当性について使用関係などを概観し、被保険者資格の得喪に関する手続および資格確認の意義について考察する。

1　適用事業該当性

後に検討する地域保険が、地域住民であることに着目して被保険者資格を付与するのとは異なり、職域保険では、被保険者の範囲を定めるために、強制的に適用される事業（以下、強制適用事業という）を定める必要がある。特に、健康保険と厚生年金保険の場合、この強制適用事業の範囲は、事業内容、法人か否かなどの業種等と従業員の人数に関する事業規模という二つの要件により定められる。

健康保険と厚生年金保険はともに、事業の行われる一定の場所ないし一定の目的のもとに継続的に事業を行う場所を事業所とし、強制適用事業の範囲を法律により定めている。しかし業種等の要件に着目すれば、その範囲は、厚年法において船舶が強制適用事業とされていることを除き、同じである。そして、強制適用事業に該当しない業種等として、農林業、水産業、畜産業、料理飲食業あるいは自由業等の法人以外の事業所があげられる。これらは任意包括適用事業の認可あるいは社会保険庁長官の認可を受けた場合に限り、健保・厚年の適用事業となるに過ぎない。

また、健保法一三条一号と厚年法六条一号は、従業員を常時五人以上使用しているという事業規模をひとつの要件としている。この事業規模により強制適用か否かが決定されるため、その従業員に関する人数の算定は非常に重要である。健保における通達のなかには、「その事業所に使用されるすべての者について計算すべきである」[3]とか、「従業員のうち、（国家公務員：筆者注）共済組合員にならない者については、その人数が五人未満であっても共済組合の組合員を含み五人以上であれば、強制被保険者となる」[4]とするものがある。これに対して、「（健保）法一三条の二で定める被保険者から除外される者を含めて五人のときは強制適用事業にはならない」あるいは「常時五人以上とは、常態として五人以上の従業員を使用するの意であって、従業員とは、その事業所に使用される従業員の全体であるが、臨時使用人、季節的業務に使用される者など被保険者から除外される者（厚年一二条）は、これに含まれない」とする行政解釈が存在する。[5]このように人数の算定方法に関する行政解釈は、適用除外規定との関係でやや混乱しているように思われる。

これに対して雇用保険は、事業が開始された日に雇用保険の保険関係が成立する。[6]すなわち、労働者を一人でも雇用する事業は、その業種や事業規模の大小を問わず、すべて当然適用事業とされる。しかし、農林水産業における個人経営の事業で、労働者が常時五人未満の事業は暫定任意適用事業とされる。

これら適用事業該当性については、業種等でその該当性が争われる事案は少ないものの、従業員規模の側面では被保険者資格と関連して、強制適用の可否が問題となる可能性がある。(7) そして、法人を設立した場合などを別にして、従業員規模という要件に着目すれば、事業を開始する時点ではまず雇用保険の適用を受け、事業規模の拡大すなわち従業員が五人以上になることに伴い、健保・厚年の適用を受けることとなる。

2　適用事業届出手続

適用事業に該当する場合、事業主は、それぞれ以下に示す届出をしなければならない。

まず、健康保険については、①事業主の氏名および住所、②事業所の名称、所在地および事業の種類を記載した届書を五日以内に都道府県知事に提出しなければならない。(8) また、この事業所が同時に厚年法六条一項に定める事業所に該当する場合には、その旨を届書に附記することを求めている。(9) さらに、被保険者資格を取得すべき従業員がいる場合には、被保険者資格を取得した者がいることを都道府県知事に届出なければならず、その被保険者に被扶養者がいるときは被扶養者届を添付しなければならない。

しかし、実務では、健康保険・厚生年金保険新規適用届として、次のような書類の提出を求められる。①新規適用事業所現況書、②登記簿謄本（個人事業の場合は、事業主の住民票抄本）、③保険料口座振替依頼書、④直近の決算書または試算表（前年度が個人事業の場合は確定申告書、個人事業の場合は青色申告書または確定申告書）、⑤賃貸契約書（事業所が借地・借家の場合）、⑥事業内容に応じて営業許可等が必要な場合には、各種許可証・免許証の写、⑤被保険者資格取得届、⑥被扶養者届、⑦年金手帳である。(10) これらの書類を受け付けてから、調査・説明会の日時を後日連絡することとされており、調査日は毎月一〇日前後、説明会は毎月二〇日前後に行うことが明示されている。[11]また、調査時には事業主または事務責任者の来所を要請しており、上記書類のほか、⑧出勤簿、⑨賃金台帳、⑩労働者名簿、⑪源泉徴収簿を必ず持参することが注意書きに明記されている。

これに対して雇用保険の場合、事業主は保険関係が成立した日から一〇日以内に、所轄の労働基準監督署長または公共職業安定所長に対して、①その成立した日、②事業主の氏名または名称および住所、③事業の種類、④事業の行われる場所その他厚生労働省令で定める事項を政府に届け出なければならない。[12][13]

実務では、雇用保険適用事業所設置届として、次のような書類の提示を求めている。①労災保険と雇用保険をあわせてひとつの労働保険として扱う一元適用事業では、所轄労働基準監督署の受領印の押印された労働保険関係成立届ならびに労働保険概算保険料申告書の写し、②労災保険、雇用保険それぞれの保険関係を別個に取り扱う二元適用事業にあっては、労働保険関係成立届ならびに労働保険概算保険料申告書、③商業登記簿謄本、営業許可証の写し等記載内容を確認できる書類、④雇用保険被保険者資格取得届または被保険者転入届、⑤雇用保険被保険者証を持っている者がいる場合にはその被保険者証、である。

健保・厚年と雇用保険における届出手続について、次の二点に注目したい。第一は、健保・厚年に関する提出書類のなかに事業実態、換言すれば保険料負担の確実性を証明すべきことが求められている点である。直近の決算書または試算表（前年度が個人事業の場合は確定申告書、個人事業の場合は青色申告書または確定申告書）がそれを象徴している。強制適用事業において、保険料の負担能力を審査する必要があるのか疑問が残るからである。強制適用の効果は、理論的には、従業員規模も含めて、適用事業に該当し被保険者資格の要件すなわち形式的要件を満たせば発生するのであって、保険料の負担能力に左右されるものではないと考えられる。

第二は、健保・厚年と雇用保険に共通するが、新規適用事業所に関する届出の手続について、その手続を懈怠したことを直接の対象とする罰則規定が存在しないことである。被保険者資格の得喪など被保険者の異動に関する罰則規定で十分であるともいえるが、被保険者の把握という面ではなお不十分ではないかと考えられる。被保険者資格に該当するか否かを、とりあえず事業主あるいは労働者の判断に委ねることになるからである。

3　被保険者該当性と被保険者資格の得喪

職域保険では、それぞれの制度において複数の被保険者類型が存在する。しかし、適用事業に該当するとしても、その事業に働く者すべてが被保険者とはならない。ここでは、典型的な類型の被保険者資格がどのように画定されるのか、資格の得喪に関する手続および資格確認の意義について検討する。

(1)　被保険者該当性

職域保険における被保険者は、各制度の歴史的沿革や趣旨・目的に応じていくつかの類型が存在する。健保・厚年の場合には、先に述べた適用事業該当性との関連で、従業員規模に関する要件が存在するため、強制被保険者あるいは強制適用被保険者のほかに、任意包括被保険者ないし任意適用被保険者という類型も存在する。(14) これに対して、雇用保険では、労働者をひとりでも雇用する事業が適用事業とされることとの関係で、「被保険者とならない者」に該当しない限り、その意思に関わらず、法律上当然に被保険者となる。(15) そして、基本的な被保険者類型である一般被保険者には労働時間に応じて、短時間被保険者以外の一般被保険者と短時間被保険者という区別が存在する。(16)

問題となるのは、いかなる者が被保険者となるのかである。端的に述べれば、職域保険における被保険者資格は、事業主との間の使用関係の有無により決せられる。すなわち、健保・厚年では適用事業に使用される者が、雇用保険では適用事業に雇用される者が、被保険者とされる。

健保・厚年における規定に着目して、被保険者資格の発生要件である適用事業に使用されることを使用関係と表現すれば、この使用関係は、必ずしも雇用契約ないし労働契約の存在を前提とするものではない。使用関係は労基法上の労働者概念よりも広い概念として理解されており、法人代表者も法人との関係で使用関係にあることを理由に被保険者資格を認めた裁判例も存在する。(17)このような被保険者該当性に関する使用関係の拡大傾向は雇用保険にも妥当するといえる。(18)

使用関係の解釈とも関連して注目すべきは、いわゆる四分の三ルールともいうべき取扱の存在である。これは、厚生省保険局保険課長・社会保険庁医療保険部健康保険課長・同庁年金保険部厚生年金課長が、昭和五十五年六月六日、都道府県民生主管部保険課課長宛に示した内簡によって、健保・厚年の被保険者資格の有無につき、次のように指示している。すなわち、被保険者資格の有無の判定基準を「常用的使用関係」の有無により判断するとし、その「常用的使用関係」は、「就労者の労働日数、労働時間、就労形態、勤務内容を総合的に勘案して認定すべきであるが、一日または一週の所定労働時間および一ヶ月の所定労働時間が当該事業所の同種業務につく通常の就労者の概ね四分の三以上である就労者は原則として被保険者資格者として取り扱うべきである」とする。非典型的労働者の増加による就労形態の多様化に対するひとつの対応と評価することができる。

ここで問題とすべきは、四分の三ルールが使用関係の判断基準として妥当かということではなく、四分の三ルールの手続的妥当性である。第一に、きわめて重大な法律関係を発生させる被保険者資格の取得にかかわる使用関係の判断を行政通達ですらない内簡により運用している。第二に、何故四分の三なのかについての根拠が不明であるとともに、当該ルールないし内簡の存在が国民には周知されていない。第三に、四分の三ルールに該当するかを、事業主が第一次的に判断して被保険者資格取得届を提出することとなる。このため、事業主が意図的に、あるいは事業主と就労者とが共謀して保険料の負担を軽減するという作為も可能である。したがって、保険料の負担を免れたいと考える事業主あるいは就労者に被保険者の資格取得届を提出しないことの根拠を与える一方、被保険者資格の取得を期待していた就労者に対する不必要な説得材料として利用される可能性がある。これに対して、保険者側には、立入調査権、罰則規定の適用など一定の権限が与えられているが、どこまで実効性を有するのか大きな疑問が残される。事実、非常勤嘱託員や研修医について、被保険者資格ないし組合員資格の有無が争われる事案が散見される。(19)

(2)　被保険者資格の得喪と確認

ここでは、被保険者に該当する場合、いつ被保険者資格を取得し喪失するか、そして資格の得喪に関連してなされる資格確認処分の手続と意義を検討する。

(i)　被保険者資格の得喪　健保・厚年において被保険者資格を取得するのは、原則として、当該適用事業所に使用されるに至りたる日である。(20)また、健保法一三条ないし厚年法六条一項に規定する以外の任意包括適用事業所ないし任意適用事業所の事業主が、被保険者となるべき者の二分の一以上の同意を前提に、厚生労働大臣ないし社会保険庁長官の認可を受けた場合には、その認可を受けたときあるいは当該事業に使用されるに至りたる日(21)に被保険者資格を取得する。これら強制被保険者と任意包括被保険者とは、使用されるに至りたる日に被保険者資格を取得する点で共通しており、保険給付や保険料の算定方法等に対する取扱につき差異はない。そして死亡したとき、退職などにより事業所に使用されなくなったときなど、その事実が発生した翌日にその資格を喪失する。

事業主は、被保険者資格の得喪に関する事実が発生した日から五日以内に、被保険者資格取得届ないし喪失届を都道府県知事または組合に届出しなければならない。(22)これら資格取得届ないし喪失届は「使用する者の異動」に関する報告に該当し、その報告をしなかったり虚偽の報告をした場合には、六月以下の懲役または三〇万円以下の罰金に処せられる[23]。

これに対して、雇用保険では第四条に「被保険者とは適用事業に雇用される者であって、六条各号に掲げる者以外のものをいう」としか規定されていない。そして、事業主は被保険者となった事実のあった日の属する月の翌月一〇日までに雇用保険被保険者資格取得届を、資格喪失の事実があった日の翌日から起算して一〇日以内に資格喪失届を、その事業所の所在地を管轄する公共職業安定所の長に提出しなければならない[24]。

このように雇用保険における被保険者については、健康保険、厚生年金保険とは異なり、被保険者資格の得喪に関する規定が存在しないことに注目すべきである。雇用保険の場合には、資格の確認に関する規定だけが存在するのである。これは、基本手当の支給要件と関連する。基本手当は、原則として、離職の日以前一年間に、被保険者期間が通算して六ヶ月以上あることを要件に支給される。ここにいう被保険者期間とは、被保険者であった期間のうち一定の賃金支払基礎日数がある期間を意味し、被保険者として雇用されていたすべての期間とは異なる。したがって、基本手当の支給にあっては、離職の日から遡及して、期間の算定を行う。そして、賃金支払の基礎となった日数が一四日以上あるときに被保険者期間一ヶ月として計算する。このように、被保険者期間の算定の特殊性から、雇用保険においては被保険者資格の取得した時点に関する規定が存在しないと考えられる。しかし、限界事例であるとしても、被保険者期間の算定に関連して被保険者資格を取得した時点を明確にすべき必要性は残されているといえよう。

(ii)　被保険者資格の確認[25]　ここで留意すべきは、被保険者資格取得届の提出をもって、被保険者資格が確定し、保険給付受給権および保険料負担義務が発生するものではないことである。健保においては都道府県知事または健康保険組合、厚年では社会保険庁長官が、そして雇用保険では厚生労働大臣が確認することによって、被保険者資格の得喪の効力を生ずる。このような確認は、事業主による被保険者資格取得等の届出ばかりでなく、被保険者あるいは被保険者であった者による請求、さらには職権により保険者も行うことができ、いつでも文書または口頭で行うことができる[26]。

具体的な手続として、健保の場合には、被保険者資格取得届の提出により、地方社会保険事務局長または健康保険組合が確認を行い、文書で確認を行った旨を事業主に通知し[27]、事業主はその通知を受けたときには遅滞なく被保険者に通知しなければならない。そして、資格取得の確認が行われたとき、都道府県知事または健保組合は、事業主に対して被保険者に関する被保険者証の記号・番号を通知しなければならないとともに、被保険者に被保険者証を交付する[28]。また、厚年では社会保険庁長官が確認を行い、被保険者資格をはじめて取得する場合には年金手帳が被保険者に交付される[29]。さらに、雇用保険では、公共職業安定所長が確認をしたときは、確認に係る者および事業主に対してその旨を通知し、事業主を通じて被保険者に雇用保険被保険者証を交付しなければならない[30]。

この確認の意義に関して、最高裁は以下のように判示している。すなわち、「適用事業所に使用されるに至った労働者はその日から当然に被保険者資格を取得することとするが、労働者が被保険者資格を取得することによって保険者と被保険者並びに事業主との間に重大な法律関係が生ずるところから、資格取得の効力の発生を確認に係らしめ、保険者または都道府県知事が確認するまでは、資格の取得を有効に主張し得ないこととしたものであり、したがって、確認は事業主の届出の日または確認の時を基準とするのではなく、資格取得の日を基準として行うべきである[31]」。つまり、被保険者資格は事業主の届出の日または都道府県知事の行う確認の時を基準とするのではなく、資格取得の日を基準に、それが過去に遡るのであればその時点に遡及して、その時点から被保険者資格の効力が発生するとの見解を明らかにした。これと同様に、雇用保険法の場合には、失業等給付を受ける権利の行使は厚生労働大臣の確認を経てはじめて具体的に行うことができる。その理由として「基

本手当の所定給付日数を算定するための基礎となる被保険者歴を確実に把握する必要がある」などとされている。(32)

二　国民健康保険および国民年金における被保険者

一定の地理的範囲に住所を有する者に被保険者資格を付与する社会保険を地域保険とすれば、国民健康保険と国民年金（以下では、単に国保、国年と略す。）がこれに該当する。これらの地域保険は、職域保険の適用を受けられない人々を対象に制定されたという経緯から、職域保険各法のいずれにも属さない者を被保険者としてきた。(33)以下では、国民健康保険における市町村国保の被保険者と国民年金における一号被保険者(34)について検討する。

1　被保険者資格に関する届出義務

国民健康保険では、被保険者資格の得喪について、事実の把握を迅速正確に行うため、世帯主に所定の届出義務を課している。資格取得に関する届出については、例えば自営業者が転居して、市町村に住所を有するに至った場合と、職域保険の被保険者がその資格を喪失して、適用除外事由に該当しなくなった場合に分けられる。いずれの場合にも一四日以内に以下の事項を記載した届書を市町村に提出しなければならない。(35)①被保険者資格を取得した者の氏名・性別・生年月日・世帯主との続柄・現住所および従前の住所・職業、②資格取得の年月日およびその理由、③すでに被保険者資格を取得している者がある場合には、その旨および被保険者証の記号・番号、④退職被保険者である場合には、その旨および年金給付の支給を行う者の名称、受給権を取得した年月日である。これらの届出は、住民基本台帳法の規定による届出事項と重複する事項が多い。このため、両方の届出を一本化する方式が採用されており、転入、転居、転出および世帯変更の届出の際、その届書に国保被保険者証の記号・番号を付記することにより、国保に関する届出もなされたこととされている[36]。しかし、職域保険との間の移動、出生・死亡による被保険者資格の得喪や氏名変更等については、国保独自の届出が必要である。これらの届出により、世帯単位で被保険者証が作成され、世帯主に交付される。

国保との比較からいえば、国民年金の被保険者資格に関する届出手続の特徴は被保険者個人が自ら届出義務を負うことに求められる。すなわち、一号被保険者は、資格取得の事実があった日から一四日以内に、以下の事項を記載した届書を市町村長に提出しなければならない。①氏名・性別・生年月日および住所、②国民年金手帳を所持し、かつ当該手帳に記載されている氏名に変更がある者は変更前の氏名、③被保険者の種別、④資格取得の年月日およびその理由、⑤国民年金手帳の交付を受けた者については基礎年金番号である[37]。被保険者等からの届出を受けた市町村長は、社会保険庁長官に対しこれを報告し、この報告を受けた社会保険庁長官は当該被保険者の国民年金手帳を作成したうえで、年金手帳を当該被保険者に交付しなければならない[38]。

2 被保険者資格の得喪

国保における退職被保険者以外の被保険者は、市町村または特別区の区域内に住所を有するに至った日あるいは法六条の適用除外規定に該当しなくなった日に被保険者資格を取得する。逆に、区域内に住所を有しなくなった日あるいは適用除外規定に該当するに至った日の翌日に、被保険者資格を喪失する。

また、国年の一号被保険者は、二〇歳に達したとき、日本国内に住所を有するに至ったとき、被用者年金各法に基づく老齢給付等を受けることができる者でなくなったときに被保険者資格を取得する。そして死亡したとき、日本国内に住所を有しなくなったとき、六〇歳になったときなどに資格を喪失する。

これら地域保険の場合、被保険者たる要件に該当した時点で被保険者資格を自動的に取得し、資格喪失事由に該当したときには被保険者資格を喪失する。すなわち、被保険者資格の取得と同時に、保険給付を受ける権利を取得するとともに保険料の負担義務が発生する。そして、保険者が個別具体的な被保険者の動向を把握することは困難であるから、保険者は、保険料負担義務に基づく保険料の納付を通じて、被保険者の存在を把握することとなる。

被保険者資格の得喪に関して、このような事実発生主義を採用するため、地域保険では職域保険にみられる資格得喪に関する確認規定は存在しない。これは、地域保険が基本的に保険者と被保険者との二当事者関係により成立していることと密接に関連する。職域保険における事業主が存在しないため、国保の被保険者証や国民年金手帳の交付が被保険者資格の取得を確認する機能を果たすからである。国保法九条二項に規定する被保険者証交付請求権は、このことを裏付けるものである。しかし逆に言えば、保険料を納めない利益を優先させる者にとっては地域保険への加入を強制させる契機を決定的に欠いているということができる。被保険者ないし世帯主が被保険者資格の届出を怠り保険料の納付を免れれば、保険診療を受診できないとか老齢基礎年金の受給額が減額されるなど保険給付受給権に影響するものの、保険者は被保険者の存在そのものを把握できないからである。そして、被保険者の存在が不明であれば、保険料未納に対する制裁措置を発動することもできないこととなる。また保険料を納付したとしても、国民年金の場合には、障害・死亡を除き年金受給権の発生に長い期間を要するため、保険料の納付実績が年金受給権とどのように関連するのか、いわば途中経過に関する情報の提供などが求められるといえよう。

三　強制加入の法的構造

一、3の(2)被保険者資格の得喪と確認において検討したように、事業主の行う資格取得および喪失の届出は、被保険者資格を確認するための前提手続であり、被保険者資格の得喪に関する効力は、保険者等による確認処分によって発生するとされている。

以下では、強制加入の法的構造に関連して、確認処分に関する最高裁判決の意味、事業主の被保険者資格に関する届出義務の法的性格および損害賠償請求権の成否に関する年金受給権の判断（届出日と資格取得日との齟齬に関連する確認の意義）を中心に検討したい。

1 確認処分の意義

先に紹介した確認処分に関する最判は、「適用事業所に使用されるに至った労働者はその日から当然に被保険者資格を取得する（が：筆者注）、保険者または都道府県知事が確認するまでは、資格の取得を有効に主張し得ない」と述べている。ここにいう「資格の取得を有効に主張し得ない」との意味が、次に検討する資格取得届の届出義務との関係で問題となる。とりわけ、届出義務の私法上の性格を論ずるうえで、給付受給権が確認により発生するのか否かが議論の対象となる。地域保険におけるように、事実発生主義をとるならば、事業主の資格取得に関する届出義務の性格も変化すると考えられるからである。

この問題を考えるうえで注目すべきは、確認処分が行われるまえに保険事故が発生した場合の取扱である。結論を先に述べると、被保険者資格を取得していることが確認されれば、たとえ確認処分がなされる前に発生した事故であっても、健保における療養費請求権、厚年における障害厚生年金請求権が認められる。このことは、職域保険における被保険者資格も事実発生主義を採用しているかのような誤解を招く。しかし、ここで留意すべきことは、健保における主たる保険給付は療養の給付であり、療養費はあくまでも例外的な給付と位置づけられるし、障害厚生年金の問題もごく例外的な事象と考えられる。したがって、職域保険における被保険者資格は、事業主の資格取得届を前提とする保険者の確認処分によって、有効に主張しうることとされるのである。このことは、被保険者証の交付や年金手帳の記号・番号の決定を通じて、保険事故が発生した場合、何の支障もなく保険給付受給権を主張しうることを意味する。(39)同時に確認処分は、保険給付を基礎づける保険料の負担について、負担義務の発生時点と負担額を確定する機能も有するのである。したがって、確認処分がなされたのちに保険事故が発生した場合には、支給要件を満たす限りで所要の規定に基づく給付額が、年金給付における裁定を除き、いわば自動的に支給されることとなり、これが最判のいう「資格の取得を有効に主張し得る意義といえる。(40)保険給付がなされるたびに被保険者資格の有無を明らかにする手続を回避するともいいかえることができる。

2　届出義務の法的性格

確認処分は、事業主の行う被保険者に関する資格取得届の提出に基づいて行われる。この届出義務は従来、公法上の義務と解されてきた。保険者との関係で事業主の負う公法上の義務であることには異論はない。しかし、最高裁も説示しているように、被保険者資格の取得は保険者、被保険者および事業主との間に重大な法律関係が生ずることからいえば、この公法上の義務は事業主と保険者との関係を説明しているに過ぎない。保険者と被保険者、被保険者と事業主との間には、いかなる法律関係が生ずるのか。特に被保険者と事業主との関係を検討する際、ひとつの手がかりを与えるのは、被保険者に関する資格取得の届出を事業主が怠ったため保険給付を受ける権利を喪失したとして、被保険者である労働者が事業主を相手に損害賠償を請求できるかという事案である。裁判例は数少ないが、届出義務の法的性格および損害賠償請求権の可否それぞれについて、結論は分かれている。

届出義務の法的性格については、その論拠はやや不明確であるが私法上の義務を肯定する例の方が多く、否定例は少ない。

明確に私法上の義務であることを否定する例として、エコープランニング事件がある。(41) 大阪地裁は、届出義務について、「これはあくまで公法上の義務であって、右が直ちに雇用契約において使用者が労働者に対して負担する義務であるとは解することができない（このことは厚生年金保険の保険料額は標準報酬月額に、一定の保険料率を乗じて算出されるが、保険料の負担は被保険者と事業主とがそれぞれ保険料額の二分の一ずつを負担するとされていて、届出手続をした結果、労働者側にも保険料の支払という負担が生じることからもうかがうことができる。）」と述べている。

これに対して肯定例では、次のように論じる。古くは「事業主は労働行政面の義務を負担するとともに、被用者たる控訴人につき当該保険事由発生の場合に備えその保険金受領に支障なからしむるため遅滞なくその被保険者資格取得を届出づる私法上の義務を負担する」(42) とするものがあり、近時の例として、京都市役所の非常勤嘱託員につき厚年法二七条の届出を怠った事案において京都地裁は「被用者が厚生年金に加入する権利を侵害する結果とならないように注意すべき義務がある」(43) と述べた。また、届出義務懈怠を不法行為とした裁判例では、関西医科大学の研修医につき、「使用する者」の該当性が争われた事案で、大阪地裁は「共済制度への加入は加入者等の福祉にとって重要な事柄であり、特に適正に対処すべきことが求められる」(44) から加入義務があるのに加入させなかったことは違法にして過失があるとしたほか、労働者に対する敵視から各種保険の届出をせず、年休取得に係る賃金カットを行うなどの行為につき、「その行為の内容、態様等にかんがみるとき、……原告（労働者）に対する不法行為に該当する」(45) とするものがある。

学説においては、被保険者資格取得届の提出は「本来的には被保険者資格者本人が行うべきものである」として、代理権の問題と理解するものもある[46]。また、「届出義務を行政法規上の義務ではあるが、……不法行為法上の作為義務をも構成する」とする見解もみられる[47]。さらに資格取得届についてではないが、事業主の保険料の拠出義務につき、「労働契約から当然に生ずる義務ではなく、社会保障法が設定した社会的義務である」とし、その理由を「事業主はその使用する労働者に対して契約上直接の給付義務を負うものではなく、保険料も労働者に対する債務の一内容をなすものではない」と敷衍するものがある[48]。

私見は、労働契約ないし委任契約における本来的義務と考えたい。第一に、社会保険の歴史的沿革からいって、被保険者本人が本来、資格取得届の提出義務を負っていたとは考えにくい。逆選択を防止するという観点からいえば、保険者と被保険者との関係からいって第三者の立場に立つ事業主に被保険者資格の届出義務と保険料納付義務を課すことが合理的だからである。第二に、先に確認処分の意義において検討したように、職域保険は、事業主による被保険者資格届の提出から確認処分まで一連の手続の履行を前提に、強制加入の体系を構築している。このため、第一の理由とも関連するが、被保険者には保険料の負担義務を課す一方で、事業主には被保険者の保険料に関する源泉徴収の権限を与えるとともに、保険料の負担義務と納付義務、さらには被保険者に関する資格取得の届出義務を罰則つきで課している。これらの規定は、特に保険料に関する事業主と被保険者との関係を規律しており、保険料の具体的な発生要件である被保険者資格の取得に関する届出義務が公法上の義務にとどまり、事業主と被保険者との関係を規律しないとするならば、強制加入の根幹である逆選択の防止を維持することは困難とならざるを得ない。見方をかえれば、被保険者の休職等を理由に事業主が保険料を立替払いした場合、保険料負担分を退職金などから控除することが認められていること[49]は、事業主と被保険者との間に債権債務関係が成立していることを示している。第三に、届出義務の私法上の効力を認める裁判例から明らかなように、「厚生年金に加入する権利を侵害する結果とならないように注意すべき義務」あるいは「共済制度への加入は加入者等の福祉にとって重要な事柄であり、特に適正に対処すべき」義務があるというべきである。これらの観念は、ある種の誤解があるとはいえ、皆年金皆保険という認識を生み出す源泉となっており、公共職業安定所における求人票における必須の情報として、あるいは一般の求人広告における重要な情報として社会保険制度の適用の有無が求められていることも、それを証明しているといえよう。そして第四に、以上の三つの理由からいえば、強制加入への適正な対処をすべき義務は、労働契約ないし委任契約における義務というべきであって、届出義務の懈怠は債務不履行と評価すべきものとなる。法定された適用事業に該当し、被保険者にも該当する以上、被保険者資格を取得した者の存在を届け出る義務は、労働契約に付随する信義則上の義務にとどまるものでなく、労働契約における事業主の本来的債務と考えるべきである。

3　年金受給権に関する損害の成否

事業主が届出義務を怠ったことを理由に、債務不履行として損害賠償の請求を認める場合、何をもって損害とするかが問題となる。理論上、医療保険給付や雇用保険給付も問題となりうる。この意味では、社会保険給付の受給権全般が検討の対象となる。しかし、医療保険給付の場合、健保被保険者の届出がなされていないとすれば、国保被保険者としての給付が可能であるか自由診療による医療の提供を受けることになり、健保による療養給付を受けた場合の一部負担金との差額を損害と認定できる。傷病手当金もまた支給されないとすれば、損害と認定することが可能である。また、雇用保険における保険料の未納は給付受給権に影響を及ぼさないという裁判例があり、「自己」の被保険者資格の得喪に関し、確認の請求を行うことができ、その確認を受ければ、基本手当を受給することは可能であるから、本件不履行により基本手当相当額の損害が生じたとの主張は失当である」とする事例もある。[50] しかし、確認を受けたとしても支給自体が遅延したり、被保険者期間が時効消滅にかかり給付日数が短縮されるならば、これらの遅延や短縮自体を損害とみることもできよう。

難しいのは年金給付受給権についてである。次のような裁判例がある。厚生年金二ヶ月分の保険料未納が争われた事案で、「原告（労働者）が老齢年金受給資格を現在有していないことは明らかであり、将来これを取得するか否かは、成否未定の事柄である。原告が老齢年金受給資格を取得してはじめて問題となりうる不利益であって、現時点においては、その発生は未確定である」[51] とされた。これと同種の事案として、勤務継続の蓋然性が乏しいことなどから、「雇用契約の際、老齢厚生年金保険金を受給できるよう配慮すべき信義則上の義務はなかった」[52] と判示するものもある。

これらの判決には、二つの疑問がある。第一に、厚生年金としての報酬比例部分に関する老齢年金の受給権だけを問題としていることである。損害額の算定のため、老齢年金の受給額の確定が求められることは理解できる。しかし、厚生年金に加入しないとされる場合には、国民年金の一号被保険者あるいは三号被保険者としての地位に立つことになり、特に一号被保険者となる場合には保険料負担は定額とはいえ全額被保険者が負担することとなる。しかも老齢厚生年金の被保険者期間を積み重ねてゆくこともまた、現役労働者にとっては重要な利益である。年金額に直接反映されるからである。さらに、年金給付の性格上、一時金たる損害賠償金によりどこまで損害の回復が可能かという問題も存在する。したがって、厚生年金の被保険者たりうることの利益は法的保護に値する利益というべきであって、損害の発生が未確定であるとはいえない。[53] 第二に、保険事故としての老齢年金だけを対象としていることである。厚生年金保険の保険事故は、老齢、障害および死亡である。したがって、届出義務を怠ったことによる損害は、老齢年金だけに限定されるものではない。障害年金や遺族年金の支給要件とも密接に関連する可能性が残されている。保険料が納付されていないことにより保険料納付期間等の算定について、障害年金や遺族年金の受給要件を満たさない可能性があるとすれば、そこに損害の発生を認定できる余地が生じると思われる。

むすびにかえて

冒頭で述べたように強制加入をめぐる問題の地平は広く、ここでは適用事業と被保険者資格をめぐる手続と被保険者の資格取得届に関する法的構造について若干の検討を試みたに過ぎない。

強制加入に関わる手続規定につき問題となったのは、強制適用事業の把握を確実にするための規定に欠けること、被保険者資格に関していわゆる四分の三ルールに代表されるように、被保険者該当性の第一次的判断が事業主の側に委ねられていることである。しかし、これらのことからただちに、雇用保険のように労働者を一人でも雇用する事業を強制適用事業とすべきであるとの主張は本稿の趣旨とは異なる。職域保険と地域保険との併存体制を採用する以上、医療保障ないし所得保障の必要性、給付と負担の公平性の確保という視点から、人的適用範囲の合理的な確定がなされるべきだからである。本稿において問題としたのは、保険料の賦課徴収および滞納処分において、民事訴訟判決を経ることなく、保険料の督促・滞納処分により保険料債権の回収権能を与えられている保険者が、強制適用事業の掌握や被保険者資格の付与について十分な調査権限を有しているのか、実効的な権限行使を行っているのかということである。保険集団を構成する被保険者や事業主と利害対立する側面において、保険者はいかなる機能を果たすべきかという保険者機能の問題ともいいかえることができる。この意味では、保険者の有する調査立入権限や、保険料の督促・滞納処分権などの検討が今後の課題となる。

強制加入に関する法的構造については、被保険者の資格取得に関する事業主の届出義務を中心に検討した。

本稿では、被保険者と事業主との関係において、資格取得に関する届出義務は、労働契約ないし委任契約における本来的義務と考えるべきであると結論づけた。そして、このように考えるならば、事業主がこの届出義務を怠り、被保険者に該当する者が社会保険給付の受給権に関して損害を被った場合には、債務不履行を理由に事業主に対して損害賠償を請求できることとなる。この結論に対しては、現象面での理解にすぎないとの見解がすでに存在し、さらにあらたな批判も予想される。しかし、筆者が債務不履行的構成による考察を試みたのは、届出義務がなぜ不法行為法上の作為義務ないし信義則に基づく付随義務にとどまるのかについて得心できない点があったからである。職域保険が労働関係に着目して制度を構築したことは、単に制度設計上の技術的問題として片づけられない側面を有しているのではないかと考える。この点の検討も今後の課題といえる。

（1）　朝日新聞二〇〇二年三月一二日によれば、「一〇〇〇年度に全喪手続をした二万六八一事業所のうち八一九〇事業所を抽出して約四％の二九八事業所が事業を継続していたり、短期間で再開したりしていた」とされる。なお、新潟社会保険事務局での聞き取りによれば、全喪届は届出内容に疑義があれば確認を行うなどの対応により適正になされているとの回答があった。なお、新潟県全体の全喪届の件数の取りまとめは行っていないとのことであった。

（2）　水町勇一郎『パートタイム労働の法律政策』（有斐閣、一九九七）、倉田聡「短期・継続的雇用者の労働保険・社会保険」日本労働法学会編集『講座二一世紀の労働法』（有斐閣、二〇〇〇）所収、保原喜志夫「パート労働者への社会保険等の適用」ジュリスト一〇二一号五〇頁。

（3）　昭和一八年四月五日保発第九〇五号。この通達は、厚生省保険局等監修『健康保険法の解釈と運用（第九版）』（法研、一九九六）一二六五頁に掲載されているが、社会保険庁運営部保険指導課監修『健康保険事務提要』（ぎょうせい、平成一三年一〇月三〇日現在）には収録されていない。

（4）　昭和二九年九月一三日保文発第九九八七号。

（5）　前掲『健康保険法の解釈と運用』一二六六頁および厚生省年金局年金課等監修『厚生年金保険法解説』（法研、

一九九六）三八五頁参照。

（6）労働保険の保険料の徴収等に関する法律第四条。

（7）適用事業該当性が争われた事案として、尼崎市職員自治振興会事件（神戸地尼崎支判昭六一・五・二〇労判四八三号三七頁）がある。

（8）健保則一〇条。

（9）厚年則一三条は、健康保険と同様、①事業主の住所、②事業所の名称、所在地および事業の種類の提出を求めているが、この届出は健保則一〇条の規定によって届書を提出するときは、これに併記して行うものとしている。同条三項には船舶所有者の場合の規定が設けられている。

（10）任意包括適用の場合には、あわせて①任意包括申請書および同意書、②公租公課の領収書の提出が求められる。

（11）これら調査日、説明会の日程は、各社会保険事務所において異なり、全国一律にこの日程で行われているわけではない（新潟社会保険事務局での聞き取りによる）。

（12）労徴則四条の二。

（13）労徴則四条。同条一項では、本文であげた事項のほか、事業に係る労働者数の届出も求めている。また、雇用保険法施行規則一四一条には、さらに事業所を設置し、または廃止した理由を記載した届出書の提出を規定している。

（14）このほか、健康保険法では継続被保険者、厚生年金保険では任意単独被保険者という類型が存在する。継続被保険者とは、被保険者資格を喪失した者で、資格喪失の日の前日まで継続して二月以上被保険者であった者が、資格を喪失した日から二〇日以内に申請した場合に付与される資格である。申請は、政管健保に所属していた者については都道府県知事に、組合健保に所属していた者について当該健保組合に行わなければならない（健保則一五条）。継続被保険者の保険料は全額自己負担であり（健保七二条）、納付義務も被保険者本人が負う（健保七七条）。また、継続的被保険者としての資格は、継続的被保険者となった日から起算して二年を経過したとき、六〇歳に達したときなどに喪失する（健保二一条）。

任意単独被保険者とは、適用事業所（強制適用事業所と任意適用事業所）以外の事業所に使用される七〇歳未満の者で、その事業所の事業主の同意を得たうえで、社会保険庁長官の認可を受けた者である。社会保険庁長官の認可を受けた日に資格を取得する。

(15)　雇用保険法五条は従業員数については言及しておらず、同六条は、被保険者とならない者として、雇用期間の短いもの（日雇労働被保険者を除く）や、他の制度により失業時の保護を受ける船員保険法の被保険者などを規定している。

そして就労形態や年齢という属性に応じて四つの被保険者類型（一般被保険者、高年齢継続被保険者、短期雇用特例被保険者および日雇労働被保険者）がある。

(16)　一週間の所定労働時間が、同一の適用事業に雇用される通常の労働者の1週間の所定労働時間に比して短く、かつ、厚生労働大臣の定める時間数（三〇時間）未満である者をいう。

(17)　大阪府建築健康保険組合事件で、控訴審（大阪高判昭五五・一一・二一行集三一巻一一号二四四一頁）は被保険者該当性を肯定した（なお、原審は大阪地判昭五四・八・二七行集三〇巻八号一四二四頁）。

(18)　使用関係に関する「裁判例および行政解釈を統一的かつ合理的に説明することは、かなり難しいといわざるを得ない」とするものに、前掲倉田「短期・継続的雇用者の労働保険・社会保険」二六七頁がある。これは、理念的にいえば、健保・厚年しか存在しない場合、これらの制度による人的適用範囲を拡大する意図が働いたことと関連するように思われる。健保・厚年の被保険者資格がなくとも、国保・国年の被保険者資格を取得することができるのであれば、労働者概念に該当するか否かの機械的な判断基準に基づき、被保険者資格の振り分けも可能だからである。

(19)　京都市役所非常勤嘱託員事件（京都地判平一一・九・三〇判時一七一五号五一頁）、関西医科大学研修医（損害賠償）事件（大阪地判平一三・八・二九労判八一三号五頁）参照。

(20) 厚生年金保険における被保険者については、健康保険とは異なり七〇歳未満という年齢制限が存在する。
(21) 任意包括適用事業所において使用される者であっても、日々雇い入れられている者など法一三条の二に該当するする者は被保険者とはされない。
(22) 健保則一〇条の二、同一〇条の三、厚年則一五条、二二条。多くの場合、健保の被保険者は同時に厚年の被保険者となるから、健保における資格取得届に基礎年金番号など厚生年金に関する事実を併記することとされている（健保則一〇条の二第二項、厚年則一五条二項）。
(23) 健保八七条、厚年一〇二条、雇用八三条。ただし、厚年法の罰金は二〇万円以下とされている。
(24) 雇用則六条、同七条。
(25) 確認制度は、昭和二九年法律第一一五号により全部改正された厚生年金保険法および同法附則二九条により改正された健康保険法においてはじめて設けられた。それ以前には、資格取得に関する紛争は保険給付に関する処分をめぐる紛争のなかで争われていた。このため、確認という行政処分を介在させることにより、資格取得に関する紛争を早期に確定することとされた（東京地判昭五六・一一・二六行集三二巻一一号二一〇五頁参照）。
　このような確認制度と同種の規定は農林漁業団体職員共済組合法一六条二項にも存在するが、国家公務員、地方公務員および私立学校教職員の共済各法には存在しない。
(26) 健保法二一条の二、厚年法一八条・三一条、雇用保険九条。
(27) 確認処分につき不服がある場合には、通知を受けた日から六〇日以内に文書または口頭で審査請求することができる。（健保八〇条、厚年九〇条）。
(28) 健保則二二条、二三条以下。
(29) 厚年則八一条。年金手帳は、健康保険の被保険者証とは異なり、被保険者資格を喪失してときにも返納する必要がなく、年金手帳の記号・番号は全国どこの事業所に転勤した場合でも一生変更されることはない。
(30) 雇用則九条、一〇条。なお、厚生労働大臣の確認の権限は公共職業安定所長に委任されている（雇用則一条一項）。

（31）山本工務店事件（最判昭和四〇・六・一八集民七九号四一三頁・判時四一八号三五頁）。

（32）厚生労働省職業安定局雇用保険課編『雇用保険の実務手引〈平成一二年度版〉』（労務行政研究所、二〇〇一）一〇四頁。

（33）市町村国保の被保険者となるのは、健康保険などの被保険者とその被扶養者のほか、生活保護法による保護を受けている世帯に属する者など適用除外規定（国保六条）に該当しない者であり、退職被保険者とそれ以外の被保険者という二つの類型が存在する。

また、国民健康保険組合の場合と退職被保険者の被扶養者を除いて、被扶養者という概念は存在せず、世帯主に扶養されている者であってもすべて被保険者とされる。

（34）国民年金の被保険者は、強制被保険者と任意加入被保険者とに大別され、強制被保険者は、第一号から第三号までの被保険者に区別される。二号被保険者は、被用者年金各法の被保険者または組合員であり、被用者年金各法と国民年金に二重加入することとなる。三号被保険者は二号被保険者の被扶養者であって二〇歳以上六〇歳未満の者である。一号被保険者は、日本国内に住所を有する二〇歳以上六〇歳未満の者のうち、二号および三号被保険者を除いた人々ということになる。

次のいずれかに該当する者は強制被保険者から除かれ、社会保険庁長官に申し出ることによって任意加入被保険者となることができる（法付則五①）。①日本国内に住所を有する被用者年金各法の老齢年金または退職年金を受けられる二〇歳以上六〇歳未満の者、②日本国内に住所を有する六〇歳以上六五歳未満の者、③日本国内に住所を有しない二〇歳以上六五歳未満の日本国民である。このほかさらに特例として、昭和三〇年四月一日以前に生まれ、老齢基礎年金の受給資格のない者で、①日本国内に住所を有する六五歳以上七〇歳未満の者、②日本国籍を有する者で、日本国内に住所を有しない六五歳以上七〇歳未満の者は、社会保険庁長官に申し出ることにより被保険者となることができる。

任意被保険者の場合には、氏名、性別、生年月日および住所等を都道府県知事に提出しなければならない（国年則二条）。

(35) 国保則二条、三条。

(36) 住民基本台帳法二二条以下、国保法九条四項。

(37) 国年一二条一項および国年則一条の二第一項。また、国年一二条二項には世帯主の届出義務に関する規定が定められている。

(38) 国年一二条五項および同一三条。

(39) したがって療養費の場合には、被保険者となるべき者が医療機関における診察治療行為が行われたことなどを主張立証しなければならないこととなる。

(40) 資格取得時と保険給付に関する処分とのあいだに時間的間隔が開くという不利益を解消することを指摘するものに、大阪電通大学事件（東京高判昭和五六・一一・二六行集三二巻一一号二一〇五頁）がある。ある意味で、確認処分は所有権における登記が第三者に対する対抗要件となることと共通する。

(41) エコープランニング事件（大阪地判平一一・七・一三賃社一二六四号四七頁）。本件については、原告側代理人板垣善雄氏の判例解説がある（賃社一二六四号四四頁以下）。

(42) 名高判昭和三二・二・二二下民集八巻二号三五一頁。

(43) 京都市役所非常勤嘱託員事件（京都地判平一一・九・三〇判時一七一五号五一頁）。本件の判例評釈として、原田啓一郎法政研究六七巻三号一九七頁、坂本重雄判評五〇五号一七四頁、津田小百合民商一二二巻三号一一四頁、永野仁美季刊社会保障研究三六巻四号五六一頁がある。

(44) 関西医科大学研修医（損害賠償）事件（大阪地堺支判平一三・八・二九労判八一三号五頁）。

(45) 三庵堂事件（大阪地判平一〇・二・九労判七三三号六七頁）。

(46) 小西國友「年休取得の意思表示の受領権限と使用者が社会保険上の手続を履践しないことの不法行為性」株式

会社三庵堂事件（大阪地判平一〇・二・九労判七三三号六七頁）ジュリスト一一四八号三五二頁。
(47) 前掲永野仁美前掲京都市役所事件解説季刊社会保障研究三六/四/五六一、同旨岩村正彦『社会保障法I』（弘文堂、二〇〇一）五二頁。
(48) 荒木誠之『社会保障の法的構造』（有斐閣、一九八三）四六頁および五一頁。
(49) ヤマト科学事件（東京地判昭五九・三・二六労判四二七号二三頁）、医療法人十全会事件（東京地判平六・七・一五労判六六九号六〇頁）。
(50) 大同石油事件（秋田地判昭三一・一一・二〇労民七巻六号一一一九）、角兵衛寿司事件（大阪地判平元八・二二労判五四六号二七頁）。
(51) リブラン事件（東京地判昭和六〇・九・二六労判四六五号五九頁）。
(52) 前掲エコープランニング事件（大阪地判平一一・七・一三賃社一二六四号四七頁）。
(53) 事業主との関係で損害賠償を認めるほかに、保険料に関する消滅時効が存在するため、保険料の納付は二年間に限定される。このため、届出義務の懈怠に対する被保険者期間の回復措置など制度運用上の対策も求められる。

16 介護事故とリスクマネジメント

関川芳孝

はじめに
一 介護保険施行前夜、二つの介護事故の明暗
二 介護事故の現状と課題
三 介護事故とリスクマネジメント
四 介護事故防止のための法的課題

はじめに

介護保険がスタートし、社会福祉の基礎構造は大きく変容した。なかでも、措置から契約へという制度改正は、介護施設と利用者の権利・義務関係を明確にした。こうした利用関係の変容がサービスの提供過程や具体的な権利義務の内容にどのような影響をもたらしているのか、今後より実証的な研究が必要のように思われる。本稿では、このような問題意識から、介護事故を取り上げて、介護施設における事故対策の動向、とりわけリスクマネジメントの取り組みの意義について考察する。なかでも、介護事故とリスクマネジメントの問題を取り上げたのは、特別養護老人ホームにおける事故責任のあり方が、従来行政による監督規制の枠組みのなかで位置づけられてきたものが、介護保険施行により、施設側において、契約責任が問われる問題との認識される

に至り、当事者により契約上の権利・義務関係が明確に急職され、かつ施設側においても、サービス体制の見直しの動きが最も顕著なテーマであると考えたからである。

一　介護保険施行前夜、二つの介護事故の明暗

二〇〇〇年四月、介護保険施行を前後して、誤嚥で利用者が死亡した事件について裁判所の判断が下されている。ひとつは、特別養護老人ホームにおけるショート・ステイ入所者の死亡事故をめぐる損害賠償訴訟、平成一二年二月二三日特別養護老人ホーム緑陽苑事件、横浜地裁川崎支部判決である(1)。もうひとつは、老人保健施設入所者の死亡事故をめぐる損害賠償訴訟、平成一二年六月一三日老人保健施設ユトリアム事件、横浜地裁判決である(2)。いずれも食物を気管に詰まらせた誤嚥事故により利用者が死亡した事件である。しかし、緑陽苑事件では、施設側の過失が認められたのに対して、ユトリアム事件では、施設側には過失がなかったと判断されている。

ふたつの裁判例を比較しながら読むと、日頃の事故リスクに対する管理体制のあり方が、判決内容に明暗を分けるものとなっていることがわかる。なかでも、二つの事件に共通し重要な争点として浮かび上がっているのは、異常発見後の救命体制のあり方である。こうした事故発生後における損害拡大防止のため、施設側にはどのような対応が求められるべきであろうか。

(1)　まず、緑陽苑事件の概要と判決内容を説明したい。訴外Aは、多発性脳梗塞で倒れ病院に入院した後、気管支炎などのため入院と自宅療養を繰り返していた。平成七年一二月、被告Y施設のショート・ステイ利用時には、Aは、痴呆も進んでおり、かつ食事と入浴時以外はベッドで過ごすなど、全介助の状態であった。一

二月八日の朝、Aが、ホーム職員の介助のもと、朝食を取り終えて、水分ゼリーと薬を飲んだ後、事故は発生した。八時二十三分ごろ同職員が、薬を飲ませてから数分して、下膳や他の利用者の食事介助から戻ってみると、Aは既に意識がなくチアノーゼを起こしていた。ホーム職員が、まず、Aを居室に運び血圧や脈を計るが、その段階で既にAにはバイタルサインの反応はみられなかった。その後、ホーム職員は、電話で家族から入院先を確認し、救急車を呼んだ。しかし、八時五十分ころ救急車が到着した段階では、既にA　は息絶えていた。救命措置に当たった病院医師の診断によれば、死因は窒息、窒息の原因は誤飲。家族らには、気管に大量の食べ物が詰まっていたと説明する。そこで、法定相続人である妻および子どもXらが、施設を経営するY法人を相手どって、Aが亡くなったのはYが経営する特別養護老人ホームの職員らの過失によるものであるとして、被告に対して不法行為又は債務不履行による損害賠償を求めた。

裁判所は、Aの死因を食物の誤飲による窒息と認定、かつ異変発見から救急車を呼ぶまでに、ホーム職員には適切な処置を怠った過失があると判断し、Yに対して総額二二二〇万円の支払いを命じた。死因については、「Aは、食事の際に、飲み込みが悪く、口にため込んで時間がかかる者であったこと、Aは、朝食時、ご飯を半分近く、なめたけおろし、茄子、味噌汁のおつゆを摂取していたこと、本件事故が朝食後に起きていること、救急隊員の応急処置において、口腔内から異物が発見されていること、中島医師の診察時も、気道に食物が詰まっていたこと、同医師が死因を窒息と判断していること、などが認められるのであり、これらに照らすと、Aの死因は、食物の誤飲による窒息と認められる」。

さらに、職員の過失について、「Aは、食事の際に、飲み込みが悪く、口にため込んで時間がかかる者であったこと、本件事故が朝食直後に起きていることなどからすれば、Aの異変を真っ先に疑われるのは、誤飲であったと言うべきである。しかしながら、B職員らは、誤飲を予想した措置をとることなく、吸引器を取りに行くこともせず、また午後八時二十五分ごろに異変を発見していながら、午前八時四十分ごろまで救急車を呼ぶこともなかったのであり、この点に適切な処置を怠った過失が認められる。」「本件において、仮に、速やかに背中をたたくなどの方法をとったり、吸引器を使用するか、あるいは直ちに、救急車を呼んで救急隊員の応急処置を求めることができていれば、気道内の食物を取り除いて、Aを救命できた可能性は大きいというべきである。」

本件では、誤嚥などのケースにおいて、誤嚥であることを予見するべきであるにもかかわらず、通常求められる一連の救急救命措置が十分にとられていないことに注意義務違反があったと認めている。すなわち、異常発見後すみやかに背中をたたくなどのタッピング、口腔内の食物の取り出し、吸引機の利用、人工呼吸などの措置がとられず、救急車の手配も遅れている(3)。誤嚥・誤飲のケースでは、酸素供給の停止から五分ほどで脳に不可逆的損傷を生じることから、職員が異常発見から現場で速やかに応急措置をとることが求められる。本件では、こうした措置がとられないまま、異変を発見し救急車を呼ぶまで一五分もかかっている。緑陽苑では、こうした安全確保のための措置が日ごろからどのように講じられていたかは明らかではないが、少なくとも判決内容を見る限りでは、職員のとった対応では異常発見後において通常介護施設に期待されている救命措置が適切に行われているとはいいがたいように思われる。

(2)　次に、ユトリアム事件について明らかにしたい。平成九年八月入所した被告Yが経営する老人保健施設に軽度痴呆の高齢男性Aが、九月二〇日六時ごろ夕食時におかずとして出されたこんにゃくを喉に詰まらせた。事故発生後、被告Y職員らは、ただちに隣接する協力病院Bに連絡するとともに、Aをサービス・ステーションの近くに移動させた上、Aの口腔内に指を差し入れ、喉からこんにゃく一個を取り出したが、症状の改善が見られなかったため、ただちに隣接する協力病院にAを車いすで搬送した。協力病院　Bでの救命措置の結果、こんにゃくが取り出され、昇圧剤の投与などにより、Aは自発呼吸が可能となったものの、延命治療が必要な状態となった。これに対して、原告ら家族が自然経過観察を希望したこともあって、Aは翌日二一日に心停止により死亡した。そこで、Aの遺族である原告Xらは、被告医療法人を相手どって、Aに対する監護義務違反、監視義務違反、事故後の措置に過失があるとして、主位的には債務不履行、予備的に不法行為にもとづく損害賠償の支払いを求め、提訴した。

裁判所は、原告が主張する施設側の過失について、⑴コンニャクを食材として使い、食事に供したこと、⑵摂食障害が懸念されるAの食事に際して職員が常に付き添っていなかったこと⑶事故当時、三名の職員が食堂を巡回しながら監視する体制をとっていたこと、⑷事故発生後の救命措置が不適切であったことについて、いずれも施設側の過失を否定した。なかでも、救急救命措置における過失については、「誤飲事故発見後、被告職員らは、Aに対して、速やかに通常一般的に用いられている救急救命措置を行い、症状の十分な改善がみられなかったので、速やかに隣接する協力病院に搬送し、医師の措置に委ねているのであるから、一連の救急救命措置が不適切であったとか、老人保健施設に要求される注意義務に対する違反が存在するとまで認められない」とした。さらには、「一刻を争う救急救命措置の現場において、複数存在する救命方法の選択は、患者の容態等をふまえて、実施者が適切と思われる方法を適宜選択して実施されるべきものであって、その手段方法が、医学上通常行われる方法で行われていた以上、それをもって相当とすべきであ」るとした。

この事件でも、緑陽苑事件と同様に利用者の死亡という最悪の事結果を回避できなかったものの、施設側に通常求められる救急救命の措置は速やかに行われている。本件施設では、日頃こうした救急救命のための研修を事前に実施していたことも、事故発生後における損害拡大防止に的確な対応がとられた要因のひとつとなっているものと推測される。なお、事実上病院に併設される形で設置された老人保健施設であるため移送の時間はわずか数秒ですんでいる。緑陽苑事件と比較すると、本格的な救命蘇生の処置を行える提携病院との物理的かつ組織的な距離が近接していることが、本件施設においてよりスムーズな組織的な対応を可能としている点も見逃せない。

(3)　これまで特別養護老人ホームなど介護施設における賠償責任が裁判において追求されたケースは極めて少ない。ＴＫＣ法律情報データーベースを検索し調べてみても、一九四五年から二〇〇〇年一二月末までの期間では、前述の特別養護老人ホーム緑陽苑事件、横浜地裁川崎支部判決のふたつの事件の他、老人保健施設に入居していた全盲の女性が三階から落下し死亡した医療法人さくら会事件、東京地裁平成一二年六月一二日判決が確認できたにすぎない[4]。認可外保育所などを含めても、福祉施設全体で、裁判例は三十に満たないのが現状といえる[5]。

こうした施設側の賠償責任については、主として三つの法的構成が考えられる。ひとつは、民法上の不法行為責任、もうひとつは、土地工作物の設置又は保存の瑕疵による損害に対する所有者又は占有者の責任、最後に、利用契約における債務不履行責任である。これまでは、措置制度の枠組みから、福祉施設と利用者との利用関係を直接契約として構成することが難しかったこともあって、主として不法行為責任を追求する裁判が主流といえたが、最近では施設事故を契約上の債務不履行として構成する裁判例が増えている。

具体的な債務の内容としては、各施設における介護契約にも若干のニュアンスがみられるが、介護契約の債務の本旨に従ったケアの提供という点から考えれば、施設側には利用者一人ひとりの生命および身体の安全に十分に配慮し、適切なケアを行うことが契約上当然に求められるべきものと考える。すなわち、施設には、福祉施設という生活の場、介護サービスの提供過程において、利用者の生命及び身体を危険から保護する義務が契約上存在する。したがって、利用者の容態、ケアの場面その他の状況から事故の発生が予測すべきところ、職員が注意を怠って想定される事故発生を回避するため必要な措置が十分にとられていなければ、債務の不履行があったと判断されよう。

具体的な注意義務の内容は、今後裁判例の積み重ねを待つしかないが、本件についていえば、利用者の容態から誤嚥事故の可能性についてあらかじめ予見し得たはずなのに、職員があわてて予見できなかった場合や、誤嚥事故の結果想定される最悪の事態に対し、これを回避するための救急救命の措置を講じていなかった場合には、施設側に帰責事由が認められるので、注意義務違反の責任が問われることになろう。しかも、介護に当たる職員は、ケアの専門スタッフであるから、家族介護と比較すれば、より高度の予見義務および結果回避の義務が課せられていると考える。[6]

なお、緑陽苑事件では、事故当日利用者本人の介護に当たっていた職員個人の注意義務違反を問題にしているのに対して、ユトリアム事件では、さらに施設側のサービス管理のあり方についても問題にし、注意義務違反を主張している。これについて、施設側がどこまで組織的に事故を防止する義務を負うべきかが問題となるが、ユトリアム事件判決は、次のように興味深い判断をしている。すなわち、事故当時のシフトでは三名という限られた職員体制のもとで業務に当たっていたが、職員が常に付き添って食事介助をしていなかったことについて、施設側の注意義務違反を認めていない。さらには、救急救命措置の手段及び方法についても、医学上通常行われる方法で行われていた以上、それをもって相当とすべきと判断している。

このことからも明らかなように、ユトリアム事件では、施設側に課せられている注意義務の内容を、施設という生活の場において発生するあらゆる事故リスクから利用者の安全を保証する義務（結果債務）と考えておらず、むしろ安全確保のために通常必要とされる手段をとる、可能な限り安全な生活環境を整える義務（手段債務）としてみているのであろう。そこでは、業界スタンダードからみて、回避するべき事故に対し、本来必要とされるべき手段が講じられていない場合について、施設側の責任を問題にするという考えが読み取れる。このように実際の訴訟のなかでは、日頃の事故リスクに対する管理体制のあり方が問われる。このことが判決を通じて明らかになり、どのようにして事故を予見し、どこまで結果回避の措置を講ずるかなど、施設側のリスクマネジメントに対する関心が高まったといえる。

二　介護事故の現状と課題

これまで介護事故が裁判で争われた事例は少ない。しかし、介護事故は実際に特別養護老人ホームおいて起きている。全国社会福祉協議会では、平成一二年に福祉サービス事故についての調査研究を取りまとめているが、多くの特別養護老人ホームで事故を経験していることが明らかにされている。以下、この調査研究によりながら、老人福祉施設における介護事故の現状と課題について検討したい。

(1)　この調査によると、特別養護老人ホームなど老人福祉施設において事故が発生し、保険請求に至ったケースに限定しても、かなりの事故件数が確認できる。平成一一年度に全国社会福祉協議会・社会福祉施設総合損害補償保険から給付が支払われた件数は、傷害保険給付支払い件数一二七〇件、賠償保険給付支払い件数二四五件であった(8)。そのうち、特別養護老人ホームなど老人福祉施設についてみると、傷害保険給付支払い件数は六四三件、賠償責任保険給付支払件数が一三四件となっている。この他に、ショート・ステイについても、傷害保険給付において一四件、賠償責任保険では六件である。また、老人デイサービスについては、傷害保険給において四二件、賠償責任保険では二二件であった。

このように傷害保険および賠償保険のいずれについても、全福祉施設のうち、特別養護老人ホームなど老人福祉施設における事故が圧倒的に多い。かつ賠償保険が支払われたケースでは死亡事故などの重大事例も老人福祉施設に多い。このことは、利用者側におけるＡＤＬの低下や痴呆症などが事故の発生原因に寄与しているものと考えられる。

こうした特別養護老人ホームにおける保険請求に至った事故を分析すると、幾つかの特徴が浮き彫りになる。まず、⑴事故が八月から一一月に多い⑵九時から一八時に集中している⑶施設内事故が八八％を占め、そのなかでも居室内の事故が三八％を構成する⑷移動中と歩行中の事故が全体の四九％を占める⑸受傷原因は転倒が六八％と一番多いことが指摘されている。(9)

こうした事故の実態は、調査研究で行った福祉サービス提供にかかる事故に関する緊急アンケートでも明らかにされている。なかでも、特別養護老人ホームでは、三年間に事故があったと回答した施設が九一・九％に及び、施設の現場で事故が起きていることが実証されている。

特別養護老人ホームにおける事故形態は、幾つかに類型化できる。アンケート調査の結果を分析すると、事故類型としては、転倒、転落、誤嚥、打ちつけ・挟み込みなどが多い。発生場所も、歩行・移動中、食事中、入浴時などが事故発生のリスクが高い場所といえる。

このように事故の大部分は定型的なものであるにもかかわらず、特別養護老人ホームにおける事故防止は、万全とはいいがたいように思われる。たとえば、二〇〇〇年一二月の調査段階では、事故防止マニュアルや事故発生時の対応マニュアルが存在していないところが少なくなかった。事故防止のための業務マニュアルを作成している特別養護老人ホームは、回答のあった特別養護老人ホーム全体の二三・八％。さらには、事故発生時の対応マニュアルがあると回答した特別養護老人ホームは、同じく四二・七％にすぎなかった。そして、職員に事故報告をさせている特別養護老人ホームは四九・二％あるものの、実際に事故につながりかねない体験をしたケースについて、ヒヤリ・ハットの事例まで報告させているのは、四一・六％の特別養護老人ホームにすぎなかった。事故防止を目的とした職員教育は、実施していると回答した施設が六九・二％を占めるが、内容には施設長による注意の喚起が含まれる。

(2)　こうした事故データーから見る限り、特別養護老人ホーム全体で見る限り、定型的な事故が繰り返して発生しており、事前に潜在的な事故リスクを把握できるものが少なくない。しかしながら、福祉施設は、必ずしも訴訟の脅威に曝されず、事故が起きても誠実に謝罪すれば解決できるという経験を積んできた。そのため、予見可能な事故リスクに対してすら、必ずしも結果回避の措置が十分に講じられていないところが少なくない。具体的には、事故回避の基本的な対応方針が決められておらず、適切な介護の業務マニュアル、事後発生時の対応マニュアルも存在せず、体系的な事故防止のための職員研修や救急救命措置の安全教育も行われていない施設も珍しくなかったといえる。こうしたサービス管理の実態から考えると、被害者側から訴訟により債務不履行責任が追求されたならば、発生した事故について賠償責任を免れない特別養護老人ホームがこれまでも少なからず存在したと推測される。

平成一三年の初めに実際に幾つかの特別養護老人ホームに対して、これまでの事故対策のあり方についてヒアリングしたところ、発生した事故に対しその都度事故原因の分析と対策の検討を積み重ねているが、潜在的な事故リスクに対する対応基準が作られていないところが殆どであった。たとえば、事故が発生すると職員に経緯を説明し注意を喚起するなどの方法は、極めて対症療法的にすぎる。しかも、事故防止のための安全教育というと、救急蘇生法の研修を毎年一―二回程度というレベルである。なかには、ＯＪＴで先輩の職員が指導していると回答したところもあったが、先輩職員が何をどのように指導するのか明らかになっておらず、事故防止のための介護マニュアルは存在していなかった。事故の経験や事故回避の工夫は、職員のなかで常識ないしは当然知っておくべき事柄としてインフォーマルには共有されているのであろうが、必ずしもマニュアルなどの形式により業務基準が作成され、職員全員で共有されるシステムとなっていないことも問題といえる。

私がヒアリングした限りでは、防災や感染症の予防などの分野について事故対策を定めているところはあったが、想定される事故発生のリスクを網羅的に洗い出し、事故結果の深刻さのレベルに即した対応基準を設け、事故防止のための職員研修と対応基準の実践を組織的に積み重ねていたところは、残念ながらみられなかった。

⑶　こうした現状からすれば、介護事故は起こるべくして起きているといえよう。事故の多くは、直接原因としてみると、見守り不足など職員の不注意があげられるが、施設側のサービス管理システムにも、少なからず問題がある。たとえば、前述の二つの裁判例についてもいえることであるが、誤嚥事故は、嚥下困難な高齢者が少なくない介護施設において当然予想されるべき事故類型のひとつである。緑陽苑事件では当日食事の介助に当たっていた職員の事故発生時の対応が注意義務違反を構成するかが争点となっているので必ずしも明らかではないが、緑陽苑に限らず、大部分の特別養護老人ホームにおいて組織的な事故防止の取り組みにも幾つかの課題を残しているように思われる。

たとえば、第一に、利用者の咀嚼能力など容態のアセスメントは、現場で適切に行われていたのだろうか。普通食である常食・常菜が可能と判断されても、高齢者の容態が変化することも珍しくない。実際に食事介助に当たっている職員には、嚥下困難者のリストに名前が挙がっていなくとも、事前のアセスメントを鵜呑みにせず、実際に嚥下されているか、食事中に咳払いをしていないかなど、利用者の摂取状況を注意深く観察する必要がある。こうしたことが、一つひとつ業務マニュアルで確認されていたのだろうか。

第二に、献立や食材の選択は十分配慮されていたかも問題である。誤嚥事故を防止するために、柔らかく煮てあるか、小さく切り分けられているか。野菜のきざみは十分かなどがあげられよう。また、常食・常菜のケースでも、呑み込みが悪い場合には、スプーンなどで小さく刻んでおくことも必要であろう。

第三に、誤嚥事故防止のための監視体制は万全であったか。たとえば、必要に応じて食事における職員配置を見直すべきではなかったか。食事介助を要する利用者が増えているにもかかわらず、朝食などは従来どおりの勤務体制で夜勤者と早出勤務者だけの少ない職員配置で食事介助に当たっていると、すべての利用者の様子を注意深く観察するのは困難である。職員の観察力不足や注意不足はこうした職場環境のもとで起きる場合が少なくない。さらには、食事後三〇分程度は各テーブルから担当職員は離れないで容態の観察することも必要ではなかったか。

第四に、誤嚥事故発生後において適切な救命措置がとられる体制ができていたのか。実際に、救命器具等が配備され、対応マニュアルが作成され、すべての職員に対して応急措置の指導が定期的に行われていたのかである。

いずれも、基本的な事柄ばかりであるが、職員個人の自覚に任せていたのでは、事故は防止できない。職員の注意不足などヒューマンエラーは起こるべきものとして、事故防止のシステムを確立することが求められる。実際にある施設における誤嚥事故について尋ねてみると、⑴車いすの上での姿勢が安定していないまま、食事を提供した⑵名前の確認をせずに配膳した結果、普通食を出した⑶誤嚥しやすい食材を使っているにもかかわらず、食べ物を小さくするなど、特別の注意を払わなかった⑷嚥下を十分確認しないまま、普通の人のペースで食べさせた⑸他の職員に声かけずに食事介助の場を離れたなど、幾つかの人為的ミスが考えられるとの説明がなされた。こうした問題に対して、ミスした職員に対し漠然と「介護の基本を守れ」と注意するだけでは十分ではないであろう。職員がとるべき正しいケアの内容や方法、手順をアニュアルに定め、事故回避のためにとるべき対応や注意するべき事柄を明記するなど、介護の基本を守らせるシステムが必要である。

すなわち、事故防止のためには、食事介助のプロセスを分解し、一つひとつ誤嚥事故に繋がりかねない潜在的なリスクを洗い出し、誤嚥事故防止のために職員はどう行動するべきであるのか対応基準を検討し、細かな注意するべき内容をマニュアル化する。そして、研修などを通じて、すべての職員に守らせるよう徹底することが必要といえる。訴訟においては、必ずしも常にこうした対応がとられていないことが直ちに施設側の義務違反を構成するとは限らないが、人命尊重を旨とする介護施設であれば、本来とられるべき事故防止のための取り組みであると考える。

三　介護事故とリスクマネジメント

1　リスクマネジメントの基本的な仕組み

最近では、特別養護老人ホームでも、医療分野のリスクマネジメントの手法を参考にして、組織的な事故防止のための取り組みが急速に広がっている。すなわち、事故リスクを洗い出し介護事故の発生を未然に防止し、かつ発生した事故に対して適切な対応基準を作り、その実践を徹底しようというのである。また、厚生労働省においても、平成一四年四月「福祉サービスにおける危機管理（リスクマネジメント）に関する取り組み指針」を取りまとめて、事故防止対策の抜本的な見直しを示唆している。

㈠　リスクマネジメントの目的

リスクマネジメントは、必ずしも損害賠償責任を最小限に抑えることを目的とするわけではない。ユトリアム事件のように注意義務違反が認められなかった事故のケースでも、不幸な結果を繰り返さないために改善するべき課題は残っている。また、保険加入によりリスクの分散はできても、事故発生による利用者の家族や地域社会からの信頼という非貨幣的な価値を合わせて考えると、事故発生自体が施設経営に大きな損失になりかねない。介護事故により地域の潜在的利用者からサービスの質について不安感をもたれないためにも、サービスの質を保証する仕組みとして位置づける必要があるであろう[(10)]。

(イ)　リスクマネジメントの組織体制

リスクマネジメントの実践は、広い意味ではケアマネジメントのひとつであるから、現場の職員を中心とするミドルマネジメントの領域に位置づけられるべきものである。組織をあげて日々サービス提供プロセスにおける事故リスクの発見に取り組み、原因を分析し、対策を講じ実践するためには、こうした仕組みや現場での実践を管理する組織（リスクマネジメント委員会など）、さらには必要な権限と責任が与えられたリスクマネージャーの選任が必要といえる[(11)]。

リスクマネージャーの役割としては、経営トップに対しては、(1)事故リスクに対する情報を知らせる、(2)問題解決の方法を提案する、(3)事故防止プログラムの実施状況を報告するなどが考えられる。

さらには、現場の職員に対しては、(1)事故リスクに関する情報の収集および分析し、事故リスクに関する情報を現場の職員にフィードバックする、(2)職員研修やＯＪＴなどを通じ、事故リスクに関する情報の共有化をすすめ、事故リスクの認知レベルを高める、(3)福祉ＱＣなど問題解決の方法を提案する、(4)事故防止マニュアル作成し業務の標準化を求めるなどが考えられる。

(ウ)　リスクマネジメントの実践

リスクマネジメントは、リスクマネージャーが中心となり、およそ次のようなステップで進められる。第一は、リスクの発見・洗い出しである。組織をあげて様々なルートから潜在的な事故リスクの発見に努める。代表的な方法は、事故報告やヒヤリ・ハット報告から発見することであるが、利用者や家族からの苦情や第三者であるオンブズマンからの情報も大切である。第二は、具体的な事故リスクの分析および評価である。集められた潜在的なリスクの原因を分析し、事故発生の頻度や利用者に与える損害の大きさなどを評価し、組織として事故回避のために優先的に取り組むべき課題を絞り込む。第三は、具体的な事故対策の検討及び実行である。事故防止のための改善プランの検討し実行させる、事故防止マニュアルを作成し実行させる、ＯＪＴや職場研修をつうじて安全対策を徹底させる。第四は、具体的な事故防止のための処置が実行されているか、効果を上げているかを検証し、必要に応じて見直し・改善させる。

2　リスクマネジメント実践の意義

こうしたリスクマネジメントの実践は、従来からの事故対策に大きな見直しを迫るものとなるであろう。従来の事故対策と比較すると、リスクマネジメントによる事故対策の見直しには、次のような意義が認められる。

第一に、収集された事故およびリスク情報が共有し、職員一人ひとりのリスク認知のレベルを向上させることができる。介護事故は、個々の職員の経験や知識によって、回避されてきた。職員はある現象をみてヒヤリとしたりハットし事故を回避するわけであるが、こうした事故回避に必要なリスク認知のレベルは、経験や知識あるいは介護技術などの違いから、個々人でバラツキがある。ヒヤリハット報告を集めて具体的な事故事例を紹介し、隠れた事故体験を共有化する。さらには、仲間の失敗に学ぶことができれば、施設における事故リスクの認知レベルも標準化できる。また、問題解決のコンセンサスもとりやすい。

第二に、リスクマネジメントの手法によると、データーにもとづいて事故対策を考えることができる。たとえば、集められたヒヤリハット報告は、定期的に統計的に処理をし、作成されたグラフから潜在的な事故リスクを分析する手法がとられる。そこでは、(1)事故類型(2)頻繁におこる曜日や時間、(3)頻繁におこる場所(4)事故リスクの高い利用者(5)考主たる要因などを分析することで、異常値を知ることができる。こうしたデーターから対策を検討すべき潜在的リスクが浮かび上がる。ヒヤリハット報告から浮かび上がった事故リスクに対して、将来重大な事故につながりかねない問題から取り上げて、原因と対応策を講ずるので、効率的に有効な検討が可能となる。

第三に、事故報告やヒヤリハット報告の検討では、事故の背景となっている原因に注目し事故発生のメカニズムを究明することができる。たとえば、(1)現場のルール、慣行化された業務方法、介護マニュアル、安全教育や研修などのシステムに問題はなかったか(2)施設の構造や設備に問題はなかったのか(3)利用者の生活環境、職員の配置な勤務時間など労働環境などに問題はなかったのか(4)他の職員の関与や利用者などの状況に問題はなかったのかなど、考えられる背景要因が一つひとつ検討される。

誰がどのようなミスをして事故が起きたのかという直接原因を問題とするアプローチをとらない。むしろ、何が問題であったのかというアプローチをとるので、職員も事故原因の検討に参加しやすい雰囲気がつくられる。そのため、現場のレベルでも、背景原因についてまで考察され、施設運営のシステムや介護のプロセスに関わる問題にまで事故対策の検討が及ぶ。

第四に、職員全員が継続的に関与するボトムアップ型の事故予防システムを確立することができる。これまで施設では、事故が発生すると、トップダウンの形で、その都度ごとに事故原因が考察され、今後の対策が決定される傾向にあった。これに対して、リスクマネジメントの手法では、事故が発生する前から、ヒヤリハット報告の提出という方法で、現場の職員主導ボトムアップ型でたえずシステム見直しのサイクルが回される。さらには、職員会議、リスクマネジメント研修、福祉ＱＣなどの場においても、多くの職員が参加し、こうした事故報告やヒヤリハット報告から作成された資料をもとに、一緒になって背景となる原因を考え、安全点検のチェックシートの作成、事故防止マニュアルの作成などに当たる。全員参加方式で、事故回避のためのプラン→ドゥ→チェック→アクションの改善のサイクルが回される。

3　介護業務に及ぼす影響

以上のように、リスクマネジメントの基本的な考えは、事故発生のメカニズムを解明し、類似の事故やミスを繰り返さないことにある。同じような事故を繰り返さないためには、職員一人ひとりの反省も必要であるが、システムとして歯止めをかけることが大切といえる。こうしたシステム・アプローチは、事故対策だけでなく、従来からのケアのあり方にも大きな影響を与えることになろう。実際にリスクマネジメントに取り組んでいる施設では、既に次のようなケア全体の見直し、説明同意の徹底による利用者との信頼関係の再構築に向けて動き始めている。(12)

ひとつはアセスメントにもとづく個別ケア実践のシステム確立があげられる。事故リスクは、老化に伴う身体機能の低下など、利用者本人にも内在していることも少なくない。したがって、利用者一人ひとりの身体的な特性などから、起こりうるリスクも異なっている。リスク回避のためには、利用者のアセスメントに応じた対応がケアプランのなかで検討される必要がある。それとともに、介護に当たった職員が、利用者個々人の様態を観察し気づいた変化などを記録に残し、正しく引き継ぐことができるならば、その利用者の介護に当たる職員全員がリスクを踏まえた対応をすることができるので、事故発生を回避できる可能性も大きくなる。

もうひとつは、リスク回避のために必要なケアの方法を統一しバラツキを抑えるなど、ケアを標準化するシステムの確立である。事故回避のための対応を検討すると、そのひとつとして、ケアの基本に戻ることがあげられるであろう。職員からヒヤリハットしたと報告された状況の多くは、職員個人の経験やカンから「これくらいは大丈夫のはず」と考えたり、無意識のうちに正しいケアの基本から外れているケースが殆どである。このことからすると、事故防止のためのマニュアルづくりとは、事故防止のため注意すべき事柄を列挙するものにとどまらず、ケア実践のプロセスや方法などを明らかにした上で、場面ごとに想定される事故リスクに対する対応基準をマニュアルに加えることが望ましい。

最後に、介護事故には、利用者側にも少なからず原因がある場合も少なくない。たとえば、居室におけるベッド回りでの転倒・転落事故のパターンを分析すると、就寝前・明け方にトイレに行く過程で起きた事故が少なくない。なかには、加齢に伴う平衡感覚や筋力の低下、薬の服用があるにもかかわらず、本人がこうした事故リスクを自覚していないことがある。このような場合には、事故リスクについても、ケアプランの作成とともに、本人や家族に十分に説明することが、リスク回避、紛争の予防のために必要といえる。

こうした転倒事故は、比較的要介護度の低い利用者に起きやすいことから、適切な情報が家族に与えられていない場合には、「昨日まで元気だったのに何故?」と不信感をもたせてしまうことにもなりかねない。こうした事故の背景要因考えると、利用者及に対し説明・協力を求めることで、リスクの回避が可能な場合もあり、事故発生後における家族との対応でも不必要にこじれないですむと考えられる[13]。

四　介護事故防止のための法的課題

特別養護老人ホームなど介護サービスを提供する施設の多くは、利用者の安全を確保し、安心して生活できる環境づくりに努力している。こうした施設においては、リスクマネジメントの手法に学び、利用者に対するサービスの質の向上のため、経営の見直しに取り組んでいる。ところで、現在広がりつつあるリスクマネジメントの実践は、業界として自主的に取り組むべきものなのであろうか。利用者の生命および身体の安全を確保するという公益的見地からすると、リスクマネジメントの実践は、業界の倫理に委ねるだけで十分ではないように思われる。事後的規制にととまらず、事故回避の措置を法的に定め、施設に対してリスクマネジメントの実践を義務づけることが必要であると考える。

1　実施の義務づけ

社会福祉法は、施設経営者に対して、情報提供、契約時の説明、契約書面の交付、サービス評価、苦情解決などの措置をとるよう努めるべきことを定めている。しかしながら、社会福祉法では、リスクマネジメントの実践まで定めていない。もっとも、これと関連すると思われる規定もある。たとえば、第八十九条は、「福祉サービスの質の向上のための措置等」として、「良質かつ適切な福祉サービスを提供するよう努め」るものとしている。国が作成したサービス評価の基準のなかには、施設における危機管理についての基準がある。リスクマネジメントの実践は、こうしたサービス評価対象のひとつに含まれているといえる。

しかしながら、施設経営者がサービス評価を受けるかどうかに関わらず、リスクマネジメントの実施はいずれの施設においても利用者が安心してサービスを受けるため必要な措置と考える。既に、厚生労働省からは、平成一四年四月「福祉サービスにおける危機管理（リスクマネジメント）に関する取り組み指針」が取りまとめられている。こうした指針にもとづいて、国および地方自治体が、施設に対してリスクマネジメントの体制づくりを奨励・指導するためには、やはりサービス評価とは別個に、法律上の根拠を明確にする必要があるように思われる(14)。

具体的には、リスクマネジメントの実践についても、契約制度のもとでのサービス利用を保証する仕組みとして、社会福祉法においても、サービス評価や苦情解決と併置して、施設経営者に対してその実施を義務づけることが望まれる。また、老人福祉法や介護保険法においても、運営基準や指定基準において、リスクマネジメントの実施を明記する必要がある。利用者に対する安全確保は、サービスの基本であり、施設の運営基準のなかで明確に位置づけるべき性格のものであると考える。

2　契約上の注意義務

こうした公法上の義務づけとともに、契約上の注意義務の内容として構成することができる。介護サービスの利用契約においては、通常は事故における損害賠償についての定めがある。こうした契約上の規定からすると、介護施設には、サービス提供の過程において、利用者の生命や身体に危険が生じないように注意する契約上の義務があると解される(15)。リスクマネジメントの実践は、こうした契約上の注意義務を具体的に履行するための手段として位置づけることができる。また、以下のように考えることで、リスクマネジメントの実践の結果、通常の施設においてとられることが期待される事故回避の措置は、注意義務の内容として、契約関係のなかで規範化することも可能と思われる。

注意義務の内容は、現在介護事故に関する裁判例が少ないので必ずしも明らかではないが、利用者の状況や介護の場面に応じて、確定されるべきものと思われる。しかし、潜在的に事故の危険が想定されるべき要介護の高齢者を相手にする業務である以上、職員には介護の専門職としてより高度な注意義務を負うというべきであろう。すなわち、入所者の状態、介護場所や介護の場面などを十分に考慮しながら、たえず事故が発生するかもしれないという予測のもとに適切なケアを行い、利用者の生命および身体の危険から保護する注意義務がある。特別養護老人ホーム緑陽苑事件は、「Aに対し常食を与えたが、Aの呑み込みが悪いことを十分に知りつつ、不十分な食事の管理と監視しかしなかったために誤飲させたうえ、その発見が遅れ、かつ緊急時の対応をとることなく窒息せしめた」と主張し、このような介護に当たった職員の対応に注目し、注意義務違反の事実を主張・立証していた。

ところで、職員がこのような高度の注意義務を担えるためには、施設の側でも、事故発生を防止するため人的および物的な面から環境を整備することが求められる。たとえば、嚥下困難な利用者に食事介助をするには、事故回避のために必要な職員の配置が食事介助の場において確保されなければ、介護職員がどれだけの注意をもって介助しても、利用者の安全を確保できない場合もある。老人保健施設ユトリアム事件では、原告側は主としてこうした施設のサービス管理の責任を注意義務違反として問題としている。

これらのことからすると、注意義務の内容には、施設がリスクマネジメントを実践し通常具体的な課題として対応すべき次のような事故回避の措置も含まれるというべきであろう。すなわち、(1)正しいケアの方法や手順を確立し、想定される事故回避のための安全教育を徹底すること、これから外れた方法でケアをする職員には注意し是正させる(2)施設や備品などの構造に問題がないか点検し、必要に応じて改修したり、より安全なものに変更する(3)職員の配置や業務内容を見直し、事故を回避できるものに改善する(4)利用者一人ひとりの身体状況や性格など把握し、事故回避のためのケアプランを作成・実行するなどの措置も、その内容となると考える。

まいか。

3　裁判外の紛争解決

リスクマネジメントの実践には、紛争の拡大回避も含まれる。不幸にして回避できなかった事故については、施設としては誠実に対応することが望まれる[16]。裁判において紛争を解決するとなると、利用者はもちろん施設側にとっても時間や経費がかかる。中立公正の立場から、裁判外の和解成立を支援する手続きも必要ではあるまいか。

苦情解決の手続きとしては、国保連合会や都道府県社会福祉協議会が設置する運営適正化委員会なども存在するが、事故の責任をめぐる紛争を解決する組織ではない。仮りに紛争解決のあっせんにより、当事者が損害賠償の支払いについて合意したとしても、施設側が加入している損害保険会社が施設側に過失がないことを理由に支払いを拒む事態も考えられる。施設側すれば、損害保険会社から賠償金が支払われないのでは、早期の紛争解決にも応じられない。これが、結果として、施設と利用者側との紛争を拡大してしまう。

交通事故紛争処理センターのように、中立公正の立場から、介護事故に関わる紛争の解決を取り扱う専門の仲裁機関の設置が望ましい。交通事故紛争処理センターの手続きでは、損害保険会社もセンターの裁定に拘束されるものとされており、参考になる。介護事故については、リスクマネジメントの義務付けとともに、こうした紛争解決の手続きも定められることが望ましい。

（1）　特別養護老人ホーム緑陽苑事件、横浜地裁川崎支部判決（平成一二・二・二三）、賃金と社会保障、№一二一八四、四三頁以下。

（2）　育成会老人保健施設ユトリアム事件、横浜地裁判決（平成一二・六・一三）、賃金と社会保障、№一三〇三、六〇頁以下。

（3）　本件のような「不顕性誤嚥」のケースにおいては、タッピングなどの措置をとることが有効なのか疑問視する見解もある。菊池馨実「食事介護と特養ホームでの死亡事故」賃金と社会保障、№一二八四、三八頁以下。

また、菊池氏は、介護職員が「吸引器を使用する」などの医療行為を行うことは禁止されていることから、施設側のとるべき注意義務の内容とすることに対し、疑問視している。理論的には、本件のように、法律が禁止している医療行為を行わなかったとしても、これに対する施設側の過失は肯定されるべきではない。しかし、標準的な介護施設における対応の実態を考慮すると、看護士がいない状況で誤嚥事故などが発生すれば、介護職員は救命措置として医療行為に含まれる業務まで行っているのが現状といえる。こうした実態からすると、むしろ立法論的解決が要請されており、介護職員についても、一定の条件のもとに救急救命の措置など特定範囲の医療行為を認める方向で検討されることが望ましい。

（4）医療法人さくら会事件、東京地裁判決（平成一二・六・七）、賃金と社会保障、№一二八〇、一四頁以下。

（5）国内判決の動向については、次の文献を参照のこと。全国社会福祉協議会、「福祉サービス事故事例集――福祉サービスにおける危機管理（リスクマネジメント）に関する調査・研究事業報告書」一八頁以下。

（6）小嶋正著「社会福祉施設における事故責任と対策」（東京都社会福祉協議会）五二頁以下。小嶋氏も、公平の見地から、施設に対して高度の注意義務を課することを肯定している。理由としては、利用者側に事故回避の努力を求めることは難しいこと、施設側が事故回避の努力に努めるようになること、施設側には保険加入によってリスク転嫁の方法が与えられていることをあげている。

（7）前掲注（5）、全国社会福祉協議会「福祉サービス事故事例集―福祉サービスにおける危機管理（リスクマネジメント）に関する調査・研究事業報告書」。

（8）同報告書、二五頁以下。

（9）同報告書、二七頁以下。

（10）福祉サービスにおける危機管理に関する検討会、「福祉サービスにおける危機管理（リスクマネジメント）に関する取り組み指針」では、サービスの質の向上（クオリティ・インプルーブメント）という立場から、「より質の高いサービスを提供することによって多くの事故が未然に回避できる」と説明する。リスクマネジメントの目的からすると、損害賠償責任の回避というとらえ方では、とられるべき対応の範囲が狭くなるだけでなく、安易な抑制がとられたり、ハイリスクの利用者に対する受け入れについても施設側が消極的になりかねない。

(11)　リスクマネジメントの組織づくりについては、次の文献が参考になる。東京都社会福祉協議会「事故予防対策としてのリスクマネジメント組織構築の手引き」一一〇頁以下。

(12)　特別養護老人ホーム南海フィオーレでは、早くからリスクマネジメントに取り組んできたが、事故の予防のためには、質の高い介護サービスの提供体制の確立が必要であるとし、介護サービス全体の見直しを重視している。柴尾慶次『介護事故とリスクマネジメント』八八頁以下（中央法規）。

(13)　前掲注(10)を参照。福祉サービスにおける危機管理（リスクマネジメント）に関する取り組み指針においても、利用者、家族等とのコミュニケーションを重視している。すなわち、「利用者の急変等に対して『こんなはずではない、もっと状態がよかったはずだ』といった認識のずれも生じやすいものです。そのため、リスクマネジメントの視点からは、家族に普段の生活をみてもらいながら、そのリスクを利用者・事業者・家族で互いに話し合い、認識することによってリスクを居有（分け持つ）することができるという意味において日常的な情報交換が必要となります」と説明する。こうすることによって、家族との後のトラブルを防止することもできるであろう。同旨、三宅祥三「なぜ医療事故は起きるのか、どう防げばいいのか」、『医療白書二〇〇〇年版、問われる医療の質とリスクマネジメント』所収、二三三頁。ここでは、アメリカの「医療紛争の七〇％は医療過誤がないのに発生しているといわれている。その原因は医療従事者と患者とのコミュニケーションの不足にある」と指摘する。

(14)　アメリカでは、既に八〇年代後半から、ニューヨーク州など幾つかの州が、病院に対してリスクマネジメントの実施を義務づけている。これについては、次の政府資料を参照のこと。Brain, Initiatives in Hospital Risk Management, GAO/HRD-89-79（1989）.

(15)　弁護士のなかには、こうした注意義務の性格について、「安全配慮義務」として構成する論者もいる。平田厚

『社会福祉法人・福祉施設のための実践・リスクマネジメント』九九―一〇〇頁（全国社会福祉協議会）。ここでは、このような安全配慮義務違反の事件を起こさないために、施設は、徹底した利用者本位の施設管理を行う必要があるとして、施設管理マニュアルの作成など、リスクマネジメント実践の重要性を指摘する。

(16)　前掲の「福祉サービスにおける危機管理（リスクマネジメント）に関する取り組み指針」においても、事故が起こってしまったときの対応指針として、誠意ある対応を掲げる。指針では、謝罪すると責任を認めることにつながると警戒し、事故発生後に家族に対し適切な謝罪をしないと、「謝罪の意すらない」といって、利用者の感情を損ねてしまい、訴訟に発展するケースもあると警告する。

17　労災保険法の法的性格とその将来像

品田充儀

一　問題の所在
二　わが国の労働災害と補償法制の特徴
三　労災保険法の変貌とその特徴
四　労災保険法の改革課題
五　労災保険法の法的性格と将来像

一　問題の所在

労働契約の締結は、使用者に対してその付随義務として労働者の安全及び健康維持に関して一定の責任を負わせる。使用者は、労働安全衛生法その他の法規を遵守することによりこの義務を履行する一方で、業務上の災害等に備えて保険に加入することを義務付けられる。労働者災害補償保険（以下、労災保険という）への加入は、労働安全衛生法等の遵守と同様に使用者に課される公法上の義務であるが、同義務が何故使用者に課されるかという点については必ずしも一致した見解があるわけではない。労災保険法の法案策定過程においては、これを労働基準法（以下、労基法）による使用者の災害補償にかかる責任保険とするか、もしくは労働者を直接対象として労基法とは別個の労働者保険にするかという議論があったが、占領軍当局の示唆もあり、労働者を直接に対象とする独立した制度とすることに決定されたという経緯がある[1]。労災保険法は「労働者災害扶助法」や「労働者災害扶助責任保険法」のごとく事業主が保険者と保険契約を結び、かつ保険金受取人になるというようないわゆる責任保険方式ではなく、労働者自身に補償受給権を付与することでその救済を確実ならしめるという意図のもとに制定されたのである。もっとも、労働災害が発生した場合には、使用者が負う補償責任は限定され、実質的には労災保険給付によって補償は実行されるのであり、使用者の保険加入義務が労働者の保険給付受給権ときわめて密接な関係にあることは間違いない。

こうした経緯もあり、労災保険にかかる責任関係については様々な議論が展開されてきた。論争の当初においては、無過失補償責任や契約責任など労働者を雇用することにより利益を得る使用者の責任を中心とした理論構成が多かったものの[2]、次第にその主たる責任は国にあるという意見も主張されてくる。いわゆる労災補償社会保障化論といわれる学説は、特に一九六〇年代後半以降同法制度がその射程範囲や補償内容を急速に拡充したことから、これを法の本質的な変化であると捉える点に特徴がある[3]。つまり、同法制度の変貌はもはや使用者責任の強化としては説明できず、国が主体となって責任を負うという意味において社会保障化への道を歩んでいるというのである。これに対して使用者責任が同法の本質であると捉える見解においては、災害発生に対する使用者の集団責任であるとする理論[4]や使用者がもっとも有効に事故抑制をなしうる最安価損害回避者であるとの地位に着目する理論[5]などが主張されてくる。この点、本論点そのものが二者択一の性質のものではなく、多くの学説はその一つの面を強調しているに過ぎないものであるという指摘[6]は的を得ているといえる。労災補償の責任関係、言い換えれば同法の基本的な性格というテーマは、論者の視点により相当程度幅のある捉え方を可能とする問題であるのかもしれない。

とはいえ、この問題が放置されてよいとは思われない。労働災害自体は近年減少傾向にあるものの、労災保険法を取り巻く環境は同法の法的性格をより明確化することを求めていると考えられるからである。理由は以下の点にある。第一に、労働災害の質の変化が、同法制度を従来の理念と方法に留めておいてよいかという疑問を提起する点である。災害型の保険事故は相対的に減少する一方で、脳・心臓疾患および精神疾患を含む過労起因性の疾患ないしは慢性疾患は増えており、このことは労災補償制度における使用者もしくは社会の責任の捉え方に変化を与えるものと考えられる(7)。第二に、財政逼迫を背景に雇用保険制度および社会保険制度は激動にさらされているものの、唯一労災保険制度については保険財政の将来を危ぶむ声は存在しない。しかしながら、今後も社会保障制度にかかる国家責任の後退傾向が続けば、労災保険制度だけが給付ならびにサービス内容において突出することには批判が生じてくる可能性がある。またいわゆる過労死や過労自殺等の増加が、労災保険財政を危機に導く危険性もないとはいえない。同法制度が今後も独自性を保つべきであるとすれば、雇用保険制度や社会保険制度と異なる法の構造を持つことを明確にしておくことが必要であろう(8)。

本稿は、こうした問題意識から、第一に、労災保険法の現状を分析しその特徴を明らかにする。法の性格は、まず現状の客観的な把握から出発すべきであるとの考えによる。第二に、これまでに行われてきた労災保険法の改正について、特に社会保障化論の論拠とされてきた改革に着目して検討を加える。第三に、現行労災保険法制の問題点を指摘し、それが本来どうあるべきかという考察から法の性格論への示唆とする。労災保険法は、将来においても変化するであろうし、またすべきものである。現在も歴史の一過程のなかにあると認識すれば、将来のあるべき姿を論じるなかで法の性格を見つめることも必要であると考える。

二　わが国の労働災害と補償法制の特徴

1　近年の労働災害補償の特徴

わが国における労働災害は、被災事故件数（四日以上の休業を要する被災事故）ならびに死亡者数とも二〇年間にわたって一貫して減少傾向にある。もっとも近年は下げ止まりの傾向を示しており、認定基準に大きな変更が行われない限り今後急激な変化が生じるとは予想しにくい。その他、近年の労働災害補償の実態については以下のような特徴がある。(9) 第一に、労働災害による死傷者数（度数率）および延労働喪失日数（強度率）の変化は業種間の格差が激しく、たとえば過去二〇年間を見た場合、製造業においてはかなり顕著な減少傾向が見られるものの、建設業、鉱業等においては大きな変化を見出すことはできない。第二に、業務上疾病の新規支給決定件数は、少なくとも過去五年間に見る限りは減少傾向にはない。物理的要因による疾病や癌原性物質による疾病、および作業態様起因疾病などについてはむしろやや増加傾向にあるといえる。第三に、業務上疾病の典型として従来から問題とされてきた振動障害は、未だ年間七〇〇ないしは八〇〇件程度の新規認定が行われており、依然重要な問題である。特に、これらの被災者は長期にわたって療養を必要とすることとなり、保険財政に与える影響は少なくないと考えられる。第四に、非災害性の脳血管疾患および虚血性心疾患等を理由とする補償申請件数は増大傾向にあり、その認定件数もわずかながら増加する傾向にある。この点、平成一三年末に行われた認定基準変更の効果により、今後業務上の認定件数はさらに増えるものと予想される。第五に、精神障害・自殺等の補償請求件数は、平成八年の一八件から平成一三年には二六五件と急激な増加傾向を示しており、その認定の件数も増加している。ただし、請求件数に対する認定件数の割合が増加しているわけではなく、およそ一割ないし二割程度で推移している。

労働災害の減少による保険支出の抑制効果もあり、労災保険の財政状況は総じて順調であると評価できる。労災保険の積立金累計額は、平成七年の約五兆円から平成一二年には約七兆円と一、四倍に増加している。(10) もっとも、この期間保険料収納額はむしろ減少に転じており、こうした累計額の増加は、支出が伸びなかったため支払準備金等の翌年度繰越が蓄積された結果であるといえる。

2 労災保険法の現状と特徴

(1) 他国との比較における特徴

わが国の労災保険制度は、法制定以来適用範囲の拡大や補償内容の拡充など様々な点において大きな発展を遂げており、その水準は他国との比較においてもかなり高いといえる。(11) 類似の制度があるという意味において他国との比較に馴染みやすい休業補償給付について見ると、平均賃金の六〇％という水準は高いとはいえないが、実際には休業特別支給金により二〇％の上乗せがなされるため八〇％となり、結果として高い水準になっている。現物給付（療養補償給付、リハビリテーションサービス給付）ならびに実費補填形式の給付（介護補償給付）についても制度は拡充されてきており、この点も他国に対してアドバンテージを得ていると考えられる。もっとも、こうした補償給付の拡充は、法の基本的な構造やその内容を変更して実現されたものではなく、労働福祉事業や特別支給金といった制度を基本的な給付に付加するといった手法によって実現されており、補償制度は二重構造化している。こうした構造が定着してきた理由を知ることは難しいが、背景には被災者家族や社会の要求に即応するために随時法改正をしてきた結果であるという消極的側面と、法の基本的な内容や構造を変革するよりは時代に合わせた制度の調整が容易であるという積極的側面があると考えられる。

労災保険制度の第二の特徴は、労基法上の使用者の補償責任を保険化するという側面を有しながらも同法制度における使用者の補償責任は消滅していないこと、また欧米の多くの国が労災補償制度の成立により、労働者は使用者に対する損害賠償訴権をなくすという妥協を余儀なくされているが、わが国においては労災保険請求の有無にかかわらず損害賠償訴訟を提起することも可能とされていること、などの点にある。この点、被災後三日間は労災保険法上待機期間とされ、その間は労基法上の補償が行われるべきこととされていることや、労災を原因とする民事損害賠償も通常の不法行為訴訟ないしは債務不履行責任を問う訴訟と同じ立証を求められるため、実際にその救済を実現させることは容易ではないことなど、こうした法構造が被災労働者にいかなる利益をもたらしているかの評価は難しい(12)。

⑵　雇用保険制度および社会保険制度との比較における特徴

労災保険の保険料は雇用保険料とともに一括して徴収されており、労働保険として一体性を持つものと捉えられがちであり、また被用者保険である点では年金保険制度や医療保険制度との共通性を見出すことも可能であろう。しかしながら、労災保険制度にはその構造や給付内容において、これらの保険制度には見られない際立った特色がある。第一に、制度を支える歳入の構造である。雇用保険や社会保険は保険料を労使折半により拠出するものとしているが、労災保険だけは使用者のみの負担である。また、社会保険制度は多額の国家負担を前提としているが、労災保険制度における国庫負担は事務経費などわずかな額でしかない(13)。第二に、保険給付の水準とその多様性である。労災保険制度による保険給付は、被災労働者の健康回復と障害を持った場合の支援、本人及びその遺家族の生活の維持、さらには職場復帰への援助など、多様なメニューにより被災労働者およびその遺家族の必要性に応じたものを提供することとされている。また、その給付水準も、従前生活の継続的な維持を目標にしており比較的高いといえる。この点、給付水準において年金保険とは異なり、給付期間にかかる制限が緩いという点において雇用保険法上の求職者給付とは異なる。さらに、多様な給付を適宜与えるという点においては医療保険や介護保険による現物給付に共通するところがあるが、これらは治療と介護というそれぞれ唯一の目標を達成するための手段である点と一部負担金を支払うことにより利用できるものである点などにおいて違いがある。第三に、保険給付が業務上災害であることの認定を前提として行われることである。雇用保険法上の求職者給付においても失業の認定を必要とされ、また介護保険制度においても要介護状態にあることを保険給付の要件とされているが、これらは失業状態にあるもしくは要介護状態にあるという結果を審査するものであるのに対して、業務上外の認定は当該傷病が業務に関連して生じたか否かという原因を審査する点において違いがある。第四に、労働災害の場合には、同一事故に対して民事損害賠償を提起することも可能であり、補償と賠償が競合することがあるためその調整が問題となる。年金保険の給付においても、他の社会給付との調整が問題となることがありうるが、通常同一事故を給付の発生要件とするものではなく、調整の意味が異なるといえる。

3　小　括

前述のごとく、わが国の労働災害は量的変化とともに質的変化も顕著であり、今や災害性の傷病よりも腰痛症や背筋症に象徴される疲労性組織疾患、過労死や過労自殺に代表される過労起因性疾患など慢性疲労に起因する疾病のほうが深刻な問題となっている。こうしたなか、たとえば脳血管疾患・心疾患にかかる業務上外認定基準は、この一五年間に三回も見直される事態となっている(14)。労災保険が雇用保険や社会保険と異なる点の一つに、保険事故の傾向が時代のなかで変化し、制度が時代適合性を求められるという点があるといえよう。労災保険は失業や高齢・障害といった誰の目にも明らかな保険事故を対象とするものではなく、何が業務上であるかという事故概念自体を時代の要求に合わせていく必要性が生じるのである。さらに、労災保険においては、労使の利害が直接的に対立するという側面があることも特徴といえよう。使用者のみが保険料を負担することになる労災保険の場合には、補償の拡充は多くの場合使用者の負担増を意味する。労使折半によって保険料を拠出し、労働者に生じる保険事故に対して相互に連帯していくことを目的とする雇用保険および社会保険とは基本的に異なる側面がある。

三　労災保険法の変貌とその特徴

労災保険法は法制定以来様々な改革を経験し、基本的には被災労働者に手厚い制度となってきた。こうした変革のなかには、労働者や被災者からの強い要求に呼応する形で実施に至ったものもあれば、別の要因が働いたといえるものもある。労災補償の社会保障化論は、たびたび法の変貌がその本質に変化をもたらしたとの論理を辿るが、はたして法はその本質を変えるがごとく変貌したと評価できるのであろうか。以下、労災補償社会保障化の論拠とされてきたいくつかの法改革に着目し、その経緯について検討する。

1　長期補償体制の整備

昭和二二年に制定された労災保険法の最初の大きな改正は、けい肺症問題を契機として実現された給付額のスライド制導入であった。昭和二七年から実施される休業補償給付の賃金水準変動に伴うスライド化は、けい肺症患者のように長期の療養と休業を必要とする被災者に対してその給付額を適正化する必要性に応じるものであった。その後けい肺症問題は「特別措置法」から「じん肺法」へと進展し、さらには労災保険法自体の改正に結びつき、長期傷病者を適正に補償していくための法制度に改変されていった。昭和三五年に実現された改正は、療養開始後三年経過しても治癒しない業務上の傷病に対しては、平均賃金の一二〇〇日分に相当する額の打ち切り補償を支払えばその後一切の補償をしなくてもよいという旧来の制度を改め、すべての傷病について必要な期間補償を行うことにするという画期的なものであった。そして昭和四〇年には、こうした長期補償体制をさらに推し進めるために補償給付の大幅な年金化をすすめる一方で、制度運営に要する費用の国庫補助制度、中小企業や一人親方などの特別加入制度などが創設された。一時金による補償から年金給付へ移行するという法改正は、労災保険法が労基法上の災害補償から決別しまさに「一人歩き」する象徴であり、また国庫補助の導入や特別加入制度の新設は、労災保険法に新たな性格を見出させるに十分な条件を与えたようにみえる。しかし、留意すべきは、この時期の労災問題懇談会は、「零細企業の労働者にまで労災保険制度の適用を広げるべき」とする社会保障制度審議会の指摘を受けて検討が促進されたという側面を持っており[15]、その眼目は労働者五人未満の事業所を含む全事業所への法の全面強制適用にあったという点である。同時に行われた適用事務の簡素化や労災保険事務組合制度の創設などは、全面強制適用に向けての下準備であり、国庫補助や特別加入制度などもこの目的に向かう手段であったと考えられる。また、補償給付の大幅な年金化は、昭和三五年から続く長期傷病者に対する継続的補償を制度全体に一般化したものであり、激しさを増すインフレのなか適正な補償水準を保つためには必要不可欠な改革だったのである。

2　通勤災害への給付実現

昭和四〇年代に入ると、労災保険法はＩＬＯ一二一号条約の採択・発効を受けて年金額の水準を引き上げる等の大きな改正を実現されるが、この時期通勤途上災害を保険法のなかでいかに取り扱うかについても各種委員会が設置されることにより議論が進められた。ところが、この問題に対する労使の対立は激しかった。「通勤は労務の提供を行うに必要不可欠の行為であり、労働者にとっては使用者の支配従属下にある業務と同じ性格のものである」として業務上の災害にすべきであるという労働者側の意見に対して、使用者側は、「無過失損害賠償責任を負う業務災害とは、使用者の支配下における災害でなければならず、換言すれば、使用者が災害予防の措置を講じうる範囲内のものに限られるのであるが、通勤災害はどのように考えても使用者の支配下における災害でない」と主張したのである。[16] こうした事態に対して、調査を付託された委員会の公益委員は、通勤途上災害の業務上外の問題には触れず、通勤行為の社会的評価や労働者の地位等の観点からいかなる制度による保護が可能かについて労使に打診し、これを調整していった。そしてようやく労使の合意に至るが、その考え方は、①通勤災害を業務災害と捉えることは困難であるが、通勤は労働者が労務を提供するための不可欠な行為であり、単なる私的行為とは異なったものであること、②通勤災害は不可避的に生じる社会的な危険であり、何らかの社会的な保護制度を創設して対処すべき性格のものであること、③保護の水準は、制度の目的を被災労働者の早期職場復帰におくとするならば、一般的な生活保障ではなく、リハビリテーションも併せて行う業務上災害の場合と同程度とすべきこと、④保護制度は労災保険の仕組みを用いて創設すべきこと、といったものであった。[17] つまり、通勤災害に対する給付制度は、通勤にかかる社会環境と意識の変化に対応すべく新たな制度を創設したといえるものであり、手段として労災保険の仕組みを利用したに過ぎない。この点、未払い賃金立替払事業が労災保険法上の労働福祉事業の一つとして実施されているが、保険財源を有効に利用したという意味ではむしろこちらに類似するものであろう。労働条件をめぐる使用者の責任分野に関する総合的な保険制度として、いわば労災保険に新たな付加価値を与えたものであり、これをもって労災保険法の法的性格に関わる変革であると捉えるべきではなかろう。

3　労働福祉事業の拡充

労災補償社会保障化論が根拠とするもう一つの法の変化は、リハビリテーションの拡充を含めた各種の労働福祉事業の発展や特別支給金制度の創設である。労働福祉事業は、昭和五〇年以降労災保険審議会の答申を受けて急速にその内容を充実させていくのであるが、同答申は、保険施設として行われていた従来の事業に対して、被災労働者の社会復帰、労働者の安全衛生、労働者等の保護および福祉といった観点からこれを見直すことを示唆したものであった。同制度拡充による労働者の生活面へのきめ細やかな配慮が、労災保険制度の役割を飛躍させたことは間違いない。しかしながら、その目的ならびにその内容はあくまで同答申が掲げた労働者としての地位や生活の確保に限定されるものであり、決して一般的な意味での被害者支援ではない。労働者としての健康の回復やその維持は、まさに労働関係を基本とする労災保険法がその目的との関係において達成すべき目標であるといえよう。一方、特別支給金制度は定期給与以外の給与を給付額へ反映させる必要性に基づき創設されたものであった。給付額のスライド制改善が急務とされたこの時期、付加的な給付制度を創設することは、法制度の時代適合性を確保するために必要なことであったと思われる。交通事故その他の損害賠償訴訟事件における賠償額は高額化しており、損害賠償訴訟の頻発を防ぐためにも、補償給付額はこうした動向に無関心ではいられなかったと考えられるのである。(18)

4 小括

すでに法制定から半世紀以上を経ている労災保険法は、上記以外の点においても様々な改正を施されてきており、なかには法の性格に関わると考えることができるものもある。たとえば、年金給付基礎日額に関する最高限度額と最低限度額の設定は、補償水準を一定の範囲に限定するという意味において、その性格を損害補填から生活保障へと移行させたとみることができるであろうし、また介護（補償）給付の新設は、被災労働者の生活全般を保障するといった意味において、法が社会保障的側面を強めたとみることもできよう[19]。しかしながらこれらの改革の動機は、高齢化社会をにらんだ保険財政の安定性確保や核家族化、女性の就業率向上といった社会変化に対応することにあったにすぎない。労働者の生活水準の向上や賃金システムの変動が、補償給付の方法やその内容に変化を与えることはむしろ当然のことであり、それらが法の本質に変化をもたらすと考えることには慎重であるべきであろう。いうまでもなく、保険制度は保険事故によって生じた損害を誰にどの程度負わせることが妥当であるかを常に問われる[20]。たとえば通勤災害による人身損害は社会全体に分配されるべきか、主に使用者に負わせるべきか、労働災害を原因として発生した介護費用は、介護保険法によって処理されるべきか労災保険法が独自に補填していくべきかという選択になる。もちろん、使用者は自らが拠出する保険料額を商品価格等に転嫁することになるであろうから、結局は社会全体が当該事故費用を担うこととなるが、保険事故発生に関連性の強い者が一次的費用を負担するという構図は、国民感情の点からも、また事故予防の観点からも正当化されるであろう。その意味において、通勤途上災害も通勤という労務提供までのプロセスにおいて生じた事態であり、また使用者が注意を喚起するなど全く予防措置を施す可能性がないとはいえず、社会全体にリスクを分散させるよりまずは使用者の負担とするほうが公平かつ効率的であると考えられたといえるであろう。

四　労災保険法の改革課題

労災保険法は、上記のとおりたびたび法改正されてきたものの、法の目的、補償申請手続き、業務上外認定と再審査、補償給付の目的とその方法など、その基本的な構造については何ら手をつけられてきていない。社会の変化や被災者の要求の多様化により部分的な改正は余儀なくされたものの、労災保険法の基本的なあり方は時代を超えた合理性を持っていたといえるのかもしれない。もっとも、社会保険制度をめぐる見直しの機運が高まっている昨今、同法の論理や手法に見直すべき点がないわけではない。

1　自立生活支援としての保険給付のあり方

労災保険法は、その目的として、労働者の負傷、疾病、死亡等への迅速かつ公正な保護、被災労働者の社会復帰の促進、当該労働者及び家族の援護、適正な労働条件の確保（労災保険法第一条）の四つを掲げている。これらの目的は、保険事故発生に対して生活保障を与える一方で自立を支援するという意味において、雇用保険法の目的に類似するところがあるといえる。もっとも、労災保険による補償受給者は、何らかの身体損傷を負っており職場復帰はより困難である可能性が高いこと、またそもそも当人の死亡ないしは障害ゆえに雇用への復帰は期待できない場合があることなどの点において雇用保険法上の求職者給付受給者とは違いがある。そして当該相違ゆえに、労災保険による保険給付は労働者の自立よりもその生活援護に比重をかけられることになりやすい。少なくともこれまでの法改革を見る限りは、そのほとんどが給付内容の改善や適用範囲の拡大など被災労働者の支援であり、その社会復帰を促進させるための積極的な施策はリハビリテーションの拡充などわずかでしかなかった。

現在、被災により障害を負った労働者の社会復帰を促進するために行われている施策には、労災病院や医療リハビリテーションにおける医療ならびに職業リハビリテーション、外科後処置、労災リハビリテーション作業所における援助といった身体機能の回復のほか、自動車購入資金の貸付けやアフターケアといった実態に即した職業復帰支援策がある。しかしながら、これらの施策は当人の努力に期待するだけのものであり、被災労働者に職場復帰への動機を与えることやその意欲を継続的に持たせるといった仕組みにはなっていない。そのため、被災労働者は職業復帰への意欲を無くし、たびたび補償給付に依存した生活をするという状況になってしまう。労災補償の最終的目標は、いうまでもなく労働者の原状回復、つまりは職業への復帰であろう。この目標のためには、たとえば労働能力の回復への自助努力を保険給付額に反映させる方法や、災害時の使用者には被災労働者の職場復帰にかかる責任を明確にするといった方法が検討されるべきであろう。労働災害により障害を負った労働者も、何らかの便宜措置を講じられれば従前の職務ないしは類似の職務に従事することができるといった状況は十分に想定できるものである。被災労働者を再雇用した場合には保険料を下げる等使用者のインセンティブを引き上げる方策や、被災労働者自身が労働により収入を得た場合における補償給付との調整方法を検討していくことは、保険財政の健全化確保のみならず、法の理念を明確化する上でも意義あることとはいえないだろうか[21]。さらに、被災労働者の遺家族に対しても、補償給付を与えるだけに留まることなく、配偶者の職業能力の向上や職業斡旋を通じて世帯全体の自立生活能力を向上させるよう働きかけていく必要がある。

2　障害（補償）給付の労働能力喪失との相関性

労災保険法は、業務上災害により傷病を負うか死亡したという事実のみを認定審査するものであり、それによって当人が実際に賃金を喪失ないしは減少させているかは問題とされない。つまり被災労働者は業務災害によって何らかの傷病を負っていれば、従来の職業を継続するかもしくはそれ以外の仕事によって収入を得る場合においても補償給付は与えられるのである。現行法制度は、労働災害を被災したことにより生じるであろう損害について、過去の賃金等を基礎におおよその額を支払うものであり、実際に生じた損害を綿密に算定するわけではない。一定の身体損傷が生み出す労働不能状態を経験則から導き出して損害額とし、その範囲で生活保障を与える制度であると評価できよう。こうした給付の方法は公的年金制度下における障害年金にも共通するものであり、特に労災保険制度の特徴であるとはいえない。また、障害の発生は労働不能もしくは雇用機会の喪失に至るため、必然的に生活支援を必要とするという前提は多くの場合妥当するかもしれない。だが一方において、障害を負いながらも自らの能力を発揮して雇用機会を得ている労働者が多数存在していることも事実である。この点、雇用機会を得るか否かは個人の自由であり、障害を負ったという事実を保険事故として補償給付ないしは障害年金を与えることは何ら問題ではないという意見もありえよう。しかしながら、こうした画一的な施策は障害者の生活を固定化させ職場復帰への意欲を失わせる可能性があるとともに、従前の使用者が障害を負った労働者を積極的に雇用する必要性を感じなくなる可能性もある。障害（補償）給付については、障害による労働不能に対して補償を与えるものであることを明確にし、当該労働者の職務の特殊性や再雇用の可能性を勘案して、より柔軟な補償を可能とする方法が検討されるべきであろう。

3　特別支給金の意義

特別支給金については、災害補償たる保険給付と相まって被災者等の保護の実効を期そうとする趣旨のものであり、その性格は災害補償そのものではなく、休業特別支給金および長期傷病特別支給金にあっては療養生活援護金、障害特別支給金にあっては治癒後への生活転換援護金、遺族特別支給金にあっては遺族見舞金の色彩がそれぞれ濃いものであると説明される。しかしそれらは、その支給事由、支給額から明らかなように、保険給付と直接的関連、密接不可分の加給金的な関係にあり、その現実的機能としては各保険給付と相まってこれを補う所得的効果を持つ、とされる(22)。つまり特別支給金は、災害補償ではなくあくまで労働福祉事業の一環として与えられる付加給付ではあるが、結果として被災労働者（もしくはその遺族）の所得補填機能を持つというのである。

現在、いわゆるボーナス特別支給金といわれる制度を含めると九種類もある支給金制度が[23]、被災労働者およびその遺家族にとってきわめて大きな支援を与えていることは間違いない。しかしながら、こうした実態を認めながらも、その位置付けや意義については問題があると考える。特別支給金のなかでも、たとえば休業特別支給金は実質において休業補償給付額の補完であり、またボーナス特別支給金については平均賃金の算定に関わるわが国の慣行を加味してこれを補正したものであると捉えれば、いずれもその目的は労災保険法第一条のもとにあるといえよう。ところが、一時金である障害特別支給金（および傷病特別支給金）および遺族特別支給金は、いかなる目的を持つものであるのか不明確である。こうした制度が拡充されていった背景には、生活水準の向上や各種損害賠償金が拡大するなかで補償（給付）額の相対的な目減り分を補充していく必要性あったと考えられるが、はたして明確な目的やビジョンを持たない制度の拡充がいかなる意義を持つかは疑問である。生活転換援護金ないしは見舞金という説明からみて、実質的には障害ないしは死亡そのものを慰謝する性格を持つものと考えるべきであろうが、見方によっては、保険財源にゆとりがある以上、とりあえず被災者に何らかの理由をもってお金を与えておこうといったものであるようにも見える。障害補償給付ないしは遺族補償給付が被災労働者もしくはその遺家族にとって不十分であるのなら、特別支給金にかかる費用を上乗せして正規の補償とすべきであろうし、もし正規の補償給付には存在しない目的、たとえば自立生活能力を高めるといった目的を持つのであれば、金銭給付に留まらないサービスをも提供すべきである。「特別」という形で与えることにより、使用者の負担感を和らげる効果や被災労働者側の有難さを演出するという効果はあるのかもしれないが、目的が曖昧な給付は法の性格を見えにくくするのみならず、労使当事者に本当の意味での理解を得られるものとはならないであろう。

4　補償申請と再審査手続きにかかる労働者支援

前述のごとく、補償申請から再審査の結果に至るまでの一連の手続きについては、法制定以来大きな改革は実行されてきていない。この点、これらの手続きには何らの問題も生じてこなかったからであるという意見もあろうが、実際には問題が表面化するきっかけがなかったからと見るべきではないかと思われる。たとえば、被災労働者は自らの権利として補償申請手続きを行うことはできるものの、各種給付の申請書類には使用者の記名捺印欄があり、これを得られない場合には実務上の取り扱いとして理由を添える必要があるとされている。各種請求様式には、事業主の記名捺印に代えて自筆による署名をすることができると書かれているものの、実際上記名捺印がないままに申請を行った場合には、業務上外の認定においてはより厳しい審査に付されることとなる。そして、業務外の判断がなされた場合にも使用者の記名捺印の有無が問題となることはなく、当該業務外の判断自体が問題とされるだけであり、結局この問題は表面化しない。こうした取り扱いが、業務上外の判断を早めるとともに、無駄な労力を省くという意義があることは認めるが、業務上であることを認めようとしない使用者のもとにある被災労働者および遺家族がこうした実務手続きにいかなる印象を持つかを想像すれば、使用者の記名捺印はあくまでも任意であることをより明確にすべきであり、またそうした説明を的確に行うべきであろう。

問題が潜在化する背景には、労災補償の申請段階において相談・支援する有効な機関が存在しないことがあると考えられる。労働基準監督署等には相談機関が存在するものの、補償申請者に具体的な支援を与えるものではなく、使用者からの援助を受けられない場合には自らの力量によって一連の手続きを遂行しなければならない。その際、たとえば大阪の事業者の仕事を広島において下請けが行っているようなケースでは、その補償申請は大阪の労働基準監督署に対して行うこととされており、もし書類等のやり取りに問題があったような場合には大きな手間を要することとなる。補償申請段階での相談や援助については弁護士に依頼することができるものの、費用が発生することもあり踏み出せないといった可能性もある。補償申請者に対して的確な援助を与えるとともに、使用者ないしは労働組合と折衝をして被災にかかる情報収集を支援する公的な組織が必要ではなかろうか。

再審査手続きに関しては、平成八年の改正により、審査請求後三ヶ月を経過しても労働保険審査官による決定がない場合には労働保険審査会に対する不服申立てが可能とされ、また同じく三ヶ月経過しても労働保険審査会による決定がない場合には処分取り消しの抗告訴訟を起こすことが可能とされた。さらに同改正では、労働保険審査会の委員を九人（三人は非常勤）とし、関係代表者を労使六名ずつとすることや、審査会から審査官への差し戻しを認めないとする改訂なども行われた。こうした法改正は、労働者に対する救済の迅速化や手続きにおける労使の関与を深めるという意味において意義あるものであろう。しかしながら、再審査制度には改善されていない基本的な問題がある。すなわち、再審査を行う審査官の身分は依然厚生労働省の職員であり、たとえば自らが行った処分についても再審査する可能性があると説明されており(24)、その公正さが明確に担保されているとはいえない。あらゆる分野において第三者による評価が問われている現在、再審査制度における客観性を高める制度の構築は急務であると考える。

5　小　括

労災保険制度は、適用範囲の拡大や給付内容の拡充など、時代の変化に対応しながら着実に成長してきたといえる。その内容や信頼性においては、おそらく他国との比較においても追随を許さない水準に達しているのではないかとさえ思われる。しかしながら、そうした変革は、必ずしも崇高な目的や大きなビジョンのもとに行われたというものではなく、時代とともに変化する被災労働者の生活を支えるという必要性のほか、裁判例やＩＬＯ条約との整合性確保、自賠責保険や公害健康被害者補償法等との調整ないしは均衡確保といった外的要因によって必然化されたといえる側面が強く、結果としてパッチワーク的な制度構成になった。労働福祉事業や特別支給金制度が、労災補償制度の歴史的変化のなかにおける過渡的な現象ではないとするのであれば、それが「労働福祉」ないしは「特別」といった形態である必然性を論拠付ける必要があろう。また、補償手続きについても、補償申請者を支援することや被災労働者の手続きの利便性を確保するといった視点に欠けており、その手法はきわめて官僚的であるといわざるをえない。再審査手続きの客観化や説明責任の強化を含めて、情報化時代に適合したシステムに変革していくべきであろう。

五　労災保険法の法的性格と将来像

労災補償社会保障化論は、法の原理を解明し、その存在を客観的に評価・分析することにより法の将来像を描き出すというよりは、労働者保護に手厚い方策を導き出すための論理を求めるという方向にあったといえる。こうした理論が導き出された背景には、当時多くの者が信じ込んだいくつかの前提があったと思われる。第一に、社会保障制度は将来にわたっても継続的に発展し、国家による国民に対する保障は拡張されるという予想である。第二に、制度にかかる国家責任を強化することは制度の安定化に資するという想定である。第三に、使用者は労働災害防止については個別的責任を強化するまでもなく、合理的な行動をとるという期待である。ところが、急激な時代の変化のなかにあって、すでにこの種の前提は幻想であることが明らかになってきた。社会保障制度に対する国家関与の後退傾向は繰り返すまでもないが、国家が関与していれば制度は安定するという状況もかなり怪しくなっている。また、国際ならびに国内の経済競争がきわめて激しくなってきた現在、使用者はぎりぎりのコスト計算における業務遂行を余儀なくされており、過労死や自殺の増加に現れるように労働者の心身の滅失とコストはバランスを図られる事態になっているともいえるのである。

労災保険法は労基法と切り離されているとはいえ、被災労働者への補償という側面においては密接不可分の関係にあり、同法の法律関係を労使関係から切り離して捉えることは適切ではない。労災補償の法関係の背景には、業務に関連して発生した人的損害については国家が媒体となって直接的に国民全体に分散するよりは、使用者を介してその責任関係を明確にしながら分散するほうが効率的かつ効果的であるという側面がある[(25)]。事故率を保険料率に反映させるという法の構造は、まさにこの効率性を追求した結果であろう。その意味において使用者を最安価損害回避者と捉えて労災補償関係を説明する理論は妥当であると考える。もっとも、こうした法の構造が効率的、効果的であるという理由はこれに留まるものではない。より本質的には、生産活動に従事している者には特別な保護を与えるとする方が、合理的な生産ならびに消費のシステムが構築されるという側面があろう。すなわち、特別な保険制度により労働災害（通勤災害も含む）を補償することは、労働者もしくは自営業者等に安心感を与え、生産活動へのインセンティブを高められる。また、生産活動に従事しえなくなった被災労働者およびその遺家族を放置すれば、多くの場合生活保護を受けて生活するという事態になるであろうが、社会に対して積極的な活動を行っている際に生じた不運については一般的な援護とは異なる支援を与えるという考え方は、労働に対する国民の価値意識を高められるという効果もあるといえる。このように考えれば、労災保険制度への使用者の加入義務は、労働契約関係から派生する法的義務であるというに留まらず、広く生産活動にかかる価値とその意欲を保つために要求される使用者の社会的義務という側面も併せ持つというえるであろう。こうした特殊性は、同法を社会保障化させるという方針のもとに消失されるべきものではなく、また他の社会保険制度等とは目的において全く異質のものであり、その独自性は維持されるべきものであると考える。

（1）　厚生労働省労働基準局労災補償部労災管理課編『労災保険制度の詳解（新訂版）』（平成一三年）四二頁を参照。

（2）　労災補償の理論にかかる学説の経緯は、保原喜志夫「労災補償の法理論」（『文献研究労働法学』昭和五三年）六一頁以下を参照のこと。

（3）　社会保障化論の論拠とその位置付けは論者によって相当程度に異なっており、比較的ストレートに労災補償の法的性格を社会保障化によって説明しうるとする意見（たとえば高藤昭「労災補償の社会保障化」恒藤武二編『論争労働法』昭和五三年三〇二頁、近藤昭雄「労災保険の『社会保障化』と認定基準」日本労働法学会誌七六号平成二年七二頁）、使用者責任との複合的ないしは重畳的な側面を有するとする意見（桑原昌宏「労災補償法論」沼田稲次郎先生還暦記念下巻『労働法の基本問題』昭和四九年六〇一頁参照）、さらには、その補償面においては社会保障的側面を認めながら社会保障法の中に解消すべきではないとする意見（荒木誠之「社会保障法体系における労災補償」法制研究四六巻二・四合併号昭和五五年四六頁参照）などがあるが、その論理の基調が生存権原理の進展にあるという点においては一定程度共通している。すなわち、生存権に基づく国家の国民に対する生活保障責任が、個別ないしは集団の使用者責任の論理を越えて被災労働者を救済させるに至るのであり、この段階で労災補償制度は質的に変化ないしは発展したものと認識されるのである。ただし、これらのいずれの社会保障化論も、労災補償制度を社会保障制度のなかに一体化もしくは吸収すべきというのではなく、労災保険法が有する特殊性はこれを維持すべきとの立場に立つ。この点、たとえば高藤昭教授は、保険料の使用者単独負担、給付水準の高さ、および業務上外認定手続きの存在といった労災保険制度の実態は維持されるべきものであり、労働者の生活保障の観点から国家責任のもとにさらに拡充を図られるかないしは他の社会保障制度がこの水準に追随すべき（高藤昭「労災保険の社会保障化上の基本問題」社会労働研究二〇巻一号昭和四九年一三九―四〇頁参照）と展開される。こうした社会保障化論の意図が、労災補償制度を国家責任と捉えることにより、その安定化とさらなる法内容の拡張を目指すことにあったことはおそらく間違いなかろう。国家の責任を明確化することにより労働者の権利をより強固なものにするとともに、国庫負担を引き出すことで制度の規模拡大を狙う目的があったと思われる。さらに、労災補償制度を使用者責任と切り離すことにより、民事損害賠償との調整問題において労働者を有利に導けるとの意図もあったかもしれない。

（4）西村健一郎「労災保険の『社会保障化』と労災補償・民事責任」日本労働法学会誌四〇号（昭和四七年）四三頁以下、同「労災補償の社会保障化」恒籐武二編『論争労働法』（昭和五三年）三一一頁以下。

（5）保原喜志夫「労災補償責任の法的性格」日本労働法学会編『現代労働法講座一二』（昭和五八年）二五八頁以下。

（6）保原・前掲「労災補償責任の法的性格」二八六頁参照。

（7）業務災害ないしは職業病の場合には、使用者の責任を核として労災補償にかかる負担と給付の関係を捉えることが理解しやすいと考えられるが、いわゆる過労死や過労自殺の場合には労働者個人が抱えるリスクファクターとの競合関係が複雑であり、業務との関連性がすべてであるとはいえない場合も補償の対象とされることがあるが、その比率をどの程度に設定するのかにおいて、法の性格が変わるということもできよう。

（8）産業構造の変化や経済成長の鈍化は社会連帯のあり方に修正を迫り、少なくとも社会保険制度については自己責任や集団責任を浮き立たせる結果を生じさせている。理想論や理念論を排すれば、もはや社会保険制度は国家がすべての側面にわたって責任主体となるものではなく、国家が関与することにより安定性が確保されるものでもない。労災保険制度が社会保障制度上の社会保険であるとの位置付けは、その財源について他の労働・社会保険制度との一部共有化の議論を生み出す危険性を孕む。この点、こうした事態も法の発展としては望ましいことであるとして、これを肯定する社会保障化論もありえようが、少なくとも社会保険制度全体の流れのなかで想定しうる法ないしは財源の統合化論は、被災労働者の生活保障という側面からみると後退するものとなる可能性が高いことは銘記される必要があろう。もちろん、法の客観的評価としての性格論が、政策論とは一線を画されるべきであることはいうまでもない。制度を単独で評価し、その存続の視点から政策的に有利不利を論じることは本末転倒であり、特別に労災補償制度を擁護することが国民ないしは労働者全体にとって有益なものであるとはいえない。とはいえ、労災補償の変貌が、真に他の社会保障制度と共通性を持つに至ったと評価できるかは、こうした改革を可能とするか否かを判断する上において重要であろう。なお、労災補償の法的性格については多くの論稿が存在するが、紙面の都合上その内容を詳解することはできないことをお断りしておく。

(9)　以下、厚生労働省により入手した「産業別労働災害度数率および強度率」、「職業がんの労災補償状況」、「振動障害の労災補償状況」、「脳血管疾患及び虚血性心疾患等（九号事案）の労災補償状況」、「精神障害等の労災補償状況」等の統計資料（平成一二年度まで）による。

(10)　平成一三年度厚生労働白書三八八頁を参照。

(11)　主にアメリカ、カナダの各州、およびイギリスとの比較による。なお、主要国の労災補償制度の現状については、健康保険組合連合会編『社会保障年間』（二〇〇一年版）二一六頁以下を参照のこと。

(12)　この他、わが国の労災保険制度は、通勤災害に対する給付制度の創設、各種補償給付の年金支給化、一人親方の特別加入など、使用者責任の保険化という論理では捉えにくい制度改革を実現してきており、これも特徴の一つであると捉えることができるかもしれない。しかしながら、たとえば北米の多くの州では、通勤災害補償はともかく、補償の年金化や自営業者の保険加入の道は広げられており、もはや特有な制度とはいえないものと思われる。たとえば、品田充儀『カナダ労災補償法改革』（平成一四年）五二頁以下を参照のこと。

(13)　たとえば、平成九年度における労災保険の収入約一兆八七〇〇億円のうち、国家負担はわずか一三億円に過ぎない。

(14)　脳血管疾患及び虚血性心疾患等の認定基準については、医学ならびに法学の専門家による検討を行った上で、認定基準を策定・改正していくこととされており、これまでに基発第一一六号（昭和三六年）が、基発第六二〇号（昭和六二年）ならびに基発第三八号（平成七年）に改訂されてきたが、さらに平成一二年七月の最高裁判決（横浜南労基署長事件・最一小判平一二・七・一七、西宮労基署長事件・最一小判平一二・七・一七）を受けて見直しを行うこととし、蓄積疲労を大幅に緩和する認定基準（基発第一〇六三号・平成一三年一二月一二日）が策定された。

(15)　厚生労働省労働基準局労災補償部労災管理課編・前掲書五六―七頁。

(16)　厚生労働省労働基準局労災補償部労災管理課編・前掲書六三頁。

(17)　厚生労働省労働基準局労災補償部労災管理課編・前掲書六四頁。

(18)　厚生労働省労働基準局労災補償部労災管理課編『名説労災補償法（改訂新版）』（平成三年）三九頁。

(19)　労働者の年齢階層別に最高限度額と最低限度額を設定するとの改正は昭和六二年、介護（補償）給付の創設は平成七年の法改正によってそれぞれ実現された。

(20)　たとえば、介護保険法においては、要介護状態という保険事故に対して、保険料負担者を四〇歳以上の国民に限定するといった方法をとったが、社会保険制度等においては負担と給付のバランスに関して国民の理解を得られることが最も重要であるといえよう。

(21)　この点、厚生年金制度においても、老齢退職年金制度によって就業しながら年金を受給する場合には調整する制度が設けられており、基本的には年金受給年齢になっても労働に従事することを促進するという考え方によっている。

(22)　厚生労働省労働基準局労災補償部労災管理課編『労災保険制度の詳解（新訂版）』（平成一三年）三一六―一七頁。

(23)　休業特別支給金、障害特別支給金、遺族特別支給金、傷病特別支給金の四種類が特別支給一時金であり、障害特別年金、障害特別一時金、遺族特別年金、遺族特別一時金、傷病特別年金の五種類がいわゆるボーナス特別支給金である。

(24)　この点、第一三六回通常国会に提出された労災保険法の改正案にかかる衆議院労働委員会における桝屋委員の指摘に対する松原政府委員の答弁による。なお、松原政府委員は、「いくつかの制度的な措置もあり、審査官が労働省の職員であるからといってその職務の遂行にあたって客観的な判断ができないといったことはない」としている。以上、厚生労働省労働基準局労災補償部労災管理課編著『改正労災保険制度の解説（新訂版）』（平成一〇年）二九―三〇頁。

（25）　この点、山口浩一郎教授は、「現行の労災保険は、主として被用者に対し、使用者の集団責任を根拠として、産業危険に由来する災害その他の事故について、損失填補と関連サービスからなる総合的な補償を行う労働保険（被用者保険）の一つである」と説明されている。山口浩一郎『労災補償の諸問題』（平成一四年）一七頁を参照。

Ⅵ その他

18 使用者は安全配慮義務をどこまで尽くせばいいのか・序説
――「労働に関連した精神的負荷による自殺ケース」に関する裁判例を素材にして理論的課題を探る――

藤川久昭

一　はじめに
二　法的構成・法的根拠
三　義務の内容
四　因果関係
五　おわりに

一　はじめに

筆者は、労働法分野における安全配慮義務法理の「来し方・行き方」に興味を有している。それは、同法理が、労働法学における解釈論のあり方を考える上で絶好の素材を提供してくれると筆者が考えるからである。それはなぜか？

一つ目の理由は、本素材を通して、一般私法原理を「超（?）えた」解釈論のあり方を模索できる可能性があるからである。労働法理論の構築には、私法原理を基礎にすることが求められるのは当然である。しかし同時に、検討対象となる労働関係の特殊性を生かした解釈が必要不可欠となる。それでは、労働法学独自の観点・視点・成果とは何か？　そしてそこから更に、一般的な私法原理への「逆襲」は行えないのか？　この点、雇用における安全配慮義務法理は、単に、労働法分野と民法分野が交錯する領域であるという理由であるからだけではなく、近年、いわゆる「過労死」というケースを対象にしていることから、労働関係の特徴をもとにした解釈論を浮き彫りにすることが可能なのである（問題意識①と略称）。

二つ目の理由は、本素材が、判例・学説ともに、その法的対応について試行錯誤中の問題を対象にしているからである。現在、人事実務においてはメンタルヘルスに関する問題が深刻であり、労使ともに「解決」を強く求めているテーマである。しかし周知の通り、本問題に関しては様々な論点が複雑に関連しているために、実際上も理論上も、その法的解決が非常に困難な状況にある。ところで現在の労働法学においては、実定法の解釈等自体では解決できないような問題が多いが、筆者は、常々このような問題に対する労働法学の取組のあり方について問題を感じていた。特に、解釈論の精緻化という美名のもとで、当該問題に関する「カンドコロ」を見失う方向が見られること、個々の裁判例を細かく分析しても、結局は、ケースバイケースという美名（？）のもとでの対応に止まっていることに問題点を感じている。本素材は、このような問題への筆者なりの「解決」を示す絶好の素材なのである（問題意識②と略称）。

このような問題意識のもと、筆者は、「『過労死』ケースが安全配慮義務法理に提起するもの」という小稿をしたためたことがある(1)。同稿では、いわゆる電通事件高裁判決を中心にしながら、それまでに出された裁判例を整理した上で、法的性質論、立証責任論、法的効果論で「行き詰まり」を見せていた安全配慮義務法理に対して、新たな「課題」が生じていることを指摘した。すなわち、安全配慮義務の内容について、これまでの事故型の事案とは異なった内容が具体的に明らかにされるべきこと、効果に応じた義務の設定が必要になること、義務の内容自体とともに、因果関係の問題が一層重要になっていること、という点であった。

このような分析の中で、近年筆者は特に、「使用者はどこまで行動すれば、安全配慮義務で求められる責任を尽くしたといえるのか」という点に関心を有している。まず、問題意識①に関して言えば、本来過失責任主義原理でコントロールされているところの安全配慮義務法理が、その役割を果たしていないのではないか、という疑問である。安全配慮義務法理の拡大に慎重な傾向にあった民法学が、これに十分なコントロールをできないまま、現状が先行しているという点を、労働関係の特徴を浮き彫りにした解釈論の提示によって解決できるのではないか、筆者はこう考えるのである。そして、まさにこのような問題関心は、カンドコロを探るためのものであり、問題意識②に対応する。

ところでその後状況は一層進展した。当時に比べて、裁判例の数も（残念なことに）増加し、これに反応する研究者・実務家が多くなり、成果もかなりの数にのぼっている。しかるに、管見するところ、筆者の上記問題意識を明快に解決してくれるようなものは未だみあたらない。そこで筆者は、本稿において、拙稿での一定の到達点を前提にしつつ、その後の動向を踏まえた上で、筆者の設定する二つの問題意識に答える作業を行うための一里塚として、本稿において分析を試みることにした。これが本稿執筆の動機である。

ただし、本稿では、雇用における安全配慮義務法理全体についての検討を行うのではなく、いわゆる精神的負荷に基づく自殺に関するケース（「労働に関連した精神的負荷による自殺ケース」（本ケースと略称）とグルーピングすることとする）に限定することにした。その理由は、まず、このような職場における精神的負荷に対する労使の関心が極めて高く、実務的にも焦眉の課題であるからである。このために本稿は、上記関心に対して、判例法理の到達点を探るということによって、一定の回答を行うことを試みるという目的も有することになる。次に、本ケースは諸要因が原因として生じるものであるとともに、その対応に困難な点を多々生じるが故に、法律学のツールを用いた解決が難しい限界事例である。しかし、本ケースのような限界事例においてこそ、法律学のツールは「活躍」すべきなのである。すなわち本ケースを扱うことが、上記二つの問題意識に基づく分析の手がかりを与えてくれると考える。

このように本稿では、上記問題意識に応えるための基礎作業を行うことを目的として、「労働に関連した精神的負荷による自殺」に関する裁判例(2)を素材にしつつ、「使用者は安全配慮義務をどこまで尽くせばいいのか」(本課題と略称)という点を分析する。そしてそのために本稿では、法的構成、義務の内容、法的因果関係、予見可能性について検討を行い、使用者の責任確定のための基礎ファクターとしての課題を提示することにする。(3)なお、各事件は、本文末尾リストの事件番号にて表記する。

二　法的構成・法的根拠

(一)　裁判例の概観

まず、各判決が示した法的構成・法的根拠について、ごく簡単に要約を行う。

①事件判決は、「一般私法上の雇用契約においては、使用者は労働者が提供する労務に関し指揮監督の権能を有しており、右権能に基づき労働者を所定の職場に配置し所定労働を課すものであるから、使用者としては指揮監督に付随する信義則上の義務として、労働者の安全を配慮すべき義務を負っている」としている。

②事件判決は、安全配慮義務違反が存したかというタイトルのもとで、使用者らは、労働災害の防止のための最低基準を守るだけではなく、快適な職場環境の実現と労働条件の改善を通して職場における労働者の安全と健康を確保する義務（労働安全衛生法三条）を負っている、としている。

③事件では、地裁・高裁判決は、雇用主として、その社員……の労働時間及び労働状況を把握し、同人が過

剰な長時間労働によりその健康を侵害されないよう配慮すべき安全配慮義務を負っていた、としている。一方、最高裁判決は、「労働者が労働日に長時間にわたり業務に従事する状況が継続するなどして、疲労や心理的負荷等が過度に蓄積すると、労働者の心身の健康を損なう危険のあることは、周知のところである。労働基準法は、労働時間に関する制限を定め、労働安全衛生法六五条の三は、作業の内容等を特に限定することなく、同法所定の事業者は労働者の健康に配慮して労働者の従事する作業を適切に管理するように努めるべき旨を定めているが、それは、右のような危険が発生するのを防止することをも目的とするものと解される。これらのことからすれば、使用者は、その雇用する労働者に従事させる業務を定めてこれを管理するに際し、業務の遂行に伴う疲労や心理的負荷等が過度に蓄積して労働者の心身の健康を損なうことがないよう注意する義務を負うと解するのが相当であり、使用者に代わって労働者に対し業務上の指揮監督を行う権限を有する者は、使用者の右注意義務の内容に従って、その権限を行使すべきである。」としている。

④事件判決は、使用者は、労働者に対して一般的に安全配慮義務を負っており、そして事業者は、その責務として労働安全衛生法に定める労働災害防止のための最低基準を遵守するだけでなく、快適な職場環境の実現と労働条件の改善を通じて職場における労働者の安全と健康を確保するための措置を講ずる義務を負っており（労働安全衛生法三条一項）、その講ずべき具体的措置については同法第四章、第六章、第七章及び第七章の二に規定されているところであるが、それらの規定に照らせば、事業者は労働者の心身両面における危険又は健康障害を防止することを目的として右措置を講ずべきことが求められている、としている。

⑤事件では、高裁判決は、安全配慮義務を債務不履行構成によって把握しているようである。

⑥事件判決は、使用者は、日ごろから従業員の業務遂行に伴う疲労や心理的負荷等が過度に蓄積して従業員の心身の健康を損なうことがないように注意する義務を負うと判断し、不法行為構成をとっているようである。

⑦事件判決は、使用者は、その雇用する従業員に従事させる業務を定めてこれを管理するに際し、業務の遂行に伴う疲労や心理的負荷等が過度に蓄積して労働者の心身を損なうことがないよう注意する義務を負い、その義務違反は、雇用契約上の債務不履行（安全配慮義務違反）に該当するとともに、不法行為上の過失をも構成するというべきである、としている。

㈡　課題の考察

このように各裁判例は、使用者の責任に関する法的根拠について、明確にその用語を使用しているか否かにかかわらず、安全配慮義務法理に依拠していることはほぼ間違いない。しかし、法的構成としては統一的な状況ではなく、債務不履行構成（民法四一五条）、不法行為構成（民法七〇九条）、使用者責任構成（民法七一五条）のいずれかに依拠したり、特定の法的構成を明示しないで終わっている。筆者は、まず、この点が本課題において取り組むべき問題であると考える。

確かに、労働者側の主張する法的構成に対して裁判所の判断がなされることを考えれば、このような状況はやむをえないともいえる。しかし、使用者の適正な責任確定のためには、その前提となる法的構成についても、より望ましいものを追求する必要が理論的にはある。それは、本ケース――ひいては「過労死」ケース一般――に関する使用者側の責任を適切に追求するには、各構成の特性を生かした解釈が必要となるからである。

例えば、③事件最高裁判決は、上司たる管理職の不法行為責任を、会社が「引き受ける」という形であるといえる使用者責任によって、法的責任を根拠づけている(4)。しかし、会社全体の労働時間管理体制が大きな問題となった③事件において、法的構成上の問題とはいえ、会社自体の責任を直接問わないという構成の仕方が、望ましいものとは筆者には思えない。しかもこのような構成によった場合、使用者の求償権行使の道が、実定法上、開かれてしまうのである（民法七一五条三項）。

筆者は、あくまでも、本ケースにおいては、使用者がしなければならないことを明確に追求すべきスタンスをとるべきであり、そのためには、アドホック型の不法行為構成ではなく、原則として債務不履行的構成によるべきものであると考える。労働者の上司・同僚等のなしたことなさなかったことについては、いわゆる履行補助者の故意過失という構成によっても斟酌可能である。そして筆者は、本ケースに関する上司・同僚等自身の責任は、当該労働者を自殺するような状況に追い込んだことについて、故意・重過失が存在しなければ、追求すべきものではないと考える。

このように法的構成を「棲み分け」させることは、債務不履行的構成によって一見無限定拡大するかにみえる責任を適正に「制限」できるという意味でも、安全配慮義務法理の責任画定機能を高めることになる。

次に、原則として債務不履行的構成をとる場合に、安全配慮義務の内容確定のための実質的な法的根拠をどこにおくかが重要になる。この点、まず、②、④事件判決、③事件最高裁判決のように、労働安全衛生法をよりどころにしているものが目につく。確かに、労基法から分離して制定された同法は、使用者がとるべき安全衛生関係の措置について豊富な内容を有しており、斟酌するに便利なツールであるといえる。しかし、安全衛生関係の措置が、労働契約の内容としても取り込まれるときには、同契約に内在する媒介ファクターが必要であろう。すなわち、単なる労働契約関係の存在だけでは、安全配慮義務を実質的に法的根拠づけることはできない。例えば、出向元会社は安全配慮義務を負わない場合もありうるからである（②事件参照）。

結論からいえば、筆者は、それは、労働契約の基本的要素である指揮命令監督関係であると考える。そして、次節で述べる義務の内容の問題とも関連するが、指揮命令監督関係の前提および実際に現実化される同関係というファクターを実質的に勘案して、安全配慮義務の内容を具体化するという作業が求められているといえる。

なお、労働基準法・安全衛生法等の実定法規が根拠となる場合、それらの規定にて求められる内容を、債務不履行構成により労働契約に取り込んだり、不法行為の注意義務に取り込むことなく、それ自体として、法的責任が派生するような解釈論を試みることが、本課題にとっても不可欠であることを指摘しておく。

三　義務の内容

(1)　裁判例の概観

まず、各判決が示した義務の内容について、要約を行う。

①事件判決は、(i)従業員および当該労働者の労働時間及び労働状況を把握すること、(ii)従業員および当該労働者の健康状況を把握すること、(iii)従業員および当該労働者の健康を害さないような措置をとること、特に過重な負荷となるような業務負担ならびに過剰な長時間労働を行わせないこと、(iv)従業員が健康を害した場合にはそれに対応した措置をとること、を考えているようである。そしてあてはめにおいて、(i)については、長時間の残業が常態であった従業員一般の労働時間について、残業時間を把握する体制がなかったこと、社会通念上許容される範囲をはるかに逸脱した長時間労働をしていた労働者の労働時間について把握する上司がいなかったことを挙げ、(iii)については、(ii)で労働者の健康状態悪化を把握しながら対応措置をとっていないこと、(iv)については、業務上関連で単なる指導に止まり、業務上の負荷ないし長時間労働を減少させるための具体的方策を採らなかったこと、等から義務の不履行があったと認定している。

②事件判決は、出向元は適宜本件工事現場を視察するなどして本件工事の進捗状況をチェックすべきだったこと、工事が遅れた場合には作業員を増加する等の措置が必要だったこと、労働者の健康状態に留意するべきだったこと、工事の遅れ等により過剰な時間外勤務や休日出勤をすることを余儀なくされ心身に変調を来し自

殺することがないよう注意すべき義務があったこと、としている。本判決はつまるところ、(i)当該労働者の業務の負担自体の適正化のために状況を把握する義務、(ii)当該労働者の業務の適正化のために必要な措置をとる義務、(iii)当該労働者の健康状況を把握する義務、(iv)当該労働者の健康状態改善のためにとるべき具体的措置をする義務、を要求しているものといえる。

③事件では、地裁・高裁・最高裁判決ともに、まず、長時間労働が一層激しくなった平成三年六月末までについては、同年三月頃までには、上司らが労働者の労働状況を知っていながら単なる注意にとどまり、上司らが長時間労働を軽減させるための措置は何ら取っていないこと、同年七月においては、労働者の健康状態が悪いことに気づきながら、何らの具体的な措置を取らないままで従前どおりの業務を続けさせていたこと、同年八月においては、極めて異常な言動・身体的状況を知りながらも、労働者の健康を配慮しての具体的な措置は何ら取らなかったことから、安全配慮義務に違反すると判断している。このように、(i)従業員および当該労働者の労働時間、就業状況を実質的に把握すること、(ii)把握した状況に対応して具体的な措置をとること、を求めていると言える。

④事件判決は、(i)従業員の労働環境を改善すること、(ii)従業員の労働時間、勤務状況等を把握すること、(iii)労働者にとって長時間又は過酷な労働とならないように配慮すること、(iv)労働者が労働に従事することによって受けるであろう心理面又は精神面への影響にも十分配慮すること、(v)これらに対して適切な措置を講ずべきこと、を考えているようである。そしてさらに、上記の各義務は、事業の規模、種類及び内容、作業態様（単独作業か共同作業か）等により異なり、諸事情を考慮した上で個別に判断すべきであるとする。これらをもとにして、具体的には、(ii)について、同僚間のトラブル発覚後の原因経過の究明、九月二〇日以降の労働者の上司に対する申し出後には同僚や家族に対して勤務時間内や家庭内における言動、状況について事情を調査すべ

き義務があったとしている。(v)については、トラブル関係の対処、別部門への配転、医者に受診させる等の適宜の措置をとることができ、事故の発生を防止することができた、としている。そしてこのような予見可能性がありながらも使用者らは安全配慮義務を怠った過失があるといえる、と結論づけている。

⑤事件判決は、次節で論じる因果関係と明確に分けて論じているわけではないものの、要するに、うつ病自体を引き起こし、自殺を引き起こすような過酷な仕事をさせたことが、従業員の仕事の内容につき通常なすべき配慮を欠くものであって、安全配慮義務違反であると考えているようである。

⑥事件判決は、まず、予見可能性について検討している。すなわち、上司は、労働者の断続的な欠勤、病状、自殺未遂、それらの理由・背景について知っていたこと、労働者の相談に対し使用者はプレッシャーをかけない旨約束した程度ですませたこと等から、相当の注意をすれば労働者の状態が精神的疾患に罹患したものであったことが把握できたこと、精神的疾患に罹患した者が自殺することはままあることであるから、自殺について予見可能性はあったといえるとしている。その上で、上司には、労働者に対する悪意はなく、むしろ期待があったこと及び家族らの希望が労働者の勤務継続にあったことが窺われるとしつつも、労働者に対する対応は相当であったとはいえず、結局労働者を追い詰めたものと認められるから、取るべき措置として十分ではなかったとしている。

⑦事件判決は、通常業務に加えて台風による浸水被害があった本件では、使用者は労働者に対して、通常時以上に、その健康状態、精神状態等に留意し、過度な負担をかけ心身に変調を来して自殺をすることがないように注意すべきであったとしてる

(2) 課題の考察

このような裁判例の状況の特徴としては、義務の内容の性格として、とるべきとされる措置が、事業場全体当該労働者の状況に応じたものが必要であるとされていること、相当に具体的な内容が措定されていること、労働者の変化の状況に対応して変動しうるとされていることを指摘できよう(5)。そして、このような特徴は、労働契約における配慮義務法理一般の実質化として高く評価できるものといえる。

しかしその一方で、義務の内容に関する裁判例の状況は、本課題である安全配慮義務法理の使用者の責任確定機能という点においてなお検討の余地があると思われる。このことは、例えば④事件判決において、「自殺することがないように注意する義務」という表現が用いられたように(6)、義務の拡大に予見がつかない。結果防止自体を義務づけられる等の危惧に典型的に象徴できよう。このような課題に対応するには、筆者は、内容に関する分析的な分類が必要であると考える(7)。

それではどうすればいいのか? 筆者は、まず、ⓘ誰を基準としたものなのか、ⓘⓘ何に対するものなのか、ⓘⓘⓘどのような措置をとればいいのか、という三点から整理・分類を行うべきだと考える(8)。そして少なくとも、ⓘについては、Ⓐ従業員全体、Ⓑ当該労働者個人、ⓘⓘについては、Ⓐ業務に関連して生じた状況、Ⓑ業務に関連しないで生じた状況、ⓘⓘⓘについては、Ⓐ業務の前提に関する措置、Ⓑ業務命令系措置、Ⓒ業務命令に関連しない措置という細分をさらに行い、それぞれを組合せて、義務の内容を措定すべきだと考える（合計十二通り）。

次に、以上の分類整理をもとに、前節で強調した点である、法的構成の棲み分けと、債務不履行的構成における指揮命令監督関係の重視という点を斟酌することになる。その結果、義務内容として、ⓘⓘⒶと、ⓘⓘⓘⒶ、Ⓑの組み合わせのものが求められる場合には、求められる義務内容は、基本的には債務不履行的構成によることになる。その一方で、ⓘⒷ、ⓘⓘⒷの組合せのものが求められる場合には、基本的には不法行為構成によることになる。また、ⅰⒶから出発するを組合せには、両構成によらずとも、法律そのものから導くことが可能なものも存在するだろう。

このように解することにより、まず、安全配慮義務法理を、事案の特性に応じて機能させることがより一層可能になると思われる。例えば、本ケースに関しては、③事件を念頭において議論されてきたために、使用者に求める義務内容を、労働者に過重労働をさせない義務と単純化して捉えられるおそれがある。しかし実際には、⑦事件のように必ずしも過重労働によらない自殺のケースも存在する。ⅰにおいて、誰を基準にするかというを考えることにより、このようなおそれに対処できるわけである。

次に、筆者もかねてから指摘していた、予見可能性という要素をうまく斟酌できるという点である。例えば、⑥事件判決は予見可能性を明確に意識した判断を行っているが、それは、業務外の事情に関する当該労働者の事情を予測することは、前提となる事情の認識が存在しない限り不可能であるから、このような状況で使用者を問責することは妥当ではないからである。すなわち、ⅰⒷ、ⅱⒷの組合せが求められる場合には、使用者の認識という要素が原則として必要になる一方で、それ以外の場合には、損害の範囲には幅があるものの、労働者のなんらかの保護法益を侵害することは明確であるために、原則として予測可能性という要素は必要にならない、ということになる。

それではこのように措定された義務内容に違反した場合の効果はどうなるのであろうか？　また義務内容に結果回避可能性は求められないのであろうか？　筆者はこの点については、因果関係のところで斟酌すべきであると考える。そこで、次節に進むことにする。

四　因果関係

まず、各判決が示した因果関係の判断について、ごく簡単に要約を行う。

①事件判決は、長時間労働とうつ病について、労働者には精神病等の病歴もないこと、業務上の過重な負荷と常軌を逸した長時間労働という状況があることから、認めている。次にうつ病と自殺については、過重な労働条件は変わらない中で、疲労によるうつ病が進む中での睡眠不足もあいまって、症状が増悪し、うつ病に支配された状態に至った中で自殺がなされたとして、因果関係を認めている。

そして、労働者の長時間労働、異常な言動、疲労状態等に加え、うつ病患者が自殺を図ることが多いことを考慮すれば、労働者が常軌を逸した長時間労働により心身ともに疲弊してうつ病に陥り、自殺を図ったことは、使用者はむろん通常人にも予見することが可能であったというべきであるから、長時間労働とうつ病との間、更にうつ病と自殺との間には、いずれも相当因果関係があるとしている。

②事件判決は、労働者は、本件工事の責任者として、本件工事が遅れ、本件工事を工期までに完成させるため工事量を大幅に減少せざるを得なくなったことに責任を感じ、時間外勤務が急激に増加するなどして心身とも極度に疲労したことが原因となって、発作的に自殺をしたものとしている。その理由として、本件工事遅延による過重業務、自殺直前に完成状態になり一種の荷下ろし状態が認められること、労働者が本件工事遅延につき気に病む言動をしていたこと、労働者の健康状態が悪化し不眠等を訴えて医院を受診するようになっていたこと、遺書に自分を責める等の内容の記載があること、他に私病が原因で自殺をするとは考え難いことがあげられている。

③事件は、地裁・高裁・最高裁判決ともに、社会通念上許容される範囲をはるかに超え、常軌を逸した労働

者の長時間労働、平成三年七月ころからの同人の異常な言動等に加え、うつ病患者が自殺を図ることが多いこと、労働者には精神疾患の既往はなく、家族にも精神疾患はないことも考慮すれば、労働者が常軌を逸した長時間労働により心身共に疲弊してうつ病に陥り、自殺を図ったことは、使用者はもちろん通常人にも予見することが可能であったというべきであるから、長時間労働とうつ病との間、さらにうつ病と自殺による死亡との間には、いずれも相当因果関係がある、と判断している。

④事件判決は、労働者の自殺はうつ状態の進行の中で、自由意思の介在なく、衝動的、突発的にされたものであり、業務とうつ病発症の間、及びうつ病と自殺の間にはいずれも相当因果関係があると判断した。まずうつ病発症の理由としては、労働者を含め家族に精神疾患の既往歴のある者はなく、家庭環境、交友関係、個人生活等にうつ病罹患の原因と合理的にみられるものはないこと、性格がうつ病発症の一因であるとしても、その大きな部分を占めるのは悪環境下での作業や同僚間のトラブル、そして新人への指導といったものによる精神的及び身体的負荷の増大であることとしている（業務起因性という用語を用いている）。次にその上で一般にうつ病患者の自殺率はうつ病に罹患していない者と比較すると高く、うつ病を罹患していたとみられる時期から負担を軽減するような措置がない上に、新人らの製造ミスが続いたことから、自殺に至ったと考えている。

⑤事件では、地裁判決は、労働者の入院期間は僅か一日であり、診察した医師も、その症状を精神的ストレスによる心身的疾患だとし、うつ病若しくはうつ病に似た症状であるとは考えなかったこと、その後労働者は何らの治療も受けていないこと、労働者はその後次第に元気を取り戻し、洗礼を受けてからは、生活状態は正常となり、洗礼の前後に書かれた感謝の手紙からもうつ状態を窺わせるような記載も認められないこと、労働者はその後就職活動を始めていること、退職後使用者を訪れた際も、勤務していたときの状態と変わらない様子であり、精神的肉体的疲労からかなり回復していたと認められ、右事実に労働者の勤務が僅か三ヶ月足らず

であること、自殺したのは退職後約一ヶ月後であること等の事実に鑑みると、業務と自殺との間に因果関係は認められない、としている。

しかし高裁判決は、労働者は、使用者の過酷な勤務条件がもとで精神的重圧からうつ状態に陥り、その結果、園児や同僚保母に迷惑をかけているとの責任感の強さや自責の念から、ついには自殺に及んだものと推認することができる。労働者が自殺したのは退職してから約一か月後であるが、三か月間の過酷な勤務条件は十分うつ状態の原因となりうるものでありその回復期に自殺が多いことから、勤務と自殺についての相当因果関係を肯定している。

⑥事件判決は、実父の病状の悪化と家族に負担をかけていることへの後ろめたさ、実父の死亡、労働者の性格、特に部下との関係を中心として、課長の職責を的確に果たせないことへの不満、上司・妻に自分の悩みを理解してもらえず、仕事に追い詰められていったことへの不満、友人の大阪への転勤等のすべてが原因となっているものと見るべきであり、上司の行為と労働者の自殺との間には因果関係は認められるとする。そして、労働者の昇進後の職務に対する労働が過剰な負担を課すものとはいえないこと、労働者の置かれた状況において、誰もが自殺を選択するものとは言えず、本人の素因に基づく任意の選択であったという要素を否定できないことから、自殺に対する寄与度については、上司らの行為によるものは三割であるとする。

⑦事件判決は、労働者は、台風に対する対処のまずさなどを思い悩んで精神疾患に罹患した末に自殺したものと認めるのが相当であり、自殺と業務遂行との間には因果関係が認められる、とする。

㈡　課題の考察

以上のような裁判例には、明確な判断枠組みが共通に存在しているとは必ずしもいえないが、基本的には、社会通念上常軌を逸した過重な労働があって、他に明確に否定する事情が存在しない限りは、業務自体と自殺との相当因果関係が存在すると考えるという立場が前提になっているといえる(9)。

しかし、このような立場にはなお検討の余地がある思われる。まず、安全配慮義務が、労災補償制度の原理とは異なる過失責任主義に立脚していることを考えると、業務それ自体と自殺との因果関係を検討するのではなく、求められる義務の内容を（十分に）果たさなかったことと自殺との因果関係を検討すべきである。確かに、①、③、④、⑤事件のように、その会社において、常軌を逸した過重労働がなされているときは、そのような労働の状態そのものが、ⓘA、ⓘⓘA、ⓘⓘⓘA、の組合せで求められる義務に違反したものと評価され、結果として、業務それ自体との因果関係を論じれば足りるであろう。しかし、特にⓘⒷから発する組合せの場合には、業務それ自体の状況ではなく、当該労働者に対する具体的措置の有無が焦点になるのである。このように相当因果関係の判断は、総合的に行うべきではなく、因果の出発点を分析的に明らかにすべきなのである。

次に、求められる義務内容の射程が、内容毎に異なるという点を斟酌すべきではないか、ということである。例えば、誰から見ても社会通念上常軌を逸した労働をさせ（るべきでないにも関わらず、させ）てしまった場合には、現行の裁判例通り、自殺との相当因果関係を認めてもよいであろう。また、そのような状況になくても、当該労働者の事情を認識しているにも関わらず、あえてうつ病状況を促進し、自殺に追い込むような場合にも然りである。しかし一方で、求められる義務内容を履行をしたとしても、自殺という結果をどうしても避けることができない場合には、原則として、自殺自体ではなく、適切な対応をとらなかったことによって受けた損害（具体的には精神的損害に対する慰藉料等）にのみ射程を有すると考える(10)。このように相当因果関係の分析的判断は、因果の到着点にても貫かれるべきである。

このように筆者は、因果の出発点である「とるべき義務の内容」と、因果の終着点である「損害」を分析的に抽出することがなによりもまずは必要だと考える。そして、二つの「関係」は、要求される「義務の内容」をどの程度履行しなかったかという程度に応じ、原則として、自ずとその「射程」が決まると考える。

五 おわりに

以上本稿では、要するに、法的構成において棲み分け論を主張したこと、債務不履行的構成の場合には指揮命令監督関係を重視すべきこと、義務の内容として三つの観点からの分析的分類を行い、それぞれの組合せに応じた解釈を行うこと、因果関係の問題は総合的に検討するのではなく義務・損害の内容毎に個別の判断で行うことを課題として主張した。これらの課題・問題意識をもとにして、筆者は、本ケース以外の事案について検討をすすめ、あるべき安全配慮義務法理の構築を模索したいと思っている。

ところで、筆者がこのような関心を持つのは、前述したように、二つの問題意識があるからである。ところで、このような問題意識に基づく分析を行うにあたり、手がかりを与えてくれるのが、中嶋教授の次の指摘である。すなわち、(i)安全配慮義務法理の解明にとっては、行為債務自体およびそれと手段債務・結果債務との関係の研究という基礎的考察が必要であること、(ii)債務不履行責任による追及が常に有利であるという解釈態度は問題であり、安全配慮義務を債務不履行責任と不法行為責任の中間に位置づけるべきであるが、前提として、安全配慮義務と不法行為の注意義務との関係の解明が不十分であること、という指摘である。(11)

しかし、中嶋教授の示された上記の諸課題が、その後の安全配慮義務法理の理論的・実務的課題として、必要不可欠な検討課題となったといえるだろうか？ (i)については、そのような分類概念が、どのような「効果」をもたらしうるのか、不明である。いわゆる講学的・分類学的な議論は必ずしも実定法上の「帰結」を産むとは限らないであろう。(ii)については、中間的存在の追求は、まさにあるべき法理の模索という点において注目すべき見解であるが、日本民法の実定法構造を逸脱してしまう。

もちろん筆者は、民法上の各種ツールを用いることを否定するのではない。それは実定法学者にとって「自殺行為」である。しかし、それは、日本の民法という実定法構造にとって本当に必要不可欠なツールであるかどうか、もしくは本当に必要なツールを使い切っているのかどうかの検証が必要なのではないか。必要不可欠なツールであったとしても、そのツールにも「限界」があることに留意すべきではないか。そして、なによりも、民法における一般法理を労働関係にあてはめたときに、修正等のフィードバックがあってもよいのではないか？　労働における安全配慮義務法理に関する議論が「疲労気味」(12)なのは、いわゆる民事法における各基礎的法理の考察が不足しているからではなく、このような作業を十分に行っていないからではないか？

このように筆者は、民法と労働法との関係についての根本的な省察を行いながら、今後も安全配慮義務法理の研究を継続し、同法理の全体的解明を試みたいと思う。

［裁判例一覧］（出典は労働判例に統一した）

①事件＝川崎製鉄事件・岡山地裁倉敷支判平一〇・二・二三労判七三三・一三

②事件＝協成建設工業ほか事件・札幌地判平一〇・七・一六判時一六七一・一一三

③事件＝電通事件最高裁判決・最二小判平一二・三・二労判七七九・一三、同高裁判決・東京高判平九・九・二六労判七二四・一三、同地裁判決・東京地判平八・三・二八労判六九二・一三

④事件＝オタフクソース事件・広島地判平一二・五・一八労判七八三・一五

⑤事件＝東加古川幼児園事件最高裁判決・最三小決平成一二・六・二七労判七九五・一三、同高裁判決・大阪高判平成一〇・八・二七労判七四四・一七、同地裁判決・神戸地判平成九・五・二六労判七四四・二二

⑥事件＝三洋電機サービス事件・浦和地判平成一三・二・二労判八〇〇・五

⑦事件＝みくまの農協（新宮農協）事件・和歌山地判平一四・二・一九労判八二六・六七

［参考文献一覧］（紙幅の都合もあって最小限にとどめた）
下森定編［一九八八］『安全配慮義務法理の形成と展開』日本評論社
高橋眞［一九九二］『安全配慮義務の研究』成文堂
中嶋士元也［一九九一］「安全配慮義務論争の課題」『労働関係法の解釈基準（上）』信山社二五一頁
中嶋士元也［二〇〇〇］「職業性疾病・作業関連疾病と安全配慮義務」『花見忠先生古稀記念論集・労働関係法の国際的潮流』信山社一一五頁
藤川久昭［一九九八］「『過労死』ケースが安全配慮義務法理に提起するもの」『森泉章先生古稀記念・現代判例民法学の理論と展望』三三四頁
水島郁子［二〇〇一］「ホワイトカラー労働者と使用者の健康配慮義務」『日本労働研究雑誌』四九二号二五頁
望月浩一郎［一九九七］「過労死と安全配慮義務の履行請求」『日本労働法学会誌』九〇号一七三頁
八木一洋［二〇〇〇］「電通事件最高裁判決解説」『法曹時報』五二巻九号三三二頁
渡辺章［二〇〇〇］「健康配慮義務に関する一考察」『花見忠先生古稀記念論集・労働関係法の国際的潮流』信山社七五頁

（1）　藤川［一九九八］。
（2）　本テーマに関する裁判例は、本稿脱稿時点において七件であった。その後接した川崎市事件（横浜地裁川崎支判平一四・六・二七労判八三三・六一）を含めた検討は他日を期したい。
（3）　本稿は、使用者の責任を根拠づけ、画定する法理の検討を目的としている。過失相殺は、重要な論点ではあるが、責任を基礎づけた後での調整法理であるために、本稿の検討から除外した。また近年、安全配慮義務ではなく、健康配慮義務という用語が法的に用いられる（渡辺［二〇〇〇］、水島［二〇〇一］）。本稿では裁判例の検討を素材にしていることから、判例法理で熟した用語である安全配慮義務を用いることにする。

（4）　八木［二〇〇〇］。

（5）　この点は、義務の内容に関する電通事件地裁・高裁判決に関して、筆者がすでに指摘しておいた点である。同事件判決の判断の特徴は、他の裁判例の判断にも大きな影響を与えているから、本論点に関する裁判例の特徴としてもあてはまるのである。

（6）　もっとも、本判決が、いわゆる結果債務としての自殺防止義務までも求めているのか否かは定かではない。

（7）　これまでのものとして、例えば望月［一九九七］による、適正労働条件措置義務、健康管理義務、適正労働配置義務、看護・治療義務という分類が代表的である。

（8）　筆者のこのような構想は、細部では異なる点が多いものの、基本的に渡辺［二〇〇一］が目指す方向と同一のものであると考えている。

（9）　思うに、突破的な自殺の場合であっても、判断能力を完全に喪失していない限りは、自己の行動であるという契機を完全に消去できるわけではないから因果の流れを明確に否定する事情がなくても、なお検討の余地が残るはずである。したがって、現在の裁判例の状況は、過重労働と自殺との相当因果関係について、一種の「みなし認定」の立場をとっているものと評価できよう。このことは、通常人にとっての予見可能性という用語を用いていることからも理解できると思われる。

（10）　このような事案に近いと思われるのが⑥事件である。同事件判決は、因果関係の割合的認定によって、結果的に結論の妥当性を図っているが、自殺との相当因果関係を否定すべき事案だったように思われる。

（11）　中嶋［一九九二］。なお本論文は一九八七年に出されたものである。

（12）　中嶋［二〇〇〇］一一六頁。

＊　本稿は、平成十四年度旭硝子財団研究助成の成果の一部である。

下井隆史先生　略歴

一九三二年　九月一七日　東京府豊多摩郡（現東京都）にて出生
一九四五年　三月　東京都蒲田区蒲田国民学校卒業
同　四月　私立芝中学校入学
同　六月　京都府立宮津中学校転入学
一九四八年　四月　学制改革により京都府立宮津高等学校一年となる
同　六月　京都府立西舞鶴高等学校転入学
一九五一年　三月　同高校卒業
一九五二年　四月　神戸大学法学部入学
一九五六年　三月　同学部卒業
同　四月　神戸大学大学院法学研究科修士課程入学
一九五八年　三月　同課程修了
一九五八年　四月　熊本商科大学商学部助手（一九五九年三月まで神戸大学法学部にて研修）
一九五九年　四月　同学部講師
一九六四年　四月　同学部助教授
一九六五年　四月　神戸商科大学商経学部助教授

下井隆史先生　略歴

一九七〇年　四月　甲南大学法学部教授
一九七二年一〇月　日本労働法学会理事（一九九五年九月まで）
一九七四年　四月　甲南大学法学部長（一九七五年三月まで）
一九七六年　四月　北海道大学法学部教授
一九八二年　四月　神戸大学法学部教授
一九八三年　一月　司法試験考査委員（一九八四年一二月まで）
一九九〇年　四月　神戸大学法学部長（一九九二年三月まで）
一九九二年　一月　司法試験考査委員（一九九九年一二月まで）
一九九四年　四月　神戸大学付属図書館長（一九九六年三月まで）
一九九四年　五月　日本労働法学会代表理事（一九九五年四月まで）
一九九六年　三月　神戸大学退職（定年）
一九九六年　四月　神戸大学名誉教授
一九九六年　四月　大阪学院大学法学部教授（現在に至る）

下井隆史先生 業績目録

［著 作］

Ⅰ 著 書（共著・共編含む）

1 『労働法を学ぶ人のために』〔久保敬治と共著〕 世界思想社 一九七五年
2 『労働基準法入門』 総合労働研究所 一九七五年
3 『労働法再入門』〔保原喜志夫、山口浩一郎と共著〕 有斐閣 一九七七年
4 『労働基準法』 日本労働協会 一九七八年
5 『労働基準法・改訂版』 日本労働協会 一九八二年
6 『増補版・労働法を学ぶ人のために』〔久保敬治と共著〕 世界思想社 一九八二年
7 『論点再考労働法』〔保原喜志夫、山口浩一郎と共著〕 有斐閣 一九八二年
8 『判例コンメンタール労働者Ⅱ』〔久保敬治、片岡曻、本多淳亮と共編著〕 三省堂 一九八三年
9 『国営・公営企業の労働関係法』〔安枝英訷、香川孝三、浜田冨士郎と共著〕 有斐閣 一九八五年
10 『労働契約法の理論』 有斐閣 一九八五年
11 『労働基準法・第三版』 日本労働協会 一九八六年

12 『ワークブック労働法』〔山口浩一郎と共編著〕 有斐閣 一九八八年
13 『雇用関係法』 有斐閣 一九八八年
14 『労働基準法・第四版』 日本労働協会 一九八九年
15 『労働基準法』（有斐閣法学叢書） 有斐閣 一九九〇年
16 『放送大学教材・労働法』 放送大学教育振興会 一九九一年
17 『オーストリア労使関係法』〔西村健一郎、村中孝史と共編訳〕 信山社 一九九二年
18 『労働基準法・第五版』 日本労働研究機構 一九九四年
19 『労使関係法』 有斐閣 一九九五年
20 『労働基準法・第二版』（有斐閣法学叢書） 有斐閣 一九九六年
21 『労働法』 有斐閣 一九九八年
22 『労働基準法』（テキストシリーズ） 日本労働研究機構 一九九九年
23 『労働法・第二版』 有斐閣 二〇〇〇年
24 『労働基準法・第三版』（有斐閣法学叢書） 有斐閣 二〇〇一年

II 論説

1 「ジンツハイマーの協約理論についての一考察――『協約自治』理論を中心に――」 六甲台論集四巻四号 一九五七年
2 「いわゆる『継続的法律関係』の無効・取消についてードイツにおける論議の展開についての一覚書――」 熊本商大論集八号 一九五八年

3 「弁済の提供をめぐる一問題――受領拒絶意思の明確な場合における口頭提供の要否について――」 熊本短大論集一八号 一九五九年
4 「自主法としての労働協約――ドイツ協約理論史研究――」 熊本商大論集一〇号 一九六〇年
5 「イギリス労働組合運動と政治スト――政治スト法構造分析への一予備的研究――」 熊本商大論集一六号 一九六三年
6 「中小企業労使関係と労働法の論理――若干の調査結果を基礎として――」 熊本短大論集二七号 一九六三年
7 「中小企業労働者と『組合結成・加入の権利』――合同労組をめぐる不当労働行為実態の分析を中心として――」 熊本商大論集一九号 一九六四年
8 「雇用ないし労働契約における受領遅滞と危険負担――いわゆる『領域説』の検討を中心に――」 神戸商大論集一八巻一号 一九六六年
9 「『休業と賃金請求権』の問題に関する一考察――ドイツおよびわが国の判例・学説の分析を中心に――」 神戸法学雑誌一六巻一・二号 一九六六年
10 「ドイツにおける『使用者の労働受領義務』論――判例・学説展開過程の分析（一）・（二）――」 神戸商大論集一九巻一号・二号 一九六七年
11 「使用者の労働受領義務」 神戸商大論集二〇巻四号 一九六九年
12 「労働契約関係における『採用内定』とその『取消』について」 企業法研究一六六号 一九六九年
13 「使用者の労働受領義務」 日本労働法学会誌三三号 一九六九年
14 「労働契約と賃金をめぐる若干の基礎理論的考察――独自の労働 ジュリスト四四一号 一九七〇年

契約法理論の検討のために――」

15 「雇用・請負・委任と労働契約――『労働法適用対象画定』問題を中心に――」　甲南法学一一巻二・三号　一九七一年

16 「就労請求権について」　日本労働協会雑誌一七五号　一九七三年

17 「労働契約法における基礎理論的問題をめぐって」　日本労働法学会誌四二号　一九七三年

18 「使用者の争議行為――ロックアウトをめぐる諸見解の整理と検討――」『沼田稲次郎教授還暦記念論文集（下）』　総合労働研究所　一九七四年

19 「労働組合のビラ貼り活動と民事上の責任――動労甲府支部事件を中心に――」　判例タイムス三二六号　一九七五年

20 「配転・出向と労働法理論」　季刊労働法別冊『労働基準法』　一九七七年

21 「争議行為と物権の関係についての一考察――職場占拠をめぐる諸見解の検討を中心に――」　北大法学二八巻一号　一九七七年

22 「就業規則――『法的性質』と『一方的変更の効力』の問題をめぐって――」恒藤武二編『論争労働法』　世界思想社　一九七八年

23 「公労法一七条違反の争議行為と労働組合の不法行為責任――『スト権スト』損害賠償事件判決を契機として――」　ジュリスト六九六号　一九七九年

24 「労働組合のビラ貼り活動に関する再論――国労札幌駅事件・最高裁判決を中心に――」　判例タイムス四〇七号　一九八〇年

25 「整理解雇の法律問題――判例の分析・検討を中心に――」　日本労働法学会誌五五号　一九八〇年

26 「争議不参加者の賃金請求権」『労働組合法の理論課題――久保敬治教授還暦記念――』 世界思想社 一九八〇年

27 「いわゆるスト権確立の法的意味について」 北大法学三一巻三・四号（下） 一九八一年

28 「就業規則の法的性質」『現代労働法講座・第一〇巻』 総合労働研究所 一九八二年

29 「公務員組合による掲示板利用の法的性質」 ジュリスト七八三号 一九八三年

30 「パートタイム労働者の法的保護」 日本労働法学会誌六四号 一九八五年

31 「派遣労働の法律関係」 ジュリスト八九四号 一九八七年

32 「新労働時間法制の意義と問題点」 季刊労働法一四七号 一九八八年

33 「わが国の労働法制と外国人労働者」 日本労働協会雑誌三四八号 一九八八年

34 「個別的労働関係法の変革と解釈論上の課題」 季刊労働法一五〇号 一九八九年

35 「労働協約失効後の労働契約関係――上海香港銀行事件判決の検討――」 ジュリスト九五二号 一九九〇年

36 「労働協約の規範的効力の限界――『有利性の原則』、『協約自治の限界』等の問題に関する若干の考察――」 甲南法学三〇巻三・四号 一九九〇年

37 “Vorwort”, “Geschichtliche Entwicklung und Grundstrukutur des japanischen Arbeitsrechts”, “Arbeitnehmer-und Arbeitgeber-begriff”, “Wirtschaftliche Schwierigkeiten in einem Betrieb”, Arbe-itsrecht und Arbeitsbeziehungen in Japan. Wirtschaftsverlag Dr. Anton Orac, Wien 一九九一年

38 “Arbeitsrecht in Japan-Bemerkungen zur Arbeitszeitverkürzung”, Wirtschaftverlag Dr. Anton Orac, 一九九三年

Ist Japan anders? Wien

39 「変革の時代における労働法の諸問題——均等待遇原則と労働時間法制改革を中心に——」 法学教室二〇〇号 一九九七年

40 「JR不採用事件について——労委命令・裁判例の見解に関する整理と検討——」 日本労働研究雑誌四六一号 一九九八年

41 「一九九八年労基法改正の意義と問題点」 ジュリスト一一五三号 一九九九年

42 “Gesellschaftlicher Strukturwandel und Zukunft des Arbeitsrechts”, Japanisches und sterreichisches Arbeits-und Sozialrecht im Strukturwandel. Wilhelm Braumuller Wien 一九九九年

43 「労働関係における慣習ないし慣行の法的効力」 同志社法学五四巻三号 二〇〇三年

Ⅲ　判例研究

1 「デモによる逮捕・起訴と懲戒解雇」 月刊労働問題七月号 一九七〇年

2 「女子若年定年協定の効力」 ジュリスト四五六号 一九七〇年

3 「起訴休職処分の効力と就労・入構妨害禁止——松下電器事件——」 季刊労働法八〇号 一九七一年

4 「残業拒否などを理由とする懲戒処分——日本鋼管事件——」 甲南法学一二巻一・二号 一九七二年

5 「バックペイと中間収入」 ジュリスト五〇〇号 一九七二年

6 「在日朝鮮人であることを理由とする採用取消の効力——日立製作所事件について——」 ジュリスト五六八号 一九七四年

7 「企業において労働者の思想・信条はどのように保護されているか」 法学教室五号 一九七四年

8 「労働組合の下部組織における分裂と財産の帰属」 判例評論一九二号 一九七五年

9 「起訴休職制度をめぐる諸問題――RKB毎日放送事件、日本冶金工業事件を中心に――」 労働判例二二〇号 一九七五年

10 「ロックアウトの正当性と期間中の賃金」 民商法雑誌七四巻一号 一九七六年

11 「付属看護学校卒業生の不採用と思想信条による差別」 季刊労働法一〇二号 一九七六年

12 「配転・出向をめぐる判例の動向（上）（下）」 労働判例二六四号・二六五号 一九七七年

13 「最近の主要労働判例とその問題点」 労働経済判例速報九八〇号 一九七八年

14 「昭和五二年度労働法判例の動き」 ジュリスト六六六号 一九七八年

15 「労務の不完全提供と賃金カット――最近の二判例を契機として――」 労働判例三一三号 一九七九年

16 「労働者への不当処遇と損害賠償――最近の判例を中心とする若干の考察――」 季刊労働法一一二号 一九七九年

17 「昭和五三年度労働法判例の動き」 ジュリスト六九三号 一九七九年

18 「昭和五三年の主要労働判例とその問題点」 労働経済判例速報一〇一一号 一九七九年

19 「昭和五四年における公労法適用下の労働関係をめぐる主要判例とその問題点」 公企労研究四二号 一九八〇年

20 「ストライキなどによる不就労につき、住宅手当・家族手当を賃 判例評論二六一号 一九八〇年

金カットの対象としたことが正当であるとされた事例」

21 「最近の重要労働判例とその問題点」　労働経済判例速報一〇四八号　一九八〇年

22 「昭和五四年度労働法判例の動き」　ジュリスト七一八号　一九八〇年

23 「ロックアウトが違法なものであると認められた事例」　民商法雑誌八三巻五号　一九八一年

24 「昭和五五年における公労法適用下の労働関係をめぐる主要労働判例とその問題点」　公企労研究四六号　一九八一年

25 「経営不振を理由とする臨時工の雇止めについて、家庭事情に対する考慮を欠いたとして一部を無効とした事例――旭硝子事件――」　判例評論二六六号　一九八一年

26 「昭和五五年度労働法判例の動き」　ジュリスト七四三号　一九八一年

27 「昭和五六年における公労法適用下の労働関係をめぐる主要判例とその問題点」　公企労研究五〇号　一九八二年

28 「ストライキ期間中の家族手当の削減が違法とはいえないとされた事例」　民商法雑誌八六巻五号　一九八二年

29 「昭和五七年における公労法適用下の労働関係をめぐる主要判例とその問題点」　公企労研究五四号　一九八三年

30 「解散に伴う子会社従業員の解雇を、協議条項違反および不当労働行為ゆえ無効とし、法人格否認の法理を適用して親会社の労働契約上の責任を認めた事例」　判例評論二六九号　一九八三年

31 「無許可ビラ配布への警告およびストライキに対する一時金算定の欠勤扱いが不当労働行為とされた事例――西日本重機事件上告審判決――」 判例評論二九六号 一九八三年

32 「昭和五八年における公労法適用下の労働関係をめぐる主要判例とその問題点」 公企労研究五八号 一九八四年

33 「就業規則の不利益変更――タケダシステム事件――」 ジュリスト臨時増刊八五号 一九八四年

34 「年次有給休暇制度をめぐる判例の動向――時季変更権の問題を中心に――」 公企労研究六一号 一九八四年

35 「昭和六〇年における主要な労働関係判例とその問題点」 公企労研究六六号 一九八六年

36 「出向元への復帰命令拒否を理由とする懲戒解雇の効力――古河電気工業・原子燃料工業事件上告審判決――」 判例評論三二七号 一九八六年

37 「転勤命令が権利の濫用にあたらないとされた例――東亜ペイント事件上告審判決――」 判例評論三三五号 一九八六年

38 「年休の利用目的と時季変更権――弘前電話局事件上告審判決――」 判例評論三五一号 一九八八年

39 「就業規則変更の効力――大曲市農協事件上告審判決――」 判例評論三六〇号 一九八九年

40 「労働協約にもとづく配転命令の効力――神姫バス事件第一審判決――」 判例評論三六六号 一九八九年

41 「結成直後の労働組合に対する団交拒否および組合事務所等の不貸与による不当労働行為の成否――博多南郵便局事件――」 判例評論三六九号 一九八九年

42　「労働協約失効後の労働契約関係——香港上海銀行事件の検討——」　ジュリスト九五二号　一九九〇年
43　「適性判断のための期間設定は契約期間か試用期間か——神戸弘陵学園事件——」　法学教室一二二号　一九九〇年
44　「争議行為のための年休利用に対する賃金カットの当否——国鉄津田沼電車区事件上告審判決——」　判例評論四一三号　一九九三年
45　「労働協約の一部を解約することの可否と解約後の労働条件（東京地決平六・三・二九）」　判例評論四三〇号　一九九四年
46　「処分時に示されなかった事実を懲戒解雇の理由とすることの可否——山口観光事件——」　判例評論四六〇号　一九九七年

Ⅳ　解説・分担執筆

1　「休憩、休日」　青木・片岡編『判例学説・労働法（下）』　法律文化社　一九七〇年
2　「見習い社員の地位」　伊藤・甲斐編『現代における権利とは何か』　有斐閣　一九七二年
3　「労働組合の分裂と組合財産の帰属」、「就業規則改訂の効力」　久保編『判例演習講座・労働法』　世界思想社　一九七二年
4　「契約自由の制限」、「労働契約」　甲斐・石田編『民法三〇講［財産法］（一）』　法律文化社　一九七二年
5　「労基法一六条」、「労基法一七条」、「労基法一八条」　別冊法学セミナー『基本法コンメンタール・労働法Ⅱ』　日本評論社　一九七二年

6 「採用内定の取消」 ジュリスト増刊『労働法の判例』 一九七二年
7 「出張のための帰宅途中のマイカー事故は業務上か」 季刊労働法八七号 一九七三年
8 「就業規則」 青木・秋田編『労働基準法講義』 青林書院新社 一九七三年
9 「労働契約」、「賃金」 花見編『労働基準法五〇講』 有斐閣 一九七三年
10 「年休制限協定の効力と違反の責任」 季刊労働法八八号 一九七三年
11 「交替手当と割増基礎額の関係」 季刊労働法八九号 一九七三年
12 「賃金カットの対象と範囲」 季刊労働法九〇号 一九七三年
13 「法人の設立」 林編『注釈民法〔二〕総則〔二〕』 有斐閣 一九七四年
14 「争議行為中の労働契約関係」、「平和義務と平和条項」 外尾・片岡編『労働法を学ぶ』 有斐閣 一九七四年
15 「労働時間」ほか数項目 角田・小倉編『現代社会保障小事典』 法律文化社 一九七四年
16 「政治スト」、「争議行為と第三者」 ジュリスト増刊『労働判例百選・第三版』 一九七四年
17 「労災補償制度の適用について問題となる労働者には、どのようなものがあるか」ほか数講 花見・保原編『労災補償・安全衛生五〇講』 有斐閣 一九七五年
18 「退職」 別冊法学セミナー『判例労働法Ⅱ・労働基準法』 一九七五年
19 「年休使用制限協定について」 青木・竹下・山本編『労働法の実務相 総合労働研究所 一九七七年

20 「賃金」萩沢・山口編『労働法読本』有斐閣　一九七七年
談』
21 「休業手当」、「休業手当と危険負担」、「第三者行為災害における示談と求償権」　別冊ジュリスト『新労働基準百選』　一九七七年
22 「採用内定の取消」　ジュリスト増刊『労働法の判例・第二版』　一九七八年
23 「争議行為と賃金カットの時期」、「争議行為と賃金カットの範囲」　ジュリスト増刊『労働法の争点』　一九七九年
24 「災害補償」花見・深瀬編『就業規則の法理と実務』　日本労働協会　一九八〇年
25 「賃金」『判例ハンドブック』　日本評論社　一九八一年
26 「争議行為と損害賠償」有泉ほか編『新版労働法演習一・集団的労働関係（一）』　有斐閣　一九八一年
27 「政治スト」、「争議行為と第三者」　別冊ジュリスト『労働判例百選・第四版』　一九八一年
28 「労基法一六条」、「労基法一七条」、「労基法一八条」　別冊法学セミナー『基本法コンメンタール・新版労働基準法』　一九八三年
29 「臨時工に対する整理解雇の合理性——赤坂鉄工所事件——」　季刊実務民事法一号　一九八三年
30 「リボン等着用闘争の正当性——大成観光事件——」　季刊実務民事法二号　一九八三年
31 「賃金不払いにつき商法二六六条の三にもとづく取締役の責任　季刊実務民事法三号　一九八三年

を認めた例——布施自動車教習所事件——」、「無許可ビラ配布への警告、ストに対する一時金算定の欠勤扱いと不当労働行為——西日本重機事件——」 季刊民事法四号 一九八四年

32 「会社解散による解雇の効力および解雇協議約款違反の有無」 労働法学研究会報一五〇一号 一九八四年

33 「取締役層の賃金・退職金と従業員性」 LDノート四四八号 一九八四年

34 「労働法ケース・スタディー」 季刊民事法五号 一九八四年

35 「社宅へのビラ配布を理由とする懲戒処分」 季刊民事法六号 一九八四年

36 「出向と身元保証人の責任——坂入産業事件——」、「就業規則の不利益変更——タケダシステム事件——」 季刊民事法七号 一九八四年

37 「企業における労働者の思想・信条の自由」、「労災による損害賠償から控除しえない労災保険給付金と民法四二二条による代位」 LDノート四六一号 一九八四年

38 「労働法ケース・スタディー」 公企労センター研究資料一一三号 一九八四年

39 「労使慣行の一般的考察」、「判例の整理と検討」下井・山口『労使関係の判例と法理』 季刊民事法八号 一九八五年

40 「第三者の加害行為による事故と安全配慮義務」、「国家公務員の争議と勤勉手当——神戸大学事件——」 季刊民事法八号 一九八五年

41 「男女雇用機会均等法に関する考察」 大阪府中小企業団体中央会『組合活性化情報』 一九八五年

42 「現業公務員労働組合の庁舎使用と庁舎管理権」 別冊ジュリスト『公務員判例百選』 一九八六年
43 「退職金の相殺」、「休職と休業手当」 別冊ジュリスト『労働基準判例百選・第三版』 一九八六年
44 「男女雇用機会均等法」 大乗四四二号 一九八七年
45 「パート労働者とパートタイマー」 情報通信労働三巻六号 一九八七年
46 「派遣と出向」 情報通信労働三巻九号 一九八七年
47 「解雇の自由」 情報通信労働三巻一〇号 一九八七年
48 「外国人労働者問題」 日本労働法学会誌七二号 一九八八年
49 「退職金の相殺」、「休職と休業手当」 別冊ジュリスト『改正労働基準実例百選』 一九八八年
50 「労働者派遣法の法的・実務的問題点」 関西経協四三巻二号 一九八九年
51 「政治スト」、「平和義務違反の争議行為」 別冊ジュリスト『労働判例百選・第五版』 一九八九年
52 「パートタイム労働をめぐる法的諸問題」 月刊労働四九二号 一九九〇年
53 「就労請求権」 ジュリスト増刊『労働法の争点・新版』 一九九〇年
54 「長期ストライキによる解雇と被保険者たる地位」 別冊ジュリスト『社会保障判例百選・第二版』 一九九二年

55 「さし違え条件――日本メール・オーダー事件――」 別冊ジュリスト『労働判例百選・第六版』） 一九九五年

56 「長期にわたる関連会社への出向命令の効力（新日本製鐵事件）」 ジュリスト一〇九七号 一九九六年

57 「職能資格制度の運用における男女の差別的取扱いと昇格・昇進請求権――芝信用金庫事件（東京地裁平八・一一・二七判決）――」 労働判例七〇七号 一九九七年

58 「一九九八年労基法改正による労働契約・就業規則法制の改革について」 大阪学院大学通信三〇巻八号 一九九九年

59 「中小企業と労働法――近時の法改正を契機として――」 村中・トーマンドル編『中小企業における法と法意識―日欧比較研究―』 京都大学出版会 二〇〇〇年

V 連　載

1 『ゼミナール労働基準法』〔1〕～〔22〕 月刊労働問題一九七〇年一〇月号～一九七一年八月号 一九七〇～七一年

〔1〕「労働基準法の適用対象」、〔2〕「均等待遇の原則」、〔3〕「採用と試用期間」、〔4〕「使用者の指揮命令権」、〔5〕「労働者の権利」、〔6〕「『解雇の自由』とその制限」、〔7〕「解雇予告制度」、〔8〕「『賃金』の意義と賃金保護」〔9〕「休業と賃金」、〔10〕「賃金カットの時期と範囲」、〔11〕「八時間労働制とその例外」、〔12〕「時間外・休日労働」、〔13〕「休憩時間」、〔14〕「休日」、〔15〕「年次有給休暇」、〔16〕「就業規則の作成」、〔17〕「就

業規則の効力」、［18］「懲戒」、［19］「安全・衛生」、［20］「災害補償」、［21］「女子・年少者の保護」、［22］「寄宿舎・社宅」

2　『労働法ノート』［1］～［24］　法学教室五五号～八〇号　一九八五～八七年

［1］「労働法の現状」、［2］「労働法の適用対象」、［3］「均等待遇の原則」、［4］「雇用における男女平等」、［5］「派遣労働者の法律関係」、［6］「労働契約の期間その他」、［7］「採用内定」、［8］「試用期間」、［9］「配転」、［10］「出向」、［11］「解雇」、［12］「定年制」、［13］「就労請求権、兼職禁止等」、［14］「賃金(1)——賃金の保護——」、［15］「賃金(2)——退職金、賃金カット等——」、［16］「労働時間(1)——労働時間制度の改革問題——」、［17］「労働時間(2)——労働時間の意義、時間外・休日労働義務等——」、［18］「労働時間(3)——年次有給休暇——」、［19］「就業規則(1)——就業規則の法的性質——」、［20］「就業規則(2)——就業規則変更の効力等——」、［21］「懲戒処分」、［22］「女子・年少者の保護」、［23］「労働災害(1)——業務上疾病の意義等——」、［24］「労働災害(2)——通勤災害の保護、労災と損害賠償等——」

3　『労使関係法一八講』［1］～［18］　法学教室一五一号～一六八号　一九九三～九四年

［1］「労使関係法の概要・理念・対象等」、［2］「現行法制下の労働組合」、［3］「労働組合内部の法律問題(1)」、［4］「労働組

合内部の法律問題⑵」、〔5〕「組合活動の法的保護⑴」、〔6〕「組合活動の法的保護⑵」、〔7〕「団体交渉の法的ルール⑴」、〔8〕「団体交渉の法的ルール⑵」、〔9〕「労働協約の法的効力⑴」、〔10〕「労働協約の法的効力⑵」、〔11〕「労働協約の法的効力⑶」、〔12〕「争議行為の正当性判断⑴」、〔13〕「争議行為の正当性判断⑵」、〔14〕「争議行為の正当性判断⑶」、〔15〕「違法争議行為の責任、争議行為と賃金」、〔16〕「争議行為と第三者等」、〔17〕「不当労働行為の救済⑴」、〔18〕「不当労働行為の救済⑵」

VI　シンポジウム、座談会

1　「労働法学の方法的諸問題」　ジュリスト四四一号　一九七〇年
2　「賃金と労働法学――賃金は労働の対価か労働力の対価か――」　季刊労働法九七号　一九七五年
3　「ビラ貼りと企業秩序・施設管理権――最高裁昭和五四年一〇月三〇日判決をめぐって――」　ジュリスト七〇九号　一九八〇年
4　「労働法学三〇年――久保先生の人と学問――」『労働組合法の理論課題――久保敬治教授還暦記念――』　世界思想社　一九八〇年
5　「整理解雇の法理」　日本労働法学会誌五五号　一九八〇年
6　「労働法理論の現状――一九八〇年の業績を通じて――」　日本労働協会雑誌二六八号　一九八一年
7　「労働法理論の現状――一九八一～一九八三年の業績を通じて――」　日本労働協会雑誌三〇二号　一九八四年

8　「均等待遇の法的課題」　ジュリスト八一九号　一九八四年
9　「均等法によって婦人労働と職場環境はいかに変わるか」　関西生産性ニュース一四七号　一九八四年
10　「人材派遣法案と労使の対応」　日本労働協会雑誌　一九八四年
11　「労働者派遣法の施行にあたって」　京都の経済八八号　一九八六年
12　「労働者派遣法と労働基準法（一）・（二）」　日本労働協会雑誌三二三号・三二四号　一九八六年
13　「中小企業における労働時間、週休制の動向と今後の課題」　しまねの労働三六七号　一九八六年
15　「男女雇用機会均等法と女子の雇用管理」　雇用開発ひょうご三一号　一九八九年
16　「労働争訟を考える——④組合活動の正当性——」　経営法曹研究会報四号　一九九四年
17　「労働法における解釈論と政策論」　法学教室一九〇号　一九九六年
18　「最近の労働判例から」　経営法曹一一六号　一九九七年
19　「処遇差別訴訟と救済法理——芝信用金庫事件を契機として——」　労働判例八一四号　二〇〇二年

Ⅶ　書　評

1　「色川幸太郎・石川吉右衛門編『最高裁労働判例批評』」　日本労働協会雑誌二〇四号　一九七六年
2　「菅野和夫著『争議行為と損害賠償』」　日本労働協会雑誌二四二号　一九七九年
3　「安枝英訷・西村健一郎著『労働法』」　季刊労働法一四七号　一九八六年
4　「大和哲夫著『不当労働行為と労働委員会』」　日本労働協会雑誌三四六号　一九八八年
5　「水町勇一郎『パートタイム労働の法律政策』」　民商法雑誌一一六巻六号　一九九七年

Ⅷ 時評、随想等

1 「結婚式のスピーチ」 凌霜二七六号 一九八二年
2 「労働基準法改正を考える」 神戸新聞一二月五日号 一九八四年
3 「就職する諸君へ」 神戸大学放送委員会誌 一九八六年
4 「均等法と努力義務」 週間労働新聞一六五九号 一九八七年
5 「労働者という言葉」 週間労働新聞一六六三号 一九八七年
6 「労働時間と文化」 週間労働新聞一六六七号 一九八七年
7 「人事の公正」 週間労働新聞一六七一号 一九八七年
8 「トレードオフ」 週間労働新聞一六七五号 一九八七年
9 「経歴詐称と懲戒」 週間労働新聞一九七九号 一九八七年
10 「女子の『優遇』」 週間労働新聞一九八三号 一九八七年
11 「教師の反省」 週間労働新聞一九八七号 一九八七年
12 「日本社会と独創性」 週間労働新聞一九九一号 一九八七年
13 「学問は度胸」 週間労働新聞一九九五号 一九八七年
14 「労使協定への期待」 週間労働新聞一九九九号 一九八七年
15 「時短の重要性に理解を」 神戸新聞一一月二三日号 一九八七年
16 「法律の社会的効果」 官公労働四一巻二号 一九八七年
17 「組織率の低下」 官公労働四一巻三号 一九八七年

18 「年休消化の促進」　官公労働四一巻四号　一九八七年
19 「法理論とバランス感覚」　官公労働四一巻五号　一九八七年
20 「週四〇時間制の段階的実施」　官公労働四一巻六号　一九八七年
21 「均等法二題」　官公労働四一巻七号　一九八七年
22 「派遣と出向」　官公労働四一巻九号　一九八七年
23 「解雇の自由」　官公労働四一巻一〇号　一九八七年
24 「変革期にある労働関係法」　凌霜二九七号　一九八七年
25 「年休の利用目的」　官公労働四一巻一二号　一九八八年
26 「三人の外国人の先生」　凌霜三〇八号　一九九〇年
27 「故俵静夫先生のご葬儀・告別式」　凌霜三一五号　一九九二年
28 「大人ホバラに感謝」『保原先生、これからもよろしくお願いします――保原喜志夫還暦記念――』　一九九五年
29 「宮本光雄さんの思い出」『バーボンと山とベートーベンと――宮本光雄弁護士を偲ぶ――』　一九九六年
30 「山口さん、今後もよろしく」『いつも笑みをたたえて――山口浩一郎先生還暦記念文集――』　一九九六年
31 「労組法二条但書一号に関する立法論議」　日本労働研究雑誌四三九号　一九九六年
32 「鳥の名前ですか」『金沢、仙台、神戸、そして大分――久保敬治教授喜寿記念随想集――』　一九九七年

32 「アカウンタビリティ」 ジュリスト一一一二号 一九九七年
33 「ナンカイ労基法はごめん」 労働判例七八三号 二〇〇〇年
34 「労働法学会、昔と今」 日本労働法学会誌九七号 二〇〇一年
35 「全動労・東京高裁判決をめぐって」 週間労働ニュース一九六八号 二〇〇二年

新時代の労働契約法理論
——下井隆史先生古稀記念——

2003年（平成15）3月18日　第1版第1刷発行
3130-0101

編集代表　西村健一郎
小嶌典明
加藤智章
柳屋孝安

発行者　今井貴
発行所　株式会社　信山社
〒113-0033　東京都文京区本郷6-2-9-102
電話 03（3818）1019
FAX 03（3818）0344
henshu@shinzansha.co.jp
Printed in Japan

 印刷・製本／松澤印刷・大三製本

ISBN 4-7972-3130-0 C3332
1911-0101-02-040-020
NDC 分類 328. 600

法律学の森

債権総論　潮見佳男 著　五六三一円

債権総論〔第2版〕Ⅰ　潮見佳男 著　続刊

債権総論〔第2版〕Ⅱ 債権保全・回収・保証・帰属変更　潮見佳男 著　四八〇〇円

契約各論 Ⅱ 総論・財産移転型契約・信用供与型契約　潮見佳男 著　四二〇〇円

不法行為法　潮見佳男 著　四七〇〇円

不当利得法　藤原正則 著　四五〇〇円

イギリス労働法　小宮文人 著　三八〇〇円

信山社

ブリッジブック

- ブリッジブック憲法　横田耕一・高見勝利 編　二〇〇〇円
- ブリッジブック商法　永井和之 編　二一〇〇円
- ブリッジブック裁判法　小島武司 編　二一〇〇円
- ブリッジブック国際法　植木俊哉 編　予二〇〇〇円
- ブリッジブック日本の政策構想　寺岡寛 著　二一〇〇円
- ブリッジブック先端法学入門　土田道夫・高橋則夫・後藤巻則 編　予二〇〇〇円
- ブリッジブック先端民法入門　山野目章夫 編　予二〇〇〇円

信山社

既刊・新刊

中国労働契約法の形成　山下　昇　著　九三三三円

ドイツ社会保障論Ⅰ　医療保険　松本勝明　著　七五〇〇円

ドメスティック・バイオレンスの法　小島妙子　著　六〇〇〇円

法政策学の試み　法政策研究第五集　阿部泰隆・根岸　哲　監修　四八〇〇円

インターネット・情報社会と法　松本博之・西谷敏・守矢健一　編　一五〇〇〇円

民法の世界２　物権法　松井宏興　著　二四〇〇円

商法改正［昭和25・26年］ＧＨＱ／ＳＣＡＰ文書　中東正文　編著　三八〇〇〇円